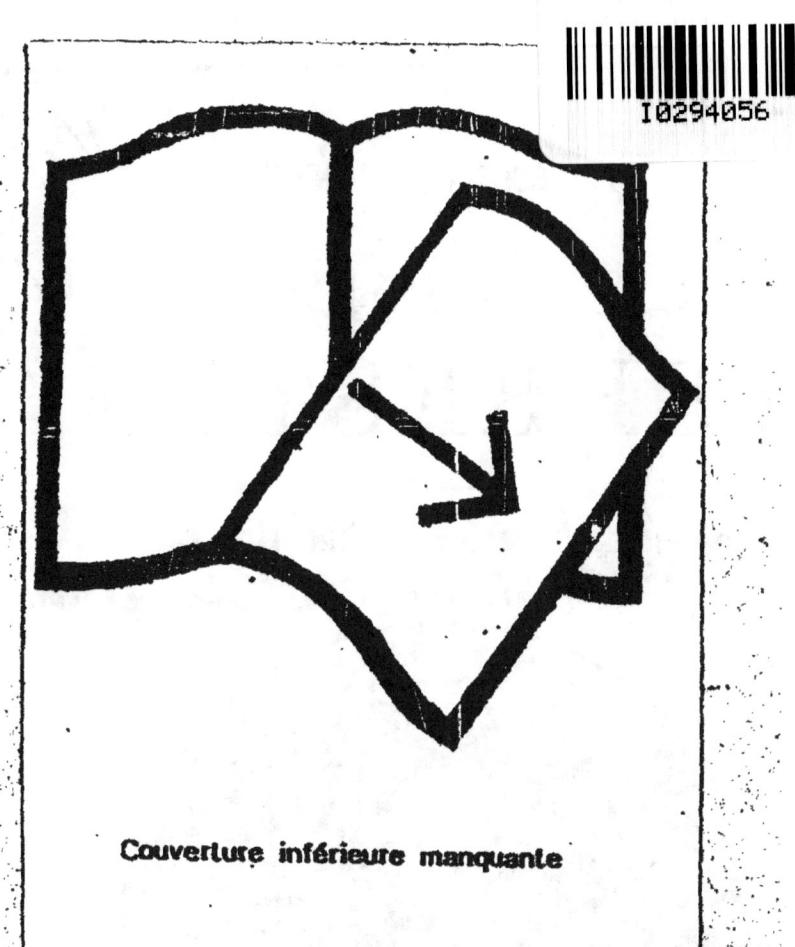

F. LECOMTE (DIONYS)

L'ÉPANOUISSEMENT TERRESTRE

Réfutation absolue du Matérialisme

PARIS
A. CHARLES, LIBRAIRE
8, RUE MONSIEUR-LE-PRINCE, 8
1898

Tous droits réservés.

L'ÉPANOUISSEMENT
TERRESTRE

Réfutation absolue du Matérialisme

OUVRAGES DU MÊME AUTEUR

Hypothèse sur la Loi Unique, brochure in-8°. (Épuisée.) . . . . 1 »

L'Ame, son Existence, ses Manifestations, 2° édition. (Didier). 1 vol. in-12 . . . . 3 50

Les Funérailles du Passé, 2° édition (Marpon et Flammarion). 1 vol. in-12 . . . . 3 50

Le Petit Victor (Nouvelle), Médaille d'honneur de la Société libre d'éducation et d'instruction populaires. (H.-E. Martin). 1 vol. in-8° 1 50

Monseigneur l'Évêque d'Ylaguirre, préface par Paul Bert. (Dentu). 1 vol. in-12 . . . . 3 50

Les Tablettes, Récit de la LXXXVIII° Olympiade, Poème. (Jouaust). 1 vol. in-12 . . . . 1 50

Sophie, histoire d'une jeune fille Nouvelle. (H. E. Martin). 1 vol. in-8° 1 50

Henriette et Maximilienne, ou les deux institutrices, Nouvelle. (Charavay, Mantoux, H. E. Martin). 1 vol. in-8° . . . . 2 »

Voyage pratique au Japon (Augustin Challamel). 1 vol. in-12, avec deux cartes et un carton. 3 50

TYPOGRAPHIE FIRMIN-DIDOT ET Cie. — MESNIL (EURE).

F. LECOMTE (DIONYS)

L'ÉPANOUISSEMENT
TERRESTRE

Réfutation absolue du Matérialisme

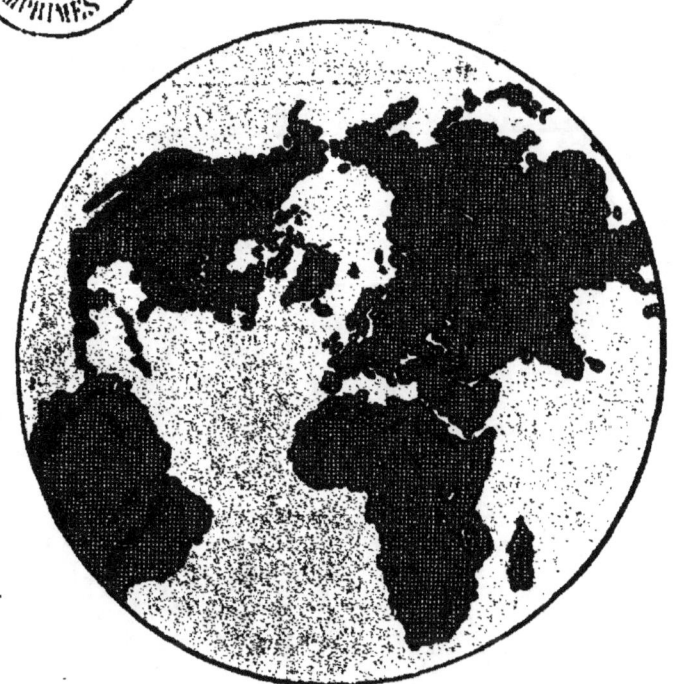

PARIS
A. CHARLES, LIBRAIRE
8, RUE MONSIEUR-LE-PRINCE, 8
1898

Tous droits réservés.

INDEX

AU LECTEUR	V-XII

PREMIÈRE PARTIE. — Les origines.

I. — Sur la terre	1
II. — Dans l'Espace	5
III. — L'Espèce Humaine	141

DEUXIÈME PARTIE. — Contact avec l'humanité.

I. — Ou la Fatalité ou Dieu	183
II. — Les raisons d'Andrès	199

TROISIÈME PARTIE. — Le matérialisme.

I. — Les Hypothèses	247
II. — L'Utilité	351
III. — La Société telle quelle	407

QUATRIÈME PARTIE. — La société rationnelle.

I. — La Femme	441
II. — Voies et Moyens	464

FIN DE L'ÉPANOUISSEMENT TERRESTRE.

AU LECTEUR	495

CINQUIÈME PARTIE. — Schéma de liquidation.

I. — L'Œuvre de l'Homme	499
II. — L'Œuvre d'En-Haut	535

SIXIÈME PARTIE. — Plein azur.

L'Espèce Nouvelle	515

AU LECTEUR

J'aurais pu, cher lecteur, utiliser pour mon titre le terme fréquemment usité d'*Évolution* au lieu de prendre celui d'*Épanouissement terrestre*, mais j'ai préféré ce dernier parce qu'il vise ici le stade ultime de notre planète, et qu'il semble impliquer, outre son développement normal, son évolution rationnelle, l'expression d'un progrès heureux.

Mais je n'ai pas seulement à justifier auprès du public le titre de mon livre, j'ai à lui demander aussi son acquiescement pour l'espèce que j'ai créée à côté et au-dessus de l'homme, et que je fais contemporaine de notre Terre, depuis sa création et la première période de son *épanouissement continu*.

Je ne voudrais pas que l'on me querellât trop sur l'existence de cette espèce et sur ses éminentes facultés. Il ne s'agit ici, comme on peut bien le penser, ni d'une hypothèse scientifique, ni d'êtres angéliques révélés par la seconde vue.

Il s'agit simplement d'une fiction pure, permettant, par l'entremise de ces *entités*, d'envisager les faits terrestres d'une façon nouvelle, que je crois intéressante, et que je place en dehors de nos supputations ordinaires de durée, qui n'ont d'ailleurs que peu de raisons d'être au point de vue du vaste univers.

En effet, nos divisions du temps en heures, jours, mois, années, siècles, sont rationnelles pour les jours, pour les mois lunaires, et pour les années solaires, mais elles sont tout à fait conventionnelles pour les mois de trente et de trente et un jours qui ne répondent à rien, et pour les siècles de cent ans qui n'existent pas non plus dans la Nature. Nous les compterions de cent vingt ans, avec le système duodécimal, que les choses n'en iraient ni mieux, ni pires, pour le principe de cette division humaine, toute arbitraire.

En outre, si la division par siècle est à la vérité sortable pour l'espèce humaine parce qu'elle répond à peu près à la durée de la vie d'un homme, elle serait tout à fait insuffisante pour mon sujet, et j'ai dû chercher une autre supputation de durée, plus en rapport avec lui.

Vous ne serez sans doute pas étonné, cher lecteur, que j'aie emprunté au langage humain, et particulièrement à la langue française, les expressions propres à faire comprendre les pensées de mes interlocuteurs, complètement inintelligibles sans cette traduction, car la langue d'intuition ou d'inflexions mélodiques que je leur prête n'a pas de signes graphiques qui puissent me servir à l'exprimer.

Je veux aussi, cher lecteur, vous dire un mot du ton général de l'œuvre. Il m'a paru devoir s'inspirer d'une logique rigoureuse, n'admettant aucun préjugé, ainsi d'ailleurs que la Nature procède dans ses manifestations, et que, en même temps, un sentiment d'immense compassion se fît sentir à l'occasion de ces catastrophes successives, facteurs possibles de la succession des espèces. Il y a là sans doute une dualité, quelque chose d'apparence contradictoire que l'on pourrait me reprocher de prime abord, mais comme cette dualité a sa raison d'être, je veux en démontrer, dès à présent, le bien fondé par la marche parallèle et simultanée des deux principes qui la causent.

La Nature ne connaît pas la Pitié. Elle suit sa voie, d'après des lois implacables, et qui ne fléchissent jamais. Sans souci des êtres charmants qu'elle a créés, de leurs aspirations élevées, de leur douleur d'une séparation inévitable, elle les écrase, soit par le cours naturel des choses, soit par des accidents violents, non prémédités à dessein, tels qu'un cyclone, une éruption volcanique, un tremblement de terre, etc.; elle continue tranquillement son œuvre de production et de destruction, sans hâte, sans colère, sans conscience, sans responsabilité.

Eh bien, la Nature, qu'est-ce que c'est? Quelle est la définition *incontestable* que l'on en peut donner, que l'on soit ou Matérialiste ou Spiritualiste?

Pour moi, la voici :

La Nature, c'est tout ce que nous voyons, tout ce qui peut tomber sous nos sens, tout ce que nous pouvons disséquer, analyser, réduire. La Nature, c'est l'immense Matière; la Matière, et *rien de plus;* mais sans laquelle aucune manifestation extérieure ne pourrait être perçue par nous ici-bas, puisque, sans la Matière, nul phénomène physique, chimique, inorganique ou organique ne pourrait tomber sous nos sens; mais cette Matière, mue par une cause inconnue, est passive, sans libre arbitre, et c'est parce qu'elle est ainsi qu'elle est incapable de comprendre, de ressentir et de manifester aucun sentiment de haine ou d'affection. Tout le monde est d'accord sur ce point, n'est-il pas vrai? On peut différer d'opinion sur la cause initiale, mais sur l'effet, non pas.

Dans le jeu des forces de la Nature, ni haine, ni pitié : Une marche implacable.

Et cependant la Haine, la Pitié existent; nous les sentons en nous-mêmes; dans nos cœurs, si c'est là qu'est réellement leur siège. Nous les sentons spontanément, d'un élan instinctif, sans calcul d'intérêt personnel, quelquefois même à l'encontre de notre intérêt personnel.

Ces mouvements ressortissent donc à un autre *concept* qu'à celui de la Matière, puisqu'ils sont en opposition avec le *processus* de celle-ci, avec son inconscience; puisqu'elle ne peut ni ne doit les ressentir.

Ayant constaté l'existence de cet autre facteur puissant, il fallait nécessairement que j'en tinsse compte pour lui donner la large place à laquelle il avait droit dans le développement de mon sujet.

Ces explications préliminaires produites, cher lecteur, je vous ouvre mon livre. Soyez indulgent pour sa forme, et pour les êtres fictifs que j'ai cru pouvoir y faire penser et agir, afin de rendre plus facile et plus claire l'exposition des vues nouvelles que je crois utile de soumettre à votre bienveillante attention.

Cependant, n'allez pas fermer le livre après la lecture de la première partie, dont vous trouverez, peut-être, à première vue, les propositions trop affirmatives. J'ai pris soin, au reste, d'en référer, en cours de travail, à des auteurs et à des professeurs estimés du public, et dont les ouvrages, appuyant mon texte en certaines de ses parties, sont soigneusement notés au bas de mes pages. J'aurais pu, par un artifice de rédaction, m'attribuer leurs idées, que l'étude, ou sous leurs yeux, ou privée, m'avait rendues familières. J'ai préféré citer succinctement leur texte même. Puis, je trouve dans ce parti, plus honnête, un appui solide pour m'abriter contre des contradictions, produites hâtivement avec l'assurance de réfuter facilement des opinions émanées d'une personnalité moins connue de public.

Pour conclure, l'auteur vous prie de lui accorder que ses êtres fictifs, en leur condition extra-humaine, ne pouvaient s'exprimer dubitativement dans la première partie.

La seconde partie : « *Contact avec l'Humanité* », et la troisième partie : « *Le Matérialisme* », où est formulée la critique des propositions avancées dans la première, vous édifiera sur la portée utile du Livre.

L'ÉPANOUISSEMENT
TERRESTRE

PREMIÈRE PARTIE
LES ORIGINES

I. — SUR LA TERRE

ANDRÈS. — Esprit sublime, dis-moi quelles sont ces ondes cosmiques, aux formes mobiles, qui flottent, tantôt lentes, tantôt rapides, à une hauteur que je ne puis apprécier.

PHONE. — Ah! tu les vois? — Ce sont des *Entités*, principes psychiques des habitants de mondes révolus, c'est-à-dire qui ont cessé d'exister matériellement. Elles assistent à l'épanouissement de la terre qui a ses Entités propres, ce qui fait que celles-ci ne sont pas tenues de participer par des incarnations au développement de la vie sur ta petite planète. Elles resteront dans cette situation passive jusqu'à la formation d'un monde nouveau, succédant dans d'autres conditions à celui-ci, qui sera détruit à son heure, comme maint autre l'a été avant lui. Alors leur activité sera utilisée de nouveau pour le But suprême.

Elles sont éloignées de toi de la distance d'environ dix diamètres de la terre.

Andrès. — C'est à peu près le tiers de la distance de la terre à la lune son satellite. Peuvent-elles descendre jusqu'à nous, communiquer avec nous, nous aider de leurs inspirations?

Phone. — Elles peuvent descendre, mais elles ne doivent pas influencer directement le libre arbitre des êtres qui habitent la terre. Placées là pour s'instruire par l'épanouissement de l'Intelligence d'ici-bas, elles sont témoins attentives, heureuses de cet enseignement, mais seulement témoins, car leur intervention, fût-elle même propice, fausserait par une répétition qui deviendrait bientôt très fréquente, l'épanouissement normal des êtres qui évoluent ici en toute liberté de sélection, dans la limite des lois qui ont réglé leur essor progressif.

A chacun son œuvre et sa responsabilité. La Morale universelle ne peut être assurée qu'à cette condition.

Andrès. — Mais moi, pourrais-je communiquer avec ces *Entités*?

Phone. — Je devine l'objet de ta convoitise. — Je puis te permettre d'approcher d'elles, mais non de les interroger pendant ta vie. — Pèse ces dernières paroles.

Aide-toi toi-même. Par la force de ta volonté, par la ténacité de ton désir, tu peux t'élever jusqu'au point qu'elles occupent, et les accompagner si elles se déplacent. Je te donnerai l'espace et la durée ; même par delà ta vie, s'il y a lieu, tu conserveras ta mémoire humaine. Tiens-toi vis-à-vis d'elles dans la réserve qui sied à une créature d'ordre inférieur vis-à-vis de ces créatures resplendissantes. Profite d'une circonstance favorable. L'une d'elles vient d'éclore et consulte son aînée. Écoute leur conversation et traduis-la, si tu veux, pour les hommes, mais laisse ici bas tes notions de distance et de temps, et surtout tes préjugés, utiles dans la société de tes pareils, chimères incommodes pour ton intelligence dans le nouveau milieu où tu veux aller. — Vas ; adieu.

Andrès. — Mais comprendrai-je leur langage ? Entendrai-je assez distinctement les...

Phone. — Tête dure, modelée par son hérédité humaine ! Oublie tout et ouvre ton âme. — Ce n'est pas un langage parlé que tu saisiras. Tu percevras les nuances de la pensée, comme tu sens le parfum muet des fleurs, comme tu jouis du sens mystérieux et intraduisible qui se manifeste par les intonations variées de la Musique.

Les *Entités* ne parlent pas, au sens humain que tu attaches à cette expression. — Elles pensent, et se transmettent leurs pensées par le contact, par des organes de stridulation dont les hommes ont déjà constaté l'existence rudimentaire chez les insectes, et notamment chez les fourmis, *le Lasius flevus* entre autres. — Ce contact transmet la pensée comme tu la transmets par la parole, et les nuances diverses de la pensée sont rendues par des modulations de contacts qui produisent chez les *Entités* une musique délicieuse dont je souhaite que tu puisses apprécier le charme enivrant. Ce que, dans ta Musique, tu nommes *plaisir* sur la Terre n'est qu'une excitation nerveuse morbide auprès de cette sensation. — Adieu. — Veux, tu feras.

Andrès. — Mais...

Phone. — Adieu... Je ne te répondrai plus.

Andrès. — Encore un mot... Un seul mot... Il ne revient pas à mon évocation. Dois-je obéir à son conseil, tâcher de pénétrer les mystères célestes?.. Oui, je le veux, je le veux... je le veux.

Je le veux !

II. — DANS L'ESPACE

Rose. — Blanche, je viens à toi. — Soutiens-moi. — A peine puis-je régler mon essor. — Que tes contours s'adaptent aux miens, que tes avis m'éclairent et me guident! Dis. — Que suis-je? Que sommes-nous? Que sont ces scintillations brillantes qui nous entourent de toutes parts, dont les unes sont stables, tandis que les autres se meuvent avec rapidité?

Blanche. — Rose, chère amie, domine ta surprise. — Tu vis depuis un instant d'une vie matérielle; tu entres dans le concert des êtres universels, et tu resteras comme moi, comme Azur, comme Opale, comme Saphir, comme la troupe nombreuse des Entités passives, dans cet état de passivité jusqu'à ce que Celui qui règle tout, nous ait appelées à de nouvelles incarnations dans un Monde qui n'existe pas encore. — Mais ne me presse pas sur ce sujet; sache seulement que, pour le présent, nous dépendons d'une planète vivante, à titre de témoins discrets de son développement.

Rose. — Quelle est donc cette planète qui nous tient sous sa dépendance?

Blanche. — C'est ce globe énorme et sombre, roulant devant nous à une distance égale à dix fois son diamètre, et que l'on appelle « La Terre ».

Rose. — Pourquoi n'est-il pas éclatant comme celui qui est placé derrière nous, et qui est beaucoup plus petit?

Blanche. — Le petit qui est derrière nous se nomme « Mars ». Il n'est éclairé que du côté qu'il nous présente, par cet autre, placé plus loin que la Terre dont il éclaire aussi le côté qui est opposé au côté sombre que tu as remarqué. — Ce globe radieux se nomme « Le Soleil ». Il est 1,400,000 fois plus gros que notre planète.

Je t'enseignerai plus tard les relations de distance et de grandeur des corps célestes, et l'aspect de l'espace étoilé changera et reprendra plusieurs fois celui qu'il offre en ce moment, avant que j'aie terminé ma nomenclature. Pour apprécier l'éloignement relatif des planètes et des étoiles et le temps de leurs révolutions, nous prendrons pour unité d'espace la distance de la Terre au Soleil qui est à peu près deux fois celle de la Terre à Mars, et pour unité de durée, le cycle accompli par la révolution générale, autour de nous, de l'espace étoilé dont les unités stellaires reprendront à peu près la même position relative entre elles que celle que nous observons en ce moment.

Mais comme nous dépendons de la Terre, je pense que ce qui t'intéresse le plus est de connaître d'abord les phases par lesquelles elle a passé depuis qu'elle a pris rang parmi les planètes, et que la Vie s'est manifestée à sa surface.

Rose. — Elle n'a donc pas toujours été dans l'état où nous la voyons maintenant?

Blanche. — Elle ne reste jamais en repos. Elle se transforme sans cesse et tout se transforme à sa surface avec une rapidité prodigieuse. — Vois comme elle court dans l'espace. Elle fera 25.765 fois (en nombres ronds 26,000 fois) le tour du Soleil, avant que l'unité de durée que nous avons prise tout à l'heure pour mesure du Temps, et que nous appellerons si tu veux un cycle stellaire, soit accomplie. Et de toutes les espèces végétales et animales qui l'habitent à cette heure, aucune peut-être ne survivra à cette unité de durée, qui n'est pas même un instant dans l'Éternité.

Rose. — A quelles fins ce mouvement vertigineux et ces changements sans relâche?

Blanche. — Peut-être les *Purs Esprits*, placés plus haut que nous dans la hiérarchie spirituelle, le savent-ils. Nous, humbles entités, nous ne le savons pas encore, car au degré que nous occupons, comme au-dessous de ce degré, on ne sait absolument rien sans l'avoir patiemment appris. Qu'ai-je vécu d'ailleurs, jusqu'ici? Un million de cycles stellaires, environ, et je sais peu de chose. J'ai vu naître des Mondes et j'en ai vu disparaître d'autres. J'ai vu se condenser cette petite planète, et j'ai assisté à toutes les phases de son développement. J'aime, j'adore ce spectacle, et j'y profite. Par lui, une seconde création se fait en moi à l'aspect de l'épanouissement de l'Intelligence sur la Terre; par le moyen de la succession des espèces animales, tout spécialement. Mes perceptions deviennent plus nettes; la raison des choses m'apparaît, toutefois d'une manière encore vague. — Dans dix millions de cycles stellaires, peut-être comprendrai-je clairement, mais je suis encore bien jeune.

Rose. — Blanche, qu'est-ce donc que ce pli dans l'Éther qui s'élève comme pour s'approcher de nous?

Blanche. — C'est une aspiration humaine qui nous épie pour surprendre le secret de Dieu qui nous est presque aussi inconnu qu'à elle-même. — Je l'avais déjà remarquée au moment de ton apparition. — Laisse-la faire. — Si elle recueille quelque chose de notre entretien, grand bien lui fasse. Il y a des choses inconnues, il n'y a pas de mystères.

Que toute notre sympathie, monnaie de la Bonté Universelle, l'accompagne et la soutienne dans son investigation!

Rose. — Blanche, tu m'enseigneras ce que tu sais, n'est-ce pas?

Blanche. — C'est mon devoir, chère Rose, et je n'y manquerai pas.

Rose. — Amie, je voudrais aller jusqu'à ces scintillations fixes, là-bas, à l'extrémité du Ciel.

Blanche. — Rose, il n'y a pas d'extrémités, ou de bornes à ce que tu appelles le Ciel, et que je nomme, moi, l'Espace.

L'Espace est infini, incommensurable. Par delà ce

que tu considères, il y a autre chose, puis autre chose, toujours autre chose, sans fin.

Comprends-moi bien : La forme de l'Espace ne peut s'édifier dans notre pensée, parce qu'une forme quelconque aurait des limites et que l'Espace ne peut en avoir.

Nous ne sommes pas assez savantes pour résoudre cette question, cependant elle n'est peut-être pas insoluble. Ainsi, je suppose, car ceci n'est qu'une supposition, que l'Espace peut n'être pas occupé dans toutes ses parties par des Mondes matériels semblables à ceux que nous considérons, et que tu nommes des scintillations fixes, fixité qui reste à démontrer; mais que les Mondes qui nous apparaissent dans une certaine étendue de l'Espace, la seule d'ailleurs pouvant tomber sous nos sens par l'entremise de la Matière, sont peut-être seulement des manifestations matérielles transitoires, ayant pour objet de faciliter l'éclosion, l'épanouissement et le perfectionnement de l'Intelligence, et que, lorsque l'Intelligence sera parvenue à une condition parfaite, alors la Matière, n'étant plus utile, retournera au Néant d'où Dieu l'avait tirée.

J'anticipe un peu, d'ailleurs. — Lorsque je t'aurai expliqué les périodes terrestres du développement de l'intelligence qui ont précédé celle-ci, et que nous en arriverons aux phénomènes psychiques actuels, qui sont vraiment fort intéressants, tu seras mieux en état de comprendre les explications que je te donnerai alors, et d'examiner avec fruit ce qu'a de vraisemblable mon opinion sur l'avenir de l'Univers.

Je reviens maintenant à ce que tu me demandais tout à l'heure :

Quant à nous transporter jusqu'aux étoiles fixes les plus éloignées, nous avons effectivement la faculté de nous déplacer avec la vitesse presque intégrale de la lumière, mais nous ne pouvons le faire que dans les limites permises. — Quelque ténue que soit notre enveloppe morphique elle est matérielle, elle ressortit à la Terre, dont nous dépendons pour le présent. — Nous pouvons nous rendre à sa surface, mais si nous la quittions pour nous en éloigner, dans un sens ou dans un autre, à une distance un peu plus du double de celle où nous nous tenons pour le moment, nous éprouverions un mal être qui nous incommoderait au point d'influer sur notre pensée et de gêner l'essor de nos organes de stridulation.

Dieu n'a pas besoin de défendre à la créature d'enfreindre ses lois, il la met dans l'impossibilité de le faire, ou le châtiment suit de près la transgression : Sur la Terre, où la Vie, la Vie Universelle se manifeste de tant de manières, chaque créature a pourtant son milieu, ses limites d'évolution qu'elle ne doit pas dépasser. — Telle plante ne peut naître et vivre que sous telle latitude. L'oiseau vole dans l'air, à des hauteurs déterminées pour ses diverses espèces, mais il ne pourrait voler jusqu'à nous, de même qu'il ne saurait vivre au fond de l'eau. Le poisson ne pourrait résider longtemps hors de l'eau sans périr.

Les espèces animales sont disséminées, parquées,

dans des zones caloriques auxquelles correspondent leurs organismes.

L'homme ne peut vivre que sous une pression atmosphérique extrêmement limitée. Un peu plus forte, un peu plus faible, toute son espèce serait détruite immédiatement.

L'état calorique a souvent varié à la surface de la Terre; les espèces végétales et animales successives y ont été dissemblables, beaucoup en raison de cette variation. Et la température changera encore, d'une manière très sensible. Alors toutes les espèces actuelles auront péri. Cependant la vie continuera à se manifester au moyen d'espèces adaptées à ce nouveau milieu, c'est-à-dire soumises, elles aussi, au respect des limites qui leur seront alors imposées. C'est le moyen, très simple, de maintenir chaque chose à sa place et d'assurer l'Harmonie Universelle; les exceptions sont des accidents, parfois des catastrophes, dont Dieu seul connaît la raison d'être.

Rose. — Permets-moi de te dire, Blanche, que je suis désagréablement impressionnée de notre dépendance de la Terre et des limites qui sont prescrites à mon ardeur d'investigation.

Blanche. — Un peu d'expérience et de réflexion, Rose, t'amenera vite à accepter l'idée de soumission aux lois qui régissent l'Univers. — La première considération qui te frappera d'abord, c'est, que tu le veuilles ou non, que tu ne pourras pas t'y soustraire. Tu as cependant toute liberté de l'essayer, à tes risques et périls. Tu y perdras peut-être, par la privation temporaire de la Vie, quelques cycles stellaires pour recommencer un noviciat nouveau. A ton aise, Rose.

Rose. — Oh! non, Blanche, je te crois. — Guide-moi, et pardonne à mon impatience.

Blanche. — Chère Rose, tu obéis à une aspiration bien conforme à notre nature et qui nous tourmente souvent, car nous sommes encore bien loin, les unes et les autres, de la sérénité céleste à laquelle nous tendrons peut-être toujours sans l'atteindre jamais, au moins au degré où nous sommes actuellement parvenues. Mais tu peux appliquer néanmoins toute ton ardeur, toutes tes facultés à l'étude de la Nature; il nous est loisible de l'interroger sans relâche; il n'y a à le faire ni culpabilité, ni même indiscrétion. La portée de nos facultés est consacrée par notre condition physiologique. Plus supérieurement organisées, nous pourrions nous déplacer à une distance plus grande de la Terre, mais je te le répète, notre organisation est encore matérielle; par là nous dépendons de cette planète, et tant que Dieu n'en aura pas ordonné autrement, en nous élevant dans l'échelle des êtres par une modification dont il a seul le secret, notre devoir bien compris est de nous conformer sans murmure aux lois du milieu dans lequel il nous est donné de vivre. — Efforçons-nous donc de le faire.

En attendant, modère, je te prie, la pression de tes contacts. Ils n'ont pas besoin d'être aussi prononcés pour que je te comprenne. La gamme des nuances de contacts est assez étendue; avec de l'attention elle est suffisante pour l'expression et l'échange des pensées les plus subtiles.

Rose. — Pourquoi me dis-tu cela, Blanche ? — Crains-tu que ma véhémence ne te soit une cause d'accident?

Blanche. — Non, Rose; notre forme cède à de plus hautes pressions et ne saurait être rompue par elles; mais pourquoi ces efforts inutiles qui sont une cause de gêne pour toi et pour moi?

Rose. — N'accuse que mon inexpérience et aussi ma sympathie pour toi, chère Blanche; mais j'y veillerai.

Veux-tu me faire connaître, dès à présent, l'histoire de notre Planète depuis son commencement jusqu'aux manifestations intelligentes qui s'y révèlent actuellement?

Blanche. — Certainement, Rose, mais pour te préparer à la conception de l'Intelligence, il est nécessaire de te faire connaître, d'abord les manifestations matérielles, vitales et physiologiques qui ont mis au point le champ favorable et indispensable à l'essor de l'Intelligence sur cette planète, car saches-le bien, Rose, sans la matière dûment organisée, la *Matière Organique*, comme nous l'appellerons, l'intelligence des Créatures terrestres n'aurait aucune faculté d'expression.

Prenons donc les choses dès le commencement. Ce spectacle est encore présent à mon souvenir.

Nous étions alors quelques *Entités* de même origine, principes psychiques d'un monde détruit dans les premières phases de son développement, cinq cent millions à peine, et nous avions pour mission d'assister à l'épanouissement de celui-ci qui était en formation, mais sans que nous fussions désignés pour y prendre part nous-mêmes, ce monde ayant déjà ses Entités propres dont nous devions respecter la liberté d'évolution. — Par ce motif nous nous tenions à une distance double de celle où nous sommes actuellement de notre planète, ou plutôt du conflit d'éléments qui allait devenir la Terre.

Notre anxiété était extrême. Ce globe en ignition allait subir des métamorphoses infinies, si nous en jugions par l'expérience élémentaire que nous avions acquise sur le Monde dont la destruction céleste nous avait séparés. Cette masse fulgurante d'une apparence homogène devait révéler des aspects, des propriétés, des créatures innombrables par ses révolutions incessantes auxquelles il nous était donné d'assister pour nous instruire.

Déjà des mouvements violents dans l'espace agitaient notre frêle enveloppe et des détonations continuelles accompagnaient les déchirements de la matière en fusion dont la surface plus sombre se couvrait d'une écume crépitante qui se refroidissait lentement.

Parfois des convulsions profondes secouaient cette surface encore molle et ductile, pour la pousser à des hauteurs considérables où elle s'arrêtait, d'abord frémissante, bientôt figée en longues chaînes de montagnes abruptes, tandis qu'aux environs du point où la poussée s'était produite, l'écorce s'affaissait d'une quantité correspondante, sollicitée à la chute par les vides occasionnés latéralement à cette poussée souterraine.

Souvent la croûte légère de la surface rocheuse éclatait seulement sur divers points et donnait passage à des gaz et à des flots de matière ignée dont les infiltrations ardentes dans les matières antérieures, relativement refroidies qu'elle baignait, produisaient, par *métamorphisme*, des corps doués de combinaisons, de propriétés et de colorations nouvelles.

Des vapeurs hydrogénées, dégagées de l'intérieur du globe par ces crevasses, se combinaient avec l'oxygène de l'atmosphère et formaient avec lui un nouveau corps : l'Eau, qui retombait en pluie diluvienne sur la périphérie de la planète, — l'Eau apportait son concours à l'œuvre d'épanouissement pour désagréger et pulvériser les roches qui avaient recouvert la surface du globe en fusion. — Les lignes tourmentées de ces roches offraient une condition favorable à l'action de cette eau bouillante, bondissant des sommets aux vallons dans une course impétueuse, puis, ressaisie par l'évaporation, renouvelant sans relâche son attaque furieuse de ce sol déchiré par de nouvelles éruptions de feux souterrains.

Çà et là apparaissaient, soit en gîtes métallifères, soit en filons, les premières productions métalliques en relations avec les actions ignées qui avaient cristallisé les argiles schisteuses, les matières arénacées et les grès primitifs produits de la désagrégation humide, en jaspes, en talc, en quartz, par des combinaisons chimiques innombrables.

Ce que dura cette période d'éruptions ignées, de madéfactions, de condensations de vapeur, de formations de terrains de cristallisation et de sédiment, je ne saurais le chiffrer. — Notre intelligence imparfaite, étrangère encore à tous calculs, ne nous permettait pas de nous en rendre compte. — Nous avions à faire notre éducation nous-mêmes, en même temps que s'organisait la planète dont nous dépendions.

A cet effet, nous remarquâmes avec la suite des temps que les figures qui formaient dans l'espace les groupes d'étoiles, s'allongeaient, se tordaient, se raccourcissaient, puis revenaient à peu près aux figures formant l'aspect initial d'un point de départ donné, et que, pendant ce cycle dont nous fîmes l'unité de durée que je te proposais tout à l'heure, notre planète avait fait le tour du Soleil un grand nombre de fois, tout en l'accompagnant dans sa marche. — Par des observations successives, nous pûmes établir que l'ensemble de ces révolutions autour du Soleil s'élevait à 25.765 pour un cycle stellaire. Dès lors nous eûmes un terme de comparaison que nous pûmes même fractionner pour nos calculs de durée, par les différences successives d'aspects, en 1/2, 1/4, 1/5, 1/10, suivant les occurrences.

Mais pendant ces tâtonnements, la première période de l'épanouissement terrestre était accomplie. La plus grande partie de la superficie du globe était maintenant couverte par les eaux, constellée çà et là de terres émergées, îles ou continents, suivant leur étendue relative. — Déjà ces mers et ces îles se couvraient d'une maigre végétation, et la Vie commençait à se manifester sur la planète.

Rose. — La Vie, chère Blanche, qu'est-ce que c'est que la Vie?

Blanche. — La Vie, chère amie, est une chose bien complexe. — Je vais néanmoins tâcher de te la faire comprendre !

Comme je te le disais tout à l'heure, sans la Matière l'intelligence des créatures terrestres n'aurait aucun mode d'expression ; mais la Matière n'est pas toujours dans un état propre à favoriser l'expression de l'Intelligence.

A la première période de la formation de la Terre, la matière primitive, déjà modifiée par l'action combinée du feu central, ayant d'abord produit les terrains de cristallisation, et de l'eau qui en avait dérivé les terrains de sédiment, la Matière était toutefois demeurée à l'état brut, inerte, bornée à cette production de pierres, de métaux, de métalloïdes, dissemblables entre eux par leurs compositions hétérogènes, et aussi par l'intensité calorique qui avait déterminé leur vitrification, plus ou moins dense, plus ou moins colorée, mais la Matière était toujours stérile, privée de Vie, et pour cette raison nous appellerons l'ensemble des corps sous l'aspect desquels elle se montrait alors à nous : *la Matière Inorganique.*

Sur cette base solidifiée, modifiée d'une manière permanente par des ruisseaux, des fleuves, des lacs, des mers, repris par l'évaporation et reversés sur le sol en pluies nouvelles, des germes innombrables, principes de *la Matière Organique*, furent répandus à profusion.

Rose. — Comment, Blanche, répandus à profusion! Ils ne sortaient donc pas du sein de la planète? Ces terrains de sédiment n'avaient donc pas produit ces germes?

Blanche. — Chère Rose, nous ne connaissons pas la genèse des germes à cette époque primitive, et ce n'est pas par ce que nous voyons actuellement de leur mode d'action, qui ne ressemble, d'ailleurs nullement à ce qui advint au *Commencement*, que nous en pourrions rien inférer : A la présente période, les germes de tous les produits des deux règnes organiques que je te décrirai tout à l'heure, sont issus des êtres de ces deux règnes qui ont cessé d'exister. De ces germes, les uns sont transmis directement par voie de filiation, les autres sont épars dans l'atmosphère ou jonchent le sol de la Terre, la pénètrent, la fertilisent, la repeuplent; en un mot, y entretiennent la Vie; mais au *Commencement*, de nombreux cycles stellaires se sont écoulés pendant lesquels nulle plante, nul animal n'existaient à la surface de la Terre.

Sans doute les cellules végétales et animales empruntent leurs éléments à la Matière Inorganique, qui comprend, parmi d'autres corps, l'Oxygène, l'Hydrogène, le Carbone et l'Azote, dont les cellules sont, pour leur majeure partie, composées; mais pendant de longs cycles stellaires, comme je viens de te le dire, ces corps sont demeurés stériles, et malgré toutes les combinaisons fortuites de ces corps entre eux, combinaisons qui n'ont pu manquer de se produire durant cette très longue période, jamais la Vie ne s'est révélée sur Terre de leur fait. — Aucune dépouille végétale ou animale n'en a témoigné l'existence dans les terrains primitifs.

C'est que la Vie peut seule donner la Vie, et que la Matière Inorganique ne la possédant pas, ne la pouvait transmettre. — L'Intelligence Suprême l'a donnée à la Terre à l'heure où la Terre était propre à la recevoir. — Telle est la seule explication sensée de ce fait immense. « *L'Apparition de la Vie sur la Terre,* » que la connaissance des successions géologiques permette d'accueillir.

Les premiers germes de vie répandus sur la Terre marquent l'origine de la Matière organisée, ou *Matière Organique*.

Cette Matière organique primitive était-elle apte à la manifestation intégrale de l'Intelligence? Pas encore. — Elle ne possédait pas le degré d'organisation qui lui donnerait la faculté spéciale d'entretenir la vie et d'assurer la reproduction de l'être matériel, détenteur de l'Intelligence pure, dans des conditions organiques assez parfaites pour que cette Intelligence pût s'épanouir, en toute liberté, en toute indépendance, sans le souci, presque sans la conscience des fonctions matérielles accomplies par le Corps, car le Corps doit être réduit à n'être qu'un assemblage passif d'organes au service de l'Ame, de l'Intelligence, et durant de longs cycles, la Créature, courbée vers la Terre, devait, pendant sa progression intelligente, appliquer principalement ses facultés à la satisfaction grossière de ses besoins matériels. — Cette période n'a pas encore pris fin; mais n'anticipons pas, et revenons à l'évolution progressive de la *Matière Organique*.

Tout d'abord elle prit un double aspect, de caractères assez indécis, mais qui, s'affirmant de plus en plus, en raison de l'apparition successive d'individus plus organisés, autorisa la division du Monde Organique en deux règnes, que nous dénommerons le Règne Végétal et le Règne Animal.

Pendant une longue période qui précéda cette division évidente, il nous fallut une grande application pour distinguer une plante d'un animal. Les cellules constitutives des individus de l'un et l'autre règne, semblaient posséder les mêmes propriétés. Issues toutes indifféremment du protoplasma, ou substance génératrice primordiale, masse gélatineuse et transparente, sans contours fixes, elles étaient, pour la plupart, pourvues de cils vibratiles qui leur permettaient de se mouvoir à l'état libre, et, par là, de s'associer et de rechercher leur nourriture.

Cette liberté, cette faculté de locomotion, que possédaient la plupart des cellules à l'origine, et qui devint, par la suite, l'apanage plus particulièrement caractéristique des animaux, les individus définis, issus de ces cellules des deux règnes, les perdirent pour se fixer les uns et les autres au sol ou à tout autre appui, les végétaux pour toujours, et les animaux primitifs jusqu'à l'apparition d'espèces plus organisées, car les premières espèces animales, spongiaires et corallières, pseudo-végétaux, vivent fixées sur place, ainsi que les espèces végétales.

C'est seulement lorsque apparurent des espèces plus organisées, comme je viens de te le dire, que leur division en deux règnes se manifesta d'une manière évidente, par les propriétés et les destinations spéciales de ces nouvelles espèces.

Procédons comme nous avons déjà fait, en nous élevant du plus simple au plus complexe, et commençons par l'organisation des Végétaux, moins élevés que les Animaux sur l'échelle du Monde Organique.

Les cellules végétales, issues du protoplasma, produisent consécutivement d'autres cellules qui, s'ajoutant aux cellules primordiales, forment, les unes en s'enfonçant dans le sol, les racines de la plante; les autres, par une direction ascendante, forment la tige, le bois, l'écorce, les bourgeons, les feuilles, les fleurs, primeure expression de grâce et de beauté, composées de calices, sépales, corolles, pétales, étamines, pistils; puis le fruit, avec sa pulpe savoureuse, parfumée par une substance aromatique propre à chaque fruit; enfin l'organe reproducteur de la plante, l'embryon, successivement acotylédoné, cotylédoné ou dicotylédoné, suivant les époques, et aussi suivant les espèces, dont les organes générateurs se montrent, tantôt à l'intérieur, tantôt à l'extérieur de la plante, comme pour enseigner que la Nature ne connaît pas de règles étroites et exclusives, et qu'elle peut varier à l'infini la gamme de ses productions, sans préjudicier à l'utilité qui en doit résulter toujours.

Je t'indiquerai de nombreux exemples de cette diversité dans la localisation des fonctions essentielles, aussi bien chez les animaux que chez les végétaux.

Rose. — Blanche, explique-moi, je te prie, comment les cellules peuvent former, ou le bois, ou la fleur, ou le fruit de la plante? Elles ne sont pas de compositions identiques, alors? Du moins, on pourrait le supposer.

Blanche. — Chère Rose, je ne sais rien, nous ne savons rien des lois qui règlent les évolutions de la cellule. A quoi pourrait-on reconnaître que telle cellule est destinée à produire ou le bois, ou la feuille, ou la fleur, ou le fruit, avec des consistances, des couleurs, des émanations différentes, tout en procédant d'un générateur commun : la cellule primordiale? Nous l'ignorons.

Nous ne constatons jamais que des faits accomplis, et les causes, les évolutions du *Métamorphisme créateur* restent le secret de Celui qui les a ordonnées avec une abondance et une variété d'aspects, dont la recherche d'origine n'est point interdite, mais dont la constatation seule est à notre portée, au moins jusqu'à présent.

Cependant, la Plante, toute merveilleuse qu'elle paraisse, ne représente, en définitive, qu'une nouvelle progression dans l'épanouissement *matériel* de la Planète. Cette progression est la première, il est vrai, qui soit intervenue dans le Monde Organique, néanmoins *l'Intelligence* en est encore absente, car si la Plante peut se nourrir, s'accroître, se reproduire, elle ne peut se mouvoir, se transporter de toutes pièces d'un lieu à un autre ; elle ne peut manifester *le Sentiment ou la Volonté*. La Vie qui lui est propre n'est que la *Vie végétative*.

La plante est destinée à fournir aux Animaux, représentants supérieurs du Monde Organique, ses abris maritimes ou terrestres, la pâture de ses rameaux, de ses feuilles et de ses fruits, mais, pourvoyeuse passive, elle prodigue ses abris, ses sécrétions alimentaires et médicinales, avec inconscience.

La Vie supérieure, c'est la *Vie consciente*. — Elle est l'apanage du *Règne Animal*.

Rose. — Comment la Vie supérieure, la Vie consciente ne résulte-t-elle pas de la Vie végétative? Cela me semblerait tout indiqué, cependant.

Blanche. — Si la Vie consciente procédait de la Vie végétative, elle serait de la même nature qu'elle ; elle serait matérielle comme elle ; et toutes leurs évolutions parallèles montrent, au contraire, qu'elles sont de natures différentes.

Pour me poser ta question, il faut que tu n'aies pas bien compris tout ce que je t'ai fait précédemment connaître. Rappelle-toi que, pour base, pour préparation au Monde Organique, il a fallu que le Monde Inorganique fût d'abord constitué. De même, la première expression du Monde Organique : le Règne

Végétal, la Vie inconsciente, servit de base, d'appui, à la deuxième expression du Monde Organique : le Règne Animal, la Vie consciente, la Vie intellectuelle.

Quoi qu'il en soit de leur contemporanéité d'apparition, le Végétal s'est arrêté à la Vie végétative; l'Animal s'est élevé à la Vie consciente, à la Vie intellectuelle, parce qu'il a reçu *l'Intelligence*, qui était déniée à la Plante.

Et pour qu'il ne te reste pas le moindre doute à cet égard, sache que l'Animal possède en lui ces deux vies, et qu'elles sont localisées séparément chez lui, afin de prouver, s'il était nécessaire de le faire, que ces deux vies sont d'essences différentes; qu'elles évoluent à des fins différentes.

Les animaux supérieurs, chez lesquels le système nerveux se présente dans le plus grand état de développement jusqu'ici, en fournissent, très évidemment, tous les exemples désirables.

Rose. — Que de merveilles!.. Et comment ces deux vies différentes évoluent-elles ensemble chez l'animal supérieur? Comment peut-on constater, en outre, leurs évolutions spéciales dans leur vie collective?

Blanche. — Nous anticiperons un peu sur l'ordre des faits; mais je veux, dès à présent contenter ta curiosité sur ce point.

Je t'ai dit qu'à *l'Animal* était exclusivement dévolu *l'Intelligence*. A quel moment de sa vie végétative, l'incarnation de l'intelligence a-t-elle lieu?

Quoique les mouvements embryonnaires dans le ventre de la mère, ressortissent essentiellement à la vie végétative, cependant certains mouvements volontaires du fœtus, pendant la gestation, révèlent des faits ressortissant à la vie consciente et il est sûr par là que l'intelligence existe déjà dans la vie intra-utérine, mais non pas, peut-être, pendant sa durée intégrale, c'est-à-dire depuis la conception.

Il est certain toutefois que la vie extra-utérine manifeste, dès la première heure, l'existence de la vie consciente, par conséquent on peut dire, au moins pour cette période, que la vie consciente et la vie végétative y sont contemporaines.

Leurs deux modes d'existence sont dissemblables : La Vie végétative vient au monde avec l'intégralité de son bagage héréditaire; la Vie consciente avec l'ignorance absolue de son nouveau milieu. Elle a tout à y apprendre, mais elle a la conscience, l'intelligence; elle pourra apprendre ce que savent tous les hommes, et elle pourra, en outre créer des idées et imaginer des rapports auxquels nul homme n'aura pensé avant elle. — La Vie végétative, au contraire, a toute sa valeur innée, qu'elle exercera de plus en plus complètement au fur et à mesure du développement de ses organes matériels; mais, réduite à ses propres moyens, elle resterait stationnaire, à quelques légères modifications près, résultant de l'action que les circonstances extérieures, agréables ou pénibles, exerceraient sur elle.

Je réponds maintenant à ta question : Comment ces deux vies évoluent-elles ensemble chez l'animal supérieur?

Elles s'influencent l'une l'autre, par des actions de valeurs inégales.

La Vie végétative, au service de la Vie consciente, influence celle-ci favorablement, par son état de santé, de bien-être, d'obéissance organique, rapide et *silencieuse*, à ses moindres désirs. Tant vaut le corps, tant vaut l'esprit. « *Mens sana in corpore sano* » (1).

La Vie intellectuelle accroît les facultés innées de la Vie végétative, en qualité et en quantité. En qualité, elle affine, par l'attention, par la réflexion, des facultés un peu abruptes, un peu confuses, dont l'état grossier servirait mal ses visées intellectuelles. — En quantité, elle enseigne à la Vie végétative des procédés nouveaux, créés de toutes pièces ou perfectionnés par l'intelligence. — Par une répétition incessante des mêmes moyens d'exécution, elle engendre *l'habitude*, qui fait passer ces procédés nouveaux dans les agissements automatiques de la Vie végétative, et augmente d'autant chez elle la richesse organique que celle-ci devra transmettre aux nouveaux êtres de l'espèce, par l'hérédité.

A la mort de l'Animal, la Vie consciente reprend sa liberté pour de nouvelles incarnations, mais la Vie végétative est détruite, et avec elle toutes ses facultés matérielles héréditaires sont anéanties. Ce serait une perte énorme pour l'avenir des êtres, si la Nature n'avait en réserve un stock immense de ma-

---

(1) Juvénal, *Satire* X, 356.

tière organique, dont, il est vrai, toute l'éducation est à faire.

La filiation prévient ces ruines par la transmission des acquisitions héréditaires. Les races qui assurent cette transmission, en obéissant aux injonctions de la Nature, acquièrent par là une plus grande valeur et une plus grande puissance que les races où l'individualisme égoïste, en faveur chez elles, s'oppose à la génération.

Rose. — Tu dis, Blanche, qu'à la mort de l'Animal, la Vie consciente reprend sa liberté pour de nouvelles incarnations : Explique-moi ce point : Comme elle s'incarne chaque fois avec l'ignorance absolue de son nouveau milieu, et qu'elle a toujours tout à y apprendre, je me demande ce qu'elle gagne à ses incarnations successives.

Blanche. — Tes questions à bâtons rompus interrompent souvent l'ordre logique de mon exposé. Néanmoins, je vais encore répondre à celle-ci. Je reviendrai ensuite aux manifestations de la Vie matérielle.

La Vie consciente a peu de souci de la Matière. — La Matière ne lui est utile que comme moyen d'expression.

A chaque incarnation, elle peut se trouver dans un milieu matériel nouveau. De là la nécessité de tout y apprendre des mœurs de convention qui y prédominent, en nombre et en autorité, sur la pratique des vérités naturelles, afin de remplir correctement ses devoirs de relations avec les autres incarnées qui sont ses contemporaines dans ce milieu matériel nouveau.

Elle se préoccupe de la Matière comme moyen de relation avec le Monde extérieur, par les impressions sensorielles, et aussi comme moyen de rapports avec la Vie végétative, son outil, son esclave; qui la sert d'autant mieux qu'elle est plus perfectionnée. A cette fin, elle la dote de procédés ingénieux nouveaux que, par de nombreuses répétitions d'exécution, *elle convertit en habitudes* dans les agissements automatiques de la Vie végétative. Celle-ci ne saurait les pratiquer autrement, et parfois même, les ayant laissé tomber en désuétude, elle fait de nouveau appel à la Vie consciente, à l'Intelligence, pour les ressaisir.

Débarrassée de cette étude fastidieuse, de cet auto-dressage, la Vie consciente se livre, en pleine liberté, à toutes ses méditations, à toutes ses aspirations subjectives, son but, sa destination ineffable, sans beaucoup d'égard pour ce corps périssable, ce *locus standi* banal de son incarnation présente.

La Vie consciente s'incarne pour s'épurer; pour élever son expression intellectuelle; pour se dépouiller de toute vue étroite; pour rechercher, épandre le bonheur dans l'amour des entités humbles ou supérieures avec lesquelles son existence transitoire la peut mettre en contact; pour tâcher d'approcher de Dieu par la pratique de la Bonté suprême.

A chaque incarnation, si elle perd la mémoire des faits généraux de sa dernière vie matérielle, elle a du moins le sentiment des liaisons affectives qu'elle y a formées, et du progrès obtenu dans sa voie de perfectionnement. — Voilà ce qu'elle gagne à ses incarnations successives.

Maintenant, si elle défaille en route, si elle se laisse prendre aux pièges de la Matière, comme elle a agi ainsi de son libre arbitre, elle est responsable de ses actes, et elle en subit les conséquences, au moins par un retard, court ou prolongé, dans son évolution progressive.

Revenons aux manifestations de la Vie matérielle. Voyons, pour répondre à ton autre question, comment on peut constater que les évolutions de la Vie consciente et celles de la Vie végétative sont spéciales et distinctes, dans leur vie collective?

Pour la clarté de mon explication je continuerai à prendre mes exemples chez les animaux supérieurs, et l'homme étant le plus organisé d'entre eux, me fournira, avec la connaissance des fonctions animales, le type de la localisation séparée de la vie végétative et de la vie consciente ou animale.

« Les fonctions des animaux se rapportent à deux objets : la conservation de l'individu, et la conservation de sa race; mais pour les premières, il est une distinction importante à établir : les uns servent à assurer l'entretien et l'accroissement du corps, les autres à mettre l'animal en relation avec les êtres qui l'environnent.

« Il en résulte que les fonctions ou actes des animaux peuvent se diviser en trois grandes classes, savoir : *les fonctions de nutrition, les fonctions de reproduction*, et *les fonctions de relation*. Les fonctions de nutrition et de reproduction, ainsi que nous l'avons déjà vu, sont communes aux plantes et aux animaux, aussi leur donne-t-on le nom collectif de *fonctions de la vie végétative*, mais les fonctions de relation n'existent que chez ces derniers, et constituent ce que les physiologistes appellent *la vie animale* (1). »

« Les principaux tissus organiques des animaux sont au nombre de quatre, savoir : les tissus cellulaire, utriculaire, musculaire, et nerveux (2). »

« *Le tissu musculaire* constitue ce que l'on nomme vulgairement *la chair* des animaux; il est l'agent producteur de tous leurs mouvements, et consiste toujours en fibres susceptibles de se raccourcir. Quelquefois ces fibres sont, pour ainsi dire, disséminées dans la substance des organes; d'autres fois elles sont rassemblées en masses et forment des muscles; mais quelle que soit leur disposition, on les distingue toujours par leur faculté contractile, et dans le corps de l'homme, de même que chez la plupart des animaux, on les rencontre partout où il y a des mouvements à exécuter (3). »

« Dans l'homme et dans tous les animaux qui s'en rapprochent le plus, l'appareil nerveux se compose

---

(1) Milne Edwards, *Zoologie*, 10ᵉ édition, Paris, Garnier, 1867, p. 17.
(2) *Op. cit.*, p. 13.
(3) *Ibid.*, p. 15.

de deux parties appelées : *système nerveux de la vie animale*, ou *cérébro-spinal*, et *système nerveux de la vie végétative*, ou *ganglionnaire*. La partie centrale du système cérébro-spinal est souvent désignée sous le nom *d'axe cérébro-spinal* ou *d'encéphale*. Elle se compose essentiellement du cerveau, du cervelet et de la moelle épinière, et est logée dans une gaîne osseuse formée par le crâne et la colonne vertébrale ou épine du dos (1). »

« Le *système nerveux ganglionnaire*, appelé aussi *nerf grand sympathique*, ou *système nerveux de la vie végétative*, se compose d'un certain nombre de petites masses nerveuses bien distinctes mais liées entre elles par des cordons médullaires, et de divers nerfs qui vont s'anastomoser avec ceux du système cérébro-spinal, ou se distribuer dans les organes. Ces centres nerveux portent le nom de *ganglions* (2). »

« Le système du nerf sympathique, ou ganglionnaire, est le grand moteur, le grand régulateur des fonctions organiques, de ce que l'on appelle souvent *la vie végétative*, par opposition avec la *vie animale* à laquelle commande le système nerveux cérébro-spinal (3). »

« Le tissu musculaire se développe aux dépens du feuillet moyen du blastoderme.

« Il présente chez l'homme et les animaux supé-

---

(1) Milne Edwards, *Zoologie*, 10ᵉ édition, page 139.
(2) Milne Edwards, *op. cit.*, pp. 149, 150, 151.
(3) Paul Bert, *Leçons de zoologie*, Sorbonne, Paris, Masson, 1881, p. 432.

rieurs deux éléments d'aspect bien différent au point de vue histologique. Tantôt il affecte la forme de cellules allongées, fusiformes, d'apparence homogène; tantôt celles de filaments longs, d'un certain volume, à striation transversale.

« Les muscles qu'ils constituent portent respectivement les noms de muscles *lisses* et de muscles *striés*, entre lesquels il n'existe pas de différence absolue. En effet, nous trouvons dans le règne animal un grand nombre de formes intermédiaires entre ces deux espèces; de plus, ces deux formes du tissu musculaire ont des origines tout à fait semblables. Chez les animaux inférieurs on n'observe que des fibres *lisses;* les fibres *striées* n'appartiennent qu'aux organismes plus parfaits. Celles-ci se contractent avec rapidité et énergie les fibres lisses avec lenteur et mollesse. *Le muscle strié* est soumis à l'empire de la volonté (vie consciente); le *muscle lisse*, au contraire, se contracte involontairement (vie végétative). Les fibres du cœur (appareil de circulation) sont les seules qui, par leur striation transversale, fassent exception à cette règle des muscles striés, et soient indépendants de notre volonté (1). »

Voilà quels sont, localisés différemment, les principaux éléments de la Vie végétative. Voici maintenant quelques faits physiologiques démontrant l'indépendance de leurs évolutions :

« Ablation du cerveau. »

(1) H. Frey, *Précis d'histologie*, Paris, Savy, 1886, p. 118, 119.

« Après l'ablation de tout ou partie d'un hémisphère, les troubles dans la locomotion ne se manifestent que chez l'homme et les mammifères supérieurs. Chez les autres vertébrés, il semble qu'il n'y ait rien de changé. Bien plus, la suppression du cerveau tout entier ne paraîtrait pas, à un observateur superficiel, avoir beaucoup modifié l'animal.

« Une grenouille sans cerveau se tient congruement accroupie sur ses quatre pattes; si on la pince, elle saute en criant; si on la jette à l'eau, elle nage; si à la surface du vase elle rencontre un corps flottant, elle grimpe dessus et s'y repose. Si on lui met sur le flanc une goutte d'acide qui la brûle, elle se gratte avec la patte postérieure du même côté; coupe-t-on cette patte, elle s'efforce avec celle du côté opposé de soulager le point douloureux.

« Un pigeon qui a subi la même opération se tient à son perchoir, et s'y cramponne quand on le fait osciller; il tressaute aux bruits violents, suit des yeux une lumière qui tourne; jeté en l'air, il vole régulièrement; si on lui porte du grain dans l'arrière-bouche, il l'avale, le digère, s'en nourrit; si bien qu'on peut, avec des soins suffisants, le garder vivant des mois entiers.

« Un chat nouveau né ainsi mutilé, crie en agitant les pattes quand on le pince, et tette avidement le doigt qu'on met dans sa bouche; mais les mammifères meurent toujours des suites de cette affreuse blessure.

« En un mot, tous les actes qui concourent à la nutrition : respiration, circulation, digestion, absorption, sécrétion, élimination, s'exécutent régulièrement sans cerveau. Il en est de même pour tous les mouvements qui mettent l'animal en relation avec le monde extérieur, et auxquels le cerveau commande ordinairement.

« Qu'y a-t-il donc de disparu ? — Ce qui fait l'animal même : l'intelligence, la volonté.

« Cette grenouille et ce pigeon, que vous conserverez en vie, resteront éternellement immobiles, si aucun excitant extérieur ne vient les troubler. Le pigeon, jeté en l'air, volera droit devant lui, sans souci des obstacles, et il ira jusqu'à ce qu'il se heurte, ou que ses ailes fatiguées refusent le service. La nourriture qu'il avale quand on la lui enfonce dans l'arrière-bouche, il est incapable de la chercher, de la saisir spontanément. Il n'y a plus là que la machine-pigeon, que la machine-grenouille ; l'animal, le mécanicien, n'y est plus.

« Ces expériences et les milliers de faits de l'observation pathologique le prouvent : ce sont les hémisphères cérébraux qui sont les organes immédiats par lesquels l'intelligence agit sur le corps, lui commande, le dirige. Et, plus spécialement dans le cerveau, c'est la substance grise, c'est l'amas des cellules cérébrales, auquel est dévolu ce rôle capital. Toute lésion de cette région importante retentira sur l'intelligence, et il en sera de même pour les lésions des parties qui mettent régulièrement en rapport les unes avec les autres, par une action harmonique et commune, les divers points des hémisphères. Réciproquement, toute altération de l'intelligence concorde avec ces diverses et si variées lésions cérébrales (1). »

Tu vois, par ce que je viens de te dire, que la Vie consciente et la Vie végétative sont expressément localisées chez l'animal et que leurs évolutions sont indépendantes. Elles sont indépendantes à ce point, chez la Vie végétative notamment, qu'après la disparition de la Vie consciente, la Vie végétative, conservant tous ses organes, vivrait encore longtemps si elle pouvait entretenir cette vie elle-même. Elle est donc demeurée entière, la disparition de la Vie consciente ne l'ayant privée d'aucune de ses parties essentielles, mais la vie intégrale qu'elle possède, elle ne pourrait l'entretenir elle-même, parce qu'elle n'est, physiologiquement, qu'une automate, et rien de plus, puisque dans les exemples de la grenouille et du pigeon que je t'ai donnés, une intelligence étrangère remplaçait auprès d'eux l'intelligence qu'ils avaient perdue, et sans laquelle ils ne pouvaient entretenir leur vie qui, par le fait d'une inertie incurable, s'arrêterait aussitôt que son stock vital circulatoire serait épuisé.

Quand la Vie végétative s'éteint la première, c'est-à-dire, par exemple, à la suite d'un accident dans l'appareil de la circulation dont l'organe principal est

---

(1) Paul Bert, *Leçons de zoologie*, Sorbonne, Paris, Masson, 1881, pp. 387, 388, 389.

le cœur, la Vie consciente cesse aussitôt, mais cet accident ne peut être considéré comme fournissant la preuve de la dépendance de la Vie consciente envers la Vie végétative, au sens que l'on donne à une dépendance acceptée et réciproque : la Vie consciente ne pouvait se manifester normalement qu'au moyen d'un appareil compliqué, sain et asservi à sa volonté. Dès que cette condition *sine qua non* cesse d'être remplie par la Vie végétative, l'association se désagrège par force majeure; chaque partie garde son apport : la Vie consciente son intelligence, la Vie végétative, son appareil détraqué, *désormais sans autre valeur que celle de sa matière inorganique;* car, moins bien partagé que le Végétal sous ce rapport, l'Animal automatique ne peut jouir de la Vie végétative sans le concours de l'intelligence, et toutes ses richesses *organiques* sont détruites après que celle-ci l'a abandonné. Parvenu plus haut que le Végétal dans l'évolution biologique, sa chute est plus profonde.

Nous ne nous entretenons ici que de l'animal biologique à l'état sain, bien entendu. La destruction, partielle ou intégrale d'organes mentaux, par maladies ou blessures, font du pauvre être frappé une non-valeur mentale qui peut végéter longtemps sans utilité pour lui ou pour les autres, et dont l'existence n'est entretenue que par un sentiment de compassion, très louable chez ses semblables.

Je ne pense pas qu'il te soit rien resté de ton idée que la Vie consciente pouvait résulter de la Vie végétative; tu comprends bien, maintenant, qu'elles ne sont pas de même nature, car la Vie consciente ne pourrait procéder de la Vie végétative sans être matérielle comme elle, tandis qu'au contraire toutes les facultés spéciales par lesquelles l'Intelligence se manifeste, montrent que ses préoccupations s'appliquent le plus souvent à d'autres concepts que la *Matérialité*, comme plus conformes à sa nature idéale.

L'analyse des expressions comparées de ces deux vies, le fait ressortir d'une manière évidente.

Quels sont les incidents de la Vie végétative ? Celles, exclusivement, qui accompagnent les faits caractéristiques de la Nutrition, de la Circulation, et de la Reproduction de l'être; toutes matérielles et automatiques.

Quelles sont les manifestations propres à la Vie consciente ? Celles qui incombent aux fonctions de Relation, d'une part; celles qui satisfont aux aspirations de l'Intelligence, d'autre part; toutes mentales : l'Attention, la Réflexion, l'Association des idées, la Mémoire, l'Imagination, le Jugement, la Volonté, la Motricité volontaire; toutes psychiques.

La Vie consciente commande et dirige le corps, comme nous venons de le voir; elle le met en relation avec le monde extérieur, mais son action ne se borne pas à ces faits utilitaires pour le corps, faits qui suffiraient aux besoins de l'animal, complété, perfectionné par le concours de la Vie consciente. Lorsque dans l'espèce supérieure, l'espèce humaine, encore bien imparfaite, mais parvenue à une distance intellectuelle immense des espèces qui l'ont précédé, la

Vie végétative se montre déjà assez organisée pour laisser une grande marge à l'Intelligence, celle-ci aspire à une indépendance complète, et, dans bien des cas, s'est montrée si indifférente, si *détachée* même, selon une expression très juste, de ce corps matériel, son appui, son moyen d'expression indispensable cependant, que toute à ses aspirations intellectuelles, saines et fortes, elle a pu amener la destruction de ce corps, par la négligence qu'elle avait apportée à sa conservation.

Et souvent les passions mentales, toujours dommageables quand elles sont excessives, c'est-à-dire réfractaires aux préceptes de la raison, apportent leur contingent de perturbation, qui pourrait peut-être, à lui seul, déterminer cette ruine corporelle prématurée. Les chagrins, de même, ont une action nocive.

Si la Vie consciente n'était qu'un perfectionnement graduel de la Vie végétative, elle évoluerait dans une unité d'action avec cette dernière, par un effet de leur communauté d'origine; mais le contraire est la vérité, car l'antagonisme que la Vie consciente manifeste contre la Vie végétative, lorsqu'elle se livre à des préoccupations ardentes dont les effets sont préjudiciables à l'hygiène du corps, ne saurait être que l'expression d'une nature opposée à celle de la Vie végétative.

D'ailleurs, si la Vie consciente était un perfectionnement de la Vie végétative, comment le Végétal ne l'aurait-il pas déjà réalisé de son côté, complètement ou partiellement, durant la longue période écoulée depuis son apparition? Dirait-on que le système nerveux lui faisant défaut, il ne peut posséder la Vie consciente? Si la Nature n'avait expressément réservé cette dernière à l'Animal, eût-elle manqué de moyens appropriés pour en doter le Végétal? Nous savons combien elle varie ses combinaisons dans la Vie Organique, où les organes n'ont pas toujours une contexture et des emplacements relatifs absolus, dans les espèces et chez les individus des deux règnes végétal et animal.

Il n'y a chez le Végétal aucun exemple d'un antagonisme semblable à celui que nous relevons ici entre les facultés mentales et végétatives de l'Animal. D'abord, par une bonne raison, c'est que le Végétal n'a que la Vie végétative. En fait, chez le Végétal, rien ne trouble l'unité de son évolution, et les causes de perturbation et de destruction qui le menacent viennent de l'extérieur.

Observons combien la Nature a accumulé les précautions les plus nombreuses, les plus délicates, les plus habiles, pour la conservation de l'individu au moyen de la Vie végétative. Comment donc un antagonisme a-t-il pu se produire entre leurs deux vies chez les animaux, en y contrecarrant les vues de la Nature pour la conservation de l'individu?

C'est parce que la Vie consciente, l'Intelligence, a son existence et sa préoccupation propres, et qu'elle est supérieure à la Matière, puisque chez les animaux les plus organisés, où elle en règle plus évidemment l'essor rationnel, elle plie la Matière, même aux dépens de celle-ci, à l'usage de ses manifestations intellectuelles, *Mens agitat molem* (1).

Il faudrait nier la lumière pour le méconnaître, et ici l'inconnaissance du but poursuivi par l'Intelligence est en dehors de la question, et ne peut autoriser la négation de ce fait évident : — La Vie consciente et la Vie végétative ne sont pas de même nature, et n'ont pas les mêmes destinations.

Rose. — Dis-moi, Blanche; les animaux supérieurs sont-ils les seuls qui possèdent concurremment la vie consciente et la vie végétative?

Blanche. — Non, Rose; mais c'est chez les animaux supérieurs qu'il est le plus facile de constater le régime de ces deux vies juxtaposées. Chez les animaux inférieurs elles existent également toutes deux, sans doute, mais il m'eût été plus difficile de me faire comprendre de toi sur ce sujet, par leur intermédiaire. Sache seulement que, chez quelque animal, aussi bas qu'il soit placé dans l'échelle des êtres, où tu pourras constater un mouvement, un acte, qui soit *l'expression certaine de la Volonté*, tu pourras admettre l'existence de la Vie consciente, mais à un degré correspondant nécessairement au degré de développement organique de cet animal.

Rose. — Quoi, l'Intelligence, la Vie consciente, même chez les Protozoaires, chez les Animalcules?

Blanche. — Écoute! Quel est le motif restrictif qui influence le plus tyranniquement l'esprit, sur son

---

(1) Virgile, *Énéide*, VI, 727.

acquiescement à l'octroi de l'intelligence aux Animalcules ?

Rose. — Je ne le sais pas.

Blanche. — C'est une pensée erronée : C'est la pensée de *l'infiniment petit*. Cette pensée est spéciale à l'Homme. Les autres animaux n'ayant pas l'intelligence subjective, ne peuvent s'élever jusqu'aux vérités transcendantes ; ils ne sauraient, par conséquent, connaître des erreurs de jugement qu'une faiblesse intellectuelle peut engendrer sur elles.

La Nature ne connaît pas *l'infiniment petit*. De même, il ne peut pas exister d'infiniment petit pour l'Intelligence. Les mesures de l'espèce humaine, assorties à ses sens imparfaits, n'importent pas, dans les spéculations de la philosophie naturelle.

Les exemples de Vie consciente chez les animalcules sont innombrables. Je t'indiquerai seulement les suivants :

« L'Amibe est capable de distinguer les éléments nutritifs de ceux qui ne le sont pas ; à cet acte de discernement correspond un acte unique adapté : elle est capable d'entourer et d'absorber les éléments nutritifs, tandis qu'elle rejette les autres.

« Quelques organismes unicellulaires, protoplasmiques sont capables de discerner la lumière de l'obscurité, et d'adapter leurs mouvements de façon à rechercher l'une et à fuir l'autre (1). »

---

(1) Romanes, *l'Évolution mentale chez les animaux*, Paris, Reinwald, 1884, p. 43.

On pourra discuter sur ces faits pour tenter de les rapporter à la Vie végétative, mais voici d'autres faits très remarquables, relevés chez des infusoires, où l'existence de la Volonté et du Calcul mental sont incontestables :

« Je me rappelle avoir vu un petit rotifère d'une espèce fort commune (le corps en forme de coupe, la queue douée d'une grande agilité et se terminant par une pince puissante) en saisir un autre, de taille supérieure, par le côté et s'y attacher au moyen de sa pince. Aussitôt, grand déploiement d'activité de la part du grand rotifère; s'élançant de droite et de gauche avec son fardeau, il finit par rencontrer un brin d'herbe, l'empoigne solidement avec sa pince puis se livre à une série de mouvements remarquables dans le but évident de se débarrasser de son adversaire. Rien de plus propre à obtenir ce résultat que ses sauts de-ci, de-là, d'une vigueur et d'une brusquerie étonnantes; mais, je me demandais comment la pince ou la queue y résisteraient. Le petit rotifère, de son côté, n'était pas moins surprenant dans sa ténacité; malgré des secousses à le réduire en morceaux, il se maintenait à son poste. Cela dura ainsi quelques minutes pendant lesquelles il dut se dépenser une quantité d'énergie énorme pour de si minimes créatures; après quoi le petit rotifère fut rejeté avec violence. Il revint bien à la charge, mais sans réussir à saisir son adversaire. On ne saurait rien imaginer de plus intelligent que toute cette scène, et si nous pouvions nous en rapporter aux seules apparences, cette observation me suffirait pour croire ces organismes microscopiques capables de décision consciente (1). »

Ne nous attardons pas à nous demander ce qu'il faut de plus à l'observateur que ces *seules apparences*, qui sont *les faits eux-mêmes*, pour admettre l'intelligence chez ces animalcules.

Peut-être avait-il la préoccupation de *l'infiniment petit;* peut-être était-il contenu par les préjugés souverains de son milieu savant, avec lesquels il faut toujours compter, sous peine de paraître un esprit dangereux, dans un monde où l'orgueil règne souvent en maître.

Voici un autre exemple; je prends le plus remarquable : « Un soir (c'était le 2 juin 1858, à Bombay), tandis que j'examinais des *englènes* au microscope, mon attention fut attirée par une *acineta* triangulaire pédonculée *(A. mystacina)* dont une *amoeba* faisait le tour avec l'allure particulière à cet être lorsqu'il est en quête de nourriture. Sachant que les tentacules de *l'acineta* ne sont point du goût de la plupart des infusoires et de *l'amoeba* entre autres, je me sentais assuré en tout cas que cette dernière ne songeait pas à dévorer sa voisine. Mais quel ne fut pas mon étonnement lorsque je la vis grimper le long de la tige et s'enrouler autour du corps de l'acinète! Cette marque d'affection ressemblait trop à ce qui se passe si sou-

---

(1) Romanes, *l'Intelligence des animaux*. Paris, Félix Alcan, 1887, t. 1, pp. 16, 17.

vent à l'autre bout de l'échelle, alors même que l'intelligence exerce son contrôle; elle ne tarda pas à être expliquée. Une jeune acinète, tendre et sans tentacules vénéneuses (elles ne se développent qu'après la naissance) était sur le point de sortir de l'acinète mère. Or cette sortie s'opère si vite et les mouvements qui la suivent sont si rapides qu'à *priori* il eût été bien difficile pour *l'amoeba* d'atteindre une proie aussi agile. Mais si elle est lente et molle dans son allure, elle est aussi infaillible et tenace dans son étreinte que sans pitié pour ce qui peut lui servir de pâture. Celle dont il s'agit s'était disposée tout autour de l'entrée de l'ovaire de l'acinète; elle n'eut qu'à recevoir le rejeton dans son sein funeste et, l'ayant enveloppé, elle s'en alla par où elle était venue. Ne sachant trop quel était son objet, et pensant que l'acinète s'échapperait peut-être, ou en tout cas changerait de forme avant de passer dans le corps de son hôte, je continuai pendant quelque temps à observer *l'amoeba* et en fin de compte, je vis l'acinète se partager en deux fractions dont chacune fut réduite et digérée sur place par un estomac improvisé à l'endroit où elle se trouvait (1). »

Rose. — Blanche, un singe, un homme n'en pourrait faire autant?

Blanche. — Non, Rose. Leur organisation physiologique ne s'y prêterait pas.

(1) Romanes, *l'Intelligence des Animaux*. Paris, Félix Alcan, 1887, t. 1, pp. 18, 19 (H. J. Carter, *Annales d'Hist. naturelle*).

Une chose plus importante que ta réflexion me frappe : c'est qu'une remarque de même nature que celle relative aux faits précédemment cités, s'impose, à propos du jugement que porte l'écrivain qui cite le fait extraordinaire de *l'amoeba* d'après un observateur étranger.

Dans la description si précise et détaillée qu'il en donne, il est manifeste que l'observateur étranger ne doute pas qu'il soit en présence d'un acte de la Vie consciente; néanmoins, l'écrivain qui le cite, se rejette pour en douter sur ce que *l'amoeba* ne possède, dit-il, ni système nerveux, ni organe d'aucune espèce que l'on puisse observer. Mais connaît-on le principe générique du système nerveux, principe nécessairement antérieur à la création du système nerveux par le principe? La Volonté et la préméditation de l'animal sont ici de la plus grande évidence. La faculté de produire le fait relaté existait donc ici, sans l'aide des organes que nous connaissons, mais dans une condition suffisant au degré physiologique de *l'amoeba* pour mettre l'intelligence d'animaux très petits en mesure d'accomplir les actes *conscients*, constatés et décrits par l'observateur étranger.

J'ai répondu à toutes tes questions sur la localisation et l'usage de l'intelligence chez les animaux; je vais maintenant reprendre mon exposé à partir de la succession des espèces animales.

Rose. — Je m'attends à jouir d'un immense défilé de créatures pensantes de tous genres.

BLANCHE. — Non, Rose. Je n'entrerai pas plus dans la description des espèces animales que je ne l'ai fait pour les éléments du Monde Inorganique et pour les Végétaux. Nous étudierons toutes ces séries de reproductions naturelles plus tard, à loisir. En ce moment j'appliquerai plutôt mon examen à l'essor graduel de l'Intelligence, mais il faut pourtant que je fasse précéder cet examen de quelques considérations générales sur l'ensemble des phénomènes inorganiques et organiques.

La Nature enfante ses merveilles avec une prodigalité qui déroute nos méthodes et nos observations. Elle emploie, sur cette petite planète de laquelle nous dépendons, 70 corps simples, éléments de toutes les productions futures à sa surface, et elle les modifie par des combinaisons des uns avec les autres, en variant à l'infini les quantités et les groupements des unités atomiques de ces combinaisons qui, par des arrangements moléculaires variés, acquièrent, ou révèlent, des propriétés spéciales à chacune d'elles.

Ce que la Nature a fait pour le Monde inorganique, elle l'a fait également pour les parties matérielles du Monde organique. C'est par centaines de milliers que, comme pour les individus minéralogiques, elle a accumulé les familles végétales, les espèces animales ; encore faut-il ajouter qu'il ne se trouve pas, dans les minéraux, deux cristallisations identiques ; dans les végétaux, deux feuilles semblables sur une même plante ; dans les animaux, deux êtres issus parmi une nombreuse géniture, qui ne présentent entre eux quelque différence physiologique.

Le désordre et la confusion ne résultent pas de cette abondance prodigieuse, car il y a dans ces règnes, et dans les espèces qui les subdivisent, des traits typiques qui prêtent à une classification; mais cette richesse inouïe de produits, dont l'apparence sériaire est parsemée de dissemblances d'une valeur secondaire, ne préjudicie en rien à l'épanouissement d'un plan universel qui se déroule rigoureusement, sans égard aux déviations les plus étranges dans les détails d'exécution : *L'identité n'importe pas;* le but utile à atteindre est l'essentiel. Près des pôles de la Terre, comme à son équateur et sous les zones graduelles qui les séparent, les minéraux fournissent les éléments nécessaires à l'accroissement des plantes et des animaux; les végétaux donnent aux animaux leurs substances alimentaires ou thérapeutiques, variées selon les latitudes isothères et les climats, et appropriées aux convenances de chacun de ces milieux; enfin, les animaux, apparus, produits, partout où croissaient les plantes, différenciés de stature, de pelage, etc... suivant les contrées froides, tempérées ou chaudes, manifestent en tous lieux les mêmes besoins, les mêmes passions, les mêmes sentiments, féroces ou farouches ici, doux et sociables là, mais, au fond, soumis aux mêmes préoccupations matérielles et psychiques, expressions de la vie végétative et de la vie consciente progressives.

Chez les plantes, la Vie végétative ne peut effectuer

le progrès que par elle-même. Il se révèle chez elles, du simple au composé, suivant la marche la plus ordinaire de tous progrès, d'ailleurs. Dans les Acotylédonés, forme élémentaire, abondent les Cryptogames, aux organes reproducteurs cachés, puis apparaissent, par les Cotylédonés, les Phanérogames. — Les Cotylédonés se divisent plus tard en Monocotylédonés, Graminées, etc.; et en Dicotylédonés par lesquels se continue l'épanouissement végétal, que représentent successivement les Diclines, les Apétales, les Polypétales et les Monopétales (1). Il y a d'autres méthodes, qui établissent la progression avec des noms différents, peut-être par amour-propre national, mais le résultat est le même.

Il est remarquable que les premières familles subsistent dans le temps, et que même elles sont plus robustes et plus persistantes que celles qui les suivent; peut-être en est-il ainsi pour assurer la conservation d'une réserve primitive, comme nous l'avons déjà vu chez les animaux à propos de la possibilité d'une faillite de filiation. Quoi qu'il en soit du développement progressif des plantes, si elles ont acquis par là plus de diversité, plus de richesse, plus de grâce, plus de parfums, plus de propriétés nutritives et médicinales, elles sont toujours demeurées *plantes*, c'est-à-dire privées de Sentiment, de Volonté, de Motricité, et, quoique d'une antiquité au moins

(1) Adrien de Jussieu, *Botanique*, 8ᵉ édition. Paris, Garnier frères, 1860, p. 398.

égale à celle de l'Animal, elles n'ont pu acquérir ces qualités qui le distinguent d'elles, et qui ont été concédées *directement* et *exclusivement* à l'Animal.

Chez les animaux, le progrès de la Vie végétative s'accomplit par l'action latérale de deux facteurs : 1° Par la Vie végétative, pour une partie, mais pour la partie la moins importante. 2° Pe · la Vie consciente, l'Intelligence, pour la partie essentielle ; car, comme je te l'ai déjà dit, l'Intelligence rectifie, augmente, dirige la Vie végétative.

Les acquisitions faites par l'individu à la faveur de l'Intelligence étant transmises au descendant, avec celles de la Vie végétative, par l'Hérédité, *le principe de l'Intelligence tend à dominer de plus en plus dans l'ensemble des qualités transmises*. Pour ce motif, on devrait laisser à la Plante l'appellation simple de Vie végétative, puisque celle-ci ne résulte chez elle que d'un seul facteur, et désigner celle de l'Animal, par Vie végétative animale, puisqu'elle est chez ce dernier l'objet d'une double action qui en élève progressivement l'expression au-dessus de celle propre à la Vie végétative de la Plante.

Dans la suite des temps, la Plante et l'Animal ont perdu, l'une et l'autre, en puissance matérielle dans la stature de leurs espèces qui, de gigantesques qu'elles étaient devenues, sont redescendues à des proportions plus modestes ; mais dans l'expression intellectuelle, qui lui appartient exclusivement, l'Animal a prodigieusement progressé, peut-être en raison du mode de double transmission héréditaire que je viens de te signaler, et il a distancé la Plante dans toutes les lignes générales du progrès accompli. Il y a même cette circonstance singulière que si la Plante réalise actuellement un nouveau progrès par la culture, elle le doit à l'Animal, dont l'intelligence agit directement sur elle, lui rendant, en qualités éphémères, les services que la Plante lui a rendu à l'origine en qualités constitutives.

Les causes de la variation des organes chez les espèces animales sont évidemment dues chez eux à la Vie végétative animale et à la Vie consciente, mais on s'accordait récemment (1) à les reporter aux trois suivantes : 1° à l'*Hérédité* qui comprend non-seulement les propriétés transmises par l'ancêtre, mais encore celles acquises par l'individu lui-même, augmentant ainsi d'autant la somme de propriétés qu'il transmet à sa descendance. Cette variation ressortit à la Vie végétative animale.

La deuxième cause est dite, l'*Influence du Milieu*, et est représentée, soit par une modification sur place, résultant d'une altération climatérique de la région, ou d'accidents géologiques bouleversant les conditions d'existence de l'espèce ; soit par la migration volontaire de l'espèce elle-même, si elle a changé de latitude ou d'altitude, par un motif qui prend presque toujours sa source dans la nécessité d'assurer son existence. Cette variation, plus complexe

---

(1) Ch. Darwin, *De l'origine des espèces*; Paris, Guillaumin et Cie, 1862.

que la première, est peut-être autant du ressort de la Vie végétative animale que de la Vie consciente.

Enfin la troisième cause, dite *l'Élection naturelle*, détermine une œuvre personnelle et intelligente de l'individu, qui s'efforce d'amender ses organes pour acquérir ainsi les moyens de vivre aux meilleures conditions possibles dans la lutte qu'il soutient contre la concurrence de ses congénères, ou contre des espèces ennemies de la sienne. Cette dernière cause est principalement du ressort de l'Intelligence.

Et ces causes, agissant les unes sur les autres, à des degrés divers d'intensité, suivant la prédominance de l'une des trois sur les deux autres, produisent, *ou accompagnent en les affirmant* des résultats inattendus, tels que l'apparition chez l'Animal de facultés inédites, très rationnelles sans doute pour la Nature, mais souvent inintelligible pour l'observateur.

Parmi les faits que je pourrais citer à l'appui de cette remarque, je prendrai, chez les Zoophytes, celui du Polype hydraire, sorte de plante vivante donnant naissance à la Méduse qui ne lui ressemble pas : le Polype hydraire est fixé au sol, comme une plante, avec des branches, comme elle ; la Méduse est un animal qui a la vague apparence d'une fleur ou d'un fruit, mais qui est indépendante du sol, et flotte dans l'eau à l'aide d'organes locomoteurs que ne possède pas le Polype.

De qui, et comment, sont venus ces nouveaux organes à la *première* Méduse? Nous n'avons pu que constater leur apparition inattendue.

Les organes locomoteurs de la première Méduse ne résultent ni de *l'Hérédité*, le Polype hydraire ne les possédant pas ; ni de *l'Influence du Milieu*, la métamorphose s'étant accomplie sur la place même que le Polype hydraire n'avait pas quittée. Reste *l'Élection naturelle*, mais la Méduse est *née* parfaite avec ses organes locomoteurs avant d'avoir eu le temps d'expérimenter que la constitution physiologique du Polype hydraire lui était insuffisante. Il y aurait donc ici une cause, d'origine antérieure aux trois causes auxquelles Darwin rapporte toutes les modifications progressives des espèces.

Il est bien plus probable que les lois de Darwin, fort rationnelles en elles-mêmes pour les *modi vivendi* des êtres doués d'une structure relativement élevée, n'ont cependant pas une vertu déterminative suffisante pour la génération des faits originels; ensuite que la production spontanée d'une métamorphose chez l'animal primitif, serait plutôt une simple phase, arrivée à son heure, de son épanouissement normal; et qu'alors ces lois de Darwin, si elles avaient quelque action sur les premières évolutions du règne animal, cette action pourrait bien être bornée à une application très restreinte, au lieu d'être souveraine, comme on l'avait prématurément proclamé.

Le Polype hydraire offre un exemple de génération alternante, comme beaucoup d'espèces primitives, et rappelle, à quelques égards, peut-être par atavisme, la gemmiparité d'êtres issus du protoplasma. On pourrait ainsi attribuer la production de la Méduse par le Polype hydraire aux effets de cette génération alternante, la Méduse produisant ensuite des Polypes hydraires qui, à leur tour, produiront des Méduses, mais le fait de la production de la *première* Méduse par le Polype hydraire ne serait pas expliqué avec assez de précision par une invocation à cette génération alternante, car une explication semblable aurait plutôt le caractère d'une simple constatation que celui d'une déduction scientifique. Cherchons donc si la question ne saurait être résolue autrement.

Les espèces animales primitives, par la constitution molle de leurs tissus se prêtaient à des métamorphoses auxquelles le squelette rigide du vertébré serait réfractaire. Cette circonstance pourrait fournir une explication acceptable de la production de la *première* Méduse par le Polype hydraire, en vertu du principe d'épanouissement normal visé tout à l'heure, mais, en outre de ce phénomène particulier, il en appert, en même temps, que les espèces primitives, par leur constitution physiologique spéciale étaient qualifiées pour effectuer le progrès, caractéristique de l'essor du nouveau règne organique, j'entends : *le passage de l'Animal fixé à l'Animal libre*, progrès sans lequel les relations entre animaux risquaient fort de ne pas dépasser les relations entre les individus du Règne végétal; de là l'impérieuse nécessité de semblables métamorphoses.

Il n'en serait pas moins incompréhensible qu'une évolution de cette importance ait pu s'accomplir, à la fois, sur différents points de la surface de la terre, *par la seule Volonté, par les seuls efforts* d'êtres aussi élémentairement constitués. Leur infimité ne les plaçait-elle pas plutôt en dehors de l'application des trois causes de variation qui, nous venons de le constater, s'appliqueraient difficilement à leur métagenèse. En ce cas, quelle cause puissante d'évolution faudrait-il invoquer?

— Que l'Intelligence Suprême ait *voulu* la condensation en une sphère, d'éléments cosmiques portés par le mouvement à l'état d'incandescence; éléments qui se sont ensuite refroidis, *sans retourner vers leur première constitution après le refroidissement*, mais, au contraire, se sont trouvés avoir constitué un Monde inorganique, c'est un prodige qui nous révèle une œuvre créatrice.

— Que la Vie végétative soit venue mettre en usage les éléments, jusque là stériles, de ce Monde inorganique qui, ne possédant pas la Vie, ne pouvait la transmettre, c'est encore la marque d'une nouvelle intervention du Créateur.

— Que l'intelligence, incarnée plus tard dans cette Vie végétative inconsciente, ait fait surgir de productions générales, un produit spécial, doué de Vie consciente : l'Animal, pseudo-plante au début, captif du sol comme elle, mais bientôt libre, et parcourant la périphérie de ce globe à l'aide de ses calculs mentaux et de ses triomphes accumulés sur la Nature, sur la Matière, on y voit encore un don complémentaire du Créateur, ajoutant un caractère d'utilité tangible, visible, à sa création par l'épanouissement graduel de l'Intelligence.

Mais pendant l'évolution du Règne animal, et durant la succession des espèces, faudra-t-il voir, à l'apparition de chaque faculté nouvelle importante, l'action directe du Créateur dans tout ce que ces facultés nouvelles pourront contenir de matériel?

Je ne le crois pas. De plus, je pense qu'ici s'impose une distinction dans la genèse de ces facultés nouvelles qui révèle chez elles une double origine.

J'admets que les qualités métamorphiques de la Vie végétative animale accrues de celles élaborées par la Vie consciente, et héréditaires les unes et les autres possèdent, de par les dons fertiles auxquels elles doivent leur origine, une action énergique sur les éléments inorganiques qui intéressent l'Animal, pour soumettre ces éléments à une adaptation voulue d'organismes nouveaux, recherchés graduellement par lui en vue d'améliorer les conditions de son existence, mais je crois cette action bornée à la production de phénomènes secondaires, ressortissant à la portée intellectuelle et physiologique de l'Animal.

Je m'explique : Comment imaginer chez l'Animal le désir ardent d'acquérir une faculté inédite, inconnue également de lui et de toute la Création? Une faculté dont l'apparition motivera une bifurcation dans l'essor des espèces? Évolution radicale, profonde, requérant pour son apparition des modifications organiques nombreuses et indispensables chez l'être en appétit obscur de cette mutation, mais qu'il serait certainement incapable de se formuler à lui-même pour ses transitions successives et pour ses conséquences biologiques.

Un exemple : On a admis que le reptile a produit l'oiseau par *l'Archœoptéryx* des terrains jurassiques et par le *Ptenarodon* de la craie d'Amérique (1). Remarquons que le reptile est un vertébré à sang froid dont la respiration dès la naissance est aérienne et incomplète, tandis que l'oiseau est un vertébré à sang chaud dont la respiration est aérienne et double. Si, à cette première remarque nous ajoutons celle-ci : que durant la période tertiaire l'évolution des oiseaux se fit avec une telle rapidité qu'à la fin de cette période, la classe entière fut constituée à peu près comme nous la connaissons aujourd'hui (2), nous nous demanderons si le désir inconscient des reptiles suffisait à déterminer une modification aussi considérable chez les espèces, tout en maintenant l'existence à part de la classe « *reptile* »; car ce maintien impliquerait, au contraire, que la classe « *reptile* » aurait seulement servi de passage à la classe « *oiseau* ».

Considérant, en outre, la situation anormale des oiseaux primitifs qui « n'avaient que des ailes rudimentaires, comme si les caractères de l'Oiseau s'é-

---

(1) *Le Transformisme*, Edmond Perrier, Paris, Baillière 1888, p. 283.
(2) *Idem*, p. 286.

taient développés indépendamment de la faculté de voler; comme si l'Oiseau en s'élançant dans l'air n'avait fait qu'employer à un mode nouveau de locomotion des organes développés sans but déterminé, sous l'action de causes qui nous sont inconnues »; (1) considérant en plus cette circonstance du temps d'arrêt, presque absolu, survenu dans l'évolution des oiseaux pendant la période quaternaire, la question suivante dont la solution affirmative semble facile, se pose naturellement : N'y a-t-il pas plutôt ici, comme je te l'ai dit (2), l'épanouissement d'un plan universel qui se déroule rigoureusement, tandis que les effets secondaires et personnels dus chez l'Animal à l'action combinée de la Vie végétative et de la Vie consciente sont bornés à des modifications organiques nécessaires à son bien-être matériel?

Quant à l'épanouissement spécial de l'Intelligence, que nous examinerons en son lieu, tu verras lorsque nous en serons là, combien quelquefois la constitution organique matérielle importe peu pour les manifestations intellectuelles comparées, et qu'un cerveau volumineux, aux circonvolutions nombreuses, n'est pas toujours indispensable à l'essor d'idées s'élevant jusqu'aux spéculations d'ordre social et d'organisation économique.

Mais, et c'est ce qui importe ici pour clore nos réflexions sur l'intervention divine, tu comprendras,

---

(1) *Le Transformisme*, p. 285.
(2) Ci-dessus, p. 47.

en même temps, que la cause des faits intellectuels, invisibles et intangibles de leur nature, soit, par cette raison, inaccessibles à nos investigations, et que (ce que nous ignorons d'ailleurs), si le Créateur voulait intervenir sur la terre, en faisant servir à ses desseins l'Intelligence dont il l'a douée, il nous serait impossible de le constater, comme nous l'avons pu faire pour la genèse de faits évidents, tels que la Création ou l'Apparition successive du Monde Inorganique, de la Vie végétative et de la Vie consciente.

Notre ignorance ne nous permettra donc pas de traiter de l'intervention possible du Créateur par voie de l'Intelligence terrestre, ce qui n'est certes pas inaccessible à sa Toute Puissance, mais restera toujours pour nous une hypothèse à peine admissible, si nous nous rappelons que le *libre arbitre* de la créature doit rester intégral, afin que *l'intégralité de sa responsabilité devant Dieu* soit équitablement maintenue.

Les premières manifestations animales se sont produites dans les mers qui couvraient alors presque toute la surface du globe où, comme je te l'ai dit, les corpuscules issus du protoplasma révélaient indifféremment les destinations végétales et animales. — En effet, les uns et les autres se mouvaient souvent à l'état libre, à l'aide de cils vibratiles leur donnant les moyens de se déplacer et de rechercher la nourriture. Cette similitude dans le *modus vivendi* des germes primitifs des individus des deux règnes pouvait conduire à penser que le Monde organique n'apparaissait encore qu'à l'état indéfini, s'accroissant parfois, chez le protoplasma notamment, par agrégation comme les minéraux, mais jouissant déjà de procédés nouveaux d'assimilation interne de ces agrégats, que les minéraux ne possèdent pas, puisqu'ils n'augmentent de volume que par juxtaposition extérieure.

« Les spores des cryptogames, ou premiers végétaux, douées à une certaine époque de leur existence, celle qui suit immédiatement leur sortie de l'utricule mère, de mouvements tout à fait comparables à ceux des animaux dits infusoires, ne jouissent de cette faculté de locomotion que d'une façon passagère ; bientôt le mouvement s'arrête, la spore passe de la vie animale à la vie végétale, et c'est alors qu'elle peut commencer à germer » (1). Chez l'Animal, si la même marche caractérise les commencements de son évolution par les Zoophytes, et si, comme le Végétal, il se fixe ensuite au sol et végète comme lui en quête de nourriture, à titre de Spongiaires ou de Corrallières, bientôt plus organisé par les Acalèphes, se reproduisant par le bourgeonnement ou la génération alternante, comme le Polype hydraire nous en a fourni un exemple, l'Animal affranchi du sol, se mouvant libre, soit à sa surface, soit plutôt dans la profondeur des eaux, prend enfin sur le Végétal, dans le Monde organique, la place prépondérante à la-

---

(1) Adrien de Jussieu, *Botanique*, Paris, Garnier frères, 8ᵉ édition, 1860, p. 377.

quelle la Vie consciente qui lui est particulièrement propre, lui donne un droit légitime.

Un mode de transformation organique, spécial à l'Animal primitif, est la faculté d'associer une certaine quantité d'individus en colonie, où le travail physiologique est réparti entre les divers membres de l'association, comme chez les Siphonophores.

Chez ces animaux, chaque individu auquel son apreil tel quel permettait la vie individuelle, abandonne toutes ses fonctions à l'exception d'une seule à laquelle il se consacre exclusivement. Dans la colonie, un individu personnifie la bouche, un autre l'estomac, un autre l'abdomen, ou l'intestin, etc., avec une habileté acquise et transmissible. Lorsque la colonie produit un rejeton, celui-ci représente, non l'un des membres de la colonie, mais la colonie tout entière, c'est-à-dire qu'il est doué de l'ensemble des fonctions organiques perfectionnées, qui fait de la colonie un animal unique dont l'expression organique est supérieure à celle que présentait individuellement chacun de ses membres avant l'association.

« Quelques naturalistes ont pensé que les modifications graduelles de l'organisation animale s'étaient toujours opérées dans une même ligne, et que, par par conséquent, le règne animal tout entier ne formait qu'une seule série, depuis la monade la plus simple jusqu'à l'homme. Ils ont même cherché à construire une sorte de chaîne ou d'*échelle zoologique* dans laquelle chaque être serait placé à raison de ses affinités organiques et du degré de perfection apporté dans sa structure; mais cette tentative a été vaine, car la série des animaux n'est pas unique : ces êtres semblent constituer un grand nombre de séries qui tantôt marchent parallèlement, tantôt divergent et s'élèvent à des hauteurs différentes. Il est même impossible de les ranger sur une seule ligne d'après les degrés relatifs de complication et de perfection introduits par la nature dans leur structure, car ces perfectionnements portent tantôt sur un organe, tantôt sur un autre, et telle espèce qui serait au-dessus de telle autre sous le rapport des fonctions de nutrition, par exemple, pourrait lui être très inférieure par ses instruments de locomotion. Lorsqu'on s'élève dans le règne animal, depuis l'éponge ou la monade jusqu'à l'homme, on remarque, il est vrai, une complication progressive, et il est facile de s'apercevoir que les mollusques sont supérieurs aux zoophytes dont il vient d'être question, que les poissons sont à leur tour plus élevés en organisation que les mollusques, que les reptiles l'emportent sur les poissons, les oiseaux sur les reptiles, et que tous ces êtres sont moins richement dotés que les mammifères. Cependant cette gradation n'existe réellement qu'entre les animaux que l'on peut considérer comme étant les types de chacun de ces groupes, et il arrive souvent que certaines espèces d'un groupe inférieur possèdent une structure et des facultés plus parfaites que les espèces les plus dégradées d'un groupe dont les principaux représentants possèdent une organisation bien plus riche que celle de tous les premiers. Ainsi, il est des poissons, certaines lamproies, par exemple, qui sont, à bien des égards, inférieurs à des mollusques tels que les poulpes; mais ce sont en quelque sorte des exceptions; et lorsqu'on trace à grands traits l'esquisse du vaste tableau de la nature, il est permis de les négliger, de même qu'on néglige les petites inégalités du sol lorsqu'on cherche à apercevoir d'un seul coup d'œil la configuration générale d'une chaîne de montagnes. Des obstacles plus sérieux qui s'opposent à ce rangement linéaire des animaux naissent de la diversité des routes suivies par la nature dans sa marche ascendante, et de sa tendance à perfectionner graduellement chacun des types qu'elle a produits. Ainsi, les insectes ne peuvent être placés ni avant ni après les mollusques sans violer quelques-unes des affinités zoologiques les plus évidentes; et si l'on voulait représenter par une figure l'enchaînement naturel des animaux et les divers degrés de perfection que l'on aperçoit dans leur structure, ce n'est pas à une échelle qu'il faudrait comparer le règne animal, mais plutôt à un fleuve qui, faible à sa source, grossirait peu à peu en s'avançant vers la mer, mais ne roulerait pas toutes ses eaux dans un même lit, se diviserait souvent en branches plus ou moins nombreuses qui tantôt se réuniraient après un trajet plus ou moins long, tantôt resteraient désormais séparées, et qui, d'autres fois, se perdraient même dans les sables et disparaîtraient pour toujours, ou surgiraient de nouveau à quelque distance pour continuer leur route vers le but commun (1) ».

Dans l'évolution graduelle des espèces animales, les exemples de semblables bifurcations sont nombreux. Suivons-les donc un peu comme une introduction à notre examen de leur épanouissement intellectuel.

Des corpuscules du protoplasma, ou plastides, ou monères, sont issues les Mérides métagénitiques qui ont bifurqué ultérieurement dans les cinq séries suivantes : les Spongières, les Acalèphes, les Échinodermes, les Plathelminthes, les Arthropodes et les Néphrostomés, point de départ des espèces diversifiées apparues ultérieurement (2).

Issues toutes de la Monère originelle par les Mérides métagénitiques, ces séries produisent des individus absolument dissemblables, que les faits d'atavisme ne rappelleront jamais à leur commune origine. Au contraire, l'épanouissement persistant chez chacune de ces séries, elles produisent des animaux dont la conformation organique se complique insensiblement, en accentuant de plus en plus les différences entre les produits des séries diverses.

Mais plusieurs de ces séries paraissent avoir cessé de varier. La dernière toutefois continue son évolution, et, des Vers annelés, dernier terme des Né-

---

(1) Milne Edwards, *Zoologie*, 10ᵉ édition, Paris, Garnier frères, 1867, pp. 299 et 300.
(2) Edmond Perrier, *les Colonies animales*, Paris, Masson, 1881, tableau, p. 757.

phrostomés, sont sortis les Brachiopodes, les Mollusques et les Protovertébrés. Ces derniers ont produit les Ascidies, les Amphioxus et les Vertébrés. Cet ultime rameau assume maintenant sa prédominance sur toutes les séries par l'Homme son dernier représentant, et cette prédominance paraît devoir persister victorieusement; à moins que, par suite d'un arrêt de ce rameau, l'évolution générale ne se poursuive chez quelqu'une des séries arriérées, qui surgirait à nouveau à quelque distance pour continuer sa route vers le but commun, suivant l'hypothèse de Milne Édwards, citée tout à l'heure, jusqu'à amener une manifestation d'intelligence, supérieure à celle fournie en ce moment au sommet des vertébrés, ce qui ne paraît pas vraisemblable au premier abord, mais enfin serait-il vraiment impossible que ce fait se réalisât?

Si l'organisation matérielle de l'Homme est évidemment inférieure par quelques-uns de ses organes à celle d'autres animaux, il est certain qu'une créature nouvelle qui aurait les qualités de l'homme sans en avoir les imperfections reconnues, serait supérieure à lui sous le rapport matériel, et probablement aussi sous le rapport de l'intelligence qui, s'exerçant chez la nouvelle créature à l'aide d'une organisation matérielle plus parfaite, formulerait sans doute plus puissamment ses opinions et son jugement sur les choses naturelles à sa portée.

Nous reviendrons sur les conséquences de cette évolution nouvelle problématique lorsque bientôt nous en serons à ce qui concerne le dernier vertébré, sous le rapport matériel comme sous le rapport intellectuel.

Rose. — Pour le moment, Blanche, et puisque nous devons y revenir, je ne te demanderai rien sur l'Homme, que je ne connais pas encore, mais je ne saisis pas la raison d'être de ces nombreuses séries, ou bifurcations, dont tu m'avais déjà parlé.—Il me semble qu'une série linéaire unique suffirait à l'épanouissement complet de l'Animal pour le conduire au point culminant vers lequel il gravite depuis son apparition.

Blanche. — Ma Rose chérie, il en est de ces séries, ou bifurcations, qui existent en fait, comme des phénomènes de métamorphismes cellulaires et organiques dont je t'ai entretenue : nous ne pouvons que constater leur existence.

Cependant une série unique d'animaux, pourvue des organes les plus parfaits que tu pourrais imaginer, ne saurait peupler à la fois l'air, la terre et les eaux, et tu vois que pour s'y manifester, la Vie a besoin d'êtres disposant d'organes appropriés à ces milieux dissemblables. Cette considération nous rendrait peut-être raison du principe d'existence des séries ou bifurcations, mais quant à la quantité si considérable d'espèces diverses que renferment toutes ces séries, je ne saurais plus que toi en comprendre la raison d'être.

Nous n'abandonnerons pourtant pas notre sujet sans démontrer combien la Nature a diversifié la structure et la localisation organique chez les espèces

4.

si nombreuses qui composent les embranchements, les classes et les ordres du Règne animal. — A la suite de cet examen rapide, nous produirons les preuves de l'existence de l'Intelligence chez tous les animaux ; enfin, en regard de la complexité si variée de leurs structures et de leurs organismes matériels, nous constaterons l'unité et la simplicité merveilleuses de leurs manifestations intellectuelles.

Pour cela, nous nous appuierons sur le Plan général suivi par la Nature dans l'organisation des Animaux (1). Nous prendrons un point de départ donné et, pour point d'arrivée, le moment actuel. — En conséquence, nous partirons de l'Animal libre, laissant de côté le Zoophyte proprement dit, c'est-à-dire les Spongiaires et les Corallières qui diffèrent si peu de la Plante, et notre premier degré sera les Acalèphes, chez lesquels l'animalité assume déjà clairement ses facultés d'indépendance du sol et de liberté dans la recherche de la nourriture.

Constatons d'abord que : « le système nerveux des Zoophytes en général est rudimentaire ou nul et qu'il ne possède point encore d'organes spéciaux des sens, si ce n'est quelquefois de petites taches colorées qui paraissent être quelque chose d'analogue aux yeux des Mollusques (2) ».

De ce point de départ aux Vertébrés actuels il y a loin, si nous comparons à la structure des Vertébrés

(1) Milne Edwards, *Zoologie*, Paris, Garnier, 1867, pp. 288 et suivantes.
(2) Milne Edwards, *Zoologie*, p. 597.

celle des Zoophytes dont la disposition, presque toujours radiaire et d'une simplicité extrême, offre seulement des ébauches d'organes à peine suffisants pour des manifestations conscientes.

Chez les Vertébrés : « presque toutes les parties de leurs corps sont paires et disposées symétriquement de deux côtés d'un plan médian longitudinal; leur système nerveux est très développé et se compose, outre les nerfs et les ganglions, d'un axe central occupant le côté dorsal du corps, et formé essentiellement d'un cerveau, d'un cervelet et d'un cordon rachidien ou moelle épinière. A ces caractères on peut ajouter que les muscles principaux ont leur point d'attache sur une charpente solide ou squelette intérieur, composé de pièces attachées entre elles, et disposé de façon à protéger les organes essentiels en même temps qu'il fournit des bases et des leviers pour l'appareil de la locomotion; que la partie la plus importante de ce squelette constitue une gaîne pour l'axe cérébro-spinal et résulte de la réunion de pièces annulaires appelées vertèbres; que l'appareil de la circulation est très complet et que le cœur offre au moins deux réservoirs distincts; que le sang est rouge; que les membres sont presque toujours au nombre de quatre, et que jamais il n'y en a davantage; enfin qu'il existe pour la vue, l'ouïe, l'odorat et le goût, des organes distincts, logés dans la tête (1) ».

(1) Milne Edwards, *Zoologie*, p. 317.

Si, pour obtenir la libre et entière manifestation de l'Intelligence, la structure du vertébré supérieur était, au moins jusqu'à l'époque actuelle, l'agent matériel que la Nature se proposait de produire à cette fin, on pourrait remarquer, sans irrévérence, qu'elle n'y est parvenue qu'après de nombreuses combinaisons. De plus, et sans doute par des motifs plausibles, dont l'ignorance où nous en sommes prouve combien les lignes de ce plan général sont impénétrables pour nous, elle n'a pas fait avorter, elle n'a pas rejeté les œuvres primordiales qui nous pourraient paraître des ébauches sorties de son sein. Au contraire, elle a donné à la plupart de ces espèces primitives de subsister aussi longtemps que les espèces plus organisées auxquelles elles ont servi de passage, et même elles ont été douées, comme ces dernières, de la vie consciente, de la faculté de se reproduire; en outre, les séries divergentes et parallèles, auxquelles elles avaient donné l'existence, ont pu élever chez elles l'expression de la vie animale par des formes organiques très diversifiées entre les séries.

Mais dans cette progression multiple, que de moyens variés de mise en œuvre! D'abord pour la reproduction des êtres : scissiparité, gemmiparité, spores, bourgeonnement, génération alternante, unisexualité, bisexualité, hermaphrodisme, oviparité, viviparité, embryogénie partielle externe se complétant par des métamorphoses, embryogénie interne incomplète, embryogénie interne complète; puis, pour la localisation des facultés organiques : tantôt l'ingestion et la déjection ont un orifice commun, comme chez les Corallières (Zoophytes), et chez les Astéries (Échinodermes). — Tantôt, c'est par le corps en haut et la tête en bas que l'animal se traîne sur le sol, comme les calmars (Mollusques céphalodes). — Parfois, il n'y a pas de tête, comme les Huîtres, etc. (Mollusques acéphales). Quant aux organes de relation, ils ne paraissent pas exister chez les Zoophytes; ils sont rudimentaires chez les Mollusques, dont cependant l'appareil visuel est très perfectionné (chez les Céphalopodes), tandis que les autres sens, l'ouïe, l'odorat, le goût, font à peu près défaut. — A d'autres égards, si le Polype s'est affranchi du sol par la production de la Méduse, nageant librement, le Mollusque, quoique plus élevé dans l'échelle des êtres que ces deux zoophytes, semble vouloir revenir en arrière de l'évolution générale, en s'immobilisant dans une coquille calcaire à double valve, au moyen de laquelle il s'attache aux rochers marins.

Dans une autre série (les Vers), il n'existe point de membres articulés pour la locomotion, mais les membres sont suppléés par des tubercules garnis de soies; l'organisation générale est d'une grande simplicité, le système nerveux est peu développé et ces animaux sont presque tous remarquables par l'allongement considérable de leur corps. — A leur suite viennent les Arthropodes. — Chez ceux-ci, franchement articulés, la symétrie des parties constitutives apparaît : le système nerveux se compose d'une double série de petits centres médullaires ou ganglions, réunis en chaîne longitudinale de façon à occuper la presque totalité de la longueur du corps. La petite masse formée par les ganglions de cette espèce de chapelet est logée dans la tête, comme y sera localisé plus tard le cerveau des vertébrés, le reste de la chaîne ganglionnaire est situé *à la face ventrale du corps* et les cordons nerveux qui l'unissent aux ganglions céphaliques embrassent l'œsophage à la manière d'un collier, tandis que chez les vertébrés, le cerveau et le cervelet seront continués par la moelle épinière logée dans les vertèbres, *mais sur la face dorsale du corps.*

Remarquons en outre que les Arthropodes n'ont pas encore de squelette intérieur, comme le posséderont les Vertébrés ; leurs muscles s'attachent aux téguments extérieurs ; ces téguments acquièrent une dureté souvent très considérable et constituent une sorte d'étui ou squelette intérieur formé essentiellement d'anneaux placés en file et plus ou moins mobiles les uns sur les autres, de sorte que, même extérieurement, ces animaux paraissent divisés en tronçons ou anneaux articulés à la suite les uns des autres, ce qui fait qu'on les dénomme parfois par les qualificatifs d'annelés ou d'articulés.

Tous ces Annelés comprennent les Vers, les Myriapodes, les Arachnides, les Crustacés (qui rappellent un peu par leur carapace impénétrable la structure solide des Mollusques, dans une autre série) et aussi les Insectes.

Ces derniers paraissent avoir été, dans un temps relativement éloigné, l'objet de la prédilection de la Nature. — En effet, sur les 366.000 espèces qui forment le total approximatif des espèces animales distinctes, 230.000, croit-on, composeraient la classe des Insectes (1).

La Nature a richement décoré leur structure matérielle, très diversifiée entre les genres nombreux qui

---

(1) *Revue scientifique*. Numéro du 15 septembre 1896 (Informations, Recensement du Monde animal).

Les collaborateurs du *Zoological Record* ont dressé, il y a peu de temps, un tableau indiquant approximativement le nombre des espèces animales vivantes. Voici les chiffres qu'ils ont obtenus :

Zoophytes.......	Protozoaires................ 6.100 Spongiaires................ 1.500 Cœlentérés................ 2.000 Échinodermes............. 3.000		12.600
Mollusques......	Tuniciers.................... 900 Bryozoaires................ 1.800 Mollusques................. 50.150 Brachiopodes............. 150		52.850
Annelés..	Vers...... Vermes............ 6.150 Articulés.. Crustacés.... 20.000 Arachnides.. 10.150 Myriapodes.. 3.000 Insectes...... 230.000	263.150	269.300
Vertébrés.......	Poissons..................... 12.000 Reptiles et Batraciens....... 4.400 Oiseaux...................... 12.500 Mammifères................. 2.500		31.400

Total général des espèces animales distinctes..... 366.150

composent leur classe. Les plus brillantes couleurs, les formes les plus légères, caractérisent ces petits êtres gracieux, presque tous aériens, et, en conséquence, pourvus de trachées aérifères, de trois paires de pattes, d'une paire ou deux d'ailes, tantôt minces et transparentes, tantôt d'une paire assistée d'élytres, ou boucliers durs et opaques, qui servent à la protéger.

Mais ce qui est d'un grand intérêt au point de vue qui nous occupe, les fourmis et les abeilles (Hyménoptères) ont pu former des sociétés véritables, images prématurées et minuscules des sociétés humaines. Dans ces sociétés, la prévoyance, l'économie, la hiérarchie, la division du travail et même les institutions néfastes, telles que la guerre, le pillage et l'esclavage ne le cèdent en rien à ce que les hommes ont pu, depuis, produire de plus parfait en ce genre, à l'exception de ce qui regarde l'outillage très meurtrier que les hommes ont porté à une puissance scientifique dont ces petits êtres ne pouvaient avoir aucune idée.

Cependant les fourmis et les abeilles n'ont pas dépassé la notion « *tribu* », et n'ont jamais pu songer à entreprendre d'établir des relations sociales universelles. L'infimité de ces insectes, la nullité de leur action intellectuelle sur des animaux plus grands et plus forts qu'eux, qui les pouvaient écraser, même inconsciemment, les restreignirent à un rôle sans importance directrice dans le règne animal, malgré l'intelligence remarquable qui les caractérisait, mais il n'en est pas moins certain que pour la satisfaction des besoins afférents à des agrégations peu nombreuses, et se suffisant à elles-mêmes, les hommes n'ont guère dépassé l'œuvre sociale et économique des abeilles et des fourmis. Leur cerveau dont la structure spéciale compense le peu de volume de la matière cérébrale, est donc relativement perfectionné, pour favoriser chez elles un aussi grand essor à l'intelligence.

Quand ces Insectes parurent, la Terre ne connaissait pas la diversité des saisons (1). Depuis que les conditions caloriques de la planète ont changé, et qu'une saison froide périodique ralentit l'action vitale chez des animaux qui ne savent pas se protéger comme l'homme contre son retour, souvent l'hiver détruit les mâles et les ouvrières, ne laissant, dans les contrées ainsi éprouvées, subsister à peu près que les femelles pour organiser de nouvelles colonies. Un refroidissement plus intense amènerait la destruction totale de ces insectes, victimes à leur tour d'un changement dans les conditions de la vie sur la terre, comme beaucoup d'espèces, qui les ont précédées autrefois, en ont également disparu.

Les manifestations intellectuelles n'y perdront rien. L'espèce humaine, surgie postérieurement à ces infimes insectes, a été douée de facultés mentales supérieures aux leurs. En en répétant les applications sociales, elle élèvera, en outre, l'intelligence à des

---

(1) Romanes, *l'Intelligence des animaux*, Paris, Félix Alcan, 1887. Préface d'Ed. Perrier, p. xxxi.

hauteurs subjectives pour lesquelles toutes les autres espèces animales n'étaient pas qualifiées.

Dans les séries qui suivent et qui ne comprennent presque, comme nouvelles espèces, que des Vertébrés, la Nature continua à offrir une grande variété de structures et de localisations organiques. Par les grands Sauriens : les Plésiosaures, les Ichthyosaures, les Ptérodactyles, l'énorme Iguanodon, toute cette faune turbulente et féroce, aux rugissements furieux, aux clameurs assourdissantes, et dont la disparition fut un soulagement pour la Terre, la Nature avait amplifié les formes jusqu'à des dimensions prodigieuses. Ensuite apparut l'antithèse des poissons *muets*, puis les batraciens, les reptiles, les oiseaux, chez lesquels nous relevons pour la première fois, notamment chez les perroquets, la parole articulée inconsciente; puis les grands mammifères des anciennes terres et latéralement à ceux-ci, les néomarsupiaux et les monotrèmes des terres nouvelles; et tous ces animaux avec des téguments variés, d'écailles, de corne, de plumes, de pachydermes, de fourrures, s'amoindrissant aux poils, aux duvets, aux cheveux, à la peau lisse; et encore, avec ces organes singuliers : la trompe des éléphants, minuscule chez les tapirs; les longs cols des cygnes, de l'autruche, de la girafe; la corne du rhinocéros; celles des taureaux, des boucs, des chèvres, etc.; le bois des cerfs; les bosses du bison, du chameau, du dromadaire. La Nature fournit ainsi une immense nomenclature d'aspects matériels divers, séries de merveilleuses antithèses (dont j'effleure à peine l'énumération en ce moment en attendant l'examen détaillé que nous en ferons à loisir), pour s'élever graduellement au type symétrique et pondéré du Vertébré supérieur.

Tout est admirable dans le déroulement de ce plan gigantesque, aboutissant, après tant d'innombrables combinaisons, à l'Homme dont la structure matérielle n'est pas la caractéristique prédominante, et qui n'est cependant pas encore l'expression ultime de sa série.

Rose. — Blanche, dans ton énumération des aspects différents des créatures successives, il semble que ces aspects soient dus à des essais, à des tâtonnements. Dieu ne saurait se tromper, cependant, n'est-ce pas ?

Blanche. — Non, chère Rose, c'est toujours nous qui nous trompons, et non pas Lui, parce que nous ne comprenons pas ses voies, parce que les éléments qui concourent à l'épanouissement des séries animales sont très complexes, que les modifications caloriques de l'atmosphère et du sol, les alluvions calcaires résultant de la dépouille des foraminifères, des corallières et des polypes, l'engloutissement de vieux continents et l'émergement de terres nouvelles, de formation différente, altèrent les conditions premières et mettent en défaut les lois que nous avions imaginées pour expliquer la succession des espèces.

On ne pourrait d'ailleurs entendre par *tâtonnements* que la production de créatures imparfaites et non viables, et tu as vu que tel n'était pas le cas, puisque toutes les espèces animales primitives ont eu des organes adaptés à leur situation infime, et sans doute rationnels à l'époque de leur apparition ; qu'ils ont eu en outre la faculté de se reproduire, même celle de modifier les conditions de leur existence pour les approprier à de nouveaux habitats.

Rose. — Blanche, est-ce qu'il y a des bordées d'éclosions dans les espèces organiques, et que les apparitions d'espèces successives ont été, à certaines époques plus rapprochées les unes des autres par une sorte de génération spontanée?

Blanche. — Ton observation est fondée en une certaine mesure, Rose ; et j'ai déjà appelé ton attention sur l'apparition des oiseaux qui, sortis des reptiles auraient accompli leur évolution presque intégrale pendant la période tertiaire, pour s'arrêter à ce progrès durant toute la période suivante. Il y a donc eu des périodes plus fertiles en éclosions les unes que les autres, surtout à la suite de grands bouleversements à la surface de la Terre, mais ce n'est pas par la voie de générations spontanées, c'est-à-dire par la production de toutes pièces d'êtres nouveaux, sans liens avec les êtres anciens, que la Nature procède, car s'il en était ainsi, la Nature devrait accomplir un éternel recommencement de création de la vie transmissible pour chacune de ses nouvelles espèces, au fur et à mesure de leur apparition.

La Nature use de procédés plus simples : la Vie existe et c'est l'essentiel ; la structure et les qualités physiologiques restent à modifier, et pour cela les progrès acquis par les espèces antérieures servent de base, de point de départ aux espèces nouvelles.

Rose. — C'est drôle, Blanche, des reptiles qui donnent la vie à des oiseaux. J'ai peine à me figurer des oiseaux, fils de reptiles.

Blanche. — De l'emploi des structures et facultés physiologiques des êtres antérieurs pour bases de l'évolution d'espèces nouvelles, est-on fondé à inférer que les espèces animales descendent rigoureusement les unes des autres, c'est-à-dire que les Insectes sont les fils du Nauplius, les Vertébrés du Trochospère, et que, chez ceux-ci, les Oiseaux sont les fils des Reptiles, et et les Hommes les fils des Singes? Je ne le pense pas. Je crois qu'autant vaudrait dire que la Poire, le Mangoustan, la Fraise sont les fils du Granit et du Quartz, parce que ces minéraux ont pu leur fournir des éléments, bien modifiés, d'ailleurs, par les évolutions géologiques consécutives. Ils en procèdent, sans doute, mais l'intervention de la Nature, qui les a doués de qualités spéciales, cette intervention a bien aussi qualité de co-productrice dans le résultat final.

Les comparaisons d'individus adultes pour expliquer la transition entre les espèces successives, n'ont jamais donné que des preuves conjecturales pour les filiations recherchées, car c'est toujours au moyen de la partie inorganique des fossiles que l'on s'est efforcé de tirer ces preuves. La partie organique, très essentielle à l'enquête, faisant toujours défaut, il a paru qu'il y avait lieu de rechercher ces preuves d'un autre côté.

Un grand pas a été fait par l'étude et la comparaison des formes larvaires, types des embranchements nettement séparés du Règne animal (1).

L'Embryogénie a apporté à son tour son contingent de lumière sur la question. Voici : Elle établit que l'Être à naître passe dans l'embryon par toutes les formes qui ont précédé le degré auquel il appartient; que toutes ces formes avortent successivement pour lui, et que de la dernière seulement, répondant *ordinairement* au degré de ses géniteurs, il sort radieux comme pour attester que, parti du point originaire, il n'a pas dû s'arrêter à des manifestations caduques qui lui ont seulement servi de passage pour atteindre le point culminant pour son espèce, *au moins pour le moment présent*, où il était destiné à la Vie extérieure.

Qu'une faculté nouvelle puissante apparaisse, à un moment donné, dans son espèce, et l'être embryonnaire, franchira le degré ultime actuel comme les autres (ce dernier degré étant devenu caduc pour lui aussi bien que les degrés précédents), pour s'épanouir à un degré plus haut dans une espèce nouvelle.

Cet être doué d'une faculté nouvelle puissante, devrait-il être considéré comme le fils de son précurseur ? Nous venons de voir que le degré ultime de son précurseur était devenu caduc pour lui comme les degrés précédents qu'il avait d'abord franchis. A quel

---

(1) Edmond Perrier, *le Transformisme*, Paris, Baillière et fils, 1888, pp. 155 et suivantes.

titre serait-il qualifié « *fils de son précurseur ?* » — En doctrine sociale humaine, peut-être; c'est-à-dire fictive, visant les faits matériels évidents pour l'Homme; oui, il serait son fils. Mais en doctrine suprême de la Nature, intervenue expressément par cette faculté nouvelle puissante en faveur de cet être spécial; non, il n'est pas son fils; il a passé par son précurseur; il a passé outre; il est lui-même; il est la souche d'une espèce nouvelle supérieure, jusqu'à l'éclosion d'une faculté nouvelle qui produira encore une espèce mieux douée.

Ajoutons, pour terminer cet exposé, que c'est peut-être ainsi que les oiseaux ont procédé des reptiles.

Nous voici maintenant parvenu au point le plus intéressant de l'évolution du règne animal, je veux dire à la manifestation de la Vie consciente, de l'Intelligence chez les animaux, depuis les plus élémentaires jusqu'aux plus organisés.

Tu te souviens que je t'ai déjà dit, à cet égard, ceci :

Sache que chez quelque animal, aussi bas qu'il soit placé dans l'échelle des êtres, où tu pourras constater un mouvement, un acte, qui soit *l'expression certaine de la Volonté*, tu pourras admettre l'existence de la Vie consciente, mais à un degré correspondant nécessairement au degré de développement organique de cet animal (1).

(1) Voir p. 40.

Nous avons déjà vu *cette expression certaine de la Volonté* chez l'amibe, chez des organismes unicellulaires, chez des rotifères, chez l'amœba (1); nous en constaterons également l'existence à tous les degrés de l'échelle des espèces animales.

A propos de l'Amœba, nous avons relevé que la raison qui portait l'écrivain à supposer qu'il n'y avait rien d'intellectuel dans ses mouvements adaptés, c'était que l'Amœba ne possède ni système nerveux ni organes d'aucune espèce que l'on puisse observer.

Je n'hésite pas à déclarer que cette objection ne saurait s'appliquer au cas présent. S'il s'agissait de rechercher, de préciser la cause de ces mouvements adaptés de l'Amœba, on pourrait effectivement en décliner la démonstration en se rejetant sur l'absence, au moins apparente, de tous moteurs appréciables; mais ici, il n'est question que de l'observation, chez l'animal microscopique, d'un acte spontané ne pouvant être que l'expression de sa volonté. Cette constatation pure et simple suffirait donc en elle-même pour prouver chez l'amœba l'existence de la vie consciente; d'ailleurs, il est acquis scientifiquement que : « la fonction sensitive est possible en l'absence d'organes sensitifs et de nerfs. La sensibilité, au lieu de siéger dans ces derniers appareils et tissus, siège dans cette substance albuminoïde étonnante, anhiste, qui sous le nom de *protoplasma*, ou de matière or-

(1) Pages 41 et suivantes.

ganique élémentaire, est connue comme étant la base générale et essentielle de tous les phénomènes de la vie (1). »

Si des animaux microscopiques tels que le Rotifère et l'Amœba, peuvent accomplir des actes évidemment volontaires, il ne saurait y avoir de raison pour que des Cœlentérés, tels que les Méduses; des Échinodermes, tels que les Étoiles de mer; des Annélides, tels que les Sangsues; les uns et les autres plus élevés que les Protozoaires dans l'échelle des êtres, ne pussent accomplir, aussi bien que ceux-ci, des actes volontaires. Il n'y a pas de solution de continuité de la vie consciente dans l'épanouissement des espèces animales. *Pas d'animal dûment qualifié sans l'Intelligence.* Elle est sa caractéristique spéciale. L'animal supérieur ne l'a acquise que par une transmission ininterrompue, depuis les espèces primitives jusqu'à lui. Si elle s'était arrêtée chez une espèce parvenue à un échelon donné, de qui l'espèce succédant à celle qui en était privée, aurait-elle pu la recevoir? En présence de cette considération si logique, peut-on douter encore que les Cœlentérés, les Échinodermes et les Annélides possèdent l'intelligence; et cela en regard des observations et des opinions affirmatives du Dr Eimer, de Mac Crady, de Paul Bert, de Sir Tennent? On persiste cependant à rapporter leurs actes conscients observés, à *l'action réflexe*, ou à *la*

---

(1) Romanes, *l'Évolution mentale chez les animaux*. Paris, Reinwald, 1884, p. 70.

sélection naturelle : « Chez un être infime comme la Méduse, dit-on, il ne serait pas raisonnable d'y faire une part à l'intelligence. On peut donc le regarder (cet acte) comme le résultat simple et direct de la sélection naturelle (1). »

Remarquons que la sélection naturelle exprime bel et bien *le choix,* qui ne peut procéder que de *la Volonté,* et que, par conséquent la solution proposée ici est contradictoire avec la négation de l'Intelligence, dont la Volonté est seulement l'une de ses expressions.

Et puisqu'il est question de l'action réflexe (dont on ignore le point où elle commence et celui où elle finit (2), comme on les ignore également pour l'instinct (3), je pense qu'aux définitions qui en ont été données, on peut encore ajouter celle-ci : L'action réflexe est une action physique, caractérisée typiquement par l'effet, brutalement matériel, d'un corps frappant dans sa course un autre corps qui le renvoie dans une direction angulaire engendrée par les circonstances du choc : ainsi une balle rebondit du pavé qu'elle a frappé. — J'ajoute que l'action réflexe chez l'animal, ressortit seulement à la vie végétative, à certaines facultés héréditaires transmises, où l'intelligence n'a aucune part; que, par conséquent, l'action réflexe peut bien influencer les phénomènes pro-

---

(1) Romanes, *Intelligence des animaux,* Paris, Félix Alcan, 1887, t. I, p. 20.
(2) *Ibid.,* p. 12.
(3) *Ibid.,* p. 13.

duits par les organes de *circulation*, de *nutrition* et de *reproduction*, mais non ceux des organes de *relation;* et qu'il ne serait pas exact d'avancer que c'est par action réflexe que l'on porte la main devant ses yeux, ou qu'on les ferme brusquement, lorsqu'ils sont menacés par un péril extérieur.

Cet acte conservateur est certainement du ressort de la Vie consciente, qui régit les organes de *relation*. Des calculateurs ingénieux ont donné la mesure de certaines transmissions des organes de relation au cerveau, et du cerveau à ces organes. Leurs indications peuvent être exactes; elles sont certainement remarquables, mais de là à mesurer intégralement la course possible de la spontanéité du calcul mental, il y a un abîme en présence des faits, vraiment stupéfiants de rapidité, de cette spontanéité intellectuelle (1).

(1) A l'appui de ce qui précède, je citerai un fait personnel :
Quand je demeurais aux Ateliers des Messageries Royales, à Chaillot, le chantier était gardé la nuit par un chien énorme, farouche, et même méchant, toute la journée grognant à l'attache. Une barrière séparait les Ateliers du Chantier où, la nuit, le chien était libre.

Un soir, rentrant d'un théâtre de Paris, je sonnai; le portier, déjà couché, me tira le cordon; je poussai la grille et me dirigeai vers mon appartement.

Le chien s'était sournoisement terré dans un lot de cercles de roues dressées près d'un magasin où je devais passer. Les yeux enflammés, virant du vert au rouge, sans pousser un cri, il s'élança sur moi, d'une distance de 0^m,50, pour me mordre.

J'avais à la bouche un cigare allumé; je le saisis et le lui portai à la gueule. La brûlure qu'il ressentit lui fit jeter un

L'action réflexe (1), *l'Instinct*, *la Raison*, n'expriment que des gradations, ou actuelles ou consécutives, dans les processus de la Vie végétative agissant seule, ou combinée à des degrés divers avec les phénomènes de la Vie consciente, ou enfin cette dernière réglant en souveraine l'essor des phénomènes psychiques.

Ces états mal définis d'Action réflexe, d'Instinct,

---

hurlement atroce, et il prit sa course vers le chantier. Jamais il ne m'a attaqué depuis.

Eh bien, pendant le temps que le chien s'élançait sur moi, d'une distance de 0^m,50, j'avais dû faire, j'ai fait, dans une succession quelconque, les réflexions suivantes : « Comment cet accident peut-il se produire? — Le portier aura oublié ce soir de fermer la barrière du chantier. — C'est le chien de garde. — Comment éviter sa morsure? — Ah! j'ai mon cigare! —Je vais tâcher de le brûler à la gueule. » — Puis, le mouvement approprié, réussi avec une chance si extraordinaire.

Et tout cela pendant la durée d'un éclair!

Voilà un exemple, peut-être encore minimum, de la spontanéité de l'Intelligence. Comment en mesurer l'évolution?

Je crois que la spontanéité de *l'Intelligence* est aussi inaccessible à nos mensurations que l'intensité maximum de *la Force*.

(1) L'expression de *Réflexe* est critiquée ici comme qualification des actions spontanées des animaux; qualification arbitraire, puisqu'on ne sait où *l'action réflexe* cède la place à *l'instinct*, autre qualification arbitraire, qui cède à son tour la place à *l'intelligence*, à un point également inconnu.

Quant à l'emploi de ce mot dans les spéculations physiologiques et histologiques, c'est autre chose : les relations mutuelles des expansions protoplasmiques, des cellules, des fibres nerveuses, des cylindres-axes sont encore trop peu connues, même après les travaux éminents des Golgi, Ramon y Cajal, et autres savants, pour que la science abandonne un terme commode dont l'acception consacrée l'aide dans ses observations et dans ses expériences.

n'existent pas dans la Nature, qui va du moins au plus par des nuances innombrables d'intensités de facultés différant imperceptiblement dans leurs aspects successifs.

La marche de la Nature est toujours simple. La marche intellectuelle de l'Homme est, au contraire toujours compliquée. Les termes qu'il crée pour spécifier des états spéciaux, la glu de ses nomenclatures incomplètes, sont des causes d'embarras pour ses synthèses. Pour les nuances infinies d'intensités inconscientes et conscientes qu'il rencontre, ses cadres bornés d'action réflexe, d'instinct, de raison, ne se prêtent pas à une classification exacte et intégrale. De là ses vains gémissements sur l'ignorance du point où finit l'action réflexe et où commence l'instinct; où finit l'instinct et où commence la raison, parce que ces termes ne répondent à rien dans la marche de la Nature, qui ne les connaît pas et ne saurait s'y assujettir.

Je vais te rappeler en peu de mots ce que je t'ai déjà dit sur l'évolution bi-biologique de l'animal : Il a reçu comme la plante, la vie végétative, mais en plus qu'elle, il a reçu la vie consciente, l'Intelligence, qui le caractérise spécialement. — Il transmet par l'hérédité à son rejeton, ses facultés de vie végétative accrues des facultés qu'il a pu produire par la somme de vie consciente que son degré d'infinité lui permet d'exprimer. Son rejeton agit de même, élevant d'autant l'expression de la vie végétative ou automatique, et de la vie consciente, et ainsi de suite, à travers les générations et les espèces dont je viens de te révéler l'évolution matérielle.

Pour traduire en langage psychique humain, l'évolution de l'action réflexe et celle de l'instinct, on pourrait dire : L'animal exprime *ses actions réflexes* par les facultés automatiques héréditaires qui ne se rapportent qu'à la vie végétative, aux sensations proprement dites, jusqu'aux confins embrumés de l'action réflexe et de l'instinct, où se produisent des actes que l'on ne peut attribuer plus particulièrement à l'une qu'à l'autre de ces expressions. Il exprime de même ce que l'on dénomme assez arbitrairement *ses actes instinctifs*, par ses facultés automatiques héréditaires fortement imprégnées d'intelligence inconsciente, jusqu'à la limite nébuleuse de l'instinct et de l'intelligence consciente, où se manifestent des phénomènes que l'on ne peut rapporter exactement à l'une plutôt qu'à l'autre de ces deux causalités.

En définitive, ces états *d'action réflexe* et *d'instinct*, dont on ne peut préciser clairement un grand nombre de leurs manifestations spéciales, devraient être abandonnés par la science humaine, qui les remplacerait avec avantage par des désignations graduelles, visant les manifestations, tantôt simples, tantôt combinées entre elles à des degrés divers, de la vie végétative et de la vie consciente.

Je ne te parlerai que pour mémoire d'une acception du mot « *instinct* », ayant pour objet de dénier à l'animal l'intelligence, dont l'Homme se réserverait ainsi le privilège. L'Homme perd de vue que si les animaux n'avaient pas l'intelligence, ils ne se seraient guère distingués de la plante. Le vertébré superbe dont l'intelligence s'élève à l'abstraction n'en possède le maximum actuel qu'à titre d'intelligence accumulée et transmise depuis le premier animal par la succession des espèces. Toute supérieure qu'elle se manifeste chez lui, à la faveur d'un organisme plus délicat et plus puissant, elle est en réalité de même nature que l'intelligence du rotifère et de l'amoeba. L'examen de l'évolution intellectuelle des animaux va te le démontrer surabondamment :

Les Protozoaires, ou Unicellulaires, ces ouvriers de la première heure, qui possèdent déjà l'intelligence à l'état rudimentaire, en donnent des marques évidentes. Différant à peine de la plante, les uns, pour se déplacer, se servent d'organes allongés, filiformes, dénommés, suivant leurs aspects, pseudopodes ou fouets; les autres, comme les spores des Cryptogames, sont pourvus de cils vibratiles qui leur servent d'organes locomoteurs. Telle est l'indécision du caractère physiologique de la plupart de ces animaux, que leur distinction, entre les deux règnes organiques ne s'affirme que par la connaissance de la composition de la cellule embryonnaire qui, chez la plante, est imprégnée de chlorophylle, pigment vert qui produit la coloration de la feuille, tandis que la cellule embryonnaire de l'animal en est dépourvue (1).

---

(1) On a cru qu'une autre analogie existait entre l'animal et la plante; celle-ci relative à la faculté d'assimilation chez cer-

Malgré leur infimité, ces êtres, qui se reproduisent par scissiparité ou par le moyen de spores, ont déjà le sentiment du choix des principes nutritifs leur convenant spécialement, tel *l'Anténophrys* à la recherche de l'amidon ou des germes monadiques (1). Nous avons vu le Rotifère et l'Amoeba donner des signes certains d'actes conscients (2). En avançant davantage nous trouvons, chez les Cœlentérés, les Méduses mettant leurs larves à la portée de leur pâture liquide (3); les Echinodermes, effectuant des mouvements qui semblent indiquer une intention (4); procédant encore, nous voyons, chez les Annélides, les Sangsues de terre de Ceylan attaquer les chevaux et les voyageurs (5).

Nous élevant à l'embranchement des Mollusques, nous y trouvons, notamment chez les Céphalopodes et les Escargots, des marques très évidentes de l'existence de l'intelligence. Cependant le doute paraît encore subsister pour beaucoup d'observateurs, peut-être fortement imbus de ce que l'on appelle là-bas *le respect humain*, ce respect humain qui borne

---

taines plantes dites *carnivores*. — « Lorsqu'un insecte se pose « sur la feuille de la Drosera ou de la Dionée, la feuille, disait- « on, se referme, retenant et étouffant l'insecte, qui est ensuite « liquéfié et absorbé par la plante. » — La vérité est que la plante tue l'insecte, en le retenant prisonnier par une contraction de sa feuille; mais elle ne s'en nourrit pas.

(1) Romanes, *Intelligence des animaux*, t. I, p. 18.
(2) Romanes, *Intelligence des animaux*, t. I, pp. 16, 17, 18.
(3) *Ibid.*, p. 20.
(4) (5) *Ibid.*, pp. 21 et 22.

à *l'instinct* la manifestation psychique des animaux. Au reste, ce doute y est formulé dans une proposition dont la base, sinon la conséquence, est rationnelle, et dont je voulais exprimer l'équivalent en commençant l'analyse de cette évolution intellectuelle ; la voici : « Comment s'attendre à ce que des « animaux où les fonctions *passives* de la nutrition « et de la reproduction ont une telle prépondérance « sur les fonctions *actives* de la sensation, de la loco- « motion, etc., présentent un caractère marqué d'in- « telligence (1). »

Certes, l'observateur a raison en cette partie : « que tous ces animaux primitifs sont absorbés par les fonctions de la vie végétative » ; mais pour le reste, n'est-ce pas surtout une fonction de la vie consciente qui leur fait accomplir cette première opération intelligente : la recherche de la nourriture la mieux appropriée ? Voudrait-on invoquer encore ici *l'action réflexe*, *l'instinct* ? Après ce que je t'ai dit là-dessus, je pense qu'il n'y a pas lieu d'y revenir.

Parvenues à l'embranchement des Entomozoaires, les preuves d'intelligence animale nous apparaissent de plus en plus évidentes. Si le Physiologue et l'Histologue ne savent où finit l'action réflexe et l'instinct, et où commencent l'instinct et l'intelligence, nous remarquerons que les Entomologues ne les aident guère à élucider la question, car dans leurs

(1) Romanes, *Intelligence des animaux*, t. I, p. 23.

exposés, si amusants et si instructifs, les termes d'*instinct* et d'*intelligence* sont très souvent indifféremment employés pour qualifier les actes de ces petites bêtes. A la vérité, les animaux qui nous occupent ici vivent et agissent d'une manière si intelligente que l'on est tenté de croire que ce ne pourrait être que de *parti pris* qu'on leur attribuerait *l'instinct* exclusivement, car la presque totalité de leurs actions révèlent de la volonté et du calcul et, par ces côtés au moins, ne sauraient ressortir à *l'instinct*. Les Arachnides, les Crustacés, les Insectes et leurs larves mêmes, dans les nécessités variées de leur existence, ne travaillent pas toujours sur un plan immuable, mais, au contraire, ils modifient la confection de leurs nids, de leurs toiles, de leurs pièges, suivant les circonstances, ou fâcheuses ou favorables, ou produites par des accidents fortuits et par les actes agressifs de leurs ennemis.

Les preuves d'intelligence de tous les animaux de cet embranchement, sont si nombreuses, avec un tel caractère de certitude, qu'elles remplissent de gros recueils d'observations que tu pourras étudier tout à loisir, et dont la revision nous prendrait en ce moment un temps considérable (1).

(1) Voir ces preuves dans Lubbock, Romanes, Huber, V. Meunier, C. Menault, Toussenel, Ernest André, etc., etc., dont les œuvres sont dans toutes les mains, et dont les extraits cités ici excéderaient les limites de mon livre. Et puisqu'il est nécessaire de citer des faits, au lieu de ressasser ceux qui sont

Nous sommes enfin arrivés à l'embranchement des

très connus, je crois préférable de leur substituer des études personnelles, dont l'exactitude absolue est pour moi un devoir vis-à-vis du lecteur, et qui auront au moins le mérite de l'inédit. — Je citerai ici quelque chose sur les fourmis :

Quand j'étais en inspection à La Ciotat, j'allais le dimanche, où rien dans la journée ne me retenait en ville, m'installer sur les rochers du Bec de l'Aigle, avec un cahier de papier et un crayon pour fixer les lignes de mon rapport sur les faits comptables de la semaine écoulée. Entre temps, j'observais les petites bêtes sauvages, placées là en dehors du mouvement humain, et y vivant dans leurs allures naturelles. Une fois, étendu près d'une fourmilière, je vis les petites fourmis, allant, venant, chargées de fétus qu'elles rapportaient à leur métropole. L'idée me vint de placer sur leur route un cube de sucre d'un centimètre de côté. A mon désappointement, cet objet insolite ne fut pas de leur goût. Elles s'arrêtèrent, l'examinèrent; finalement quelques-unes d'entre elles rentrèrent à la fourmilière et un moment après en ressortirent avec deux grosses fourmis, d'un volume double du leur, qui allèrent au fardeau de suite, se consultèrent par un contact minutieux des antennes, puis s'attelèrent aux coins de deux des angles du morceau, et le tirèrent par une marche oblique dont la résultante fut une ligne droite dans une direction qui le plaçait en dehors du sentier fréquenté par les pourvoyeuses. Ceci fait, les géantes rentrèrent au logis, sans flâner en route, et les petites reprirent sans plus faire attention au sucre, leur travail, que cette fois je me gardai bien d'entraver d'une manière quelconque.

Le lendemain je racontai ce fait au directeur des Ateliers, Ingénieur de la Marine, de 1re classe. « Ces petites bêtes, me « dit-il, ont résolu sans tâtonnements un problème qui nous « est donné à l'école (Polytechnique) sur la résultante des « forces divergentes employées pour obtenir une direction « donnée. »

Je ne crois pas, jusqu'à plus ample informé, que certaines fourmis soient des X; ce nonobstant, je pense qu'il serait *peu intelligent* de leur refuser l'Intelligence.

Vertébrés, qui comprennent les classes des Poissons, des Batraciens, des Reptiles, des Oiseaux, et des Mammifères.

Les *Poissons*, habitants des eaux qui, en ne tenant compte que des mers, couvrent les deux tiers de la surface de la Terre, donnent, dans leurs amours, leurs nidifications, leurs migrations, leurs relations pisciques, « des manifestations de peur, de sentiments sociaux, sexuels et maternels, de colère, de jalousie, d'enjouement et de curiosité, c'est-à-dire un genre d'émotion analogue à celui des fourmis et présentant tous les caractères qui distinguent la psychologie d'un enfant de quatre mois, sauf les sentiments de sympathie dont je n'ai pu relever aucune preuve; il se pourrait néanmoins qu'ils existent » (1).

(1) Romanes, *l'Intelligence des animaux*, t. II, p. 2.
Nota. — Aux pages 6 et 7, Romanes donne lui-même des exemples de cette sympathie dont il n'avait encore aucune preuve, à la page 2. Il dit, entre autres exemples, d'après M. Carbonnier et d'autres personnes : « Il paraît aussi à peu près certain que les adultes peuvent éprouver des sentiments d'affection mutuelle : Jesse, après avoir capturé une femelle de brochet (*Esox Lucius*) pendant la période de reproduction, constata que le mâle l'avait suivie jusqu'au bord de l'eau, et qu'il hantait obstinément l'endroit où il avait vu disparaître sa compagne. »
Je citerai ici un fait de sympathie et de solidarité sociale des poissons, dont j'ai été témoin, à l'aquarium de l'exposition de 1878, au Trocadéro, à Paris :
On avait disposé dans l'un des 24 bacs de 30 mètres cubes, en moyenne, qui constituaient cet aquarium, des rochers factices et des herbes marines pour y installer les hôtes inté-

« Pour ce qui est de l'intelligence générale des poissons, je commencerai par faire remarquer combien ils deviennent circonspects dans les eaux soumises à une pêche active. Et ce qui prouve combien l'observation, et par conséquent un degré considérable d'intelligence, sont impliqués dans ce résultat, c'est que les jeunes truites sont beaucoup moins sur leurs gardes que leurs aînées. Bien plus, beaucoup de poissons quittent leur repaire si on les dérange (1). »

Par un singulier retour en arrière, « les *Batraciens* montrent moins d'intelligence que les Pois-

---

ressants dont le public était admis à suivre les évolutions naturelles. — On y voyait des raies et des limandes nageant à plat et progressant par les ondulations gracieuses de leur corps; des anguilles ascendant et descendant les eaux à l'aide de leurs nageoires minuscules. Dans un coin, un poulpe (*Octopus vulgaris*), embusqué dans un rocher, allongeait ses tentacules, munies de ventouses, en quête d'une proie. — Or, voici ce que le hasard me donna d'observer :

Un Squamoderme (je me souviens plus du nom spécial que lui donnait la fiche métallique clouée sur le bac, mais il ressemblait assez au merlan de la Manche) s'étant approché à la portée des tentacules du poulpe, celui-ci l'avait attiré vers lui, et le pauvre poisson, perdant ses forces, était déjà hors d'état de lui échapper, et allait payer de sa vie sa promenade imprudente, lorsque *tous les Squamodermes du bac*, une demi-douzaine environ, accoururent à son secours, et, manœuvrant pour ne présenter que la tête vers le poulpe, se mirent à en déchiqueter les tentacules, dont je vis bientôt les débris flotter dans les eaux, comme des fragments de tissus de chanvre. Le poisson délivré fut escorté par ses libérateurs jusqu'à l'autre extrémité du bac, où je le vis reprendre ses forces et son activité, puis nager librement au milieu de ses amis.

(1) Romanes, *ouvr. cité*, t. II, pp. 10 et 11.

sons, mais n'en sont cependant pas absolument dépourvus (1) ».

« Comme tous les vertébrés à sang froid, les *Reptiles* se distinguent par le peu de développement de leurs facultés mentales dont la faiblesse est devenue proverbiale. Néanmoins, toute règle a ses exceptions, et Thompson en cite une (2). »

Les recueils divers d'observations détaillées sur les animaux, que je t'ai signalés, te fourniront de nombreux exemples de leur intelligence avérée.

Nous passerons maintenant aux *Oiseaux*, qui sont relativement récents sur la Terre, non que le vol y ait été inconnu avant la période tertiaire; il y avait eu déjà les insectes, aux ailes membraneuses et à élytres; puis, les Ptérodactyles, les Rhamphorynques, et autres, devenues fossiles et que les Chauves-Souris actuelles semblent continuer, avec de moindres proportions; mais ces grands voiliers disparus appartenaient plutôt à l'ordre des Chéiroptères, comme nos chauves-souris, et leurs ailes membraneuses, ou mains ailées, n'avaient ni la grâce ni la puissance de vol des représentants de la classe emplumée, dont la partie supérieure des airs est le domaine, la partie inférieure lui étant commune avec les insectes ailés qui constituent une forte portion de sa nourriture.

« Pour traiter convenablement de l'intelligence

(1) Romanes, *ouvr. cité*, t. II, pp. 15-16.
(2) *Ibid.*, p. 16.

des *Oiseaux*, il faudrait tout un volume; pour eux, comme plus loin pour les Mammifères, je me contenterai d'esquisser à grands traits les points saillants de leur psychologie (1). »

La *Mémoire*, atteint chez les Oiseaux un développement considérable. Buckland cite un pigeon qui, au bout de dix-huit mois d'absence, reconnut encore la voix de sa maîtresse (2). Les manifestations mnémoniques qui permettent le mieux d'étudier le mécanisme de cette faculté sont celles qui se rattachent à l'articulation de phrases parlées ou musicales que certains oiseaux apprennent à répéter : tels les Perroquets. — Dans l'étude consciencieuse qu'ils font de la matière de leur imitation, l'association des idées est patente, et c'est dans un ordre rigoureux qu'ils s'assimilent et retiennent les phrases qu'ils veulent apprendre.

« D'après Margrave, les perroquets parlent quelquefois pendant leur sommeil, ce qui indiquerait, comme procédé intellectuel, une grande analogie avec les opérations de la mémoire chez l'homme.

« Enfin, ces oiseaux savent reconnaître quand il manque une maille à la chaîne de leurs associations, et s'appliquent à la retrouver. Feue Lady Napier m'a communiqué toute une série d'observations qu'elle fit à ce sujet. Voici qui en donnera une idée : Son perroquet avait-il dans la tête une phrase telle

---

(1) Romanes, *l'Intelligence des animaux*, t. II, p. 28.
(2) *Ibid.*, p. 28.

que « *Old dan Tucker* », c'était toujours le mot du milieu qui lui manquait. Il commençait par répéter lentement « old-old-old-old », puis ajoutait vivement « Lucy Tucker ». — Sentant que cela n'allait pas, il reprenait son « old-old-old-old » pour finir avec « Bessy Tucker », et ainsi de suite, cherchant toujours le vrai mot. Et la preuve que tel était réellement le but de ses efforts, c'est que si, pendant qu'il en était à son « old-old-old-old », on lui soufflait « *Dan* », il ajoutait immédiatement « *Tucker* ».

« De même, M. Watter Pollock m'écrit que la faculté d'association de son perroquet paraît très développée.

« Si par hasard quelque mot appris chez ses autres maîtres, vient à lui passer par la tête il lui adjoint aussitôt tous ceux qu'on lui avait enseignés à la même époque (1) ».

Sous le rapport des *Émotions*, nous nous trouvons, chez les Oiseaux, en présence d'un progrès réel dans les sentiments d'affection et de sympathie (2).

(1) Romanes, *ouvr. cité*, t. II, pp. 31 et 32.
(2) Je pense être agréable au lecteur en citant ici un souvenir personnel, qui prouve la facilité d'apprivoisement, l'intelligence native, et la disposition sympathique des oiseaux pour les personnes qui sont bienveillantes à leur égard.
Dans ma petite maison de Vichy, j'ai installé près de la fenêtre de la cuisine une planchette où je mets plusieurs fois par jour du pain émietté, de petits fragments de fromage de gruyère, quelquefois une cuillerée de crème ou du fromage à la crème, pour les moineaux francs qui s'en donnent à bec que veux-tu, et aiment par-dessus tout le gruyère.

L'intensité des sentiments qui se rattachent aux rapports sexuels et familiaux chez les *Oiseaux* est

Pendant l'été de 1897, un petit abandonné, parvenu à la planchette, tournait deci delà, regardant les miettes de pain, mais ne sachant comment s'y prendre pour les manger. — Ma bonne Marguerite et moi, nous taillâmes de petits bâtons en forme de cuillères et nous essayâmes de lui emplir le bec. — Le petit moineau ne s'enfuit pas; après plusieurs essais infructueux, il comprit enfin, et avala la becquée. — Il en avait alors grand besoin, la pauvre petite bête. De ce moment, Gaston (c'est le nom que je lui donnai), ne mangea plus que de cette façon, mais bientôt (en deux ou trois jours) il mangea seul et revint à la planchette chaque fois qu'il nous voyait l'un ou l'autre près de la fenêtre. Les autres moineaux l'entouraient souvent en nous regardant. — Bientôt il délaissa ceux-ci complètement pour ne vivre qu'avec nous tout le jour, car la nuit il allait dormir dans les arbres. — Maintenant, il mangeait sur notre table, courant, sautillant sur nos doigts, sur nos fourchettes, enfin prenant du pain sur les lèvres de Marguerite. — Une fois, il se laissa docilement peser. Il était drôle à voir, avec son petit air étonné, suivant de l'œil le plateau de la balance, qui montait et descendait sous lui. — Il pesait vingt grammes. Vingt grammes de matière et quelques parcelles d'intelligence, pour procréer toutes ces gentillesses, toutes ces petites manœuvres affectives!

En huit jours il était devenu beau et fort, ses plumes jeunes et brillantes le vêtaient coquettement. Il tournait au despote, ne voulait plus quitter nos doigts que ses jolies petites pattes serraient énergiquement quand nous voulions, à tour de rôle, lui faire lâcher prise pour nous en affranchir — Enfin, un jour, un dimanche, comme nous avions fermé la fenêtre pour sortir, il prit sa volée vers les grands jardins, et de ce moment, notre bon petit Gaston ne revint plus.., jamais, jamais.

Tout cela s'était passé en une dizaine de jours.

Je n'ai pas connu dans ma vie un exemple semblable d'apprivoisement libre, et si rapide! Cet oiseau, si jeune

devenue proverbiale; poètes et moralistes s'en sont inspirés dans leurs types de prédilection. L'autruche même, malgré son apparence stupide, a assez de cœur pour mourir d'amour. Il est curieux que chez certaines espèces, et en particulier chez les pigeons, la fidélité conjugale s'affirme aussi nettement; car non seulement elle témoigne d'une sorte de raffinement des sentiments sexuels, mais elle semble indiquer la présence d'une image constante de l'objet aimé (1).

La *curiosité* est très développée chez les oiseaux : aussi dans tous les pays, trappeurs et chasseurs l'exploitent-ils. On dispose près des pièges quelque objet insolite dont la vue attire le gibier. De même, quand on aborde une île perdue au milieu de l'Océan, où l'homme ne s'est pas encore montré, les oiseaux viennent en toute confiance examiner des êtres qu'ils aperçoivent pour la première fois (2).

quand nous le remarquâmes pour la première fois, et qui n'avait pas alors toutes ses plumes, nous reconnaissait aussitôt qu'il nous voyait, et, n'ayant pas reçu l'éducation maternelle, n'avait aucune peur de notre espèce. (Pour son malheur, peut-être, car qui sait ce qui lui est arrivé!) Il comprenait le jeu, le rire, les agacements. — Dirai-je qu'il nous aimait? que sais-je, mais enfin il aimait à être avec nous, à se percher sur nos têtes, nos épaules, nos doigts, nos doigts surtout; à recevoir de nous sa nourriture, plutôt que la prendre lui-même. — Quelquefois, dans un des accès de liberté si communs chez ces petites bêtes, il prenait sa volée dans l'espace, pour revenir bientôt à tire d'aile. Une fois, il n'est pas revenu.

(1) Romanes, *ouvr. cité*, t. II, p. 33.
(2) *Ibid.*, p. 41.

Je ne veux pas m'arrêter à te citer des exemples nombreux de faits caractérisant les divers aspects de l'intelligence chez les oiseaux, tels, la vanité de chanteurs émérites faisant valoir leur talent avec ostentation; le sentiment du beau, l'esthétique, que beaucoup d'oiseaux manifestent dans la construction de leurs nids; et même, chez des oiseaux de l'Australie, les *Chlamydères*, « oiseaux à berceaux », dans l'édification de berceaux leur servant de lieux de réunion (1).

Le sens de la rapine, que l'on trouve à tous les degrés de l'échelle animale, en raison de la nécessité de vivre, est aussi très développé chez eux, notamment chez l'aigle, la frégate, le vanneau, la corneille et autres. — Il paraît de même certain que beaucoup d'oiseaux ont la faculté de se comprendre au moyen d'un langage spécial assez varié pour leur permettre d'énoncer des idées complexes, et que cette faculté les incite à se rassembler en grand nombre, soit pour régler leurs migrations, notamment les hirondelles, soit, ce qui est plus extraordinaire, pour juger et punir de mort les membres de la communauté qui auraient encouru ce châtiment.

Tu trouveras, dans les recueils d'observations que je t'ai signalés, des exemples de tous ces faits, et, entre autres, de ceux relatifs au « Tribunal des Corneilles » (2), qui dénotent un degré très éminent d'intelligence chez les *Oiseaux*.

---

(1) Romanes, *ouvr. cité*, t. II, p. 42.
(2) *Ibid.*, pp. 84-85.

Il me reste à t'entretenir des *Mammifères,* mais, en vérité, cette dernière partie de ma preuve serait certainement surabondante, si ce n'était qu'elle peut servir de transition nécessaire à l'étude du dernier vertébré qui, par ses facultés d'analyse et de synthèse, ses procédés, ingénieux et logiques, de classification, d'accumulation et d'applications, s'est placé à une distance si grande des manifestations intelligentes antérieures à son apparition sur la Terre.

Les *Marsupiaux,* qui se trouvent au plus bas degré des Mammifères pour l'Intelligence, n'en révèlent des indices que par la nidification et l'affection maternelle; les *Cétacés* n'en fournissent guère plus, mais, dans les faits observés, les signes caractéristiques de l'intelligence sont cependant affirmatifs, comme marques certaines de réflexion et de calcul actuels que, rien ne saurait rattacher aux processus de la vie végétative. A leur tour, les *Rongeurs* donnent des signes d'intelligence : « Le Rat n'est point insensible aux bons traitements et il s'attache aux personnes qui le nourrissent et le caressent. Son intelligence est telle, que celui qui a échappé à un piège s'y laisse rarement reprendre (1). » « Le Lapin, plus faible que le Lièvre, annonce une intelligence bien plus étendue. Un chien courant prend un lièvre à la course; mais les bons lapins mettent le chien sur les dents (2). » Quant aux Castors, leur

---

(1) Menault, *Intelligence des animaux,* Paris, Hachette, 1868, p. 199.
(2) *Ibid.,* p. 203.

société n'étant point une réunion forcée, mais plutôt se faisant par une espèce de choix, porte par cette élection la marque de l'intelligence dont leur habileté dans l'exécution de travaux, quelquefois si importants d'érection de levées et de transports de matériaux, fournit, en même temps, d'abondantes preuves.

Les *Ruminants* que nous trouvons ensuite, ont une intelligence plus épaisse et plus farouche que les Rongeurs, quoique dans leur organisation cérébrale ils leur soient supérieurs, étant les premiers animaux dont les hémisphères cérébraux aient des circonvolutions (1). — Les Bœufs sont des animaux grossiers. Le Chameau est le premier de tous les ruminants pour l'intelligence; il est sobre, courageux, docile. Le Lama, qui se rapproche beaucoup de lui comme structure organique, paraît même susceptible d'affection et s'apprivoise facilement, aux régions australes (2).

Chez les *Pachydermes*, nous rencontrons l'Éléphant, qui est un des animaux les plus intelligents : — « L'Éléphant, une fois dompté, devient le plus doux, le plus obéissant, des animaux. Il s'attache à celui qui le soigne, il le caresse, le prévient et semble deviner tout ce qui peut lui plaire; en peu de temps il vient à comprendre les signes et même à entendre l'expression des sons; il distingue le ton impératif, celui de la colère ou de la satisfaction, *et il agit en consé-*

---

(1) Menault, *Intelligence des animaux*, p. 213.
(2) *Ibid.*, p. 217.

quence. Il ne se trompe point à la parole de son maître; il reçoit ses ordres avec attention, les exécute avec prudence, avec empressement sans précipitation, car ses mouvements sont toujours mesurés (1). »

Qu'attendre de plus d'un animal, pour lui reconnaître une intelligence de la même nature que celle du dernier vertébré?

Le Cheval est aussi un animal très intelligent et facilement éducable. L'homme en a fait l'un de ses auxiliaires les plus précieux, et peut-être le cheval lui-même a-t-il gagné à cet assujettissement, au moins au point de vue de la sécurité contre les grands carnassiers, mieux armés et plus forts que lui, sinon toujours plus rapides à la course.

Les chevaux sauvages se choisissent des chefs dont ils suivent intelligemment les indications de fuite, d'attaque ou de défense. Tant il est vrai que, chez les animaux sociables, la subordination leur est inspirée par la Nature. Ils se soumettent à l'un d'entre eux, et cette habitude a pour objet la recherche de la sécurité et, comme conséquence, la conservation de l'espèce.

Le cheval est très susceptible d'affection. Le cheval de guerre est un compagnon, un ami pour le soldat; il entend la voix de l'homme, il partage ses passions belliqueuses, il hennit de fureur contre l'ennemi.

Le cheval est doué d'une grande mémoire. Dans les

---

(1) Menault, *Intelligence des animaux*, p. 230.

pas difficiles il agit avec beaucoup de soin et de prudence (1).

L'Âne n'a pas l'aspect fier, magnifique, du cheval, mais c'est une bête fort intelligente avec beaucoup d'endurance. L'Âne s'attache à son maître, quoiqu'il en soit maltraité. — Encore une évolution dans le sens de l'affection, et nous aurons le chien, cette bête toute cordiale qui aime son maître plus que soi-même.

Les grands *carnassiers*, ces maîtres de la terre avant l'apparition de l'Homme, n'étaient pas les animaux les plus intelligents d'entre les espèces, antérieurement à cette ultime période. Alors, leurs armes terribles et leur force hors de pair avec leurs ordinaires victimes, leur faisaient la vie facile : la proie était abondante, l'assouvissement était suivi d'une di-

(1) En passant le col du Téniah, près de Médéah en Algérie, le cheval arabe que je montais depuis trois jours, suivait un sentier à peine dessiné sur le flanc abrupt de la montagne à gauche du col. Il évitait avec soin les arbres qui encombraient la route, et s'arc-boutait sans cesse sur ses pieds de derrière pour s'empêcher de glisser sur la pente rapide. Comme il semblait y avoir quelque danger à continuer, sans grande utilité, ce chemin difficile, je descendis en excitant mon cheval à le suivre seul, et je pris, à pied, une descente taillée à pic, au bout de laquelle je pensais le retrouver. Mon cheval se sentant libre, quitta son allure prudente et descendit rapidement. Nous nous retrouvâmes au bas du sentier, mais dans quel état ma selle et mon harnachement! éraillés, arrachés à chaque arbuste à chaque saillie du rocher. — J'embrassai mon cheval à la tête, un peu au-dessus de la bouche; la bonne bête me regarda (pourquoi ne le dirais-je pas ?) *tendrement*, en poussant un léger hennissement de satisfaction.

gestion laborieuse, s'éteignant dans un lourd sommeil. Toutes ces circonstances n'étaient guère favorables au développement de l'intelligence, mais la concurrence et l'hostilité de l'homme ont changé leurs conditions d'existence. Les grands carnassiers, dans un milieu nouveau où la chasse, moins productive, est souvent entourée de périls, sont devenus méfiants, rusés, et par là, leur intelligence, plus excitée, a été rendue plus évidente.

Parmi ces bêtes dangereuses, toutes ne sont pas également implacables. Si le Tigre, et quelques félins similaires, sont toujours féroces, tuent et déchirent des animaux sans défense, pour le plaisir de les déchirer, le Lion qui ne leur cède ni en force, ni en audace montre parfois des sentiments plus généreux, que cependant certains observateurs lui ont déniés.

Je te citerai sur ce sujet, deux faits étonnants :

Un esclave, nommé Androclès, s'était enfui de chez son maître, proconsul d'Afrique, pour se soustraire à de mauvais traitements. Errant dans le désert, mourant de faim, il se réfugie dans une caverne. A peine y est-il entré, qu'un lion vient à sa rencontre ; il s'appuyait douloureusement sur une patte ensanglantée, la violence de sa douleur lui arrachait des rugissements affreux qui augmentaient encore l'effroi de l'esclave. Le lion lui présente sa patte et semble lui demander du secours. Androclès, surmontant sa terreur, arrache une grosse épine enfoncée entre les griffes du lion, presse ensuite la plaie, la lave et en exprime tout le sang corrompu. L'animal soulagé, ne souffrant plus, se couche, met sa patte entre les mains de l'esclave, et s'endort profondément.

Trois ans, le lion et l'esclave vécurent dans cette caverne, le lion apportant des quartiers de viande pour la nourriture de son sauveur. Un jour, Androclès s'enfuit de la caverne, mais retombé au pouvoir des Romains, il est renvoyé à Rome à son maître. Celui-ci, pour le punir de son évasion, le condamna à être livré aux bêtes, dans le cirque.

C'en était fait d'Androclès, un lion énorme l'avait aperçu et s'élançait vers lui. Tout à coup, l'animal s'arrête, frappé d'étonnement. Il a reconnu l'esclave; il approche en agitant sa queue d'une manière soumise; il presse le corps d'Androclès, à demi-mort de frayeur et lèche doucement ses pieds et ses mains. A ce spectacle, l'assistance entière pousse des cris d'admiration, et César, ayant fait venir l'esclave, lui demanda s'il pouvait lui expliquer le fait extraordinaire qui venait de se passer. Androclès, qui avait reconnu son lion, lui raconta sa terrible aventure, et César, à la sollicitation obstinée du peuple, témoin de la reconnaissance de l'animal, accorda la vie à l'esclave, et lui fit donner son lion (1).

L'autre exemple de sentiments généreux chez un lion, est d'une date plus récente.

A Florence, un lion s'échappa d'une ménagerie foraine, en tournée dans cette ville, qu'il se mit à parcourir en semant l'épouvante sur son passage. Une

---

(1) Aulugelle, *Nuits attiques*.

femme, folle de peur, s'enfuit, laissant tomber de ses mains tremblantes son jeune enfant. Le lion s'en empara aussitôt. Alors cette femme, cette mère, revenant à elle, et son amour maternel la portant à braver une mort inévitable pour secourir son enfant, elle court au lion en s'écriant, en suppliant, en versant un torrent de larmes. L'animal superbe regarde cette mère désespérée, et comprenant qu'il lui avait pris son lionceau, à elle, il le dépose à ses pieds; puis il poursuit sa marche aventureuse à laquelle son belluaire mit un terme en lui faisant réintégrer sa cage, dont la porte fut cette fois refermée avec plus de soin derrière lui.

Je ne quitterai pas les félins sans te parler du Chat, qui caractérise l'ordre de ces animaux. Le chat est très nerveux et irritable, et chez lui la raison, c'est-à-dire la conscience saine des circonstances ambiantes, se perd facilement par le fait de son irritabilité excessive qui le fait souvent ressembler à un être frappé de folie. Ajoute à cela son tempérament naturellement féroce, et, en certaine occurrence, tu pourras te trouver en présence d'une bête très dangereuse. Le chat sauvage et le Lynx fournissent des exemples fréquents de ces aberrations mentales passagères (1).

---

(1) Au Jardin Zoologique de Saïgon, en mars 1891, j'ai vu un félin dans cet état de folie furieuse passagère : — « Sur le point de sortir de ce jardin, j'entends les cris d'un animal dont je ne reconnais pas la voix. Je vais de son côté. C'est un Lynx, ou Chat-cervier de l'Asie septentrionale (Il n'y a pas d'étiquette sur la cage). Il bondit et miaule furieusement parce

Le chat domestique adulte, assez doux, ordinairement, et plutôt seulement farouche quand il est tourmenté, peut cependant assumer aussi cette disposition sauvage, même féroce, sous l'influence de la persécution et des mauvais traitements, surtout quand il ne peut s'y soustraire par la fuite.

Dans l'état normal, le Chat domestique est, avec les personnes qu'il connaît et qui le traitent bien, très doux et très susceptible d'affection. Il a de la mémoire, beaucoup d'intelligence, et dans ses relations familiales et autres, n'est inférieur qu'à peu d'animaux les plus favorisés sous ce rapport (1), mais sa

que des gamins lui ont jeté des pierres. Je m'efforce de le calmer, je le flatte en l'appelant d'un doux bruissement des lèvres, comme on fait aux chats domestiques. Il se couche sur le ventre et me regarde avec fixité, en léchant nerveusement ses lèvres. Le voilà enfin calmé, mais je n'oserais le caresser, si le grillage toutefois me permettait de passer ma main. Il la déchirerait à belles dents, j'en suis sûr, cette pauvre bête féroce! »

(F. Lecomte, *Voyage pratique au Japon*, Paris, A. Challamel, 1893; p. 66.

(1) Je donnerai ici quelques observations personnelles sur l'intelligence étonnante des chats domestiques :

Quand je demeurais rue Caumartin, 71, à Paris, plusieurs chats libres vivaient dans nos caves. Je donnais, et ma domestique donnait à manger à celles de ces bêtes qui vivaient près de nous dans cette immense maison. Le ménage de chats que nous entretenions nous offrit de nombreux exemples d'intelligence que je passerai sous silence pour en relater un, assez remarquable comme expression de sentiment familial.

A la suite d'une portée de petits chats que le concierge avait réduite à un seul petit, laissé à la mère, cette bête l'apporta à sa gueule et le déposa près de ma porte, attendant patiemment caractéristique la plus signalée est l'amour de l'indépendance.

qu'on l'ouvrit. Lorsque ma domestique sortit pour une affaire quelconque, la chatte se précipita dans l'appartement, son petit à la gueule. La domestique prit le chat et le descendit à la cave; la mère le rapporta, on le redescendit, et ainsi quatre fois de suite. Enfin la domestique me demanda ce qu'il fallait faire. Je lui répondis de prendre une corbeille que je lui désignai, d'y placer le chat, de déposer le tout dans le vestibule et que nous verrions plus tard; mais la domestique, toute impressionnée de l'insistance que la chatte avait mise à procurer le bien-être à son petit, installa la corbeille dans sa propre chambre. Alors il se passa un fait bien inattendu qui démontre clairement l'existence des sentiments affectifs chez ces animaux. La chatte suivit la domestique, surveilla l'installation de son petit, puis, à notre grand étonnement, miaula pour demander à sortir. Au bout de quelques minutes d'absence, elle revint avec un chat, une espèce de bête peureuse, qu'elle encouragea à la suivre quand on lui eut ouvert en entendant son miaulement. Puis, le couple traversa tout l'appartement pour aller à la chambre du fond. Arrivés là, la chatte mena le matou près de la corbeille; celui-ci mit ses deux pattes de devant sur les bords et regarda son petit qui dormait. Après quelques instants de contemplation, accompagnée des m, m, de la mère, le couple retraversa tout l'appartement, mais arrivés à la porte d'entrée, la chatte ne sortit pas, le matou prit seul son élan vers la cave. Il avait vu son fils bien et chaudement installé, il partait content.

Voici une autre observation sur des sentiments analogues :

Mme Doré, habitant une maison des champs, à Chapet, près Les Mureaux, avait un matou qui, pour chasser, faisait de fréquentes absences. Un jour que j'étais allé lui rendre visite, son chat revint au logis d'une de ses excursions. Il était si maigre, si efflanqué, qu'elle redoubla de soins pour le refaire. Après lui avoir fait manger une bonne pâtée de pain et de viande, elle mit devant lui une écuelle de lait, sachant combien les chats aiment cet aliment. A cette vue, le chat s'enfuit précipitamment vers les champs, sans avoir goûté au lait. Sa maî-

Le Loup et le Renard sont des brutes sanguinaires qui sont loin cependant d'être dépourvues d'intelli-

tresse, causant avec moi, n'y fit plus autrement attention, et laissa là le lait qu'elle avait préparé pour son chat. Bien lui en prit, car au bout d'un quart d'heure, le chat revint avec une jolie chatte qu'il conduisit à l'écuelle et qui se mit en devoir de lapper tout son contenu. Pendant ce temps, le chat, accroupi auprès d'elle, faisait son *ronron* en agitant la queue de-ci, de-là, et en regardant la chatte boire seule. Quand elle eut bien tout léché et pourléché, les deux chats reprirent ensemble le chemin par lequel ils étaient venus.

Je terminerai par un dernier souvenir qui a au moins autant d'intérêt que les deux qui précèdent :

J'avais, en 1888, à Genève, une chatte qui nourrissait un petit. Quand il tétait, il mordait souvent le sein de sa mère qui en ressentait une vive douleur. Que fit-elle pour empêcher son petit de persister dans cette mauvaise habitude? La chatte prit une oreille du petit dans sa gueule, et lorsqu'il la mordait, elle le mordait aussi à l'oreille en même temps, et le petit poussait un cri. Il fallut répéter plusieurs fois cet enseignement pour l'empêcher de mordre, mais la mère réussit enfin à en corriger son petit.

Ce qui semble le plus surprenant dans ce fait, est moins le moyen ingénieux employé par la mère, mordant l'oreille de son petit pour lui faire comprendre par la douleur qu'elle lui cause, qu'il ne doit pas la mordre s'il ne veut pas être mordu lui-même, que l'association d'idées opérée par ce petit chat, de huit ou dix jours, qui finit par comprendre l'intention de sa mère, et cesse de la mordre à la suite de plusieurs indications similaires.

C'est là, vraiment, une marque évidente d'intelligence de la part d'un tout petit chat.

Voici maintenant, pour finir, un exemple d'affection d'une chatte pour sa maîtresse :

Une maîtresse d'hôtel, à Vichy, était en contestation de règlement avec un client de mauvaise foi, et sa chatte assistait attentivement à cette scène, un peu bruyante, et, par là, en dehors du *modus vivendi* de la maison. A bout d'arguments, la gence. Leur prudence évente souvent les pièges qui leur sont tendus, et leur ténacité triomphe en maintes occasions des précautions conçues contre leurs entreprises déprédatrices.

Le Renard, plus faible que le Loup, est réputé plus intelligent que celui-ci, mais peut-être sa supériorité mentale sur le loup n'est-elle due qu'à sa faiblesse relative, qui l'incite à une plus grande attention, à des ruses mieux dissimulées.

De cette famille des Canidés, qui comprend le Loup, le Renard, le Chacal et les Hyénoïdes, est issu un animal tenant des uns et des autres, mais plus apparemment du Chacal, et doué d'un esprit de sociabilité que les animaux précédents, ses congénères, n'ont jamais manifesté jusqu'ici. — Cet animal, le Chien, a été domestiqué par l'Homme, depuis les premiers temps de l'Humanité.

En passant de l'état sauvage à l'état domestique, le chien s'est modifié à beaucoup d'égards. Notamment, il aboie, au lieu de hurler comme ses congénères sauvages; cependant, quand il est très inquiet ou chagrin, sa plainte ressemble, par atavisme peut-être, au hurlement originaire.

maîtresse d'hôtel s'emporta, avec une nuance de chagrin qui n'échappa pas à la bête intelligente. Tout à coup, elle sauta d'un bond sur les épaules de sa maîtresse, se frotta contre sa tête pour la caresser, et la lécha au visage.

Était-ce bien une marque d'affection de cette chatte pour sa maîtresse? Pour moi, je ne saurais l'interpréter autrement, et je suis même frappé de l'opportunité de cette caresse au moment où elle s'est produite.

« L'intelligence du chien présente un intérêt tout particulier et même unique au point de vue de l'évolution, et cela parce que, depuis un temps immémorial, cet animal a été l'objet d'une domestication continue qui encourage son intelligence naturelle. Celle-ci, tant par suite d'un contact permanent avec l'homme, que sous l'influence du dressage et de l'élevage, s'est profondément modifiée. Cette modification se révèle d'abord d'une manière générale par une docilité et un caractère soumis qui contraste singulièrement avec l'indépendance farouche de toutes les espèces sauvages du même genre; elle se montre aussi en détail chez les différentes races de chiens, par de nombreuses particularités qui ont un rapport évident avec les besoins de l'homme. On peut dire du chien que son caractère psychologique tout entier a été en quelque sorte, pétri par l'homme, qui, s'il est, jusqu'à un certain point, le créateur du bouledogue et du levrier comme types physiques, est tout autant responsable des instincts du chien de garde et du chien d'arrêt. Cette preuve concluante de l'influence transformatrice et créatrice qu'un dressage continu et de longue haleine, joint à la sélection artificielle, ne manque pas d'avoir sur le caractère mental et les instincts d'une espèce, confirme on ne peut mieux la théorie d'après laquelle le développement psychologique en général, doit être attribué à l'effet combiné de l'expérience individuelle et de la sélection naturelle. Depuis des milliers d'années, l'homme, sans y songer, poursuit virtuelle ment ce que les évolutionnistes appelleraient peut-être une expérience gigantesque sur l'œuvre de l'expérience individuelle accumulée par l'hérédité; et voici maintenant que nous avons devant nous le résultat merveilleux de ses efforts, le résultat ultime de l'expérience, la transformation psychologique du chien (1). »

Pour atténuer ce que tu taxerais peut-être d'un peu doctrinal dans ce jugement, je m'empresserai d'ajouter que l'homme n'a pas tellement pétri ce que l'on y appelle les *instincts* du chien, que celui-ci ait abdiqué toute indépendance entre ses mains. Il est arrivé même qu'il a résisté à ses caprices, à sa tyrannie, et qu'il s'est soustrait ouvertement aux conséquences de ce qu'il considérait, par l'effet de son jugement personnel, comme une action injuste de la part de son maître (2).

---

(1) Romanes, *Intelligence des animaux*, t. II, p. 192.
(2) Voici un souvenir personnel qui peut servir d'exemple de cet esprit d'équité chez le chien :
En mai 1888, à Bienne, canton de Berne (Suisse), le chien du maître d'hôtel chez lequel je logeais en passant, ce chien, nourri et soigné par une jeune domestique, l'aimait et la suivait partout. Le maître d'hôtel, un peu jaloux de la préférence que le chien montrait pour la domestique au détriment de ce qu'il pensait lui être dû à lui, *le maître*, excita son chien à se jeter sur la petite domestique pour la mordre. L'animal intelligent se refusa cette fois à obéir à son maître dans ces conditions. Cris, menaces, coups de fouet, rien n'y fit. Enfin, poussé à bout par les mauvais traitements, exaspéré de l'injustice de son maître, il se jeta sur lui, mais on intervint à temps pour l'empêcher de lui faire aucun mal.

Il faut bien reconnaître ceci : a l'appui des efforts de l'homme pour le dressage de son intelligence, le chien apporte à son éducateur un tempérament approprié. S'il s'attache à l'homme c'est qu'il en arrive à l'aimer véritablement, et souvent plus que soi-même. L'influence de l'homme fait d'un animal sociable, tel que le chien, entre autres, un animal domestique; mais d'un animal solitaire, tel que l'Ours, le Tigre, le Chat, etc., il ne peut faire qu'un animal apprivoisé (1).

« Le chien est tellement connu, que son exemple seul aurait dû faire rejeter bien loin toute idée de l'automatisme des bêtes. Comment, en effet, pourrait-on rapporter à un instinct, privé de réflexion, les mouvements variés de cet intelligent animal, que l'homme plie à un si grand nombre d'usages, et qui, conservant jusque dans son assujettissement une liberté sensible, excite dans son maître de tendres mouvements d'intérêt et d'amitié par sa docilité volontaire? (2) »

Et ces sentiments affectifs sont largement payés de retour par le Chien, qui se dévoue pour son maître, qui étudie anxieusement ses pensées, sur son visage, dans les inflexions douces ou violentes de sa voix, dans ses relations avec les personnes que son maître aime ou déteste, et que le chien, par la suite, aime ou déteste comme lui. Il étudie encore

---

(1) Menault, *Intelligence des animaux*, p. 186.
(2) *Ibid.*, p. 289.

ses pensées dans la langue humaine familière à son maître, en s'appliquant à en retenir une grande partie des sons et du sens (1). Il se consacre entièrement à tout ce qui intéresse son maître : à la garde et à la conservation de ses troupeaux, à la sécurité du foyer, à la protection des enfants (2), comme à celle du

(1) Lorsque Gall quitta l'Allemagne et vint s'établir à Paris, il emmena avec lui son chien. Dans les commencements, le pauvre animal parut étonné et malheureux de ne plus rien comprendre à la conversation. — Peu à peu, cependant, il apprit le français et devint également fort dans les deux langues. « Je m'en suis assuré, affirmait Gall, en disant devant lui des périodes en français et en allemand. »
(E. Menault, *Intelligence des animaux*, p. 281.)
(2) Je signalerai ici un exemple récent de l'affection intelligente du chien pour tout ce qui touche à son maître :
Dans la nuit du 28 au 29 décembre 1896, une maisonnet de Puteaux s'écroula, entraînant dans sa chute une femme ses trois enfants. La mère et sa fille aînée furent écrasées et tuées sur le coup; les deux autres enfants survécurent. Le père, retenu par un travail de nuit dans une usine avec plusieurs de ses camarades, ignorait absolument cette terrible catastrophe.
A quatre heures du matin, son chien vint le chercher à l'usine. Surpris par l'arrivée en pleine nuit de cet animal, le père eut le pressentiment qu'un malheur était survenu dans sa maison; cependant, tranquillisé par ses camarades, il resta à son travail, croyant à une simple escapade de son chien. Le malheureux ne connut la vérité que le lendemain matin. (Journal *Le Matin*, N° du 30 déc. 1896.)
Son chien était donc venu de lui-même à l'usine, à l'issue de la catastrophe. Ce n'était pas sa maîtresse qui l'avait envoyé, puisqu'elle avait été tuée sur le coup. Le chien avait eu l'intuition du malheur qui frappait son maître, et ne pouvant rien faire lui-même pour l'atténuer, il venait chercher celui-ci pour l'amener sur le lieu de la catastrophe.

maître, et va mourir de chagrin, parfois, sur sa tombe, quand il l'a perdu (1).

Il y a bien ici une marque de sentiment, de réflexion, de volonté d'agir au profit de quelqu'un, dont ce chien fournit un exemple indéniable. L'intelligence de l'homme pourrait-elle aller plus loin, étant donné l'impossibilité pour celui-ci d'agir lui-même en faveur des victimes, d'une manière efficace?

(1) Si les hommes savaient combien les animaux sont disposés à s'attacher à eux, à chercher dans leurs yeux des pensées bienveillantes, que d'amis tendres, sincères (peut-être, il est vrai, un peu assujettissants) ils acquerreraient! — Qu'est-ce que les hommes pensent donc gagner à leur nier l'intelligence; leur propre intelligence? En les observant avec soin, ils leur reconnaîtraient au contraire bien vite une intelligence vive et simple, surtout libre des fictions dans lesquelles s'agitent leurs sociétés, presque toujours conventionnelles, souvent mensongères.

Dans les chagrins, l'isolement, les animaux affectueux sont la consolation des hommes.

Cette réflexion, que l'on trouvera peut-être amère, me rappelle un fait que mon père m'a lu ou raconté, dans mon enfance, et qui est tellement en situation que je crois devoir le rapporter ici :

Un homme respectable, après avoir tenu une grande situation à Paris, y vivait dans la pauvreté, et si indigent qu'il ne subsistait que des aumônes de sa paroisse. On lui remettait chaque semaine le pain nécessaire à sa nourriture; il en fit demander davantage. Le curé lui écrivit pour l'inviter à passer chez lui : Il vint. Le curé s'informe s'il vit seul. « Et avec qui, Monsieur, répondit-il, voudriez-vous que je vécusse? Je suis malheureux, vous le voyez, puisque j'ai recours à la charité, et tout le monde m'a abandonné, tout le monde!.. — Mais, Monsieur, reprit le curé, si vous êtes seul, pourquoi demandez-vous plus de pain que ce qui vous est nécessaire? » L'homme paraît déconcerté, il avoue avec peine qu'il possède un chien. Le curé lui fait observer qu'il n'est que le distributeur du pain des pauvres, et que

Pour achever l'exposé de l'intelligence manifestée dans le Règne animal proprement dit, c'est-à-dire chez les animaux où l'intelligence progressive est bornée à la satisfaction de plus en plus élevée des besoins matériels, sans parvenir à l'expression de l'intelligence subjective, à la notion de l'abstraction, il me reste à t'entretenir des *singes*.

Je n'ai pas visé ces animaux singuliers dans mon esquisse des nombreux aspects organiques qui a précédé la présente étude de l'intelligence générale zoologique. J'avais intentionnellement réservé ce que j'avais à t'en dire pour le moment où je serais parvenu à ce qui concerne l'intelligence des singes, afin de lier les remarques sur les aspects organiques et sur la vie consciente de ces animaux, association qui ne sera pas sans intérêt dans le rapprochement que j'aurai à faire de l'une avec les autres.

Pour cette espèce supérieure, comme d'ailleurs pour toutes les espèces animales, je ne saurais te préciser les circonstances de son origine. Ainsi que je te l'ai dit plusieurs fois, nous nous trouvons toujours en présence de faits accomplis quand il s'agit d'une espèce nouvellement apparue, et c'est seulement par des suppositions, dont quelques-unes paraissent vraisem-

---

l'honnêteté exige absolument qu'il se défasse de son chien. « Ah! Monsieur, s'écria en pleurant l'infortuné, si je m'en défais, qui est-ce qui m'aimera? »

Le curé, attendri jusqu'aux larmes, tire sa bourse et la lui donne en disant : « Prenez, Monsieur, ceci m'appartient. »

blables, que nous pouvons essayer de rattacher une espèce nouvelle à une ancienne.

En outre, cette question semble ici plus complexe que pour les bifurcations successives que nous avons rencontrées en suivant l'épanouissement graduel des espèces. On sent que quelque chose d'important se prépare. Cette espèce imparfaite des Singes nous apparaissait comme une espèce d'attente ; comme un *schema* de la Nature pour une expression prochaine d'une portée prodigieuse :

Effectivement, l'apparition des Singes était accompagnée de circonstances singulières ; le rapprochement matériel et mental que je me proposais tout à l'heure de renouveler pour toi nous les révélait clairement.

La Nature avait utilisé au profit de ces êtres des appareils rudimentaires organiques dont elle avait déjà doté d'autres animaux; elle les perfectionnait pour cette nouvelle espèce, et, en même temps, tout en réalisant pour elle ce progrès sur les espèces antérieures, elle lui interdisait de conclure à un nouveau progrès, au moyen de l'accumulation fertile de l'expérience personnelle, car, si les jeunes singes des divers rameaux de cette branche zoologique sont souvent éducables, les adultes deviennent réfractaires à la sociabilité, et beaucoup se replongent dans les ténèbres de l'animalité la plus brute, en avançant en âge; de sorte que les fruits de leur expérience personnelle, qui auraient dû, comme c'est la marche ordinaire, être transmis par l'hérédité pour l'améliora-

7.

tion de l'espèce, se trouvent absolument perdus, et pour l'espèce elle-même et pour l'adoucissement des mœurs générales.

Cette anomalie surprenante, qui nous paraissait un nouveau retour en arrière, comme ceux que je t'ai déjà signalés, notamment à propos des Mollusques pour la constitution organique; des Batraciens et des Reptiles pour l'intensité intellectuelle, ne préjudiciera pas, cette fois-ci plus que les autres, au progrès définitif. Toutefois, en présence de ce nouveau temps d'arrêt, nous nous demandions avec anxiété pourquoi la Nature désarmait les espèces en les affaiblissant matériellement, et pourquoi elle leur interdisait, en même temps, de rechercher une compensation dans une intelligence plus puissante. Comme toujours, c'est nous qui avions tort dans nos déductions trop hâtives.

J'ai commis moi-même cette erreur dans ce temps écoulé; j'ai dû attendre; j'ai attendu, et les événements subséquents m'ont magnifiquement démontré la vanité de mes jugements présomptueux!

Rose. — Quelles circonstances prodigieuses se sont donc accomplies, Blanche?

Blanche. — Attends cette révélation à son heure, chère Rose; laisse-moi terminer d'abord ce qui concerne la première phase de l'intelligence animale, et déduire les conséquences du parallèle de la vie végétative et de la vie consciente, quand nous en aurons fini avec l'espèce que nous examinons en ce moment :

Les Singes forment le groupe le plus élevé de la

classe des Mammifères, et la famille la plus importante de l'ordre des Quadrumanes. Ils ont aux membres antérieurs, et plus fréquemment encore aux membres postérieurs, un pouce opposable aux autres doigts. La taille des individus qui composent les rameaux du groupe intégral, varie de 0^m,25, taille moyenne d'un écureuil, à 2 mètres, taille d'un grand gorille. Leur corps est généralement maigre et recouvert d'un pelage assez fourni, si ce n'est leur visage, presque toujours nu, et de couleur variable. Beaucoup d'espèces n'ont point de queue, d'autres l'ont fort longue, et souvent prenante. Le régime alimentaire de ces animaux est habituellement frugivore et quelquefois insectivore.

La plupart des Singes appartiennent aux régions tropicales. Ils ont de la peine à s'acclimater au delà des tropiques, et ceux qui y sont transportés meurent promptement de phtisie pulmonaire.

L'espèce des *Singes* se divise en deux parties : les Pithécins, ou singes de l'Ancien Monde, et les Cébins, ou singes du Nouveau Monde.

Les Pithécins comprennent entre autres espèces, les quatre plus grandes, c'est-à-dire l'Orang, le Gibbon, le Chimpanzé et le Gorille. Leurs narines s'ouvrent en dessous, et ne sont séparées que par une mince cloison ; cette conformation particulière les a fait nommer *Catarrhinins*. Chez ceux d'entre eux qui ont une queue, cette queue n'est jamais prenante. Tous, sauf l'Orang, le Chimpanzé et le Gorille, ont des callosités fessières. Ils ont le front plus saillant que les autres mammifères et leur angle facial varie de 30° à 35°; leurs oreilles sont rondes, ourlées, et placées sur les côtés de la tête; leurs yeux sont rapprochés et dirigés en avant; leurs têtes présentent des aspects divers, depuis la tête ronde à la face nue, qui est l'aspect le plus ordinaire, jusqu'à la tête à la face velue du chien, chez les Cynocéphales : les Pithécins ont 32 dents.

Les Cébins ont 24 dents de lait, mais 32 ou 36 dents à l'âge adulte. Leurs narines sont latérales et écartées, d'où leur nom de *Platyrrhinins*. Leur queue est plus ou moins longue, et quelquefois prenante; ils n'ont pas de callosités fessières. A ces différences très caractéristiques entre les *Pithécins* et les *Cébins*, on peut ajouter que ces derniers ne contiennent pas de singes anthropomorphes, ces grandes espèces étant spéciales aux entités simiennes de l'Ancien Monde.

Si nous recherchons en quoi les Singes se distinguent plus particulièrement, au point de vue physiologique, des animaux qui les ont précédés, nous trouvons que les différences les plus importantes sont constituées par l'usage de la main et par l'expression très caractéristique du visage.

Sans doute la main est antérieure aux Singes. Les oiseaux préhenseurs, notamment les Perroquets, usent de leurs pattes pour prendre les aliments et les porter à leur bec; les oiseaux de proie et d'autres oiseaux plus modestes, se servent de leurs pattes pour retenir l'aliment et le manger avec facilité; des mammifères, l'écureuil, entre autres, se servent fort adroitement de leurs pattes, nous donnant ainsi, les uns et les autres, les spécimens rudimentaires de l'évolution de la main. Les Quadrumanes qui ont précédé le Singe, c'est-à-dire, les Lémuriens, les Chéiromys, auxquels s'ajoutent les Galéopithèques, se servent de leurs quatre membres préhenseurs pour divers usages, avec beaucoup de dextérité, mais le Singe proprement dit, le Pithécin, le Grand Singe, utilise la main d'une manière nouvelle et puissante : Il s'en sert pour combattre de près son ennemi ; par elle, il saisit un bâton, une arme quelconque qui accroît ses moyens d'attaque et de défense, ce dont les quadrumanes antérieurs à lui n'ont pas l'idée, ni peut-être même l'aptitude physique.

Mais la modification physiologique la plus remarquable inaugurée par le Singe, est celle qui concerne le visage. Lorsqu'on voit pour la première fois cette face glabre, où la pensée se révèle par l'expression de deux yeux convergents et profonds, et par les traits délicats et mobiles de la face, on est tout à coup saisi d'un trouble singulier. On se sent en présence d'une entité toute autre que celles que l'on a rencontrées jusque là chez les animaux, et même, de prime abord, il ne semble pas impossible d'établir des relations mentales avec cette étrange personnalité. Puis, on se demande si l'on n'est pas la dupe d'une illusion, et si cette bête pense réellement ce qu'elle semble penser.

Le visage du grand singe, voilà ce qui, à sa première apparition, nous semble caractériser physiologiquement, d'une manière très spéciale, cet animal étrange.

Pour ce qui est de l'existence de l'intelligence chez les Singes, cette existence est indéniable : elle se manifeste dans toutes leurs actions et dans l'adresse qu'ils apportent à exécuter tout ce qu'ils entreprennent (1). Elle est encore évidente dans leur esprit d'imitation; dans leur malice, trop souvent nuisible; dans leur goût et leurs procédés pour le vol et pour le gaspillage.

En résumé, si l'intelligence du Singe en fait, le plus ordinairement, une bête malfaisante, on est obligé cependant de reconnaître que son intelligence est la plus intense entre celles de tous les animaux, sans en excepter celle de l'Éléphant, ni celle du Chien, plus affectueuse, et qui, pour cette raison sans doute, a trouvé des partisans passionnés, pour lui attribuer la prééminence intellectuelle sur toutes les espèces zoologiques. Ce n'est pas que le Singe soit incapable de sentiments affectifs : Nul animal n'est plus attentif à ce qui touche à la sécurité et à l'entretien de sa femelle et de ses petits. Il veille sur eux de jour et de nuit; il s'expose seul aux dangers extérieurs, pour leur donner le temps de s'y soustraire

---

(1) Voir dans Romanes, C. Ménault, V. Meunier, etc. les nombreuses preuves de l'intelligence des Singes. — Mais comme elles se rapportent presque toutes à leur domestication chez l'Homme, elles ne seraient pas en situation dans cette partie du texte de mon exposé, qui est antérieure à l'apparition de l'Homme.

eux-mêmes par la fuite. Mais pour ce qui serait de s'asservir aveuglément aux volontés d'un autre animal, et de lui faire au besoin le sacrifice de sa vie, le Singe n'aurait aucun titre pour soutenir la comparaison avec le Chien, cette bête si dévouée et si fidèle, dont cependant, malgré ses sentiments d'abnégation très louables, l'intelligence ne saurait prétendre à la parité de celle du Grand Singe.

Après t'avoir fait connaître la *variété* de structure et de localisation organique des espèces animales, depuis celles dont la constitution physiologique est la plus élémentaire, jusqu'à l'ordre supérieur des vertébrés où elle se montre la plus puissante, je t'ai donné des preuves nombreuses et certaines de l'existence de l'Intelligence, et de son *unité* de manifestation, chez tous les animaux.

Tu as pu constater ainsi que, chez le plus infime d'entre eux comme chez celui qui est le plus organisé, l'Intelligence présentait toujours, à des degrés d'intensité répondant à la valeur de leur organisation physiologique, des caractères identiques pour l'expression de leurs besoins et de leurs passions, et démontrait par là qu'elle était, partout et toujours, de la même nature : c'était toujours elle, sous ses divers aspects dénommés Volonté, Réflexion, Mémoire, Prévoyance, qui déterminait les actes spontanés, aussi bien de l'Amibe que du Mollusque, de l'Insecte et du Vertébré.

A la *diversité* matérielle de la Forme, propre à

chaque espèce, et à la passivité inconsciente de sa Vie végétative, débile ou énergique, répondait toujour *l'unité* universelle de l'Intelligence fertile, commune à toutes, mais à des degrés d'intensité variés pour chacune d'elles.

Parmi toutes ces espèces, successives quant à leur apparition sur la Terre; contemporaines, pour la plupart, dans la durée des temps; les premières, en général plus faibles, pouvaient se montrer surprises, effrayées, à la vue des organes si différents des leurs, chez les êtres nouveaux, plus forts qu'eux, qu'ils rencontraient sur le chemin de la Vie; mais par le fait de leur intelligence de nature semblable, les unes et les autres espèces comprenaient mutuellement et *instantanément*, ce qu'ils avaient, les uns à craindre, les autres à espérer, de la disproportion de leurs forces, dans un conflit toujours imminent, pour la satisfaction de besoins rivaux, et souvent même pour la question d'existence. De là, des *modi vivendi* de cachettes, de mimétisme, de simulation de la mort, chez les faibles; et d'explorations, de ruses, d'embuscades, chez les forts. C'était toujours, chez les uns et les autres, sous l'urgence révélée par le sentiment spontané de la situation, l'appel à l'Intelligence, fertile en ressources, pour régler l'attaque et la défense. A quel autre facteur que l'Intelligence pourrait-on demander l'origine de cette intuition conservatrice, dans un péril inopiné et sans précédent, ce qui exclut toute préparation éducative?

Non. L'Intelligence, partout et toujours; l'Intelligence, *cette caractéristique indéniable des animaux*, principe de leurs relations agressives ou cordiales, tandis que la Vie végétative continue chez eux son labeur inconscient et automatique engraissant placidement la bête sur le point d'être dévorée.

Expérimente toi-même l'existence de la *Volonté irréductible* chez l'animal le plus humble. Essaie d'entraver la direction du parcours d'un vermicule, d'un moucheron imperceptible. Le premier mouvement du petit animal est la surprise; il s'arrête; *incontestablement*, il réfléchit à ce qui vient de se produire, et s'en étant rendu compte à sa façon, ou peut-être sans s'en rendre complètement compte, il passe outre en changeant de direction. Si la même cause d'arrêt se produit de nouveau, il recommence le même cycle en échappant par une direction nouvelle, et ainsi, aussi souvent que tu opposes un obstacle à *sa volonté* d'aller où il a résolu de le faire. S'il dispose du vol, il échappe à ton importunité en s'envolant hors de la portée de l'obstacle.

Ce petit animal a le sentiment absolu de sa possession personnelle autant qu'il est donné de l'avoir. Pour infime que soit l'expression de son intelligence, elle suffit à ses chétifs besoins, mais l'aspect le plus apparent et le plus personnel de cette intelligence, c'est-à-dire *la Volonté*, est absolu; sa volonté est complète. A l'encontre des facultés matérielles de son individu ou de son espèce, sa volonté ne progressera pas; elle est, d'ores et déjà, entière; et que l'évolution élève sa série jusqu'aux types supérieurs, sa volonté n'acquerra jamais une intensité plus grande (je ne dis pas plus puissante,) que celle qu'elle a manifestée dès l'abord.

L'intelligence est intégrale dès sa première manifestation; son expression n'est limitée que par l'imperfection des organes qui la servent, mais que ceux-ci progressent, peu ou prou, et l'Intelligence se manifestera, toujours et en même temps, à leur niveau.

On ne saurait objecter à ce qui précède, que l'Intelligence se doive développer suivant la progression des organes, car l'intégralité de *la Volonté, dès le principe,* prouve également l'intégralité de l'*Intelligence, dès le principe,* la Volonté n'étant qu'une manifestation externe de l'Intelligence. Comprendrait-on, d'ailleurs, une faculté à l'état imparfait, pouvant produire une manifestation à l'état de perfection? Je n'entends pas par là que l'Intelligence soit aussi puissante, aussi éclairée, aussi instruite, chez le protozoaire que chez le vertébré, je te dis seulement que l'Intelligence ne se modifie pas dans son essence et dans ses aspects, comme le font les organes matériels qui, embryonnaires chez l'infusoire, se développent et se spécialisent chez l'animal supérieur. Dans le vaste horizon qui, à l'apogée des manifestations intellectuelles, succède au champ étroit primitif concédé à l'Intelligence, l'essence de ses facultés est restée la même : Elle n'y a pas une autre Volonté, une autre Réflexion, une autre Mémoire, une autre Prévoyance, non; mais elle s'est adaptée étroitement au mieux des milieux successifs qu'elle a occupés les uns après les autres, et qui ont plus de sollicitude pour les satisfactions matérielles qu'ils peuvent procurer, que pour l'accomplissement de sa mission propre, laquelle consiste à se perfectionner par des incarnations successives où la Bonté, qualité suprême si difficile à parfaire, est également de même nature, à tous les degrés de ces milieux transitoires.

Il y a encore une autre considération qui prouve *l'unité* et *l'intégralité* de l'Intelligence dès le principe. J'emprunterai cette preuve, non à *la volonté*, cette fois, mais aux *sentiments affectifs*, qui, comme la volonté, sont certainement des manifestations psychiques, ou intellectuelles, ce qui est la même chose.

Tu as vu combien les animaux différaient dans l'expression de leurs fonctions matérielles. Il n'est cependant pas rare de rencontrer des animaux, d'espèces absolument différentes, qui conçoivent de l'affection les uns pour les autres. L'affection est un besoin de l'Ame, comme la faim, la soif sont des besoins du corps.

L'amour, la bonté, la tendresse, existent chez toutes les espèces animales, qui en fournissent des manifestations à certaines périodes de leur existence plutôt qu'à d'autres, notamment quand ils s'apparient et quand ils élèvent et instruisent leurs petits. En dehors de ces soins de famille, cette expansion cordiale trouve pourtant encore sa satisfaction chez divers animaux, et, ce qui est singulier, chez certains d'entre eux qui paraissent plutôt voués par leur nature à l'inimitié des uns envers les autres.

Je veux t'en citer quelques exemples :

« Les chats ont souvent de l'affection pour les chevaux et quelquefois pour les chiens, les oiseaux, les rats, et autres animaux pour lesquels on ne s'attendrait guère à les voir se prendre d'affection. — Les chiens établissent souvent des liens amicaux avec différents animaux; dans un cas cité par Cuvier, un terrier prenait tant de plaisir dans la société d'un lion captif que lorsque le lion mourut, le chien dépérit et mourut également. — Rengger cite un singe qui s'était pris de si vive amitié pour un chien, qu'il pleurait de douleur lorsque son ami était absent; lorsqu'il revenait, il le caressait et lui portait aide dans toutes ses disputes avec les autres chiens. » — Thompson cite des exemples de chevaux extrêmement attachés à des chiens et à des chats, et semblant trouver du plaisir à les avoir sur le dos tandis qu'ils sont à l'écurie.

« Thompson cite encore un pécari de la ménagerie de Paris qui avait une grande affection pour un des chiens du gardien, et un phoque du même établissement qui permettait à un petit chien de mer de jouer avec lui et de lui prendre des poissons dans la bouche, chose à laquelle il s'opposait toujours lorsque c'était un autre phoque du même bassin qui la tentait. Des chiens ont vécu en termes amicaux avec des goélands et des corbeaux, et l'on a connu un rat qui avait coutume d'accompagner son maître pendant ses promenades.

« Le colonel Montagu rapporte le curieux exemple qui suit d'un attachement survenu entre une oie chinoise et un chien d'arrêt : Le chien avait tué le mâle, et avait été sévèrement puni pour ce fait, et enfin le cadavre de sa victime avait été attaché à son cou. L'oie restée veuve fut très affectée de la disparition de son époux et unique compagnon; ayant été probablement attirée vers la niche du chien par la vue de son compagnon défunt, elle parut décidée à persécuter le chien par sa présence continuelle et ses vociférations incessantes; mais, au bout de peu de temps, une amitié étroite s'établit entre ces deux animaux si différents. Ils mangèrent à la même écuelle, vécurent sous le même toit, et se tinrent mutuellement chaud, dans la même litière; quand le chien était emmené en chasse, les lamentations de l'oie ne cessaient pas.

« Le colonel Montagu cite encore des cas d'affection entre un pigeon et une poule, un terrier et un hérisson, un cheval et un cochon, un cheval et une poule, un chat et une souris, un renard et un basset, un caïman et un chat, comme ayant été observés par lui personnellement (1). »

« L'ingénieur anglais Stafford montre dans une photographie, une jeune lionne qui tient tendrement entre ses pattes un petit bull-terrier. Cette lionne, originaire du territoire des Somalis, a sept mois; elle traite le bull comme son propre enfant.

---

(1) Romanes, *l'Évolution mentale chez les animaux*, pp. 180, 181.

Cependant on a constaté qu'elle se refusait absolument à admettre dans son intimité, la famille du jeune chien ; il ne s'agit que d'une adoption toute personnelle déjà fort remarquable.

« Dans une autre photographie, M. Stafford exhibe un exemple tiré d'animaux plus petits et encore plus dissemblables : Une jeune chatte maltaise, à la suite du décès d'une mère-poule, vivant dans la même maison, se prit d'affection pour la couvée orpheline composée de neuf poussins à peine éclos, et les abrita dans sa chaude fourrure ; les petits poulets sont logés, perchés partout : au ventre, sur le dos et la tête, et entre les pattes de la chatte. Son historiographe dit que, si l'un d'eux s'écarte de la fourrure tutélaire, la bonne bête l'y rappelle en miaulant. La poule couvant des canards est laissée bien en arrière par cette incohérente affection (1). »

Des faits semblables abondent, mais je m'arrête à ce dernier, qui est très caractéristique de *l'unité* de l'Intelligence chez les animaux.

Il semble que l'on voie cette chatte tutrice, chargée de poussins qu'elle dévorerait si avidement, si elle n'avait conçu pour eux une pitié tendre en les voyant privés de leur mère. Je comprends son anxiété à la pensée du péril possible auquel s'expose l'un d'eux lorsqu'il s'éloigne imprudemment de l'abri de sa chaude fourrure. « *Miaou* », lui crie-t-elle, dans

---

(1) Journal *Le Temps*, feuilleton du 25 mars 1869, Max de Nansouty, avec dessins.

son dialecte de chat, mais la langue universelle du sentiment est plus faite d'inflexions que de paroles, et lui, le volatile en bas âge, qui comprendrait mieux « *pi, pi* », saisit pourtant la signification de « *miaou* » dans sa faible intelligence, et *rapplique* docilement au commandement d'une chatte, comme il obéirait au rappel de sa mère-poule.

Après une telle marque d'entente mutuelle entre animaux si différents, dont l'un est si jeune, tu jugeras sans doute comme moi, qu'il serait oiseux d'insister sur cette démonstration que l'Intelligence générale est commune à tous les animaux pour leurs rapports possibles, qui, d'ailleurs s'établissent par elle entre eux avec la plus grande facilité, sans égard à leurs dissemblances organiques.

Rose. — Cette intelligence qui anime et dirige tout, c'est l'Ame, n'est-ce pas, Blanche?

Blanche. — Oui, chère Rose, c'est l'Ame. On ne saurait la voir, mais les observations scientifiques, en précisant ses manifestations propres, nous ont fourni les preuves de sa localisation spéciale dans le système cérébro-spinal; de l'indépendance de son évolution; de la différence de sa nature avec la nature de la Vie végétative; de son antagonisme avec celle-ci; et de sa tendance à l'indépendance absolue.

En raison des éclaircissements détaillés que je t'ai fournis sur les divers points de cette importante question, je pense qu'il ne saurait te rester le moindre doute à son égard.

Pour en terminer avec *les Origines*, il me reste à t'entretenir d'un fait très important : *L'Apparition de l'Homme.*

Mais, avant de le faire, il convient d'envisager brièvement l'ensemble des Temps qui ont précédé cette apparition, d'indiquer le degré où était parvenu l'épanouissement de l'Intelligence, et de marquer le temps d'arrêt que les conditions physiologiques des espèces l'obligeaient à subir.

Tu comprendras mieux après l'énoncé de ces considérations générales préalables, le processus du progrès immense et inattendu que cette espèce nouvelle : *l'Humanité*, venait réaliser sur la Terre.

J'évoquerai donc l'histoire succincte de ce globe énorme dont une moitié est maintenant plongée pendant six mois dans les ténèbres, tandis que, dans l'autre moitié, les diverses parties de sa circonférence sont, tour à tour, éclairées par le soleil.

Je revois par la pensée, l'état d'incandescence plastique d'où il a passé à un état solide qui, par des combinaisons chimiques, s'est couvert d'eaux, ou fluides, ou vaporisées en nuages. De cette mer enveloppant toute la superficie de la Terre, surgissent bientôt de rares îles, puis des continents dont les rivages, déchiquetés par l'Océan, offrent des falaises à pic et des atterrissages commodes. Sur les eaux flottent des plaques albuminoïdes, animées, par l'irritabilité, de mouvements propres, et qui se génèrent par divers procédés : scissiparité, gemmiparité, conjugaison, spores, et donnent naissance aux espèces indécises où la vie revêt des formes éphémères : aux infusoires, aux holothuries, rubans sarcoïdes ou plantes vivantes, aux algues primitives, à toute une flore variée, de couleurs tendres et délicates. Voici maintenant le sarcosome, être à la fois un et multiple, composé de petits polypes à 8 bras empâtés dans un ciment vivant, bientôt couvert d'une éruption de petites fleurs blanches émergées d'une eau peu profonde, se reproduisant à l'infini, élevant au niveau liquide les roches et les branches corallières. Cependant les eaux se peuplent d'encrines à la courbe gracieuse, aux couleurs brillantes, à la floraison vorace, engloutissant les animalcules s'ébattant à leur portée. Du polype hydraire surgit la méduse, premier animal libre, à la génération alternante. Les trilobites, les céphalopodes, les poissons apparaissent. Les airs se peuplent à leur tour, le ptérodactyle y agite ses ailes membraneuses. Continuant l'épanouissement zoologique, les espèces maritimes et terrestres élèvent, supériorisent les procédés génétiques; la génération personnelle s'affirme. Chez les insectes, peut-être même avant, un sentiment nouveau, et fécond par ses conséquences mentales : *la maternité* se révèle; l'être met au monde un être auquel il prodigue ses soins, sa tendresse; assure sa première nourriture avant de l'abandonner à ses propres ressources. Les vertébrés, entre autres animaux, s'apparient par le choix, par l'amour; s'efforcent de plaire aux êtres objets de leur affection. Enfin cette ferveur, cet épanchement affectif, déborde en dehors de l'espèce, et des animaux, d'espèces très différentes, manifestent des sentiments d'une amitié profonde les uns pour les autres.

Après le cri, accent d'angoisse ou de convoitise, première manifestation orale de relation poussée par la créature consciente, retentissent plus tard, dans les prairies, dans les forêts, les chants modulés des oiseaux, dont le riche plumage des mâles rivalise de variété, de beauté, avec les ailes brillantes des insectes vagabonds, avec les éclosions odoriférantes des flores contemporaines.

Dans les profondeurs des bois, dans les cavernes des montagnes, de grands mammifères carnassiers aux robes fauves, ou rayées, ou tachetées, poussent des rugissements terribles qui portent l'effroi dans le cœur des animaux inoffensifs et doux, paissant dans les prairies et près des étangs et des cours d'eaux qui y entretiennent la fraîcheur et la fertilité. Conscients de l'inefficacité de leurs moyens de résistance, effarés à l'aspect de quelques-uns des leurs tombés victimes de la férocité de leurs ennemis, ils demandent leur sécurité à une fuite rapide, et, aussitôt que le péril est distant, est absolument conjuré, ils reprennent, dans un heureux oubli, les errements insouciants de leur vie tranquille.

A certaines périodes de cycles irréguliers la voix formidable de la grande Nature, la maîtresse souveraine, éclate au-dessus des trilles perlés et des roucoulements d'amour, des vagissements des faibles, des rugissements féroces des violents, et tous rentrent dans le silence. La Terre s'émeut et tremble; le sol se déchire, livrant passage à des torrents de fumée et de flamme; la lave bouillonne, se précipite, court s'épandre dans les plaines dont elle incendie et dévore les richesses végétales; l'abîme des mers, secoué dans ses profondeurs, inonde et balaie de ses vagues énormes ce que les feux des volcans ont épargné, et poursuit au loin, dans les terres, le pêle-mêle des bêtes féroces ou inoffensives, troupeaux bientôt pétrifiés dans une terreur mortelle. Les éclairs, le fracas de la foudre, le crépitement des grêlons et d'une pluie diluvienne ajoute à ces horreurs.

Parfois le cataclysme change la forme des montagnes, déplace les mers, engloutit des continents, fait émerger des îles, aggrave l'inclinaison de l'écliptique, altère les climats. Des espèces végétales et animales disparaissent.

Mais la vie, ce flambeau inextinguible, persiste; et quand la dévastation a cessé sur un sol de nouveau raffermi, des espèces nouvelles, greffées sur la matérialité des survivantes et assimilées aux nouveaux milieux aménagés par la Nature, viennent remplacer les anciennes, inaugurant ainsi une période jeune et radieuse qui continue à son tour l'épanouissement matériel de deux règnes organiques, et poursuit en même temps l'affranchissement graduel de l'Intelligence par des espèces animales plus organisées.

Cependant, jusqu'à la période que je viens de t'indiquer, les animaux divers, absorbés par leurs besoins matériels, la recherche d'une nourriture très souvent insuffisante, l'anxiété d'une sécurité toujours précaire, se trouvaient restreints aux applications concrètes de leur mentalité. D'ailleurs, la constitution incomplète de leur système nerveux, et notamment de la structure organique de leur encéphale, mettait obstacle chez eux à l'acquisition ou à la manifestation du sens abstrait, subjectif, idéal de l'Intelligence.

Pour que l'Intelligence pût s'épanouir en toute liberté, en toute indépendance, sans le souci, presque sans la conscience des fonctions matérielles accomplies par le corps, il fallait, comme je te l'ai dit, en t'entretenant de l'*Apparition de la vie sur la Terre* (1), que le corps fût parvenu à un degré d'organisation assez parfait pour le rendre capable, d'une part, d'entretenir et d'assurer, à lui seul, la vie et la reproduction de l'être matériel, et, d'autre part, de fournir à l'Intelligence les organes parfaits propres à son expression intégrale.

Un grand pas était déjà fait en ce sens dans l'évolution des espèces, chez lesquelles la Vie végétative enrichie des facultés accumulées, transmises par l'hérédité, avait réalisé des progrès organiques dont résultait une certaine indépendance pour l'Intelligence. En effet, l'expression de celle-ci témoignait déjà d'une grande puissance chez les Hyménoptères, l'Éléphant, le Castor, le Chien, le grand Singe, mais chez ces animaux privilégiés elle s'arrêtait cependant encore aux manifestations concrètes, et aucun d'eux ne compre-

(1) Page 19.

nait, n'était en état de comprendre, de pénétrer, même élémentairement, la connaissance des lois physiques, chimiques et autres, qui régissait l'Univers; ni peut-être même d'en avoir le sentiment, de songer à leur existence. Un temps d'arrêt se produisait donc dans le développement physiologique nécessaire à la manifestation complète de l'Intelligence, c'est-à-dire à son sens abstrait, subjectif, et cette importante modification organique allait s'effectuer au profit d'une espèce nouvelle : l'*Humanité*, qui lui devait donner essor.

Tu verras que l'Homme même, pourvu de cette organisation perfectionnée, c'est-à-dire d'un système nerveux plus puissant, de circonvolutions encéphaliques plus nombreuses, n'est pourtant pas arrivé *de plano* à manifester la subjectivité de son intelligence, ce qui prouve bien qu'elle était de la même nature que celle des autres animaux, mais que ces facultés nouvelles lui donnaient, *immédiatement*, la capacité d'accumuler, *incessamment*, les observations et les expériences, ce que n'avaient pas possédé les animaux antérieurs à lui, et que son intelligence qui, comme je viens de te le rappeler, était cependant de la même nature que la leur, c'est-à-dire qui avait la même *Volonté*, la même *Réflexion*, la même *Mémoire*, la même *Prévoyance*, allait s'amplifier démesurément par l'accumulation incessante des richesses héréditaires acquises et transmises par l'hérédité, et par les méthodes graphiques, qui ne sont qu'un fixement d'idées et leur mise en ordre pure et simple; allait s'ampli-

8.

fier, dis-je, jusqu'à atteindre à des expressions intellectuelles aussi prodigieuses qu'imprévues.

A la veille de cette évolution considérable, la domination de la Nature sur les objets de sa création était absolue : les plantes restaient soumises aux effets de ses manifestations violentes; les animaux, n'ayant pour se garantir contre ces violences que les abris naturels empruntés aux plantes marines, aux forêts terrestres, aux cavernes, ou encore les refuges que leur intelligence les incitait à se construire, les Animaux restaient sous sa dépendance, presqu'autant que les Plantes.

Néanmoins, la bonne Nature, *l'Alma parens*, en dehors de ses volcans, de ses tempêtes, de ses cyclones, assurait aux espèces des deux règnes organiques un *modus vivendi* plantureux, qui n'était pas dénué de tranquillité durable :

Les végétaux croissaient en paix, ayant seulement à lutter pour la recherche de l'air et de la lumière contre la concurrence de leurs congénères rivaux. Leurs fruits étaient dévorés et gaspillés par les bêtes, mais ce qui en restait suffisait toujours amplement à la conservation des familles phytiques; leurs rameaux, habités par les oiseaux, les écureuils, les singes, ne souffraient de cette promiscuité malpropre que par des souillures, biffées par les orages, ou des bris et des éraflures que reparait rapidement une sève vigoureuse; leurs troncs superbes attendaient des lois naturelles la fin de leur existence.

Les montagnes conservaient leurs frondaisons millénaires. Des torrents y roulaient leurs ondes impétueuses dans les ravins, creusés et lissés par le rude frottement des eaux rapides. Ils étaient contenus dans leur cours par des rochers que liaient solidement les uns aux autres le lacis vivant et nerveux des racines végétales...

L'ère des dévastations humaines n'était pas encore arrivée !

Les animaux n'avaient à redouter que la concurrence vitale des espèces. Leurs sens, affinés par le besoin et le péril : le mimétisme et la simulation de la mort chez les espèces désarmées, la vue chez les oiseaux, l'ouïe et l'odorat chez les insectes et les mammifères, éventaient le péril, et suffisaient souvent à le conjurer ; les migrations assuraient à certaines espèces la permanence d'une température favorable et des substances nécessaires à la vie. Point de frontières, de clôtures, d'enclos, de pacages. Point d'asservissement, ni d'hécatombes périodiques. L'espace libre partout. La Terre appartenant à tous...

L'ère des dévastations humaines n'était pas encore arrivée !

La Terre gravitait, calme, dans l'Infini. Elle formait et détenait dans son sein inviolé des métaux denses et incorruptibles, des lapidifications, des cristallisations curieuses, dont le poli révèlerait les colorations variées et étincelantes ; des forêts englouties et pétrifiées, réserves caloriques de l'avenir ; çà et là, les cadavres de ses premiers nés, de ses génitures successives, vestiges incomplets, sources de théories, hypothétiques par l'absence des débris organiques, détruits et absorbés dans les terrains argileux, siliceux, ou calcaires, sur lesquels ils s'étaient étendus pour toujours.

. . . .

.. Cependant la Nature allait obéir aux lois divines pour l'apparition d'une espèce nouvelle. — Elle était pleine d'anxiété : elle pressentait un règne inconnu, un cataclysme qui ne ressemblerait en rien à ses convulsions successives, un empiètement sur sa puissance, quelque chose, enfin, d'un ordre supérieur ; évoluant au-dessus, à l'encontre, de son pouvoir matériel.

Elle voulait s'écrier ; se plaindre. — De qui? — De l'Inconnu!

Elle voulait exprimer. — Quoi? — L'Inexprimable!

Elle sentit alors sourdre en elle l'intuition du sentiment profond révélé distinctement, plus tard, par la Grande Ame lyrique, incarnée pour un jour dans l'humanité (1), et, regardant les cieux, l'espace sans bornes, elle balbutia désespérément :

Nouveaux venus, laissez la Nature tranquille!

---

(1) Victor Hugo, *Légende des siècles* (Le Cèdre).

III. — L'ESPÈCE HUMAINE

Blanche. — Nous voici parvenus à une phase importante de l'épanouissement terrestre. Tu comprends que je vais te parler de l'apparition de l'espèce humaine.

En raison des conséquences merveilleuses de cette manifestation nouvelle, je pourrais donner à mon exposé une forme pompeuse et solennelle. Je préfère t'en entretenir avec simplicité, n'apportant quelque recherche que dans la production des preuves scientifiques à l'appui de mes assertions.

Nous considérerons d'abord l'Homme dans ses points de ressemblance et de dissemblance avec les autres animaux qui l'ont précédé sur la Terre.

L'Homme est un animal de l'embranchement des Vertébrés et de la classe des Mammifères, dont le dernier terme, avant l'Homme, était les Singes anthropomorphes.

Comme eux, il est édifié sur un squelette solide, formé, pour la partie essentielle, d'une colonne vertébrale, réceptrice de la moelle épinière, et surmontée d'une boîte crânienne renfermant une masse cérébrale, siège initial du système nerveux. Son système musculaire, ses appareils respiratoire, circulatoire, reproducteur et sa dentition sont à peu près identiques à ceux des grands singes.

Comme eux, son corps est flanqué de quatre membres, préhenseurs et locomoteurs. Les deux membres supérieurs de l'homme, plus spécialement préhenseurs, lui servent, en cette acception, à d'innombrables usages sur lesquels j'aurai à revenir; les deux membres inférieurs, plus spécialement locomoteurs, supportent, dans cette fonction, le corps dans une position verticale qui lui est à peu près spéciale dans sa classe, et qui, dans son embranchement, ne rencontre d'analogie que dans la classe des Oiseaux, lesquels ont encore avec lui un rapport dont je t'entretiendrai à propos du langage.

Mais si l'homme ressemble aux singes par son aspect général, l'examen physiologique démontre de nombreuses dissemblances avec eux. Voici les plus remarquables :

La tête du singe anthropomorphe est fortement marquée de prognatisme par la proéminence et le développement puissant de ses mâchoires. La tête de l'homme de race blanche, type supérieur de l'espèce humaine, présente un angle facial de 70° à 85°. Cet angle descend chez le Nègre, type inférieur, où il est encore de 67° à 64°, tandis que chez le chimpanzé il est de 35°, et chez l'orang, seulement de 30°.

La capacité crânienne de l'homme est, en centimètres cubes, de 1,400 à 1,500; elle est chez le gorille de 500 environ; de 420 environ chez l'orang et de 400 chez le chimpanzé.

Le poids du cerveau est de 1,250 grammes environ chez l'Homme blanc, de 1,200 chez le Nègre de l'Afrique centrale, de 975 chez le Boschiman de l'Afrique australe, de 900 chez l'Australien. Chez le Singe anthropomorphe il est seulement d'environ 550 grammes, différence considérable avec les chiffres précédents, qui met ce dernier animal hors de pair avec l'être le plus bas placé dans l'espèce humaine.

Mais, outre ces dissemblances matérielles, il en est encore de bien plus importantes à signaler : le cerveau de l'Homme a, de plus que celui du Singe anthropomorphe, plusieurs circonvolutions encéphaliques et une accentuation considérable de la troisième circonvolution frontale, siège de l'organe du langage. Ces dispositions ont doté l'Homme de facultés nouvelles, caractéristiques de son espèce, c'est-à-dire de la manifestation plus complète de l'Intelligence, l'incitant, par la révélation de sa valeur subjective, à la recherche du *pourquoi* et du *comment* de toutes choses, non seulement terrestres, mais générales; et cette Intelligence, supériorisée, a comme moyen d'expression externe, le langage articulé conscient, qui n'attend que l'essor à donner à la pensée, dans des formes conventionnelles rendues familières à des groupes d'hommes plus ou moins considérables, pour révéler les prodiges psychiques dont je t'entretiendrai tout à l'heure.

Le Singe anthropomorphe, au contraire, quoique le plus intelligent animal antérieur à l'homme, est absolument inapte à des spéculations subjectives, et si, de lui-même, ou plus ordinairement par sa domestication près de l'homme, il peut s'élever mentalement de l'état réceptuel à l'état conceptuel, par l'examen, attentif mais borné, des faits extérieurs, ou mieux, des œuvres de l'homme, telles qu'une porte, un verrou, l'usage d'une vis, ses acquisitions ne dépassent pas les conditions matérielles du fait, et ne s'élèvent pas, ne peuvent pas s'élever, à la pensée, à la recherche et au calcul des causes. Là gît la différence essentielle et profonde, l'abîme incomblable entre l'espèce simienne et l'espèce humaine.

En ce qui concerne l'aptitude des membres, les singes anthropomorphes sont classés parmi les *quadrumanes*. En effet, les extrémités de leurs membres inférieurs comme celles de leurs membres supérieurs sont munies de quatre doigts libres et d'un pouce opposable, mais les pouces de leurs membres supérieurs sont un peu plus indépendants des autres doigts que ceux des membres inférieurs. Sous cette réserve, ces derniers constituent cependant de véritables pouces, organes avérés d'une main prenante. L'homme, au contraire, est un *bimane*, qui a deux mains et deux pieds, et dont l'attitude normale est la verticale, que le singe anthropomorphe prend quelquefois, mais pour revenir très vite à son *processus* bestial de courir à quatre pattes.

Le singe anthropomorphe, pourvu de bras plus longs que ses jambes, contracte dans cette condition, une attitude oblique qui l'incite peut-être à se redresser, tandis que l'homme qui, pour une raison que nous ne connaissons pas, a les bras plus longs que ceux des marsupiaux, mais plus courts que ceux des singes anthropomorphes, serait très mal à l'aise pour procéder dans la posture quadrupédique, pour laquelle il trouverait d'ailleurs peu d'applications usuelles.

L'homme présente encore de nombreuses différences avec les animaux; différences qui sont en général à son désavantage. Il ne vole pas comme l'oiseau; il ne saurait vivre au fond de l'eau comme le poisson; sa vue est moins puissante que celle de l'aigle; son odorat, moins subtil que celui d'autres mammifères, le chien notamment. Il est, matériellement, le plus désarmé de tous les animaux, et, sous ce rapport, peu en état de se défendre contre la plupart d'entre eux. C'est dans son intelligence qu'il puise les moyens, non seulement de leur résister, mais encore de les vaincre, de les détruire même, s'ils sont incompatibles avec son existence, ou de les soumettre et de les domestiquer, si leur aide peut être utile à la satisfaction de ses goûts et de ses besoins.

Quelques physiologistes, s'appuyant sur des faits pris en grande partie chez les peuples de races jaune et noire, affirment que beaucoup d'hommes peuvent utiliser leurs pieds aux travaux des mains, et que, s'il en est autrement pour d'autres peuples, c'est que chez eux l'usage d'une chaussure rigide a amené la déformation du pied, spécialement du pouce, réduit chez eux à la fonction d'un orteil ordinaire.

Les exemples qu'ils empruntent principalement à l'Inde, à l'Extrême-Orient, et à l'Afrique, prouvent seulement que l'éducation peut effectivement amener l'homme à tirer parti de ses pieds pour un travail manuel, mais l'anatomie comparée établit sans conteste la grande différence myologique qui existe positivement entre le pied de l'homme et le pied du singe anthropomorphe, pied qui est, chez ce dernier, une véritable main. Quant à l'effet de la chaussure, qui rendrait le pied de l'homme impropre à l'usage manuel par la compression déprimante qu'elle exercerait d'habitude sur les orteils, loin de nuire aux vraies aptitudes de pieds qui sont faits expressément pour assurer l'attitude verticale de l'homme, une chaussure bien appropriée, les protège contre la fatigue d'une longue marche dans les terrains humides, enneigés et cailouteux.

Rose. — Malgré des dissemblances physiques, il me semble que l'homme tient beaucoup du singe anthropomorphe, n'est-ce pas, Blanche?

Blanche. — Sans doute, Rose, et ta remarque est judicieuse puisque les rapports entre ces animaux sont tellement évidents que, pour cette raison, les grands singes ont reçu l'épithète d'anthropomorphes. Cependant, malgré ces rapports évidents, si nous voulons démontrer l'origine de l'Homme, nous éprouverons un grand embarras à le faire, car nous ne savons à quel genre de grand singe nous le devrions plus exactement rapporter. — Au gorille? C'est en effet celui auquel il ressemble physiologiquement le plus, mais c'est au chimpanzé ou à l'outang qu'il ressemble davantage au point de vue mental, sociable, ce qui a de même une grande importance évolutionniste. En outre, on ne trouve point de gorilles, d'orangs, de chimpanzés sur toute la surface de la Terre, même à l'état de fossiles, au moins dans la situation actuelle des connaissances paléontologiques, et les races noire, jaune, et blanche de l'espèce humaine, ne diffèrent guère entre elles que par la couleur de leurs peaux, principalement, et sont répandues sur toute la surface du globe.

Quelques savants ont imaginé une théorie hypothétique sur l'origine de l'homme en supposant qu'il avait un ancêtre commun avec les singes, qui, en raison de cette ascendance, seraient seulement ses cousins-germains. Ils supposaient que l'ancêtre commun, dont on n'a, d'ailleurs, jamais trouvé de vestiges certains, était un *Primatus*, un *Anthropopithecus Erectus*, alalique, qui avait donné naissance à l'*Homo Sapiens* d'une part, et aux Pithécins ou Pithéciens, d'autre part (1). Cependant cette théorie ne se peut asseoir sur aucune base certaine en l'absence de squelettes formels, si ce n'est quelques crânes ou fragments de

---

(1) R. Hartmann, *les Singes anthropoïdes et l'Homme*. Paris, F. Alcan, 1886, p. 215.

crânes, des fémurs, des ossements dispersés, de dates incertaines, et dénués de tous témoignages organiques, seuls propres à valider l'assertion que leurs possesseurs étaient, ou n'étaient pas, privés de la parole.

D'un autre côté, les fossiles recueillis semblent fournir l'indication que les singes étaient connus dès les époques éocène et miocène de la période tertiaire, et que les hommes ne seraient apparus, au plus tôt, que vers l'époque pliocène de la même période tertiaire. Si cette assertion, qui paraît avoir plus d'adhérents que la précédente, devenait hors de doute, elle suffirait pour ruiner la première, car les périodes éocène et miocène ont eu une assez longue durée pour que les espèces du pliocène ne puissent se prévaloir de contemporanéité avec celles des deux précédentes, et dès lors l'homme ne se pourrait flatter d'être le cousin-germain *senior* du singe; tout au plus pourrait-il se targuer d'être son descendant.

Parmi les adhérents à la théorie d'un ancêtre commun alalique, se trouvent des savants qui pensent que la différence physiologique introduite par la faculté du langage pouvait être produite par des changements anatomiques véritablement imperceptibles, et que l'homme primitif chez lequel existait déjà cette faculté du langage (latente, sans doute, selon eux) était plus humain que simiesque, et par là méritait le nom de « *Homo alalus* » (1).

(1) Romanes, *l'Évolution mentale chez l'Homme*, Paris, F. Alcan, 1891, p. 364, note.

Il y a dans cette donnée une préoccupation de *l'Infiniment petit*, d'après les mensurations humaines. Il suffit qu'il y ait eu le changement nécessaire. — En l'état, l'homme est doué de la parole, il n'est homme qu'à cette condition; alalique, il n'est pas un homme. L'*Homo alalus* ne serait qu'un singe.

Quand la Nature donne une faculté nouvelle à un animal nouveau, celui-ci se sert immédiatement de cette faculté... « Quelques-uns de ces oiseaux, » dit Ed. Perrier, en parlant des *Hesperornis* récemment parus, « n'avaient que des ailes rudimentaires, comme si les caractères de l'oiseau s'étaient développés indépendamment de la faculté de voler, comme si l'oiseau, en s'élançant dans l'air, n'avait fait qu'employer à un mode nouveau de locomotion des organes développés sans but déterminé, sous l'action de causes qui nous sont inconnues, mais que la Science doit se proposer de rechercher (1). » De même l'homme, doué du langage, avait, *ipso facto*, la faculté de parler. Il avait déjà à sa disposition la faculté de toutes les consonnes : labiales, dentales, palatales, linguales, gutturales; la faculté de toutes les voyelles : a, e, i, o, u, ou, eu, etc.; il ne lui restait plus qu'à les employer utilement, mais il brûlait, dès le principe, de s'en servir; et il y a perdu le moins de temps possible, Rose; sois-en bien sûre.

(1) Edmond Perrier, *le Transformisme*, Paris, Baillière et fils, 1888, p. 285.

Rose. — Oh! comme je comprends son impatience! Tu as réprimandé un mouvement semblable de ma part, au commencement de notre entretien. C'est bien naturel, on désire tant savoir.

Blanche. — Va, Rose; à ton aise. Apprends, comme l'âme humaine : à tes risques et périls.

Rose. — Blanche, n'est-il aucune donnée certaine sur l'origine de l'homme?

Blanche. — Que te dirai-je?.. Nous ne constatons jamais que des faits accomplis. Nous analysons ces faits, nous comparons leurs *processus*, nous en déduisons les conséquences rationnelles, et quand les faits qui suivent prouvent, par des *processus* identiques, notre sagacité, nous croyons pouvoir affirmer l'existence et l'évolution d'un plan général d'épanouissement, dont nos observations rigoureuses nous ont permis de fixer les grandes lignes.

Ainsi, Rose, rappelle-toi bien ceci : Les Animaux, depuis le protozoaire jusqu'au singe anthropomorphe, ont progressé plus particulièrement dans l'ordre matériel, afin d'obtenir la perfection des organes matériels. — Pour les mettre en état d'atteindre à ce résultat, la Nature leur a donné, d'abord comme aux plantes auxquelles ils ont longtemps ressemblé, la Vie Végétative qui assure le développement, l'entretien, et la reproduction des espèces; puis, la Vie Consciente, ou l'Intelligence si tu préfères, caractéristique essentielle et spéciale de l'Animal, celle-ci pour le rendre apte à la recherche des meilleures conditions de milieux successifs et de structures organiques dans la lutte pour la vie.

Mais que le reptile, à la faveur de son intelligence peu développée ait pu désirer, songer, à devenir oiseau, c'est-à-dire à acquérir des organes et des facultés qui n'existaient pas encore, afin d'habiter un milieu contraire à ses aptitudes et à son éducation ; que plus tard le singe, être à la pensée *concrète*, se soit efforcé de devenir un homme, c'est-à-dire de devenir un être *abstrait*, par l'entremise d'une faculté nouvelle, inconnue jusqu'alors, inexprimée dans son espèce et dans toutes les espèces animales, aussi bien dans celles antérieures à lui que dans celles qui lui étaient contemporaines, c'est absolument incompréhensible pour l'esprit.

Car il faut, de toute nécessité, avoir conscience, à un degré quelque minime qu'il soit, de ce que l'on désire, pour le désirer ; et l'on ne saurait désirer ce que l'on est inapte à concevoir.

Les effets secondaires et personnels dus chez l'Animal à l'activité combinée de la Vie Végétative et de la Vie Consciente sont bornés aux modifications organiques nécessaires à l'obtention de son bien-être matériel. Parvenu là, il s'arrête, naturellement. Quel motif pourrait-il avoir de continuer ses efforts, sa lutte ? Il a le bien-être matériel ; il jouit matériellement. Que faut-il de plus à un être *concret* ?

Et la preuve qu'il en est ainsi, qu'il ne saurait en être autrement, même par une exagération fantastique du principe évolutif, principe fondé, et admis dans une forte mesure, c'est que, dans la question qui nous occupe, le singe le plus intelligent, vivant dans la domesticité de l'homme, le voyant souvent plongé dans la rêverie et les calculs par l'usage de ses facultés abstraites, n'a jamais laissé voir la moindre disposition à se rendre familiers de semblables travaux intellectuels.

Quelque habile que soit le singe dans l'imitation matérielle des œuvres d'autrui, cette imitation parfaite (mettons les choses au mieux), requérant certainement une intelligence très développée, serait jugée de bien peu d'importance, en regard d'une opération *abstraite* que l'on s'efforcerait en vain d'obtenir de lui.

Non, Rose, en cette circonstance de l'apparition de l'Homme comme en toutes celles qui ont accompagné l'apparition des espèces nouvelles successives, ces lois ingénieuses de l'Évolution, basées uniquement sur *l'Hérédité*, *l'Influence des milieux*, et *l'Élection naturelle*, qui sont, pour le moment, en grande faveur dans la science humaine, sont absolument insuffisantes pour expliquer la genèse de transformations aussi radicales.

Les facultés nouvelles, produisant des espèces nouvelles dans des conditions d'existence matérielles ou psychiques entièrement inédites jusque-là, ressortissent nécessairement à une cause distincte et toute autre qu'à ces lois, c'est-à-dire à l'épanouissement d'un plan général hors de la portée des êtres infimes qui s'agitent sur la Terre, et que nous-mêmes ne sommes peut-être pas encore à la veille de connaître dans toutes ses parties.

Donc, si tu te souviens de ce que je t'ai dit du *processus* embryogénique pour la qualification des espèces (1), la Nature étant intervenue directement en faveur d'une créature nouvelle, l'Homme, en la dotant de facultés nouvelles, *l'homme n'est pas le fils d'un singe inconnu quelconque*. Il a passé embryonnairement par lui, lui empruntant sa structure ancienne de vertébré, mais passant outre, pour réaliser à un degré plus haut, dans la même série, une espèce nouvelle qui, en s'épanouissant intellectuellement, va toujours se différenciant de plus en plus de la brute qui lui a livré passage, et qui, elle, est restée invinciblement stationnaire, c'est-à-dire incapable d'acquérir pour elle-même les facultés puissantes que l'on supposerait gratuitement qu'elle aurait pu être apte à donner à d'autres.

Pour que le doute ne puisse subsister sur le principe de cette évolution remarquable, accomplie vers la période pliocène, il convient de remarquer qu'elle ne s'est pas renouvelée ultérieurement, et que, les conditions biologiques étant changées depuis cette période, il est à croire qu'elle ne se renouvellera jamais.

Rose. — Après ce que tu m'as fait connaître de la structure physiologique de l'homme et de son ori-

---

(1) Page 77 de ce livre.

gine, je voudrais bien savoir, Blanche, quelles ont été les conditions graduelles de son existence matérielle, et comment il a pu établir des relations avec ses semblables, au moyen des facultés spéciales dont il était doué.

Blanche. — Tu crois sans doute que la question que tu me poses, ma chère aimée, est simple et qu'il m'est facile d'y répondre? Détrompes-toi, Rose, elle est très complexe, au contraire, mais je vais cependant m'efforcer d'y satisfaire. A cette fin, je lierai ensemble tes deux propositions pour les élucider, en quelque sorte, l'une par l'autre, et je diviserai l'évolution des faits ainsi couplés, en parties successives.

Je t'ai dit que les races humaines avaient paru sur le Globe terrestre à peu près vers le même temps, au moins sur les terres émergées à l'époque pliocène, car les continents ont souvent changé d'aspect depuis. L'Asie, alors, était réunie à l'Afrique et à l'Europe par des terres immergées postérieurement, d'une part, dans la mer des Indes, entre la côte orientale d'Afrique et la presqu'île en deça du Gange et, d'autre part, entre la côte occidentale de l'Asie Mineure et l'Hellade. En outre, une grande terre s'étendait dans l'Océan atlantique, des rives occidentales d'Afrique vers l'Amérique; à l'autre extrémité, l'archipel de l'Asie Orientale était relié, comme continent, à la Chine et à la Malaisie.

Les hommes ont conservé des souvenirs de ces continents engloutis. Leurs traditions ont même établi que le continent de la mer des Indes avait été le berceau de l'Humanité, ce qui pourrait être vrai pour la race hindoue et pour d'autres races limitrophes, mais non pour l'ensemble de l'espèce humaine, mais il n'y a plus de vestiges à l'appui de ces assertions. Les eaux accumulées des grands fleuves de la Sarmatie et de la Thrace ont rempli le bassin de la mer Noire, ont rompu ensuite les digues qui s'opposaient à leur écoulement, et comblé les vallées qui sont aujourd'hui la mer de Marmara et la mer, dite de l'Archipel, pour s'épandre enfin dans la Méditerranée. Les Pélasges et les premiers Hellènes ont donné à cette catastrophe le nom de Déluge de Deucalion. Le soulèvement de la chaîne des Andes qui a formé le continent très allongé de l'Amérique, a peut-être causé, par déplacement, l'engloutissement, à l'Ouest, du continent Malais, réduit à l'archipel de la Sonde; à l'Est, l'engloutissement de l'Atlantide, dont les prêtres égyptiens d'Héliopolis et de Saïs avaient des relations qu'ils communiquèrent à un sage grec nommé Solon.

Depuis que les hommes ont pu consigner par écrit des observations plus certaines, de semblables changements géologiques se sont encore produits. La mer avait séparé dans un temps la Gaule de la Bretagne; des terres qu'elle avait épargnées ont été reprises par les eaux pour former l'Archipel de la Manche; des villes de la Bretagne gauloise, notamment Ys, ont été englouties, ainsi que les terres germaniques du delta du Rhin qui ont formé le Zuydersée. En d'autres pays, la mer se retirait, laissant des ports à sec dans l'intérieur des terres, comme Aigues-Mortes, par exemple, et sur d'autres rivages; continuant incessamment son travail de formation et de destruction géologique.

Vers la fin de la période pliocène, toutes les terres aussi bien celles immergées depuis, que celles qui ont persisté à manifester la vie terrestre, étaient peuplées d'hommes de races diverses : noire, jaune, blanche, encore assez clairsemés, et assujettis par leurs milieux à des régimes alimentaires très différents : tandis que dans les pays chauds, les hommes se contentaient plus particulièrement des fruits recueillis sur les arbres et des plantes alibiles croissant à leur portée, les hommes des pays arrosés par des fleuves, renfermant des lacs, ou baignés par la mer, demandaient leur nourriture à une pêche abondante et facile, car, à peu près seul entre les animaux, l'homme peut se nourrir de toutes les substances nutritives. Dans les terres relativement stériles, les hommes se livraient à la chasse, disputant leur proie aux bêtes féroces, et prenant comme elles le goût prédominant de la chair crue, sanglante, qu'ils dévoraient avec la même voracité qu'eux, quand ils avaient la chance de ne pas leur servir eux-mêmes de pâture dans des luttes terribles où ils s'engageaient à peu près désarmés. Si la proie, fuyant leur voisinage dangereux, se faisait rare, ou venait à manquer complètement, quelquefois ces hommes, aussi cruels que les brutes qu'ils chassaient, se réunissaient en troupe, pour attaquer d'autres troupes d'hommes plus faibles que la leur, et, les ayant capturés, ils égorgeaient leurs victimes, buvaient avec avidité leur sang dans les crânes dont ils les avaient dépouillés, et dévoraient ensuite leurs membres pantelants. Dans les calamités de famines persistantes, les hommes de races inférieures tuaient leurs vieillards, et certains d'entre eux même, les faisaient servir à leur nourriture.

Plus tard, utilisant le feu qu'ils avaient découvert par hasard, soit à la suite d'orages ou de convulsions volcaniques, soit par le frottement fortuit de matières inflammables, ils faisaient cuire ces chairs palpitantes étendues sur des couches de végétaux tendres et comestibles, et recouvertes d'une légère couche de terre sur laquelle ils allumaient leur feu.

Pour que ces hommes primitifs en vinssent à se réunir en groupes, il fallait que cet acte répondît à un besoin résultant d'une nature sociable, et que ce besoin fût à peu près ressenti de la même manière par chacun des membres du groupe, et, en conséquence, exprimé, soit par des signes, soit par les vocables d'une langue déjà vulgarisée entre ces hommes. Certains animaux se réunissent aussi par groupes, s'entendent fort bien sur ce qu'ils ont à faire en commun, et choisissent quelqu'un des leurs, dirai-je comme chef, ce serait bien gros, mais du moins comme guide, comme metteur en train provisoire, car dans leurs voyages, les chefs de file se retirent souvent à tour de rôle. Il en était de même chez ces hommes; ils se concertaient pour une action commune, et l'un d'eux allait le premier, peut-être le plus brave, peut-être le plus rusé, peut-être par le choix de tous, peut-être par son initiative acceptée de tous, et imposée par lui spontanément par la conscience qu'il avait de sa supériorité mentale. Ces modes de sélection étaient pratiqués, tantôt l'un, tantôt l'autre, mais ils avaient leur principe dans l'assentiment de la communauté exprimé par signes ou par paroles.

Rose. — L'homme parla donc dès le commencement?

Blanche. — Oui, Rose, et de suite. Il avait la faculté de parler. Il fallait nécessairement qu'il parlât. Dirai-je, très intelligiblement? Ceci, ce serait autre chose, mais l'homme alalique est une impossibilité. L'homme resté muet aurait été une simple brute, identique aux autres animaux ses devanciers.

L'homme veut parler. Nous l'expérimentons tous les jours. Souvent les cris d'un très jeune enfant sont, non des expressions insuffisantes et quelconques de sa pensée, mais plutôt l'expression de sa colère, de son dépit, de ne pouvoir faire connaître clairement ses désirs, sa volonté, qui est tout aussi complète et impérieuse dans son état d'ignorance absolue, qu'elle pourra l'être quand cet enfant, devenu homme, aura acquis son développement intellectuel intégral. A cet enfant, qui tempête et qui pleure, donnez, par une rencontre heureuse, comme savent les trouver les mères, un mot qui rende l'objet précis de sa pensée, soudain ses larmes s'arrêtent, l'enfant sourit; le calme et la joie sont revenus;

on lui a fourni l'expression dont il avait besoin.

L'homme veut parler; et dans des conditions normales de santé, parler lui est aussi indispensable qu'au cheval de courir, à l'oiseau de voler, au poisson de nager; seulement les manifestations matérielles des individus de ces trois dernières espèces peuvent se produire spontanément, tandis que la manifestation mentale de l'homme nécessite préalablement l'éducation de sa faculté du langage.

Courir, voler, nager, sont des phénomènes strictement personnels qui peuvent n'intéresser que celui qui court, vole, ou nage. Parler est au contraire une fonction de relation dont le plein effet exige un accord formel entre le parleur et l'auditeur. L'un et l'autre possèdent les appareils complets d'émission et de réception des idées, mais il faut que le premier donne à ses idées une tangibilité phonétique de forme, convenue avec le second, pour que celui-ci soit en état de recevoir et de s'assimiler les idées émises par son interlocuteur.

Donc, quoiqu'il possédât la faculté du langage, l'Homme primitif ne pouvait immédiatement l'exercer utilement; et il a dû prodigieusement souffrir de cette entrave, de ce hiatus mental, ressenti à toute heure des commencements de sa vie misérable. Tourmenté du besoin de parler, non pour émettre de vaines paroles par un vain bruit, mais pour fixer les idées ardentes auxquelles sa constitution physiologique donnait l'essor, afin de désigner les objets nombreux qui frappaient sa vue; idées fulgurantes et rapides comme l'éclair, prêtes à s'évanouir comme lui dans des ténèbres éternelles; objets envahissant tumultueusement son cerveau, et qu'il voulait retenir et classer pour une utilisation journalière. Ah! malheureuse ébauche d'abstraction! Des cris, des interjections, des onomatopées ont fait bien longtemps tout le fond de ton pauvre langage!

Mais dans ces bégaiements convulsifs, quelle grandeur cependant, et quelles révélations foudroyantes! Les idées abstraites d'ordre, de direction mentale, de pratiques exactes, de logique rigoureuse, appliquées aux fonctions animales, se manifestaient à nous pour la première fois. Ainsi, de par cette créature, inconsciente des immenses résultats que sa mentalité puissante devait progressivement produire, dans la Nature chaque chose aurait son nom, sa place, sa destination propre et ses propriétés connues et vulgarisées. Ce n'était encore de la part de cet embryon scientifique qu'un essai de constatation vague, mais cette disposition mentale imprévue nous faisait pressentir un avenir que nous ne pouvions envisager sans une curiosité empreinte d'une profonde émotion.

Rose. — Mais comment se pouvaient coordonner ces émissions de vocables multiformes, que des efforts personnels isolés avaient tous faits différents les uns des autres?

Blanche. — Dans chacun des groupements humains, plus ou moins considérables qui, comme je viens de te dire, se formaient sur la surface de la

Terre, il se trouvait toujours (ainsi qu'il arrive encore aujourd'hui dans toutes les réunions humanitaires) un ou plusieurs hommes, plus intelligents, plus ingénieux que les autres. Ces hommes supérieurs ressentaient, comme leurs camarades plus modestes, le besoin impérieux d'échanger leurs pensées, et dans leurs semblants de discussion, l'un d'entre eux inventait-il quelque racine, quelques désinences heureuses bien conformes au génie spécial à sa race, aussitôt ses mots nouveaux, ou monosyllabiques ou agglutinés, étaient avidement reçus et adoptés par l'assistance entière pour former l'élément d'un dialecte propre à l'expression des besoins d'expansion et d'offres ou de demandes des relations journalières.

Chaque agglomération eut ainsi sa langue propre, et, par le contact d'autres agglomérations, s'enrichit d'expressions d'idées auxquelles on n'avait pas songé dans la première, soit pour désigner des plantes ou des animaux qui y étaient inconnus, soit pour y donner l'essor à des sentiments déjà ressentis et manifestés par des groupements plus affinés, et de mœurs plus sociables.

En même temps apparaissait dans ces groupes d'hommes une notion consciente que certains animaux avaient déjà pratiquée, mais qui, avec l'esprit arrêté et méthodique des hommes prenait un aspect requérant une consécration sociale. J'entends par là le sentiment de la propriété. Un chasseur, au retour d'une expédition fatigante et dangereuse, rapportait l'animal qu'il avait tué, et entendait que sa proie lui appartînt en propre, pour lui et sa famille, afin de parer aux besoins d'un ou plusieurs jours, si cela lui paraissait nécessaire, et non qu'elle fût partagée immédiatement avec des oisifs qui n'auraient ainsi qu'à manger sans prendre la peine de se procurer des vivres. Des rixes sanglantes résultaient souvent de contestations brutales, nées de la nécessité de satisfaire à des besoins impérieux et immédiats. — L'heure était prématurée pour faire comprendre à des brutes, encore au-dessous de la sauvagerie, ce qu'il pouvait y avoir de fondé, de juste, dans cette revendication personnelle.

Rose. — Je m'étonne que des hommes nus, presque désarmés, aient pu combattre, avec succès, des animaux tels que les grands carnassiers qui existaient à l'époque de leur apparition.

Blanche. — Leurs commencements furent effectivement entourés de périls dont ils furent bien souvent les victimes. Ils en avaient conscience, car, ainsi qu'ils le disent dans leurs différents dialectes : *La Nécessité est la mère de l'Industrie.*

Leurs ennemis étaient surtout dangereux de près. Aux pierres et aux bâtons dont ils avaient d'abord armé leurs mains, ils substituèrent des armes de plus longue portée. Ces pierres, dont ils avaient utilisé dans leurs luttes les éclats tranchants fournis par le hasard, ils les taillèrent eux-mêmes pour en faire des haches, des bouts de lances, qui, emmanchés et sertis dans des substances dures et solides, comme le bois de cerfs, par exemple, leur donnèrent, par une longueur acquise, l'avantage dans leurs rencontres avec les fauves.

Bientôt ils appliquèrent ces inventions, d'abord défensives, à leurs besoins d'existence et de sécurité familiales. Leurs haches leur servirent à abattre et à tailler des arbres. — Ils avaient vécu jusqu'alors dans des cavernes dont ils avaient chassé les ours et d'autres bêtes sauvages qui, à leur tour, revenaient en grand nombre les attaquer et les mettre souvent en péril de famine, en les investissant dans leurs repaires sans issue. — Abandonnant ces retraites dangereuses et malsaines, ils recherchèrent des sites aérés, spacieux et faciles à défendre, les entourèrent de palissades ne laissant qu'une ouverture pour y concentrer la défensive. Ceux d'entre eux qui vivaient dans le voisinage des lacs, établirent leurs demeures sur les eaux. A cet effet, ils enfoncèrent des pilotis à une certaine distance de la rive, sur ces pilotis ils installèrent leurs huttes, fermées et défendues comme celles à terre, et y vécurent dans une paix relative avec leurs femmes et leurs enfants. Ils employaient la plus grande partie de leur temps à aller à la chasse ou à pêcher pour assurer leur subsistance, et leurs rares loisirs à confectionner leurs armes, leurs ustensiles et leurs vêtements de peaux de bête. Pour coudre ces vêtements, leurs femmes utilisaient les tendons des bêtes tuées, effilaient ces tendons et les laçaient en coutures solides à l'aide d'aiguilles faites avec des arêtes de poissons, ou avec des fragments d'os épointés et percés d'un trou.

Par la suite des temps, et dans des conditions de loisirs et de bien-être favorables, des hommes, chez lesquels un sentiment esthétique s'était éveillé, polirent leurs grossières armes de pierre, et même décorèrent leurs huttes et leurs ustensiles de dessins rudimentaires représentant les objets qu'ils avaient communément sous les yeux : des rennes aux bois terminés par des empaumures, des faits de chasse, des luttes d'animaux, des délinéaments de figures humaines, peut-être des essais de portraiture de leurs femmes.

Rose. — Leurs femmes !.. Comment la famille était-elle constituée, Blanche, chez ces hommes primitifs?

Blanche. — Ta demande me donnera l'occasion de te faire connaître la différence remarquable qui existe entre le *processus* des animaux et celui des hommes dans la période de leur reproduction. Les animaux restent appariés fidèlement ensemble tant que leurs petits ne sont pas en état de se suffire, et même souvent au delà de cette période. Chez l'homme, les faits se produisent généralement de la même manière; cependant, grâce à son intelligence plus indépendante, mise au service de ses passions, il a épuisé toutes les formes possibles d'unions familiales, selon l'esprit de sa race, l'influence du milieu ou des climats où il vivait, et les caprices que lui suggérait son orgueil. La monogamie, la bigamie, la polygamie, le concubinage, côté des hommes; la polyandrie, le matriarcat, côté des femmes. Ces dernières formes, de résultats plus confus, privant les enfants du concours puissant d'un père indiscutable, ne s'étendirent pas beaucoup, disparurent même devant une civilisation avancée, et ne se perpétuèrent que chez les tribus les plus barbares, chez les Naïrs du Malabar, les Khassias de l'Assam, les Todas des Nilgherris, tandis que les formes masculines de polygamie et de concubinage se généralisèrent à peu près à toutes les époques et dans toutes les sociétés où l'homme fut considéré comme le maître et la femme comme assujettie à sa volonté.

Rose. — Quelle est la formule qui, entre toutes, te semble la plus propre au bonheur de l'espèce humaine, Blanche?

Blanche. — C'est la monogamie, Rose. — La femme, compagne et égale de l'homme, *unie à un seul*, par un mariage *indissoluble*, fondé, en dehors de toutes considérations de vanités et d'intérêts, sur l'amour, sur une estime mutuelle et profonde.

Même au temps où nous sommes, l'espèce humaine n'en est pas encore là pour la majeure partie des mariages; à juger des choses qui sont les objets de sa convoitise la plus ardente, on croirait qu'elle ne tient pas au bonheur.

Rose. — Comment les familles primitives sont-elles sorties de leur situation rudimentaire, Blanche?

Blanche. — Les familles, réunies par le besoin de sécurité, croissaient ensemble, et, par l'union de leurs enfants, formèrent en quelques générations, des tribus importantes, bientôt fixées au sol par les travaux de l'agriculture et les soins des bêtes réduites progressivement à l'état domestique, et réunies en troupeaux, sous la garde vigilante de chiens fidèles, dévoués, et intelligents. L'espace ne leur était pas mesuré, et la possession de terres fertiles était facile à constituer entre eux, mais à la suite des temps, ces populations paisibles, établies dans les contrées les plus favorables, furent en proie aux attaques de tribus belliqueuses, mal partagées sous le rapport des récoltes et de l'élevage des bestiaux. Ces tribus, dont les mœurs étaient des plus rudes, vivaient dans les montagnes, dans des districts miniers et stériles, où les affleurements des minerais de fer, de cuivre, de zinc, s'offraient d'eux-mêmes à leurs violentes industries. Ils confectionnèrent avec le bronze, des armes aussi meurtrières et plus maniables que les armes de pierre, et concertant l'exode de leurs résidences ingrates, vinrent fondre sur les peuplades pacifiques qu'ils enviaient et jalousaient mortellement. Sans pensée de retour, ils entraînaient avec eux des chariots, contenant leurs femmes, leurs plus jeunes enfants, et leurs ustensiles de toutes sortes; poussant devant eux leurs troupeaux de buffles, de rennes, de chèvres, de moutons, couverts par l'ardente avant-garde d'une invasion sans merci, dévorant, saccageant et incendiant tout sur son passage. Parfois, les pays qu'ils attaquaient leur opposaient une résistance victorieuse; alors la horde était arrêtée, et détruite impitoyablement; parfois le grand nombre submergeait et écrasait les tribus qui leur voulaient résister, ou encore, les entraînait avec lui à des conquêtes nouvelles. Telles furent les invasions des hordes mandchoues et mongoles, s'élançant des contrées septentrionales de l'Asie; puis celles des Aryas Javanas, peut-être refoulés par les Mongols, et qui, divisés en deux corps sous cette pression, se ruèrent à leur tour, sur l'Inde au Sud, et sur l'Europe à l'Ouest, mélangeant les langues, les coutumes, les mœurs hétérogènes de tous ces flots de barbares.

Rose. — Quelle horreur, Blanche! A quoi bon alors cette espèce humaine, qui ne pratiquait que le brigandage?

Blanche. — L'Espèce humaine était créée sociable, il est vrai, mais elle voulait d'abord vivre; sa formule sociale viendrait ensuite; c'était, en ce temps, une lave bouillonnante, contenant sans doute en son sein tous les principes sociaux qu'elle était apte à réaliser dans le temps, mais qui ne pourraient cependant éclore et fructifier que dans un milieu où la paix, la sécurité, la justice, rendraient possible la pratique de ces institutions, d'une manière permanente. Certainement, beaucoup de ces hommes terribles, ballotés de contrées en contrées, traînant par les plaines arides leurs familles exténuées, ressentaient vivement le besoin de se fixer quelque part pour s'efforcer d'y jeter les bases de cette paix, de cette sécurité, mais leurs détestables habitudes de spoliations et de carnage, leur faisaient bientôt dédaigner les biens moraux dont ils n'avaient songé un instant à s'assurer la jouissance que dans leur unique intérêt. Les circonstances du moment leur paraissaient-elles favorables à la satisfaction de leur cupidité, alors rompant avec mauvaise foi les trèves jurées, ils se précipitaient de nouveau sur les agglomérations d'hommes qu'ils jugeaient plus faibles que les leurs, dans les aléas de luttes gigantesques.

Les continents étaient bornés de tous côtés par les mers ; quand la poussée humaine avait atteint cette limite extrême, elle reculait quelquefois sur elle-même, quelquefois chassait les aborigènes de leurs derniers refuges. Tels, les Celtes, sous la pression des Kimris, refluant de l'Océan sur l'Italie, le Danube, la Grèce, jusqu'en Galatie de l'Asie Mineure.

Rose. — Période abominable! Toute la Terre bouleversée, alors?

Blanche. — Ce que tu appelles bouleversement dans cet âge de sauvagerie, de barbarie, serait peut-être mieux nommé expansion, universalisation.

Nous sommes arrivés à l'ère humaine; l'Intelligence dispose maintenant de ce facteur puissant : l'Homme. Elle s'en servira pour acquérir par lui l'universalisation intellectuelle sur la Terre.

Avant l'apparition de l'Homme, les Animaux vivaient, parqués pour ainsi dire, dans les diverses parties du globe. Quelques espèces migratrices, les oiseaux notamment, visitaient les contrées séparées par les mers, obéissant aux mutations de la température, qui les incitaient à s'élancer du Nord au Sud, du Sud au Nord, pour maintenir ainsi leurs conditions favorables d'existence ; néanmoins, ces déplacements, quasi-automatiques, ne créaient aucun lien universel entre les espèces animales, qui d'ailleurs, ne ressentaient nul désir de le rechercher.

L'Homme, lui, est un être abstrait. Il veut tout connaître. Sous l'empire de la nécessité, de la curiosité peut-être, il quitte son district natal; il envahit ou visite les diverses parties de la Terre; il se familiarise les nombreuses races humaines; de gré ou de force, il noue et entretien des relations suivies avec elles. — Parvenu à un certain degré de civilisation, ses exportations et ses importations généralisent l'usage des produits naturels et humains des diverses contrées; il échange ceux du Nord contre ceux du Midi; il acclimate les espèces végétales; il apprivoise et domestique les espèces animales inoffensives qui lui peuvent être utiles; il détruit les bêtes féroces, etc., etc...

Résultats : 1° Lui seul, parmi les Animaux, possède dans le monde l'Action universelle; 2° Encore une période, et rien ne vivra sur la Terre sans sa permission.

Rose. — Quelle évolution prodigieuse, Blanche! Mais je n'en saisis pourtant pas bien l'enchaînement.

Blanche. — Quant aux résultats moraux de cette évolution, diffère l'expression de ton admiration, Rose, jusqu'à plus ample informé; tu verras qu'il y a beaucoup à y reprendre, parce que l'orgueil de l'homme y a, le plus souvent, la plus large part.

Pour ce qui est du *processus* et de l'enchaînement de l'évolution en elle-même, c'est simple, Rose :

Sous la période purement animale, le progrès évoluait *dans l'ordre concret*, pour obtenir la spécialisation et la perfection des organes, conditions nécessaires à la libre manifestation de l'Intelligence. Sous la période humaine, dont les commencements ont eu une grande ressemblance organique avec la période précédente, qu'elle continuait à certains égards, le progrès évolua *dans l'ordre abstrait*, pour obtenir l'amplitude de l'Intelligence.

Je veux te dévoiler les fins de cette Intelligence souveraine, mais pour le faire, je dois me placer à un point de vue plus élevé. Laissons donc pour un moment, cette question d'universalisation terrestre, commencée par des invasions sauvages, et achevée par d'âpres conquêtes commerciales; et examinons une circonstance importante qui a accompagné l'action exercée sur la Nature par l'apparition de l'homme.

L'homme, tu dois l'avoir remarqué, est, matériellement, le plus désarmé de tous les animaux, mais il en est aussi le plus intelligent. D'un autre côté, tu sais que la Nature, qui a produit autrefois chez les végétaux et chez les animaux, des espèces colossales, est redescendue graduellement, chez les uns et les autres, à des proportions plus modestes; pourquoi?

Parce que la Terre se refroidit, se stérilise.

Eh bien, à mesure que les espèces s'affinent, *se dématérialisent*, pour ainsi dire, l'Intelligence, au contraire, acquiert de plus en plus chez elles, en puissance, en pénétration, en élévation.

Ne serait-ce pas une preuve, sinon absolue, du moins très plausible, que *l'Épanouissement matériel* et *l'Épanouissement intellectuel* n'ont jamais évolué dans un même sens, ni pour une même fin?

Tandis que la Matière semble aller à sa destruction, puisque la force vitale l'abandonne peu à peu (1) et finira sans doute par la quitter tout à fait, préludant ainsi à l'anéantissement de la Terre, qui suivra dans le passé les Mondes disparus, l'Intelligence au contraire, s'élève sans cesse, s'affranchit peu à peu de la Matière, et, par des espèces de plus en plus désarmées matériellement, finira sans doute par dépouiller tout à fait la Matière, alors que, par sa destruction finale, celle-ci sera désormais inutile à l'expression de l'Intelligence.

Revenons maintenant à l'évolution graduelle de l'espèce humaine :

A la suite des invasions désordonnées des tribus barbares, la masse humaine se tassait, puis se fractionnait, par affinités de races, de goûts, de mœurs, d'aspirations, pour former des nations régies par des lois naturelles, basées sur le droit conscient, sur l'an-

---

(1) « La physique, dit Helmholz, a calculé que, de même qu'il y eut un temps où notre terre était sans vie organique, il faudra qu'il arrive un temps, sans doute dans un avenir infini et incommensurable, où les forces physiques qui existent maintenant s'épuiseront, et où tous les êtres animés seront replongés dans la nuit et la mort (*). »

(*) Buchner, *Force et Matière*, Leipzig, Théodore Thomas, 1863, p. 107 (Extrait de Helmholz, *Sur l'action réciproque des forces physiques*, 1854, cité par Buchner).

Voir aussi, *L'Ame, son existence, ses manifestations*, F. Dionys, Paris, Didier, 1877, pp. 174-178.

tipathie de l'injustice, notions morales à la portée de tous les animaux; celles-ci, d'une compréhension aisée; puis encore, par des lois économiques et religieuses, nées des méditations abstraites propres à cette nouvelle et étrange espèce, celles-là d'une compréhension moins facile, et dont, pour ce motif, quelques-uns d'entre eux se réservèrent l'interprétation, un peu pour le bien de ces peuples, beaucoup pour assurer leur domination sur eux.

Rose. — Je ne m'explique pas ces complications. Les Unités qui composaient ces multitudes ne pouvaient-elles donc vivre côte à côte, dans l'égalité des rapports, conservant *en particulier* leurs biens personnels, et mettant *en commun* leurs efforts pour assurer la sécurité et la salubrité de l'ensemble de la tribu, ou de la nation?

Blanche. — La simplicité d'une telle organisation est peut-être la forme sociale que devra réaliser un jour l'Humanité pour trouver enfin le repos; et elle eut sans doute rencontré, dès les commencements, beaucoup de suffrages; mais les passions et les compétitions d'intérêts des hommes eussent gravement alors compromis sa durée.

Les hommes ne pratiquent presque jamais l'équité naturelle vis-à-vis de leurs semblables. Ils pratiquent presque exclusivement la doctrine de l'intérêt, et s'efforcent de vivre aux dépens des autres. A cette fin, sous le nom de monarchie, l'un d'entre eux dirige, ici, les affaires nationales dans le sens de ses intérêts personnels ou de famille; intérêts dynastiques, comme il les appelle. S'il ne comptait que sur lui seul, la jalousie des principaux de la nation aurait bientôt mis un terme à sa puissance, mais il s'appuie sur eux, en leur dispensant des richesses prises sur celles de la nation, et s'assure ainsi le concours de tous ceux qui lui sont indispensables. Ailleurs, les plus puissants de la nation exercent un pouvoir oligarchique sous le couvert de l'un d'eux, qui, avec le titre de Roi, de Doge, de Prince, représente la puissance, sans la posséder personnellement. Dans d'autres agglomérations, tous les hommes jouissent des mêmes droits politiques; l'élection donne l'investiture des fonctions. Un semblant d'égalité donne le change à ceux qui ne possèdent rien, mais cette égalité qui est une impossibilité en fait, n'est qu'un leurre en pratique : l'intrigue, la faveur, la corruption, assurent le pouvoir et ses profits aux mains du petit nombre.

Tous ces gouvernements périssent d'ailleurs par l'abus de leurs principes oppressifs, et les hommes cherchent encore leur formule sociale définitive par des révolutions incessantes qui augmentent leurs charges et leurs misères.

Parfois des ambitieux, auxquels se joignent des philanthropes de surface, rêvent le partage des biens et le nivellement des fortunes. Ces remèdes empiriques, surgissant presque toujours à la suite de calamités publiques, à Athènes, à Rome, en d'autres lieux, augmentent par leur succès, si, par aventure, ils parviennent à s'imposer, le gaspillage et la misère. Les fortunes privées disparaissent; le travail national est suspendu ; un bouleversement inévitable ramène le despotisme, ou excite l'invasion, toujours ruineuse même quand elle est repoussée, de nations limitrophes, avides de pillages et de territoires.

Invasions, tyrannies, guerres de conquêtes, révolutions, recommencements de monarchies, d'oligarchies, de républiques ; voilà la route vaine suivie jusqu'ici par l'Humanité, dans des sociétés fictives éphémères, basées sur la doctrine de l'intérêt.

Nemrod, Cyrus, Alexandre, César, Alaric, Attila, Genséric, Mahomet, Charlemagne, Gengis-Khan, Othon, Cortez, Charles-Quint, Louis XIV, Napoléon, Bismark, Mutrichto, voilà quelques-uns des leviers humains puissants, qui ont déplacé un instant, au profit de nations diverses, le centre de gravité des faveurs de la Fortune !

Rose. — Mais je ne vois que des malheurs pour cette espèce dans ces suites de faits plus désastreux les uns que les autres ! N'y eut-il donc jamais de compensations à ces calamités ?

Blanche. — Les peuples n'ont pas toujours vécu dans des tourmentes incessantes. Des hommes, vraiment grands, leur ont successivement donné : d'abord, les éléments du langage ; puis, les inventions matérielles utiles ; Agriculture, charrue, labourage ; Botanique, Médecine, Navigation, Tissage, Métallurgie ; ensuite, l'Écriture ; l'Imprimerie, à l'Orient et à l'Occident ; à un intervalle de seize de leurs siècles.

Ménès, Moïse, Zoroastre, Orphée, Hésiode, Sésostris, Koung-fou Tseu, Solon, Lycurgue, Platon, Aristote, Numa, Jésus, d'autres encore, fameux dans des pays divers, leur ont donné des lois basées sur la Raison, sur la Morale, ont éveillé dans leurs consciences les sentiments généreux; l'amour du prochain, l'honnêteté, la délicatesse des sentiments, la croyance en une Intelligence suprême, créatrice et bienfaisante. Des poètes, des écrivains moraux, ont enchanté, et élevé leurs âmes; ont éclos, muri et affiné leur esprit. Des savants, fournissant une pâture à leur sens abstrait, leur ont enseigné les Sciences exactes : mathématiques, physique, chimie; et l'histoire naturelle, et l'aspect du ciel, en tant qu'ils les pouvaient pénétrer eux-mêmes. La Nature leur a enseigné la tendresse et l'amour, et dans une heure de l'étude de ces lois, ils ont souvent oublié les affreux tourments de leur triste existence.

Des sociétés polies, aimables, détruites il est vrai dans des luttes brutales, ont charmé l'Humanité, ont réalisé pendant quelque temps chez elles, toutes ces productions utiles ou enchanteresses, prouvant ainsi qu'elles sont compatibles avec l'existence rationnelle des sociétés humaines; mais il s'agit à l'heure présente, d'en généraliser l'essor, d'en maintenir la pureté, d'en prévenir la destruction, et, tout bien examiné dans la conduite, surtout dans les tendances avides des agglomérations actuelles les plus puissantes, c'est là ce qui me paraît très difficile à réaliser chez les hommes.

Rose. — La morale, l'honnêteté, la délicatesse des sentiments, la croyance en une Intelligence suprême, ne sont-ils donc pas des sentiments innés chez l'homme, que l'on doive les lui enseigner?

Blanche. — Si, chère Rose; ces sentiments sont innés chez l'homme; ils résultent normalement de sa nature mentale supérieure, et sa conscience, cet aspect juste et sévère de son âme, les renferme tous, mais à l'état latent.

Chez les intelligences supérieures, ces sentiments se dégagent spontanément d'eux-mêmes, tandis que, pour les âmes vulgaires, une éducation appropriée et persistante, appuyée de bons exemples journaliers, ne les ferait pas naître s'ils n'y étaient innés, mais est indispensable, et seule propre à éveiller leur conscience et à donner l'essor à ces sentiments élevés.

Il est même digne de remarque que celui chez qui la voix de la conscience a pu se faire entendre une première fois, ne peut plus la réduire au silence; et que s'il défaille une fois jusqu'à commettre une action méchante ou criminelle, en méprisant les injonctions de sa conscience, *à jamais vivante chez lui désormais*, il sait, il voit inévitablement, dans le miroir fulgurant qu'elle lui présente avec obstination, et en dépit des sophismes dont la flatterie s'efforce de le griser, que, malgré ses succès, *à cause même de ses succès*, il est devenu pire que la brute ignorante; il est déchu, dégradé. Il n'est plus qu'un misérable; car il *savait* lorsqu'il est tombé.

Tous les hommes, tous les peuples, ne manifestent pas, ne peuvent pas manifester, ces sentiments élevés; soit que les éducateurs leur manquent, soit à cause de leur conformation physiologique incomplète. Ces derniers appartiennent en général à des peuples très inférieurs et, sous ce rapport, très voisins de la brute, chez laquelle la notion du bien et du mal, boite incontestablement.

Dans la Mélanésie, dans l'Australie, chez certaines tribus de l'Afrique méridionale, à la Nouvelle-Guinée, à la Nouvelle-Zélande, chez les Fuégiens, l'avortement, l'infanticide, le meurtre, le cannibalisme sont choses communes au service de l'intérêt du plus fort.

La croyance en Dieu, en l'existence de l'âme, sont absolument ignorées chez eux. Ils ne les nient pas, non; mais ils ne sauraient s'élever jusqu'à les comprendre. Dans la condition intellectuelle indigente de ces peuples, il leur est beaucoup plus rationnel de les ignorer que d'en admettre le principe, ou même seulement la pensée; et en cela, les esprits mal orientés qui rejettent ces sentiments, en se targuant d'être des *esprits forts*, se trompent étrangement, s'ils les repoussent de bonne foi, car leur conduite les classerait plutôt, comme nous venons de le voir, avec les *esprits faibles*.

L'homme primitif, préoccupé exclusivement de manger et de se reproduire, n'avait certes pu atteindre qu'à cet état incomplet.

Rose. — Alors, les peuples inférieurs ne s'élèveront jamais jusqu'à ces sentiments élevés?

Blanche. — Les peuples dont je viens de t'entretenir étant dépourvus d'enseignement et d'exemples, ne peuvent les connaître, à moins que des missionnaires ou quelque intelligence supérieure chez eux ne les leur révèlent.

Le cas des missionnaires s'est produit et a donné parfois de bons résultats, mais pour peu que les missionnaires s'éloignent, ou soient massacrés, leurs adeptes, s'ils ont été épargnés, continuant à vivre dans un milieu réfractaire à ces croyances, retournent bientôt à leurs pratiques originaires.

Quant à rencontrer chez eux une intelligence supérieure entre ses pairs, qui pourrait spontanément manifester ces sentiments, la valeur inférieure physiologique de ces races ne donne guère d'espoir en la production ultérieure d'une exception aussi considérable.

Rose. — Les races supérieures seront donc les seules races qualifiées pour porter l'Espèce humaine à sa perfection?

Blanche. — C'est ce qui me reste à examiner, Rose; car cette perfection à atteindre me paraît, en ce moment, une hypothèse aventurée.

Je vais reprendre au point où tes interruptions ont rompu le fil de mon exposé humain :

Dans les races supérieures de l'Espèce humaine, les grandes intelligences possèdent naturellement les sentiments élevés que l'on appelle : morale, honnêteté, amour du prochain, croyance en une Intelligence suprême, et même, elles ne peuvent pas ne pas les posséder, du moins les plus pures d'entre elles, car, puisque ces qualités éminentes sont propres à l'homme, et ne peuvent cependant être dégagées chez la multitude que par l'éducation, il faut qu'il y ait des éducateurs parmi les membres de l'Espèce humaine, pour les généraliser, comme il s'est trouvé, dans les temps primitifs de l'Humanité, des éducateurs pour inventer et généraliser le langage et les premiers arts utiles, parmi la multitude inhabile des hommes primitifs.

L'Espèce humaine est créée sociable. Elle ne peut donc évoluer conformément à sa nature, et lui donner une juste satisfaction que par la sociabilité; l'application des principes visés plus haut, en fournit seule les éléments indispensables et les garanties urgentes. Voilà la base sur laquelle toute Sociologie doit tabler et qu'elle ne doit abandonner sous aucun prétexte.

L'homme ne vaut que par l'éducation. L'Espèce humaine peut devenir excellente ou détestable, suivant l'éducation reçue. On ne saurait donc jamais trop insister sur ce point qu'elle est essentiellement éducable, et que rien ne doit être négligé pour la tirer des ténèbres malfaisantes de l'ignorance et de la brutalité. L'instruction, très bien; mais l'éducation surtout, et d'abord.

Du reste, tous ceux qui ont voulu conduire les hommes, soit au point de vue civil, soit au point de vue religieux, soit au point de vue militaire, leur ont toujours donné, au préalable, une éducation appropriée aux principes qu'ils voulaient faire prévaloir.

Je viens de te montrer qu'il y a des éducateurs

pour la morale, etc. Voilà le progrès moral préparé. Il ne faut plus que suivre.

Mais il y a souvent des défaillances dans la pratique des vertus sociales. C'est lorsque l'Espèce humaine néglige ces vertus pour s'abandonner sans frein à la satisfaction des passions, de l'égoïsme et de l'orgueil. Voilà les côtés anxieux de son avenir moral et intellectuel.

L'Espèce humaine se perdrait, elle déserterait sa mission, elle n'aurait plus de raison d'être, si ces défaillances funestes se généralisaient. Heureusement il y a toujours quelque part, tantôt sur un point du globe, tantôt sur un autre, une réserve d'éducateurs pour réparer les erreurs de conduite par lesquelles une nation, *tout entière*, soit celle-ci, soit celle-là, a pu sombrer et disparaître, et pour édifier, *à sa place*, une société rationnelle conforme aux tendances saines et au but de l'Espèce humaine.

Les erreurs seront-elles toujours ainsi réparées, et le Bien enfin généralisé sur la Terre? ou l'Espèce humaine, tout entière, et dans le contact universel, enfin obtenu, de toutes ses sociétés hétérogènes, s'enlisera-t-elle dans les jouissances matérielles? s'abîmera-t-elle un jour dans le mal? Voilà le point obscur.

Mais comme la création est une émanation de *l'Intelligence suprême*, sur un plan voulu et bien défini, où la Créature jouit d'une liberté morale intégrale, afin que l'intégralité de sa responsabilité en résulte également, si, en dépit des exemples terribles, répétés maintes fois dans le cours de son histoire, l'Espèce Humaine se refusait opiniâtrément à l'accomplissement d'une mission d'équité, de bonne foi, et d'amour du prochain, pour ne suivre que la doctrine meurtrière de l'intérêt, et pour se vautrer dans l'abrutissement bestial, elle serait rejetée, et *une Espèce nouvelle*, mieux douée sous le rapport des qualités affectives, la remplacerait dans la recherche du progrès vers le Bien absolu.

Rose. — *Une Espèce nouvelle*, Blanche?

Blanche. — Eh bien, Rose; mais oui, le cas échéant. L'Espèce humaine est-elle si parfaite qu'elle ne puisse être remplacée avec avantage?

Je termine. Voilà pourquoi la notion de l'Existence de Dieu, ainsi que celle de l'Existence de l'Ame, sont nécessaires à l'Humanité : parce que ces deux vérités satisfont à ses aspirations les plus élevées, à sa foi dans la nécessité, dans l'existence, d'une Justice suprême, et qu'elles sont, en outre, conformes à l'évolution de sa nature intellectuelle supérieure.

Et pourquoi la doctrine de négation de ces deux vérités lui est, au contraire, funeste : parce que cette doctrine, aussi pernicieuse par ses effets dissolvants que fausse dans les affirmations gratuites sur lesquelles elle s'appuie, est incompatible avec la nature sociable de l'Espèce humaine. Celle-ci ne saurait rien fonder de sortable à sa nature sociable, sur une doctrine purement négative. En effet, sans les lois morales qui procèdent nécessairement de ces deux vérités, sans les garanties sociales que, *seules*, ces lois morales établissent et maintiennent, les sociétés humaines seraient ravalées à un prétexte mensonger, pour l'exploitation du plus faible par le plus fort; ne seraient, en un mot, qu'une dérision méprisable.

L'homme juste et sincère trouverait plus de garantie dans un état voisin de la sauvagerie, que dans une société raffinée et factice, où la cupidité, l'athéisme et l'orgueil seraient les vraies inspiratrices de ses lois.

Je t'en fournirai les preuves dans un plus ample examen des *processus* de l'Espèce humaine.

DEUXIÈME PARTIE

CONTACT AVEC L'HUMANITÉ

I. — OU LA FATALITÉ OU DIEU

Rose. — Vois donc, Blanche, ce pli dans l'éther, cette aspiration humaine, comme tu l'appelais. Elle grandit, elle semble s'approcher de nous...

Blanche. — Oui; je l'avais remarquée. Elle se meut vers nous, en effet; mais avec son peu d'expérience de notre mode de locomotion, il lui faudra quelque temps pour prendre contact.

Rose. — Elle veut t'interroger, sans doute. Est-ce que tu répondras à toutes ses questions?

Blanche. — Certainement j'y répondrai, mais dans la limite qui nous est permise. Il nous est interdit d'instruire les hommes des lois divines, hors de leur portée, afin de ne pas entraver leur évolution naturelle, de respecter leur libre arbitre, et, en leur en conservant l'intégralité, de ne pas amoindrir la responsabilité de leurs actions.

D'ailleurs, rien n'assure que mes affirmations trouveraient créance chez eux. Je ne saurais leur faire voir *l'Invisible*, leur faire toucher et sentir *l'Intangible*. C'est seulement par voie de démonstration logique que je pourrais amener quelqu'un d'entre eux à comprendre des choses qui ne peuvent tomber directement sous ses sens matériels. Ce qui est évident pour nous ne saurait l'être également pour les hommes. Et puis, il faut compter avec l'orgueil humain, avec l'infatuation de ces éphémères.

Il est difficile de se faire comprendre des hommes en leur exposant des vérités qui choquent leurs préjugés, qui remettent en question les points fixés, plus ou moins arbitrairement, par leur éducation spéciale, un peu routinière, souvent figée dans des formules abstraites et sacramentelles. Tu comprendras mieux ceci, quand je te démontrerai plus tard que beaucoup d'entre eux n'ont de valeur que par les formules qu'ils ont imperturbablement apprises.

Tandis qu'on entretient ces hommes d'aperçus nouveaux, de déductions fertiles, leur esprit est bandé à d'autres considérations qu'à celles qu'on leur expose. Convaincus qu'ils savent mieux que vous ce dont vous voulez les instruire, ils supportent avec impatience le bruit de votre voix pendant quelques minutes, mais quoi que vous disiez, ils ne se l'assimilent pas; il y a longtemps que leur réponse est prête, et si les plus polis d'entre eux ne vous interrompent pas, les sots, car il s'en trouve parmi ces hommes distingués, ne s'en font pas faute.

Ceux de ces derniers qui sont investis de quelque minuscule fonction sociale, d'une ombre de pouvoir, plus imposée qu'acceptée par leur auditoire, et dont la délégation les élève d'une hauteur infinitésimale au-dessus de leurs égaux de la veille, sont gonflés, comme la grenouille d'une de leurs fables les plus spirituelles, et au moindre flair d'opposition à leurs pensées coutumières, tournent dédaigneusement le dos à la vérité irrévérencieuse qui veut surgir par la bouche d'un rêveur dont on permet la présence approbatrice, sous la condition tacite qu'il se tienne respectueusement dans cette séante situation vis-à-vis de si hauts personnages.

Rose. — Tous les hommes sont-ils ainsi faits, Blanche?

Blanche. — Non, chère Rose. Il y a de nombreuses exceptions... parmi ceux qui ne sont pas arrivés. En l'état, il est plus facile de les énumérer que de compter les étoiles.

Enfin si je puis être utile à cette aspiration humaine, je le ferai de grand cœur; mais je ne crois pas qu'elle me marque jamais de reconnaissance pour l'accomplissement de mon devoir de sympathie envers elle.

Rose. — Cette créature infime oserait!..

Blanche. — Tu vas l'expérimenter. Elle est presque au contact. Je la sens déjà. Je vais l'interroger.

Que veux-tu, Andrès? qui t'a instruit de l'usage de nos organes de relation? Quel motif te fait désirer notre entretien?

Andrès. — J'habitais la Terre; ce globe obscur, là-bas. J'ai voulu connaître la raison des choses. A tout hasard j'ai invoqué ce que certains d'entre les hommes appellent *un esprit*, auquel, pour moi je ne crois guère. Qu'est-il arrivé ? Je ne m'en rends pas bien compte. Je vous ai vues, j'ai cru que vous pourriez m'initier à des connaissances nouvelles, et, par le fait d'évolutions matérielles, qui tiennent sans doute à *l'influence des milieux*, ou *à la sélection naturelle*, je me trouve pourvu d'organes spéciaux de relation dont je ne soupçonnais pas l'existence. Aurais-je trop présumé de votre bienveillance en espérant que vous voudrez bien m'apprendre ce que je désire connaître?

J'attends votre réponse, vous promettant tout d'abord que vous n'aurez pas obligé un ingrat, et que si, de mon côté...

Blanche. — Tu as eu raison de compter sur notre bienveillance. Notre devoir nous en fait une loi, aussi bien à ton égard qu'à celui de tout être créé. Sache seulement que, en dehors des effets de cette bienveillance, il nous est interdit, au moins quant à présent, de te révéler des choses, hors de la portée de l'intelligence humaine.

Cependant, par une exception singulière en ta faveur à laquelle il nous est agréable d'obéir, nous pourrons nous entretenir avec toi de l'usage rationnel des facultés éminentes qui vous ont été conférées, afin que nous puissions redresser à votre profit les jugements erronés que vous auriez pu former par leur emploi mal compris, toi et tes pareils.

Dis-moi ce que tu sais, ce que tu crois, et parle sans crainte et sans réserves. Quoi que tu penses, quoi que tu dises, il n'en peut sortir aucun dommage, aucune offense, pour la *Vérité éternelle*. Agis donc dans l'exercice de toute la liberté accordée à ta chétive espèce.

ANDRÈS. — Je comprends :

« Avec lumière et choix notre union veut naître,
« Avant de nous lier, il faut nous mieux connaître (1) » ;

et j'approuve absolument votre circonspection en vous remerciant de votre bienveillance, à laquelle je répondrai par une franchise entière. Vous allez reconnaître que j'use de toute la liberté que vous voulez bien m'accorder au nom de la *Vérité éternelle*.

Je suis un homme...

BLANCHE. — Tu en es sûr, Andrès?

ANDRÈS. — Au moins l'étais-je encore tout à l'heure quand j'ai quitté la Terre.

BLANCHE. — Je ne veux pas aller à l'encontre de tes illusions. Continue.

ANDRÈS. — Je suis un homme; vous me permettrez d'ajouter que je suis un homme d'essence supérieure, c'est-à-dire né et instruit dans un milieu civilisé. J'ai consacré ma vie à l'étude des sciences exactes, m'efforçant ainsi d'acquérir toutes les connaissances scientifiques qui sont la gloire de l'Huma-

(1) Molière, *le Misanthrope*.

nité. — Je ne me flatte pas de les posséder dans leur intégralité, mais enfin j'ai fait de mon mieux, et vous trouverez en moi un esprit débarrassé, je le crois du moins, de tous les préjugés, de toutes les superstitions, de toutes les croyances absurdes qui ont été si longtemps des entraves pour les hommes, soit sauvages, soit barbares, ou à demi policés, qui ont précédé les gens instruits des générations présentes.

BLANCHE. — Tu me dis bien ce que tu ne crois pas; mais que crois-tu?

ANDRÈS. — Que sais-je! Je crois à ce qui est démontré, à ce que je vois, à ce qui est tangible. Je crois à ce qui est.

BLANCHE. — Tu crois à ce qui t'est démontré par les hommes, à ce que tu vois, à ce qui est tangible pour toi... Vanité!... Enfin, nous reviendrons là-dessus. Dis-moi? la doctrine que tu professes, n'est-ce pas ce que vous appelez là-bas *le Matérialisme?*

ANDRÈS. — Le Matérialisme, sans doute. La Matière infinie, d'espace et de durée. La Matière éternelle *Rien ne se crée, rien ne se perd.* Voilà.

BLANCHE. — Si tu es si sûr de ta matière éternelle et irréductible, je ne vois pas bien ce que tu peux attendre de nos renseignements.

ANDRÈS. — Nous connaissons le principe, c'est vrai; mais non tous ses aspects et toutes ses applications. Telle est la lacune que je voudrais combler par votre aide, je l'avoue.

BLANCHE. — Mettons-nous d'abord d'accord sur le

principe. En dehors de la matière, crois-tu, ou supposes-tu qu'il y ait autre chose?

ANDRÈS. — Il n'y a rien en dehors de la matière. Rien ne peut exister amorphe et sans étendue; c'est-à-dire, sans les attributs de la matière.

BLANCHE. — Le vent, c'est de la matière? l'électricité, c'est de la matière? Les forces centrifuge et centripète sont de la matière, suivant toi?

ANDRÈS. — Ce sont des mouvements produits par la matière; ce sont des états transitoires engendrés par les *processus* de la matière.

BLANCHE. — L'électricité, les forces, engendrées par la matière!... Autre chose : Tu crois en Dieu? En une Intelligence suprême?

ANDRÈS. — Nous n'avons plus besoin de l'hypothèse de Dieu (1) dans la situation actuelle de nos connaissances scientifiques.

BLANCHE. — A merveille!.. Tu verrais Dieu lui-même que tu n'en resterais peut-être pas moins matérialiste, n'est-ce pas?

ANDRÈS. — Si je voyais Dieu, ce serait le triomphe du matérialisme, car je ne pourrais le voir que s'il revêtait une forme matérielle.

BLANCHE. — Et comme il ne revêt pas une forme matérielle pour avoir l'honneur de t'être présenté, tu en conclus qu'il n'existe pas, et que ses œuvres, toutes les choses qui existent, et dont tu veux bien reconnaître le merveilleux arrangement, comprenant

---

(1) Laplace, *Système du Monde*.

leur croissance, leur entretien, leur garantie d'une durée relative, et leur reproduction; tu dis que ces choses, les unes inorganiques, les autres si habilement douées d'organes dont tu ne connais pas encore intégralement l'usage, pas plus d'ailleurs que tu n'en comprends le développement métamorphique, que ta science se borne à constater; que ces choses ne sauraient être produites par une Intelligence suprême?

Selon toi, elles représenteraient les résultats, les résidus d'évolution, de Lois naturelles, fatales (nous reviendrons sur cette expression), écloses inéluctablement dans le sein de la Nature implacable et aveugle, pour une fin indifférente, sans conséquence pour elle-même, et aussi sans responsabilité pour les actes des êtres qui se sont agités un certain temps dans ce milieu, existant on ne sait pourquoi, n'est-ce pas, Andrès?... C'est la doctrine, hein!

Andrès. — On ne sait pourquoi. Non. Et je ne suis pas le premier à le déclarer. Voltaire avait déjà dit avant moi : *Pourquoi y a-t-il quelque chose?* (1)

Blanche. — Il y a quelque chose pour un motif inconnu de M. de Voltaire; voilà tout.

Laissons ceci pour un moment. Je veux relever tout de suite un terme dont votre école se sert à tous propos pour... comment dirai-je? Pour expliquer? Non ce ne serait pas exact, puisque ce terme n'explique rien.

(1) André Lefèvre, *Philosophie*. Reinwald, Paris, 1884, p. 429

Vos physiologistes, vos philosophes disent à tous propos. Les premiers : « La Sensibilité se révèle par cette aptitude *fatale* qu'ont les proto-organismes à s'emparer des substances... etc. » ou encore : « Tout dans le domaine spécial de la sphère intellectuelle se fait d'une façon irrésistible, *fatale*, inconsciente, au nom de l'activité automatique qui y règne en souveraine... (1). »

Les seconds, vos philosophes, disent : « Tous les individus, et tous les groupes d'individus vivants, possèdent des facultés inhérentes à leur structure, graduées suivant leurs formes plus ou moins complexes ; ils ont leurs lois données par leur organisme, et ils les accomplissent dans les limites qui leur sont tracées par leur milieu, sous l'empire des *fatalités* universelles !.. (2) »

Je me borne pour l'instant à ces trois citations, auxquelles je pourrais en ajouter de nombreuses, et je viendrai de suite à cette remarque importante : Les matérialistes, par un motif que nous rechercherons tout à l'heure, ne veulent pas reconnaître l'existence de Dieu, ne l'admettent pas, et ils admettent, *de plano*, la Fatalité ! C'est une pure inconséquence.

Je sais que ce mot de *Fatalité* a maintenant plusieurs acceptions dans votre belle langue française, naguère si claire et si exacte, que vous ennuagez actuellement à plaisir pour l'imprégner des brumes de

---

(1) Dr Luys, *Le Cerveau*. G. Baillère, Paris, 1879, pp. 66 et 183.

(2) André Lefèvre, *Philosophie*, page 436.

l'Elbe, où elle perdrait toutes ses anciennes qualités sans en acquérir de nouvelles...

Andrès. — La France a vos préférences sur cette petite sphère, n'est-il pas vrai?

Blanche. — La question est mal posée ainsi : Je te reconnais Français, je te parle avec le génie, avec le caractère de ta nation, que j'emprunte pour notre entretien, afin que tu me comprennes plus facilement. Chaque peuple a ses conceptions propres, fruits de l'hérédité et de l'éducation de son milieu. Il bâtit ses raisonnements sur ces assises centenaires.

Il y a sans doute des principes qui sont de tous les temps et de tous les lieux, mais il y a des formes, des conventions locales, qui sont l'archétype intellectuel d'un peuple; où il trouve aussi la source de ses plaisirs artistiques... au moins jusqu'à ce qu'il en change. Son libre esprit ne s'épanche naturellement que par les formes qui ont dirigé son développement. Sa pensée est de son pays. Penser en français diffère de penser en anglais, en allemand, en chinois, en malgache, etc., et, à moins d'avoir, dès son jeune âge, voyagé de pays en pays, ou entretenu avec des étrangers des relations étroites, chacun conserve, indélébile le cachet de sa nation et ne saurait acquérir celui d'une autre nation avec toute l'intensité qu'en possèdent ses natifs.

Voilà pourquoi, sauf de rares exceptions, les emprunts au génie linguistique d'un pays réussissent mal aux pays qui les font. Malgré tout le talent, tout l'art consacrés à ces adaptations, il reste toujours des nuances intraduisibles qui différencient les acceptions des mots empruntés et en rendent imparfaite l'identité de pensée dans les deux langues.

« *Traduttore, traditore* », disent très justement les Italiens.

Tel est le sens vrai du regret que je t'exprimais tout à l'heure à propos de ta langue qui va, se disqualifiant, s'annihilant, à la recherche du nouveau et de l'effet, dans des langues d'essences différentes d'elle-même.

Cette appréciation, à laquelle je ne me suis prêtée que pour initier mon auditeur au motif pour lequel j'emprunte au français sa langue et ses termes scientifiques, nous a écartés tous deux de notre sujet qui est *la Fatalité*, admise inconsidérément par les Matérialistes. Retournons y donc, pour ne plus nous en départir.

Nous en étions aux diverses acceptions des mots : *Fatalité, Fatale*.

Sans nous arrêter à l'acception qu'on leur donne vulgairement pour qualifier des circonstances malheureuses, *Fatalité, Fatale*, signifiaient autrefois : « réglées par le Destin ».

Votre philosophie moderne lui donne, pour le moment, l'acception suivante : *C'est la nécessité qui résulte de la nature des choses.*

Sans être très clair, c'est au fond le même sens, car *réglées par le Destin* ou *Résultant nécessairement de la nature des choses*, c'est toujours une évolution *réglée d'avance, une fois pour toutes, inéluctable*, en un mot.

Vous ne voulez pas d'*un Dieu* qui aurait tout réglé, et vous proclamez l'existence de *la Fatalité* pour lui attribuer la même puissance? Vous ne pouvez pas nier qu'il y a là une inconséquence de votre part.

Vous ne voyez pas Dieu, voilà pour quelle raison vous ne voulez pas le reconnaître. Et la Fatalité, la Nature des choses, les Lois naturelles, les voyez-vous? Non. Vous en proclamez l'existence sur les effets que vous constatez, comme vous pourriez reconnaître l'existence de Dieu sur la production de ses œuvres? C'est exactement le même *concept*, le même *processus*, hein, Andrès? Pourquoi donc repoussez-vous la dernière de ces deux formes de la même idée, c'est-à-dire *Dieu*, avec une grande énergie?

Voici la raison principale que vous en donnez : (nous examinerons plus tard s'il n'y en aurait pas quelqu'autre moins avouable; peut-être le « *Ni Dieu, ni Maître* » de votre Blanqui, rêveur qui exagérait la répulsion).

Vous accusez les Spiritualistes de suivre la doctrine de l'*Anthropomorphisme*, c'est-à-dire cette doctrine où un Dieu inventé par l'homme, est considéré par celui-ci comme le prototype de sa propre image, et vous voulez renverser cette doctrine afin d'affranchir l'espèce humaine de cet anthropomorphisme grossier.

Voici, entre autres exemples, une des expressions de cette pensée à ce sujet : « L'illusion naturelle qui forçait l'homme à se considérer comme le centre et la fin de tout ce qui est, l'a contraint à faire le monde à son image, de prêter aux choses, puis aux groupes, puis à l'ensemble, des intentions, des volontés, un plan : de là sont issus les Dieux, les Forces, la Providence... etc. (1). »

Sans accepter l'enchaînement des allégations de cette phrase, on peut néanmoins convenir que vous avez raison de vous élever contre l'absurdité de cette doctrine de l'*Homme créé à l'image de Dieu*, erreur enfantée jadis par l'orgueil humain ; mais, vraiment, pour une erreur d'essence purement dogmatique, et, d'ailleurs, née de préjugés ressortissant à une époque infantile de l'intelligence humaine, erreur destinée à s'évanouir d'elle-même dans la splendeur de l'épanouissement de cette intelligence, pouvez-vous repousser, avec une ombre de raison, l'idée d'un *Dieu, Intelligence suprême*, parce que ses voies sont encore impénétrables à vos sens dont vous connaissez pertinemment l'imperfection.

Réfléchis bien à ceci : L'idée d'une *Intelligence suprême unique*, n'est-elle pas plus accessible à vos aspirations intellectuelles, plus similaire à vos procédés, scientifiques et nécessaires, de méthode, de prévoyance, et de symétrie voulues, que cette *Fatalité aveugle* que vous proclamez à sa place, en lui attribuant une semblable toute puissance; que ces *Lois naturelles*, implacables, inconscientes, et pourtant intelligentes, suivant vous. Aveuglement, inconscience et intelligence d'action qui doivent jurer de se

(1) André Lefèvre, *Philosophie*, p. 420.

trouver mariés ensemble pour l'exécution des produits merveilleux de la Nature.

Ces *Lois naturelles,* vous les déclarez intelligentes parce que vous trouvez leurs œuvres admirables de prévoyance et de précision dans ceux de leurs effets que vous pouvez comprendre, et que vous les sentez mystérieusement puissantes, dans ceux de leurs effets que vous n'avez encore pu pénétrer. Vous les déclarez aveugles, inconscientes, implacables, parce que votre raison, bornée, est choquée de l'inutilité *apparente* de leurs évolutions, de la vanité *apparente* de leurs productions que ces lois vous paraissent détruire avec autant d'inconscience qu'elles vous semblent les avoir enfantées.

Cette anomalie effrayante, en s'imposant à vos méditations, n'aurait-elle pas dû vous inciter à rechercher si la question n'était pas mal engagée de votre fait, et si elle ne serait pas mieux posée d'une autre manière?

Je précise :

Dans les choses créées, vous reconnaissez, n'est-il pas vrai, à leur symétrie, à leur ordre merveilleux, à leurs évolutions, toujours identiques à beaucoup d'égards, selon les espèces, que les unités appelées à l'existence ne sont pas constituées par l'effet du hasard, puisque vous en rapportez l'essor à des *Lois naturelles,* intelligentes, produisant, suivant votre expression, des identités *fatales.*

Ces identités, des identités quelconques, supposent nécessairement une prévoyance, une unité de vues, n'est-ce pas? Cette prévoyance, cette unité de vues, ne vous paraissent-elles pas de nature à devoir procéder plus rationnellement d'*une seule Intelligence, inconnue*, que d'*une quantité*, non encore chiffrée, *de Lois naturelles, également inconnues*, mais où vous êtes bien obligés d'admettre que cette prévoyance et cette unité de vues sont plus difficiles à obtenir par une sorte d'accord débattu entre toutes ces *Lois naturelles* que par la volonté d'une *Intelligence unique*?

Quand je dis « Vous », je veux dire tous les hommes, Andrès. Tu me comprends bien?

Trouves-tu maintenant quelque difficulté, quelque obscurité à admettre la question comme je te propose de le faire?

Ou un Dieu, Intelligence suprême, *inconnu de nos faibles natures*, ou des Lois naturelles, aveugles, inconscientes, implacables, aux ordres de la Fatalité, *mais toutes également inconnues de nous*?

L'un ou l'autre de ces deux facteurs est aussi difficile, mais non plus difficile à admettre pour ton intelligence. Seulement, si tu choisis *Dieu*, l'unité de vues, dont je t'ai parlé, te paraîtra plus facilement admissible, et de plus, par ton choix, tu échapperas à cette anomalie de *Lois naturelles intelligentes*, et, en même temps, *inconscientes* de leurs productions et de leurs destructions.

Ceci posé, c'est-à-dire *Dieu* accepté par toi comme l'auteur de toutes choses, à des fins hors de la portée de ton intelligence, tout *processus* aux voies contradictoires s'évanouit. Les faits se déroulent devant tes yeux avec la plus grande simplicité, avec une clarté qui a tout le caractère de l'évidence :

C'est *Dieu* qui a donné l'essor à sa création ; c'est *Dieu* qui en a réglé l'épanouissement matériel et moral, sur un plan défini, ce que tu appelais l'essor des *Lois naturelles,* et, remarque-le bien, il était alors tout simple que ces Lois te parussent alors aveugles, implacables, inconscientes, même intelligentes, puisqu'elles avaient à exécuter *passivement* le plan de *l'Intelligence suprême,* sans égard au *devenir* de leurs créations et de leurs créatures, dans ce que tu appelais *les Évolutions de la Matière, la Circulation de la Vie, la Succession des Espèces*.

Nous voilà bien loin de la doctrine insensée de *l'anthropomorphisme,* que tu repoussais à bon droit, Andrès. Seulement, j'ai bien peur qu'après avoir reconnu avec toi que l'homme n'est pas fait à l'image de Dieu, tu ne trouves maintenant que j'ai mis trop de distance entre son intelligence et l'intelligence divine. Mais je ne désespère pas de te faire bientôt reconnaître que l'intelligence de l'homme, dans ses manifestations scientifiques dont il est si fier, tient encore plus de l'imitation des procédés de la Nature que de facultés créatrices, et qu'il s'est, jusqu'ici, un peu trop empressé de donner le nom *d'inventions* à des découvertes ingénieuses.

Dis-moi ce que tu penses à présent de tout ce que je viens de t'exposer, avant que je poursuive pour toi l'exposition d'autres conséquences de ton choix rationnel de *Dieu :* Les conséquences morales.

II. — LES RAISONS D'ANDRÈS

Andrès. — Il m'est difficile, et peut-être même inutile, de vous suivre sur cette question, ce dilemne, de l'existence d'un Dieu ou de l'existence de la Fatalité, terme dont l'ultime acception sera d'ailleurs différée par nous jusqu'au jour où nous en trouverons une qui ne sera pas embarrassante pour la simplicité de nos affirmations, basées uniquement sur ce qui est, sur ce qui est tangible.....

Blanche. — Et vos lois naturelles?

Andrès. — Nos lois naturelles non plus ne nous importent guère. « La Science confirmera ou amendera nos conjectures, accroîtra ou diminuera le nombre des substances irréductibles, et la Philosophie n'aura qu'à enregistrer les découvertes de la Science (1). »

Blanche. — Tout simplement?

Andrès. — Tout simplement?

Blanche. — Dis-moi. Si l'on se bornait tout de suite aux enregistrements de la Science? La Philosophie n'aurait plus rien à faire, et ce serait pour le

---

(1) André Lefèvre, *Philosophie*. Reinwald, Paris, 1884; pp. 427, 428.

mieux. Tu sais qu'en ce moment, dans ton pays, on déteste les sinécures.

Andrès. — Oui, c'est à examiner. « Mais dès à présent se dégage des faits acquis une conclusion certaine (1). »

Blanche. — Certaine? Tu en es sûr?

Andrès. — Certaine. Permettez-moi d'achever.

« Une conclusion certaine, assez large pour contenir toutes les modifications partielles que l'expérience y pourra introduire. Les choses dont l'ensemble est exprimé par le mot *univers* sont formées de substances quelconques, en nombre quelconque, hors desquelles il n'y a rien (2). »

Blanche. — Je te comprends : En dehors de Tout, il n'y a Rien.

Andrès. — Justement. « Le caractère général de ces substances est l'indestructibilité (3). »

Blanche. — Tu en es sûr?

Andrès. — C'est acquis. « Quand bien même une analyse plus profonde les réduirait à dix, à cinq, à une seule, la somme n'en serait pas diminuée... (4) »

Blanche. — On se serait trompé dans les premiers calculs. Voilà tout.

Andrès. — Voilà tout ! « n'en serait pas diminuée, puisque cette somme ne cesserait pas d'équivaloir à la totalité de ce qui est.

« Chacune de ces substances a pour caractère particulier l'homogénéité (5). »

(1) (2) (3) (4) (5) André Lefèvre, *Philosophie*, p. 428.

Blanche. — J'y suis. Quand on trouve un *mélange* qui n'est pas *homogène*, c'est qu'il y a là, deux ou plusieurs substances. La Science en est quitte pour dénommer une ou plusieurs substances de plus, quelquefois par des noms d'hommes, ce qui n'apprend pas grand'chose des propriétés de ces nouvelles substances. La Philosophie enregistre, et le tour est fait.

Andrès. — C'est cela. Je reprends?... « l'homogénéité. Par la pensée comme en fait, on pourra les diviser en autant de parties que l'on voudra; chaque fragment égal d'une substance demeurera identique à tout autre fragment égal de la même substance (1). »

Blanche. — Pardon. Je ne saisis pas bien *la pensée divisant une substance matérielle*, ni, surtout, l'utilité de cet axiome : « Un gramme de substance est identique à un gramme de la même substance? » Cela ne me frappe pas.

Andrès. — C'est pourtant indéniable, il me semble. « Je continue : Les corps simples combinés en proportions diverses, ont reçu et garderont le nom générique de *Matière* (2). »

Blanche. — Bon. — Les corps simples! mais tous les corps également, n'est-ce pas? Et puis les corps simples, combinés en proportions diverses, ce ne sont plus des corps simples? N'est-ce pas un peu vague?.. Si cependant la Science adoptait un jour

(1) (2) André Lefèvre, *Philosophie*, p. 428.

un autre vocable plus explicite, comprenant aussi les corps organisés?...

Andrès. — Alors, on prendrait le nouveau vocable, probablement. Je dis, probablement.

Blanche. — Ah! très bien. C'est de bonne composition. Continue.

Andrès. — « Peu importe les procédés à l'aide desquels l'homme est arrivé à connaître la matière et les conditions organiques, cérébrales, intellectuelles qui s'imposent à toute expérience. L'existence de la matière est suffisamment démontrée par l'usage que nous en faisons (1)... »

Blanche. — Oui. En effet. Quel besoin peut-on avoir de l'histoire de la science? des travaux immenses en physiologie, histologie, etc. accomplis par les devanciers? L'existence démontrée par l'usage, cela répond à tout.

Andrès. — « Nos aliments, nos vêtements, nos maisons, les outils et les matériaux des arts, de l'industrie, de l'agriculture, du commerce, de la guerre; bien plus, notre chair et nos os, notre sang, nos muscles, notre appareil nerveux, notre cerveau, en sont faits (2). »

« Que serait la Vie sans corps vivants? Que seraient la personne et la pensée; l'individu et la société, sans organismes matériels, finis, distincts? Des mots vides de sens; que dis-je? les idées que ces mots

---

(1) André Lefèvre, *Philosophie*, p. 428.
(2) André Lefèvre, *ouv. cité*, p. 428.

représentent n'auraient jamais pu naître (1). »

BLANCHE. — Très bien. Très vrai. J'ajouterai même que je ne comprends pas sur quel fond reposent ces questions en l'absence supposée de la Vie et des organismes. La Vie sans corps vivants !..

Mais dis-moi : la Vie, la Personne, la Pensée, les Idées que ces mots représentent; est-ce que c'est de la matière aussi, tout cela?

ANDRÈS. — Sûrement. « La combinaison atomique, la pesanteur, le magnétisme, l'électricité, la chaleur, la lumière, sont les conditions de la vie; mais la vie n'est la condition d'aucun des états de la substance (2)... »

BLANCHE. — Toi qui connais les conditions de la vie, comment n'as-tu cependant jamais pu la produire? Tu te flattes d'en posséder tous les éléments; ceux que tu dénommes sont là, à ta disposition, et pourtant tes laboratoires ont été toujours impuissants à les combiner en une substance vivante et apte à se perpétuer.

ANDRÈS. — Oh! nous la produirons, la vie!

BLANCHE. — Vraiment !.. Tu crois?

ANDRÈS. — Certainement. « La Vie emprunte tous ses éléments, les germes de toutes ses propriétés aux matériaux élaborés par quelques corps simples, mais elle les reverse au fonds commun, dépouillés de la valeur qu'ils tiraient de l'organisme (3). »

---

(1) André Lefèvre, *Philosophie*, p. 428.
(2 et 3) *Ibid.*, p. 436.

BLANCHE. — Pardon. Ces matériaux élaborés par des corps simples que la Vie reverse au fonds commun, dépouillés de la valeur qu'ils tiraient de l'organisme, ce sont les corps organisés des plantes et des animaux, n'est-il pas vrai?

ANDRÈS. — Sans doute.

BLANCHE. — Ces plantes, ces animaux, ont-ils donc été produits, suivant toi, par le jeu fatal des Lois naturelles, sans utilité pour eux-mêmes et pour les autres corps organisés?

ANDRÈS. — Sans contredit. — C'est une idée surannée d'attribuer une vue d'utilité aux œuvres de la Nature. Elle les produit aveuglément, parce qu'elle ne peut pas faire autrement que de les produire, sans préoccupation de leur *devenir* (1).

BLANCHE. — Suivant toi, tout se borne à ceci : Le retour au fonds commun, sans utilité dans la vie, sans responsabilité personnelle après la mort?

ANDRÈS — Ah! oui; cela surtout : Sans responsabilité personnelle après la mort!

BLANCHE. — Continue ton exposé; Va. Nous reviendrons plus tard sur la stérilité de ta doctrine. Alors la pensée comme la vie?...

ANDRÈS. — « La pensée comme la vie, comme la pesanteur, comme l'électricité, est un mouvement, mais un mouvement, dans la vie, dans un organisme; un mouvement dans un cerveau, moins

---

(1) Paul de Jouvencel, *La Vie*, Paris, Garnier, 1862, p. 333, 334.

encore, dans une partie du cerveau. — C'est une propriété spéciale d'un état très particulier de la matière (1). »

Blanche. — La Pensée étant un mouvement dans un état *très particulier* de la Matière, perd beaucoup de l'importance qu'on lui attribuait autrefois. Par exemple, un chien qui court après sa queue, exécute un mouvement excité par une propriété spéciale dans un état très particulier de la Matière. C'est aussi intéressant pour le Néo-Philosophe que Démosthène prononçant ses belles Philippiques. Même le chien cesse son mouvement quand il veut (ce que ne pouvait faire Démosthène en cette circonstance), s'épargnant ainsi une fatigue inutile dès qu'il a pris son exercice salutaire.

Il y a peut-être une différence à relever au profit de Démosthène, sous le rapport de l'intelligence émise, mais...

Andrès. — Ah! l'intelligence maintenant! Écoutez bien ça :

« L'organisme est l'homme même.

« Avant d'être une *intelligence servie par des organes* l'homme est un organisme déterminant une intelligence.

« L'intelligence est la résultante de phénomènes organiques dont le premier est la condition des suivants : sensation, mémoire, abstraction, association, jugement, volonté, lesquels procèdent tous d'une

---

(1) André Lefèvre, *ouvr. cité*, p. 436.

propriété commune à tous les corps vivants, la sensibilité ou conscience.

« De même que le corps est la somme d'innombrables cellules végétantes groupées de mille manières autour d'une charpente minérale; de même la sensibilité est la somme d'innombrables mouvements cellulaires qui accompagnent ou suivent le travail de l'organisme, et que certaines fibres spéciales du réseau nerveux transmettent à l'encéphale. Lorsque le nombre ou l'intensité de ces mouvements permet qu'ils atteignent les régions médianes et antérieures du cerveau, selon le tempérament, l'âge, le sexe; selon la disposition du moment, la constitution, le volume, la santé, la fatigue des organes sensoriels et de l'organe central, ils y déterminent, au bout d'un temps que l'on arrive à mesurer, des ébranlements plus ou moins durables : ce sont les éléments de la sensibilité; on nomme ses ébranlements des sensations. Ils provoquent dans les cellules un afflux sanguin, une élévation de la température, indices de combinaisons chimiques et d'une activité que nous appelons intelligence (1). »

BLANCHE. — Parfait ! Mais en dehors de ces affirmations que votre philosophie nouvelle a enregistrées purement et simplement, vous avez sans doute des travaux physiologiques qui les établissent ? Comme on ne les conservera pas indéfiniment, puisque tu m'en exprimais l'inutilité de conservation tout à l'heure

(1) André Lefèvre, *Philosophie*, pp. 533 et 534.

pour conclure que l'existence de la matière est suffisamment démontrée par l'usage que nous en faisons, pendant qu'il en est temps encore, veux-tu me dire quels sont les travaux physiologiques qui ont fourni les bases des affirmations que tu viens d'énoncer?

ANDRÈS. — Très volontiers; ils sont abondants. Je bornerai cependant, pour le moment, mes citations à un seul auteur, le Docteur Luys.

Le Cerveau, par le Docteur Luys, qui est un exposé dans le *mouvement*, suffira, je l'espère, à vous faire connaître les mérites de la nouvelle doctrine physiologico-psychique, et au bien fondé de l'assertion qu'il produit en même temps, que : « C'est au médecin physiologiste, seul, qu'il est donné désormais de revendiquer comme son domaine propre, ce domaine spécial de la science de l'homme où, pendant tant de siècles, la philosophie spéculative a si longuement et stérilement péroré (1). »

BLANCHE. — Voici un physiologiste qui me paraît bien pressé de remplacer la philosophie de toutes pièces. Je fais des réserves sur cette prétention, en attendant ses preuves scientifiques irréfutables. Continue.

ANDRÈS. — Le Docteur Luys a examiné la question sous tous ses aspects dans son livre *Le Cerveau*, et, dans les diverses parties de ce livre où il a successivement traité les points suivants, savoir: la Sensibi-

(1) Docteur Luys, *le Cerveau*, préface, p. x. Germer Baillières, Paris, 1879.

lité, inconsciente et consciente, la mémoire, l'activité automatique, l'attention, la personnalité, la genèse des idées, les impressions sensorielles, le jugement, la motricité, la vie végétative, la genèse de la volonté, l'enchaînement des actions motrices volontaires, il a magistralement établi que toutes ces manifestations étaient des produits matériels élaborés par le système nerveux encéphalique, d'abord dans le *Sensorium*, qui a son siège dans la couche optique et le corps strié, irradiant, après élaboration, à la périphérie de la substance grise corticale.

Il me faudrait citer tout le livre. Je me bornerai à quelques extraits.

« C'est dans l'intimité des réseaux du corps strié que tout d'abord l'influx de la volition est reçu au moment où il émerge de la profondeur des centres psycho-moteurs de l'écorce cérébrale... qu'il se *matérialise* en un mot (1). »

Blanche. — Un phénomène *psychique* dont le point d'arrivée est une *matérialisation*. Voilà certainement de l'imprévu. Ensuite?

Andrès. — « Les éléments des couches optiques épurent, transforment par leur action métabolique propre, les ébranlements irradiés du dehors, qu'elles lancent, en quelque sorte, sous une forme *spiritualisée*, vers les diverses régions de la substance corticale... (2) »

---

(1) Docteur Luys, *ouv. cité*, p. 44.
(2) *Ouv. cité*, p. 45.

Blanche. — Voici des substances *matérielles* qui sont *spiritualisées*, maintenant. Continue.

Andrès. — « Les éléments du corps strié, au contraire, ont une influence inverse sur les incitations parties de ces mêmes régions de la substance corticale. Ils les absorbent, les condensent, les *matérialisent* par leur intervention propre, et sous une forme nouvelle, après les avoir amplifiées et incorporées de plus en plus avec l'organisme, les projettent vers les différents noyaux moteurs de l'axe spinal, où elles deviennent ainsi une des stimulations multiples destinées à mettre en jeu la fibre musculaire (1). »

Blanche. — Le Docteur Luys devrait, ce me semble, dire quelque part, dans l'affirmation de ses hypothèses, ce qu'il entend par *matérialisation* dans un milieu où suivant lui, tout est matériel, et *spiritualisation*, *psycho-moteur*, dans ce même milieu où il n'admet que la matière.

Spiritualisation, *psychique*, ce sont là des attributs de l'âme, et jamais il ne parle de l'âme. Peut-être n'y croit-il pas.

Il pourrait bien n'y avoir ici qu'un abus de mots, de termes détournés des acceptions admises par tout le monde. S'il en était ainsi, je n'hésiterais pas à dire que c'est un système fâcheux, propre à créer la confusion dans l'esprit du lecteur, habitué par son éducation et ses études à classer les *psycho-moteurs* parmi les attributs de l'âme, traduction de la racine grecque ψυχή.

(1) Docteur Luys, *ouv. cité*, p. 45.

Les Allemands sont coutumiers du fait : Ainsi Preyer a écrit un gros volume intitulé « *l'Ame de l'enfant* où, sous le couvert de ce titre psychique, il énumère de patientes et curieuses observations, toutes d'ordre physiologique. Tel encore Hæckel, dans son livre « *De la Création des Êtres organisés* », étude où le mérite et la bonne foi de l'écrivain brillent du plus grand éclat, paraît cependant encourir le même reproche que l'auteur précédent, mais à un moindre degré, de dénommer *psychiques* plusieurs des faits *physiologiques* qu'il fait connaître à ses lecteurs.

En général, les penseurs allemands me paraissent matérialistes, et pour un Leibnitz contiennent beaucoup de Buchners. D'ailleurs ces derniers, eux-mêmes, ne renoncent pas à l'emploi du vocable « *psychique* », mais ils lui donnent une acception toute allemande sans doute, et restée intraduite par vos auteurs qui, lorsqu'ils le rencontrent au fil de la lecture d'un original allemand, le transportent en français sans observations. Le spectre littéraire allemand aurait-il des nuances extrêmes qui échapperaient à la perception des écrivains de la rive gauche du Rhin? C'est à vérifier. Quand nous examinerons les effets de l'influence de la doctrine de Schopenhauer sur son époque, j'aurai l'occasion de te signaler des acceptions inattendues de mots qui déroutent absolument le penseur français.

Revenons à ton docteur, qui me semble verser un peu trop dans ces néologismes tudesques, et donne-moi encore, je te prie, quelques déductions matérialistes sur tes études du *Cerveau* du Docteur Luys, prises plus particulièrement, celles-ci, dans la genèse des idées et de la volonté.

Andrès. — Je vous citerai d'abord quelque chose sur *l'Évolution du processus de la Sensibilité*.

« A partir des régions périphériques du système nerveux qui représente physiologiquement les frontières de l'organisme, les impressions sensitives de toute provenance, implantées dans leurs réseaux sous forme d'éléments vibratoires, suivent leurs voies naturelles vers les régions centrales.

« Les unes s'éteignent dans certains amas ganglionnaires interposés, les autres s'avancent plus loin, s'éparpillent dans les régions grises de la moelle et se transforment, soit instantanément, soit d'une façon plus ou moins prolongée, en réaction excito-motrice. Ce sont les phénomènes de sensibilité inconsciente.

« Les autres enfin, douées d'une vitalité toute spéciale, poursuivent leur parcours, convergent, s'élèvent jusqu'au *sensorium* et entrent en conflit avec les opérations psycho-intellectuelles dont elles constituent les aliments indispensables : ce sont des phénomènes de la sensibilité consciente (1). »

Blanche. — Tu as pu constater, suivre dans tous leurs détails, les rayonnements nombreux et spéciaux de ces impressions sensitives si diverses, d'une

---

(1) Docteur Luys, *ouv. cité*, pp. 71 et 72.

manière exacte? Tes conclusions sont certaines?

Andrès. — C'est ainsi que les choses se passent. Assurément.

Voici maintenant des extraits concernant l'activité automatique des éléments nerveux et le développement de l'activité automatique (1).

Blanche. — Non. Tu ne peux me citer tout le livre, que je connais d'ailleurs. Borne-toi à quelques extraits de la genèse des idées et de celle de la volonté, sur lesquelles nous avons des opinions différentes. Je veux voir comment tu tiens pour établir qu'elles résultent de *processus* matériels.

Andrès. — D'abord sur la genèse des idées.

« Nous avons vu précédemment comment les impressions sensorielles, une fois reçues dans les régions diverses de la périphérie corticale, se avaient dispersées dans les réseaux du *sensorium*, qui constituaient pour elles un vaste champ de projection, et comment, à partir de là, poursuivant leur trajet, elles entraient particulièrement en rapport, les unes avec la sphère de l'activité psychique, les autres avec la sphère de l'activité purement intellectuelle. C'est en ces régions cérébrales que se trouve le dernier terme de leurs longues migrations à travers l'organisme. C'est là qu'elles se transforment, et, sous des modalités nouvelles, deviennent des incitations *spiritualisées* de la sphère psycho-intellectuelle, qu'elles constituent les éléments

(1) *Ouv. cité*, pp. 135 à 165.

fondamentaux de toutes les manifestations de la vie cérébrale.

« C'est là, en un mot, que ces mêmes incitations sensorielles, une fois incarnées dans la cellule vivante, se perpétuent en tant qu'incitations persistantes, pour devenir comme des souvenirs durables de l'impression première qui leur a donné naissance. — C'est là qu'elles reposent, dans ces replis infinis de la sphère psycho-intellectuelle, qu'elles vivent toujours alertes, toujours brillantes, comme des réserves fidèlement conservées du passé de notre esprit et de nos émotions... (1) »

Blanche. — Par quel moyen matériel, par quelle méthode d'investigation, avez-vous pu constater la formation et la durée de cet état matériel, d'existence et de disponibilité des excitations sensorielles?

Andrès. — Mais..! Permettez-moi de poursuivre :

« C'est là qu'elles forment ce fonds commun d'anciens souvenirs accumulés depuis nos premières années, qui constitue ces *idées mères* que nous portons en nous-mêmes et qui ne sont que des irradiations du monde extérieur primitivement imprégnées en nous; elles ont vécu avec nous pendant de longues années, et y ont pris en quelque sorte une existence indépendante, comme des greffes adventives implantées dans notre substance... »

Blanche. — Oui, quelque chose comme un État

---

(1) D' Luys, *ouv. cité*, pp. 197, 198.

dans l'État, ainsi que le pourrait être l'âme dans le corps, par exemple. Va.

Andrès. — « Nos idées, nos émotions y sont attenantes, ne sont donc que les reflets directs et les répercussions prolongées du monde extérieur qui nous ont ébranlés tout le long de la route, et ce travail intime, qui a commencé avec les premières phases de notre existence, s'est perpétué et se perpétue sans cesse par une participation incessante de l'activité propre du cerveau... »

Blanche. — La constatation certaine de ce *processus* si complexe a dû être singulièrement délicate?

Andrès. — Sans doute. « Chaque ébranlement sensoriel qui s'opère en nous, y laisse une trace, un souvenir spécifique, et c'est ce souvenir posthume de l'objet absent qui continue à vibrer, qui se perpétue, qui s'avive, qui se renforce à l'aide des incitations de même tonalité qui viennent lui communiquer une nouvelle verdeur... »

Blanche. — Et qui pourrait bien, par là, l'altérer quelque peu dans son expression initiale, j'imagine.

Andrès. — .. « Alors qu'il commence à faiblir, et c'est cet entretien journalier de toutes les impressions persistantes qui constitue l'origine et la permanence de nos idées ainsi que de nos émotions (1). »

« Fouillez en effet profondément la généalogie de chacune d'elles en particulier, soumettez-les à une

---

(1) Dr Luys, *ouv. cité*, p. 198.

série d'analyses élémentaires, décomposez-en leurs éléments primaires et vous verrez toujours, comme résultat ultime, au fond du creuset, que nos idées ainsi que toutes nos émotions sont réductibles à une impression sensorielle comme élément fondamental du début. C'est elle, l'impression sensorielle, qui est au fond de toutes nos idées, de toutes nos conceptions, et qui, sous forme de combinaison binaire, ternaire, quaternaire, se dérobe aux premières recherches; mais pour peu qu'on poursuive l'investigation avec suite, on arrive à reconnaître aisément que, comme un corps simple de la chimie organique, elle est toujours susceptible d'apparaître aussitôt qu'on l'a mise en demeure de se dégager des combinaisons artificielles qui la détiennent.

« Toutes nos idées, toutes nos émotions tirent donc physiologiquement leur origine d'un phénomène extérieur qui s'est incarné en nous et s'y est perpétué à l'état de souvenir, et c'est ainsi que nos idées, comme nos souvenirs, vivent de la vie du *substratum organique* qui les supporte, et avec lui subissent toutes les oscillations qu'il est susceptible de présenter.

« C'est ainsi qu'en raison même de la mise en activité de la cellule nerveuse avec tous ses attributs intrinsèques et extrinsèques, l'ébranlement sensoriel qui s'est imprimé en elle, y est devenu une *idée*, c'est à dire un souvenir de l'objet absent; il se propage à distance à l'aide des réseaux anastomotiques, et se transforme ainsi, de cellule à cellule, en ébranlement progressif et rayonnant.

« C'est ainsi que, — en raison même de ces connexions, nos idées s'associent, se groupent d'une façon méthodique en souvenirs contemporains, s'appellent les unes les autres, lorsque le premier anneau de la chaîne a été ébranlé, se représentent d'une façon irrégulière et décousue, lorsque, abandonnant la direction de notre esprit... »

BLANCHE. — Comment, *notre* esprit !..

ANDRÈS. — « ... nous les laissons aller comme on dit au hasard, que nous donnons audience à nos pensées, c'est à dire que nous laissons... »

BLANCHE. — Qui, *nous ?*

ANDRÈS. — « ... que nous laissons les activités automatiques de nos cellules cérébrales s'exercer suivant leur allure naturelle et s'appeler suivant leurs affinités intimes (1). »

BLANCHE. — C'est tout ?

ANDRÈS. — Oui, pour la genèse des idées, mais je vous donnerai quelques extraits sur la genèse de la volonté, que vous m'avez demandé également de vous faire connaître.

BLANCHE. — Bien, mais je ne veux pas différer de te faire part de l'observation suivante sur ce que tu viens d'énoncer :

Remarque, Andrès, que, en ne voulant parler que de la genèse des idées, ton auteur se trouve

---

(1) D' Luys, *ouv. cité*, pp. 198, 199, 200.

mettre, inopinément, deux principes en présence :

Le premier, *le seul*, selon lui, est cette *activité automatique*, sorte de boîte à musique qui, remontée à un moment donné, joue l'air piqué dans ses cellules nerveuses, jusqu'à la dernière note, à la dernière pensée, au dernier souvenir; et cela, quand on veut, la nuit, le jour, par l'ébranlement du premier anneau de la chaîne, par un simple déclanchement d'un ressort conservateur, ce qui n'est certes pas d'un *processus* compliqué, mais tel qui convient à une bonne bête *d'activité automatique*.

Maintenant, voici le second, *notre esprit*, comme tu dis (pas l'âme; oh! non, puisqu'il n'en est pas question dans le livre), qui, abandonnant sans motif la filière des idées, laisse alors celles-ci se dérouler d'une façon *irrégulière et décousue*, à vau l'eau; mais perçues par qui? au profit de qui?

D'où sort-il, ce second principe, ce *Nemo* qui abandonne la direction de *son* esprit, qui semble n'être autre chose que lui-même? Est-ce aussi de *l'automatisme*? Où siège-t-il? Est-ce aussi dans le *sensorium*? A quelle sécrétion *matérialisée* ou *spiritualisée* doit-il l'existence? — *Nescitur!*

Et alors à quoi se réduit la valeur *psycho-intellectuelle* de ton premier principe, *l'activité automatique*, qui, privée de la direction de *notre esprit*, ne produit plus qu'une œuvre *irrégulière et décousue*?

Qu'est-ce que ton esprit, *notre esprit*, en pensera quand, revenu de sa campagne *au hasard*, il entendra la cacophonie de *l'activité automatique* remplaçant la mélodie intime, et probablement sentimentale dont il s'était donné l'audition délicieuse des premières mesures? Réponds à cela.

Tu ne dis rien. — Tes périodes se déroulaient péremptoirement comme un chant de victoire, et voici qu'un mot, que j'attendais, d'ailleurs, et qui voulait surgir depuis le commencement du livre, apparaît tout à coup : *l'Esprit?* Regardes maintenant; que de ruines sous tes citations! C'est le moment propice de rappeler ces mots d'un autre de vos livres : « *Et l'esprit passa devant ma face, et toute ma chair frissonna* (1). »

Andrès. — Oui. C'est vrai, il y a quelque chose. Nous reverrons cela plus tard, si vous voulez. Laissez-moi passer aux *Manifestations extrinsèques des processus cérébraux;* à la *genèse de la Volonté.*

« Les processus de l'activité cérébrale qui sont destinés à se révéler au dehors et à sortir de l'organisme sous forme de *manifestations volontaires conscientes,* doivent être successivement envisagés dans les deux phases principales qu'ils suivent dans leur évolution.

« 1° Dans leur période d'incubation proprement dite, alors que le *processus* de la volonté n'est encore constitué que par un ébranlement purement psychique.

« 2° Dans leur seconde période de manifesta-

---

(1) *Et cum spiritus me præsente transiret, inhorruerunt pili carnis meæ.* Job, IV, 15.

tion extrinsèque, alors qu'ils prennent corps, se révèlent d'une façon apparente et mettent à contribution les régions purement motrices du système nerveux.

« 1° Dans sa sphère préparatoire ou d'incubation, le *processus* de la Volonté n'est autre chose que la période ultime, plus mûrie, plus avancée, d'une opération antérieure du jugement, constituée ainsi que nous l'avons précédemment indiqué.

« La personnalité humaine a été saisie par l'arrivée de l'incitation émanée du monde extérieur, elle est devenue participante, elle s'y est associée, et, de ce conflit intime, est résulté un véritable rayonnement automatique intra-cérébral qui a suscité l'apparition d'une série d'idées secondaires agglomérées. Mais les choses n'en sont pas restées là ; cette personnalité intime, par cela même qu'elle a été saisie, que sa sensibilité a été touchée d'une manière quelconque, en vertu des forces vives qui vibrent en elle, cette personnalité a réagi, elle a été émotionnée suivant le sens de ses affinités les plus profondes, et, *fatalement*, cette période réactionnelle se traduit par une appétence inconsciente vers tel ou tel autre objet déterminé, et par un effet répulsif vers tel ou tel autre. »

Le désir, l'attraction, l'aversion, l'éloignement, sont donc des modalités nouvelles qui éclatent nécessairement dans le *sensorium* par le fait naturel du cours des choses, et qui deviennent ainsi les éléments primordiaux destinés à constituer un *processus* d'activité volontaire.

2° L'opération psychique, qui va se fondre en un acte de volonté, n'est donc en elle-même que le deuxième temps d'un mouvement préalable commencé, et l'expression régulière de la personnalité humaine, saisie, impressionnée par une incitation ancienne ou récente du monde extérieur, et reportant dans le monde extérieur, sous forme de manifestation de motricité, les différents états de sa sensibilité en émoi (1). »

Blanche. — Attends. Supposons que tu lises dans un journal qu'il va passer, dans un quart d'heure, à cinq minutes de ta maison, un cortège historique que tu prendrais plaisir à voir. Tu te lèves et te diriges vers ce cortège, puis, l'ayant vu, tu retournes à ton logis pour reprendre tes occupations au point où tu les avais laissées. Tu te jugeais libre cependant, de n'y pas aller, et même de faire toute autre chose, il me semble. Si, conformément à ta citation, tu dois fatalement, inéluctablement, aller voir ce cortège, parce que de la lecture de ton journal il est résulté un rayonnement automatique intra-cérébral qui a suscité l'apparition d'idées secondaires, avec une telle puissance sur ta personnalité que tu as été contraint par elle de sortir, où est la volonté dans tout ceci, *la volonté libre, souveraine,* comme tout le monde la comprend? Qu'est-ce que tu entends par un mouvement volontaire? Qu'est-ce que tu es sous ce régime hiéroglyphique? Un automate; une pierre qui tombe? Un

---

(1) D' Luys, *ouvr. cité,* pp. 250, 251.

flocon de coton que le vent pousse?... Continue.

ANDRÈS. — « De là, comme conséquence naturelle, on arrive à dire que l'acte de motricité volontaire qui se développe dans les régions psychiques, n'est qu'un fait subordonné, un phénomène secondaire, résultat direct du choc de la sensibilité en émoi, et de la réaction spontanée du *sensorium*. La motricité n'est donc, physiologiquement, que la sensibilité transformée (1).

BLANCHE. — C'est bien. Voilà un acte de motricité *volontaire* qui n'est qu'un fait *subordonné*. Il me semble que cette façon d'interpréter la *Volonté* est toute spéciale, et méritait un néologisme pour éviter l'obscurité. Du reste, nous verrons que Schopenhauer comprend la *Volonté* encore d'une autre façon. Nous verrons cela plus tard. Continue.

ANDRÈS. — Je finis. « C'est dans ce conflit intime où la personnalité humaine impressionnée est saisie, que l'incitation volontaire prend vie; c'est à la suite de cette réaction de la sensibilité qu'elle émerge, comme une conséquence et comme une force vive en évolution : c'est comme un *processus* excito-moteur irradié des régions sensitives de l'axe spinal qui progresse *motu proprio*, se développe, s'amplifie, se perfectionne *fatalement*... (1) »

BLANCHE. — Ah! fatalement! Décidément, tu ne comprends pas la *Volonté* libre.

ANDRÈS. — « ... se perfectionne fatalement tout le

---

(1) Dr Luys, *ouvr. cité*, p. 251.

long de son parcours, et s'épanouit, dans sa dernière période, en manifestations motrices, coordonnées, satellites fidèles des incitations sensitives qui lui ont donné naissance (1). »

BLANCHE. — Beaucoup de choses là-dedans me paraissent être du domaine de la Vie végétative. Vie prodigieusement organisée, et dans les évolutions de laquelle tu pourras faire encore de nombreuses découvertes.

ANDRÈS. — Laissez-moi terminer par un extrait sur *la Motricité volontaire*.

BLANCHE. — *Volontaire!* Peut-être encore de *l'automatisme?* Voyons ton extrait.

ANDRÈS. — « On voit donc, en résumé, d'après ce qui précède, que les processus de la motricité volontaire parcourent dans leur évolution des phases inverses à celles des processus de la sensibilité. Tandis que ces derniers, à mesure qu'ils se rapprochent des régions centrales du *sensorium* s'épurent, se perfectionnent, *se spiritualisent* de plus en plus par l'action métabolique des divers milieux des substances nerveuses à travers lesquels ils se propagent, les autres, au contraire, conçus à l'état d'ébranlements psychiques au moment de leur genèse, s'amplifient, se *matérialisent* de plus en plus à mesure qu'ils descendent des régions supérieures. Ils se compliquent de l'adjonction d'éléments adventices qui les renforcent à mesure qu'ils progressent (innervation céré-

---

(1) Dr Luys, *ouv. cité*, p. 251.

belleuse, innervation spinale) , et deviennent ainsi, au dernier terme de leur évolution, une véritable synthèse d'éléments dynamiques agglomérés, qui résument en eux-mêmes, comme une trilogie, les forces vives du système à travers lesquelles ils se développent, l'activité cérébrale, l'activité cérébelleuse, l'activité spinale.

« Conçus sous cette formule simple »...

BLANCHE. — Oh! simple!.. Enfin; va toujours.

ANDRÈS. — « Conçus sous cette formule simple, les *processus* de la motricité volontaire commencent par être une incitation psychique et deviennent insensiblement, par le jeu naturel des rouages de l'organisme, une incitation physique (1). »

BLANCHE. — Ah! cela, parfait ! D'autres diront la même chose en d'autres termes; par exemple, comme ceci : « La volonté, incitation de l'âme, détermine les *processus* de la motricité volontaire, et, *par le jeu naturel des rouages de l'organisme*, c'est-à-dire des organes qui lui sont soumis, la font passer dans le domaine des manifestations physiques. »

Vous voilà tous d'accord, sinon sur le *concept*, au moins sur les *processus*. Après?

ANDRÈS. — « En se transformant ainsi dans leur évolution successive, ils offrent le tableau si saisissant que nous voyons se présenter incessamment dans la mise en action d'une machine à vapeur. — Ne voyons-nous pas, en effet, dans ce cas, combien

---

(1) Dr Luys, *ouvr. cité*, p. 258.

une force minime au début, est susceptible de se transformer et de devenir, par la série des appareils qu'elle met en jeu, l'occasion d'un développement de puissance mécanique gigantesque.

. . . .

« On voit ainsi, comme conclusion, après l'examen de tous ces détails de physiologie cérébrale que nous avons successivement passés en revue, combien les divers *processus* de l'activité du cerveau se résument, en dernière analyse, en un mouvement circulaire d'absorption et de restitution de forces. C'est le monde extérieur, avec toutes ses sollicitations, qui entre en nous par la voie des sens, sous forme d'incitations sensorielles; et c'est le même monde extérieur qui, *modifié*, réfracté par son conflit intime avec les tissus vivants qu'il a traversés, sort de l'organisme et se réfléchit au dehors en manifestations variées de motricité volontaire (1). »

Blanche. — Ta conclusion est erronée, Andrès, et quand tu as terminé, on cherche le *quid bono?* de tous ces *conflits intimes* et de toutes ces *manifestations variées*.

La vérité est en ceci : Le monde extérieur te fournit les éléments de nutrition et de relation qui sont nécessaires à ton existence; mais le monde extérieur n'est, par là, nullement modifié d'une quantité appréciable, parce que tu appelles *son conflit intime avec tes tissus vivants*, et tes tissus vivants n'exis-

---

(1) Dr Luys, *ouv. cité*, p. 258.

teraient pas que le Monde extérieur ne s'en porterait pas plus mal.

Certains philosophes (ces philosophes *que le médecin physiologiste, seul*, se croit propre à remplacer, ce dont l'utilité est contestable), certains philosophes, dis-je, ont fait du *moi* le centre du monde et du *non moi* le reste du monde. Si tes médecins physiologistes aspirent, aux temps présents, à s'approprier cette doctrine, cette phraséologie, vieillerie surannée et inintelligible, pour être à même de remplacer de tous points les philosophes et la *Philosophie*, ils eussent mieux fait de s'en tenir exclusivement à la science expérimentale, leur vrai terrain, irréductible celui-là, où les plus illustres d'entre eux ont acquis toute leur réputation glorieuse et leurs fortunes légitimes.

Maintenant je vais analyser pour toi l'impression générale que tes citations m'ont produite :

Ce livre, « *Le Cerveau*, » dont tu as tiré la plupart de tes affirmations matérialistes, est le fruit d'un travail remarquable et d'observations judicieuses, mais je crois que tu ne pourrais pas y trouver les arguments probants par lesquels tu te flattes d'établir l'inconscience ou l'inutilité de l'existence en cours, et l'irresponsabilité des actes dans *l'au delà*, comme résultantes d'une doctrine bornant la Création à des manifestations matérielles *fatales*, car le docteur distingué qui a écrit ce livre, ne partage pas, j'en suis sûr, ta confiance absolue dans le bien fondé des propositions qu'il avance.

Sans revenir sur sa période à propos de l'Esprit, *de notre esprit*, qu'il fait intervenir d'une manière si inattendue, dans son explication de la genèse des idées (1), je crois pouvoir t'en donner une preuve suffisante en rapprochant de ses hypothèses les plus hardies les doutes qu'il éprouve lui-même, et qu'il traduit par ses déclarations *d'impuissance scientifique* pour expliquer les mystères de la Vie végétative, et, plus loin, la conception de la double sphère d'activité du *sensorium commune*, région *princeps* par excellence de l'organisme.

Voici ce qu'il écrit là-dessus, in extenso :

1° *Sur la Vie végétative :* « En général, on peut dire qu'à l'état normal, les impressions de la Vie végétative sont complètement silencieuses et non perçues par le *sensorium;* les rouages de la machine humaine se meuvent sans bruit. Tous les hommes ignorent, excepté les médecins, qu'ils ont un cœur pourvu d'oreillettes, de ventricules, se contractant un grand nombre de fois par minute, un estomac qui secrète un suc chargé de dissoudre les aliments azotés, un pancréas destiné par son produit à agir sur les aliments gras, des fibres intestinales qui se contractent alternativement et font progresser le bol alimentaire, etc. Tous ces phénomènes se passent à notre insu, sans que nous en ayons la moindre notion, et, — chose bien étrange — ces faits qui nous intéressent le plus,

---

(1) D' Luys, *ouv. cité*, p. 200.

sont ceux que nous connaissons le moins » (1)!

2° *Sur la Constitution de la sphère de l'activité psycho-intellectuelle.*

« A. — Une fois que l'incitation extérieure s'est disséminée dans les réseaux de la corticale et s'est incorporée dans le *sensorium* en y développant les énergies spécifiques des cellules cérébrales qui l'ont reçue, alors ce milieu nouveau entre en jeu et réagit en raison directe de ses aptitudes latentes. C'est la sphère de l'activité psycho-intellectuelle qui parle alors avec toutes ses richesses naturelles, avec toutes les réserves de sa sensibilité en éveil et qui, tout à coup mise en émoi, réagit et développe ainsi les merveilleuses aptitudes dont elle est fondamentalement douée. Ce milieu nouveau, qui entre en action, comprend, avons-nous dit, l'ensemble des phénomènes purement psychiques et des phénomènes purement intellectuels de l'être vivant. C'est la région *princeps* par excellence de l'organisme, à laquelle tout aboutit, de laquelle tout part, et qui est le résumé des forces vives de l'activité mentale.

« Comment cette double sphère d'activité qui, au point de vue dynamique, présente des caractères si nettement tranchés, et cependant si solidairement confondus, est-elle constituée? Comment peut-elle être conçue idéalement au point de vue de la structure de l'écorce?

« Ce sont là des questions sur lesquelles il nous

(1) Dr Luys, *ouv. cité,* p. 73.

est aujourd'hui impossible de donner une réponse catégoriquement satisfaisante (1).

« B. — D'autre part, si jusqu'à un certain point nous pouvons avoir quelques données précises qui nous permettent de supposer que certaines régions de l'écorce (les régions des petites cellules) jouent le rôle de réservoir commun par rapport aux impressions extérieures qui viennent s'y distribuer, et par conséquent deviennent le territoire spécial des manifestations de la sensibilité mentale — il est jusqu'ici presque complètement impossible d'avoir des données précises sur la constitution réelle et la situation topographique du champ de l'activité intellectuelle proprement dite. Ce n'est que par artifice et par voie détournée que nous pouvons arriver à grouper quelques faits en rapport avec le sujet (2). »

Comme le Docteur Luys se donne libre carrière dans les développements qui suivent les présents extraits, développements produits d'ailleurs par lui à titre de simples probabilités, il est loisible de croire que nous pouvons, de notre côté, émettre une opinion, motivée par les pensées incidentes que fait naître l'étude de son livre. Dans ce traité, le *sensorium* est le siège de l'activité mentale. C'est le *sensorium* qui pense, se souvient, engendre ce que d'autres appelleraient les manifestations de l'intelligence, de *l'âme*. Ce dernier terme, éminemment psy-

---

(1) D' Luys, *ouv. cité*, p. 179.
(2) *Ibid.*, p. 181.

chique, n'est prononcé nulle part dans le livre, je le sais, cependant le docteur n'a pu ne pas en entendre parler, quoique pourtant il n'en parle jamais lui-même ni pour en affirmer, ni pour en nier l'existence, mais il parle de psycho-moteurs (1), « et des ébranlements irradiés du dehors que les éléments des couches optiques lancent en quelque sorte sous une forme *spiritualisée* vers les diverses régions de la substance corticale. (2) »

Ou bien ces *psycho-moteurs*, ces *spiritualisations*, peuvent être simplement des termes détournés de leurs acceptions ordinaires, comme je te l'ai déjà indiqué au cours de tes citations, mais ce que l'on ne pourrait cependant admettre à la légère, sans examen contradictoire, d'un écrivain aussi sérieux que l'auteur de « *Le Cerveau* »; ou bien ces termes expriment des manifestations réellement psychiques, accomplies par le *sensorium*, qui serait alors le siège de l'âme, de l'intelligence, et nous pourrions penser que si le docteur n'a voulu ni consacrer ni nier l'existence de l'âme dans son livre, c'est qu'il manquait des connaissances matérielles dont il déplore la lacune dans les extraits cités tout à l'heure.

Quoi qu'il en soit, en l'état de la question, tu ne pourrais légitimement prétendre que l'ignorance du principe de « ce qui nous intéresse le plus et que nous connaissons le moins, » puisse être interprété

---

(1) Dr Luys, *ouv. cité*, p. 44.
(2) *Ibid.*, p. 45,

en faveur de la doctrine du *Matérialisme*, et que le livre remarquable qui contient ces déclarations *d'impuissance scientifique*, soit une assise solide pour l'érection de ta doctrine stérile, affirmée à grand bruit, mais sans raisons probantes, jusqu'à présent.

C'est le lieu de te faire remarquer, en généralisant la critique de ta doctrine matérialiste que tes affirmations scientifiques reposent, en majeure partie, soit sur les observations optiques du docteur Luys, soit sur les expériences de vivisections, pratiquées par Cabanis, Flourens, et autres savants, dont il faut bien s'occuper également sous peine de laisser cette étude trop incomplète.

Tu dis, après Cabanis, après Flourens, après le Dr Luys, après d'autres que je pourrais encore citer : « Le cerveau *sent, se souvient et réagit* (1). »

Cabanis avait déjà dit : « Des expériences, dont il est inutile de rendre compte (Pourquoi, inutile?) « ont prouvé que le cerveau, la moelle allongée, la moelle épinière et les nerfs, sont les véritables, ou du moins les principaux organes du sentiment. » (Organes, oui, tout le monde en est d'accord).... « Ainsi ce sont bien évidemment les nerfs qui *sentent*, et c'est dans le cerveau, dans la moelle allongée et vraisemblablement aussi dans la moelle épinière que l'individu perçoit les sensations (2)... »

---

(1) Dr Luys, *le Cerveau*, Introduction, p. VIII.
(2) Cabanis, *Rapports du physique et du moral de l'Homme*, Masson et Cie, Paris, 1843, pp. 84, 85.

Et Flourens : « Le nerf *excite ;* la moelle épinière *lie ;* le cervelet *coordonne ;* les lobes cérébraux *veulent et sentent* (1). »

Tu penses prouver ceci avec les expériences de Flourens (Cabanis n'en fournit pas) : Si l'on enlève à un pinson, à un pigeon, à un chien, les lobes cérébraux, par tranches très minces, la première mutilation déterminera une perturbation légère et fugitive dans la volition de l'animal qui, si l'on s'en tient là, après guérison, et avec le temps, redeviendrait intégrale ; mais si l'on détruit entièrement cette volition au moyen de l'ablation complète des lobes cérébraux par tranches successives, il résulte nécessairement de cette perte intégrale que la Volonté ne peut plus se manifester, puisque l'organe spécial approprié à cette fonction n'existe plus.

Voici d'ailleurs textuellement ce qu'écrivait Flourens sur cette restauration : « Les lobes cérébraux, le cervelet, les tubercules quadrijumeaux peuvent perdre une portion assez étendue de leur substance sans perdre l'exercice de leurs fonctions. Un résultat plus précieux encore, c'est qu'ils peuvent réacquérir en entier ces fonctions après les avoir totalement perdues (2). »

« ... Il est possible de retrancher une certaine étendue des lobes cérébraux, sans que ces lobes perdent

---

(1) Flourens, *Recherches expérimentales sur les Propriétés et les Fonctions du système nerveux dans les animaux vertébrés.* Crevot, Paris, 1824. Préface, p. x.

(2) Préface, p. xiv.

complètement leurs fonctions ; il y a plus : ils peuvent les recouvrer en entier après les avoir complètement perdues (1). »

Voyons maintenant sur quoi tu peux t'appuyer dans ce qu'écrit le docteur Luys sur l'étude de la structure des éléments nerveux :

« La méthode que j'ai employée pour saisir l'organisation du centre cérébro-spinal chez l'homme... consiste essentiellement dans la pratique d'une série de coupes méthodiquement espacées de millimètre en millimètre, soit dans le sens horizontal, soit dans le sens vertical, soit dans le sens antéro-postérieur, et ces coupes ayant été pratiquées ainsi, suivant les trois directions de la masse solide qu'il s'agit d'étudier, à les reproduire par les procédés usuels de la photographie........

« A l'aide de ces nouveaux procédés de reproduction photographique, qui sont d'autant plus précis qu'ils sont plus impersonnels, je n'ai donc eu qu'à enregistrer des détails que le Soleil avait lui-même imprimés, à juxtaposer des clichés, à les confronter les uns avec les autres, et à faire ainsi une synthèse unique des éléments multiples d'analyse que j'avais ainsi sollicités de la coopération automatique de la lumière.

Les vues d'ensemble de la topographie cérébrale ayant été ainsi fixées par ces procédés, les régions d'une texture plus délicate, les points spéciaux qui

---

(1) *Recherches*, p. 101.

avaient besoin d'être étudiés dans leurs éléments intimes ont été en outre suffisamment amplifiés et reproduits sous des apparences successivement croissantes. J'ai pu ainsi rendre sensibles et faire voir sur un plan, dans des conditions de visibilité normale, des détails de structure qui, jusqu'à présent, n'avaient été vus isolément qu'à travers le tube du microscope. Et c'est ainsi que l'esprit de l'observateur, pénétrant successivement du connu à l'inconnu, des régions définies à celles qui ne le sont pas encore, peut aisément se familiariser avec les détails de la structure intime des derniers éléments nerveux (1). »

A part les déductions fantaisistes de l'observateur, *du connu à l'inconnu*, on peut dire que, comme procédé d'étude de la structure intime de l'encéphale, la méthode du docteur Luys est très judicieuse et très intéressante. Quant à expliquer par les résultats qu'elle fournit la genèse de la volonté et de la pensée, les déductions que l'auteur tire de son exposé (2), sont purement du domaine de l'hypothèse.

Dis-moi, as-tu jamais vu, conformément aux assertions du docteur Luys, soit par tes yeux, soit au moyen des grossissements photographiques ou des ingénieux instruments d'optique les plus puissants que les spécialistes ont imaginés dans ces derniers temps; as-tu jamais vu, sous une forme quelconque,

(1) D* Luys, *ouv. cité*, pp. 5 et 6.
(2) *Idem.*, pp. 46 et suivantes.

enregistrée dans tes iconographies photographiques, un magasinage de figures matérialisées, classées pour rentrer ultérieurement, par l'effet d'une nouvelle excitation des sens optiques, auditifs, olfactifs et autres, pour rentrer, dis-je, dans la circulation cérébrale à l'appel d'une volonté automatique?

Non, n'est-ce pas? Remémore-toi donc alors les aveux sincères de l'écrivain que je t'ai donné in extenso tout à l'heure : « Les faits de la vie végétative, ces faits qui nous intéressent le plus, sont ceux que nous connaissons le moins. » Et encore : « Comment cette double sphère d'activité (l'activité psycho-intellectuelle), qui, au point de vue dynamique, présente des caractères si nettement tranchés, et cependant si solidairement confondus, est-elle constituée? Comment peut-elle être conçue idéalement au point de vue de la structure de l'écorce?

« Ce sont là des questions sur lesquelles il nous est aujourd'hui impossible de donner une réponse catégorique suffisante. »

Par ces déclarations, l'auteur se rend loyalement à l'évidence et convient que la Physiologie est encore impuissante pour tout expliquer, même après ses recherches ingénieuses, et à ce propos, remarquons qu'il est regrettable que son livre si intéressant ne contienne pas quelques spécimens de ses coupes méthodiques de l'encéphale que l'étudiant pourrait rapprocher de ses *schémas*, qu'il est obligé d'accepter de confiance en l'absence d'un puissant moyen de comparaison avec l'état naturel.

Avant de quitter définitivement ce livre, je veux relever une assertion qui me paraît en contradiction avec l'ensemble de l'étude du *Cerveau*. La voici :

« C'est le sang seul qui fait vivre et sentir les cellules nerveuses ; c'est lui seul qui, unique agent de leur incessante activité se répand partout dans la trame du tissu nerveux et apporte avec lui les éléments de toute vie et de tout mouvement (1).

« C'est lui qui porte partout, avec ses courants non interrompus, la stimulation vivifiante qui les fait sentir (les cellules nerveuses), qui les fait s'ériger et s'associer en actions synergiques... (2). »

Ici, c'est le sang qui fait vivre et sentir, et le docteur Luys ajoute des exemples pris sur des animaux décapités chez lesquels les signes de la vie persistèrent après décapitation, par le fait d'injection de sang défibriné dans la trame cérébrale, stimulant ainsi automatiquement, les cellules nerveuses. Ailleurs il dit, dans maints endroits, que la Pensée et la Volonté sont produites par le Cerveau. Ceci pourrait paraître contradictoire, à moins qu'il n'entendît, en général, que le sang est le principe, et le cerveau l'organe de production, mais, dans cette version, le cerveau serait un organe, et rien de plus.

Les *vivisections* de Flourens sembleraient d'une nature plus probante que les iconographies photo-

---

(1) Dr Luys, *ouv. cité*, p. 53.
(2) *Ibid*, p. 55.

graphiques faites sur des encéphales *privés de vie*, du docteur Luys ; cependant, comment as-tu pu être amené à tirer de ces iconographies et des mutilations de Flourens une preuve que la Volonté était le produit des lobes cérébraux, ou, peut-être, des cellules nerveuses?

Ne serait-ce pas, sauf élucidation de ta part, l'effet d'une confusion des propriétés organiques des cellules végétales et des cellules animales? Par exemple, un poirier donne des fruits, parce que ses cellules initiales ont produit successivement, par un métamorphisme encore inconnu des hommes, des racines, une tige, des feuilles, des bourgeons, des pétales, des fleurs sexuées ou non, et que le fruit, émanation ultime du végétal avant sa reproduction, en est résulté par les voies cachées qui ont favorisé la croissance et le développement de la plante, du poirier. Dans ce cas particulier, ton système exclusif d'une activité automatique pourrait peut-être se défendre, mais appliquer la même doctrine aux fonctions du cerveau serait contraire à l'exactitude des faits :

La vie animale a de nombreux rapports avec la vie végétale, c'est certain, mais il est indubitable, même pour les hommes, que la vie animale a des manifestations qui lui sont propres.

Sans doute, comme les animaux, les végétaux se nourrissent et peuvent se reproduire, mais les animaux ont, en outre, le sentiment et la volonté, tandis que les végétaux n'ont, au plus, que des sensations involontaires. De cette différence on peut inférer que, chez les végétaux, *l'activité automatique* des éléments vitaux se pourrait admettre pour l'évolution intégrale de la plante, mais qu'il ne saurait en être ainsi pour ce qui regarde les animaux, même pour les plus humbles, même pour ceux qui paraissent privés d'un système nerveux accessible aux constatations scientifiques des hommes, car chez ces animaux inférieurs aussi bien que chez les vertébrés, le sentiment, la volonté, réagissent instantanément, en présence de circonstances extérieures, nouvelles et inattendues, où l'éducation, l'hérédité, l'habitude, le souvenir, n'ont absolument aucune part.

Toutes ces choses considérées, et, surtout, en l'état présent des connaissances humaines, tu devrais sagement convenir de ce qui suit :

D'abord, soit que la volonté procédât du système nerveux, suivant ta doctrine hypothétique, ou soit que le système nerveux fournit seulement des organes à la volonté, qui serait une manifestation spéciale d'une âme indépendante, suivant une autre hypothèse des hommes sur laquelle je dois réserver mon opinion en ce moment, la destruction des lobes cérébraux rendrait toujours l'essor de la volonté impossible, dans l'un ou l'autre cas, ce qui ne pourrait fournir une preuve en faveur d'aucune des deux hypothèses.

Ensuite, que l'annihilation d'un organe, faite par les procédés du Dr Edouard Fournié, ou résultant du fongus humatode de Hunter, ou des cas pathologiques du D⁰ Auguste Voisin, cités par le D⁰ Luys (1), n'a jamais pu, et ne pourra jamais servir à démontrer l'origine et la nature des fonctions sensorielles, par la même raison que celle tirée de la destruction des lobes cérébraux, la santé des organes étant une condition nécessaire à la constatation du jeu normal des fonctions organiques.

Enfin, que, en attendant des preuves plus certaines que celles produites jusqu'ici à l'appui de ton hypothèse matérialiste, il est indubitable que la question reste au moins entière entre les hommes qui admettent l'existence de l'âme et ceux qui ne l'admettent pas.

Et veux-tu que j'ajoute un témoignage de date plus récente que tous les travaux que nous venons d'examiner? Témoignage qui démontre l'impuissance de la science physiologique et histologique à trancher actuellement la question pendante entre les spiritualistes et les matérialistes sur la genèse de *l'Intelligence*.

Voici comment s'exprime à cet égard le Docteur Ramon y Cajal dans son livre : *Les Nouvelles Idées sur la structure du système nerveux*, etc.

« Les considérations précédentes se rapportent seulement à quelques conditions des actes psychiques, mais non à leur nature qu'aucune hypothèse ne peut actuellement éclairer. Ni le matérialisme, ni le spiritualisme ne nous expliquent comment un phénomène de mouvement parvenu à la première couche de l'é-

---

(1) D⁰ Luys, *ouvr. cité*, pp. 30, 32, 33.

corce cérébrale s'y convertit en une chose aussi différente qu'un fait de conscience.

« Au point de vue de l'union et de la continuité entre la sphère sensitivo-sensorielle et la sphère motrice, les deux hypothèses donnent une explication relativement satisfaisante : dans la doctrine spiritualiste, l'âme agirait comme organe récepteur en un point du cerveau et comme un organe impulseur en un autre point, étant ainsi quelque chose comme le télégraphiste qui placé dans une station centrale, est en état de recevoir et de transmettre des ordres par toutes les lignes concurrentes. Le système des relations matérielles établi entre les voies motrices et sensitives rendrait compte uniquement de l'automatisme encéphalique ; dans les phénomènes conscients, le trait d'union serait l'âme elle-même.

Dans l'hypothèse matérialiste, les choses se passent de même façon, sauf que le chaînon conscient établi entre les excitations centripètes et centrifuges, au lieu d'être représenté par une substance immatérielle, destructive et génératrice de mouvement le serait par un mouvement très spécial, transformation du mouvement sensitif et producteur du mouvement moteur. Il n'y aurait donc pas interruption de courant entre les deux extrémités de l'acte conscient, mais simple réflexion de courant, sous des modalités variées. La nature, l'étendue et la complexité de la réaction motrice provoquée par la réception d'une excitation sensorielle, de même que son enregistrement en concept de représentation ou idée, résulteraient fatalement de la construction anatomique de la région corticale réceptrice ; donc chacune de ces régions possède, vraisemblablement, son groupe de cellules associées pour la réception des impressions et son système subordonné de cellules de projection ou excito-motrices (1). »

Dans le présent exposé du Docteur Ramon y Cajal, tu vois que, conformément à ce que je te disais tout à l'heure, la question débattue entre les hommes qui admettent l'âme et ceux qui nient son existence, n'est pas scientifiquement résolue à l'heure qu'il est.

Andrès. — Le Docteur Ramon y Cajal est espagnol, par conséquent très catholique, et son opinion scientifique peut être influencée, inconsciemment je le veux bien, par ses sentiments religieux.

Blanche. — Tu n'es fondé à porter ce débat sur le terrain religieux par aucune considération sensée à laquelle l'esprit et le tour de la rédaction du Docteur puissent te servir de prétexte.

Puisque, obéissant à un courant d'opinion illibéral en faveur dans ton pays, te le portes cependant sans fondement sérieux, laisse-moi te rappeler un fait :

Il y a peu de temps, les libres penseurs se révoltaient à juste titre contre l'oppression dont ils étaient l'objet et réclamaient pour eux le droit *imprescriptible* de la liberté de penser. Maintenant qu'ils sont ren-

---

(1) Docteur Ramon y Cajal, *les Nouvelles Idées sur la structure du système nerveux*, etc. Paris, Reinwald et Cⁱᵉ, 1895, pp. 79 et 80.

trés dans ce droit, ils veulent l'interdire aux autres partout où leur autorité domine, et ils poursuivent le sentiment religieux au moins aussi âprement que la pensée était poursuivie chez eux. Cette conduite est contradictoire, injuste et puérile; d'ailleurs la pensée est hors de leur portée, et l'opposition qu'ils font naître acquerrera plus d'énergie par la persécution.

Triomphante à son tour, se retournerait-elle contre ses oppresseurs pour continuer le cercle vicieux? C'est bien probable; les hommes ont perpétuellement donné le spectacle de leur intolérance, qui les détourne sans cesse de l'accès à la constitution sociale fraternelle qu'ils devraient au contraire s'efforcer d'atteindre.

Mais ton objection m'a écarté de notre sujet, et j'y veux revenir pour examiner avec toi la rédaction du Docteur Ramon y Cajal.

Si le Docteur était un catholique exalté, comme tu parais le supposer gratuitement, dans le parallèle des raisons produites par les spiritualistes et les matérialistes qu'il synthétise, il n'eut jamais écrit que : « l'âme agirait comme un organe récepteur en un point du cerveau et comme un organe impulseur en un autre point, » parce que cette qualité d'organe attribuée à l'âme est en quelque sorte matérielle, et n'est pas conforme à l'orthodoxie catholique, qui répondrait : *L'âme est servie par les organes et n'est pas organe elle-même.* Tu dois donc reconnaître que la rédaction du Docteur Ramon y Cajal a ici une forme purement scientifique comme le sujet traité la commandait, et comme son impartialité n'a pas manqué de la prendre.

Maintenant, si tu veux examiner ses explications des raisons énoncées par les spiritualistes et par les matérialistes, tu reconnaîtras aussi que la doctrine des premiers est plus claire et plus explicite que l'hypothèse des seconds. Ceci résulte principalement de cette phrase : « Dans l'hypothèse des matérialistes... le chaînon conscient établi entre les excitations centripètes et centrifuges, au lieu d'être représenté par une substance immatérielle, destructive et génératrice du mouvement, le serait par *un mouvement très spécial*, transformateur du mouvement sensitif et producteur du mouvement moteur. »

Comment comprends-tu la genèse de ce *mouvement très spécial* et son *processus*, tranformateur d'un mouvement sensitif et producteur d'un mouvement moteur, inexpliqués jusqu'ici? Déjà tu m'avais dit, dans le commencement de notre causerie : « La Pensée... est un mouvement dans une partie du cerveau. C'est une propriété spéciale dans un état très particulier de la matière (1). » Ces termes identiques, employés par des professeurs de carrières et de nationalités différentes, représenteraient-ils une locution courante d'école? Si tu ne peux m'expliquer en quoi et comment ce mouvement est *très spécial*, cette propriété est *spéciale*, cet état de la matière est *très particulier*, tu demeures par là impuissant à te rendre compte du *processus* essentiel,

(1) André Lefèvre, *Philosophie*, Reinwald, Paris, 1884, p. 436.

tu te heurtes à une cause inconnue, et ton hypothèse matérialiste manque absolument de base. Si tu te souviens, en outre, que le Docteur Luys t'avait déjà dit : « Les faits qui nous intéressent le plus sont ceux que nous connaissons le moins (1). » La prétention de traiter avec dédain une hypothèse spiritualiste pourrait plus légitimement être retournée contre la tienne.

En effet, ici l'hypothèse spiritualiste ferme sans le moindre embarras et avec une apparente vraisemblance, le hiatus béant physiologique que tu n'as pu franchir. Par elle : « Le système des relations matérielles établi entre les voies motrices et sensitives rendrait compte uniquement de l'automatisme encéphalique; dans les phénomènes conscients, le trait-d'union serait l'âme elle-même. »

Tu vois combien il est simple, dans cette hypotèse spiritualiste, « de convertir un phénomène de mouvement en un fait de conscience ». Trouves mieux, ou aussi bien, au moyen de ton hypothèse matérialiste; nous l'examinerons ensemble.

Cependant, si l'hypothèse spiritualiste était l'expression de la vérité, tu comprends que l'âme, l'intelligence, étant des choses invisibles et intangibles, elles échapperaient toujours à tes investigations sans pouvoir jamais te fournir de preuves matérielles de leur existence. Si, des faits scientifiques, tu persistais à ne déduire que des conséquen-

---

(1) D' Luys, *le Cerveau*, p. 73.

ces toutes matérielles, la question actuelle resterait toujours au point où elle est apparue depuis que les hommes l'ont agitée contradictoirement.

Mais ce que, en dehors et au-dessus de tout ceci, tu es bien obligé d'admettre absolument par exemple, c'est d'abord :

Que la *Création* existe en vertu de lois.

Que pour le principe originaire de ces lois, tu dois choisir entre *un Dieu* et *la Fatalité*.

Que la doctrine du principe originaire *d'une Intelligence Suprême* est plus accessible à ta raison, est plus conforme, plus similaire, dans ses applications que tu appelles les *Lois naturelles*, à tes procédés, scientifiques et nécessaires; de réflexion, d'unité de vue, de méthode, de symétrie voulues, que la doctrine d'une action par une *Fatalité* aveugle, assistée de *Lois naturelles*, implacables, inconscientes, et pourtant intelligentes, à l'anarchie desquelles tu attribuerais la Toute-Puissance.

Maintenant, si tu le veux, nous examinerons cette dernière proposition au point de vue de l'espèce humaine. Nous rechercherons ce que celle-ci deviendrait si elle se refusait à admettre l'existence de l'âme, avec l'arrière-pensée...

Andrès. — Je n'ai pas d'arrière-pensée.

Blanche. — Ne dis pas cela. Et les droits de l'orgueil humain?... Nous en recauserons. Je termine :

...avec l'arrière pensée de bénéficier par là de l'irresponsabilité de ses actes au delà de cette vie, de par certaines rêveries scientifiques qui tendent à en détruire la conception, sans égard aux conséquences morales que cette négation gratuite entraînerait pour la société humaine.

TROISIÈME PARTIE

LE MATÉRIALISME

I. — LES HYPOTHÈSES

Andrès. — Avant d'entendre ce que vous voulez bien me dire sur les conséquences morales que pourrait avoir pour l'humanité l'application d'une doctrine basée sur la science matérielle pure, je voudrais vous répéter que j'aimerais mieux rester en dehors de ces hautes spéculations philosophiques, pour m'en tenir à mon terre-à-terre, si vous voulez que j'appelle ainsi ma méthode pratique des sciences naturelles, qui consiste à croire seulement à ce qui est, à ce qui est démontré à mes sens humains, à ce que mes yeux voient, à ce que mes oreilles entendent, à ce que mes mains touchent; enfin, à tout ce qui me paraît rendu certain et indiscutable par le fait des observations matérielles et des expériences de laboratoire, seuls terrains solides qu'il me soit donné d'admettre et de comprendre.

Blanche. — Je le veux bien. Restons sur ces terrains si tu le désires... Mais à quoi bon m'avoir consultée, alors? Si tu veux t'en tenir à ce que tu sais, ou à ce que tu peux acquérir par tes pratiques ordinaires, tu pouvais t'épargner la peine de quitter ton milieu pour venir dans le nôtre au péril de ta vie.

Andrès. — C'est vrai; pardon... Je vais... Vous connaissez l'esprit humain : l'homme veut connaître... La curiosité, ce moteur puissant, impérieux, m'avait déterminé d'abord à...

Blanche. — Et tu renonces à ton entreprise, Andrès? Dis-le donc clairement.

Andrès. — Mais... Il me semble... Vous-même ne pensez-vous pas qu'il est désormais inutile de...

Blanche. — A ton aise, Andrès! Mais je t'ai pénétré, et tu me caches tes véritables raisons.

Andrès. — Moi!.. je cache... Que croyez-vous donc?

Blanche. — A ton orgueil irréductible, Andrès. Que sur les solutions que je t'ai proposées tu conserves des doutes, que tu ne les comprennes pas de suite, rien de plus légitime si ces motifs déterminaient effectivement ta résolution nouvelle; mais, pauvre homme, pauvre ver de terre, ta manière subtile d'indiquer ton prétendu terrain de préférence me dévoile bien ta pensée véritable. Est-ce que ta doctrine matérialiste est basée sur la science pure, comme tu le prétends? Est-ce que tu formules uniquement tes opinions d'après des observations directes et des expériences de laboratoire? Non; tes raisonnements sont remplis d'hypothèses fantaisistes où les expériences de laboratoire n'entrent pour rien.

Quant à tes yeux, tes oreilles, tes organes de tact, propres, suivant toi, à juger des phénomènes naturels, que d'illusions auxquelles ils donnent ordinairement naissance et que ta raison ne suffit pas toujours à dissiper.

Pourquoi t'obstiner, en outre, à laisser à l'écart les phénomènes psychiques qui ne peuvent ressortir à tes expériences de laboratoire, et à la participation desquelles tu ne saurais soustraire les phénomènes de la Vie.

D'ailleurs la doctrine matérialiste a déjà subi, en ces derniers temps, des modifications importantes : L'idée de « *Force immanente à la matière* », cette base inébranlable de la thèse de Büchner, est abandonnée par suite des phénomènes de suggestion, observés depuis par le Dr Luys lui-même, et qui ne peuvent résulter que de l'indépendance de la Force; puis les néo-matérialistes admettent maintenant la loi d'inertie de la matière inorganique, et s'efforcent même de l'étendre à la matière organique; d'un autre côté les lois de Darwin sont insuffisantes pour expliquer chez les animaux l'apparition de nouveaux organes...

ANDRÈS. — A cet égard, permettez-moi une réflexion : Vous avez dit (1) que la sélection naturelle exprime bel et bien *le choix*, qui ne peut procéder que de la *volonté*, et je pense que ce n'est pas exactement le sens que Darwin a donné à son terme de sé-

(1) Voir page 82.

lection naturelle, ou mieux d'*élection naturelle*.

Blanche. — Nous allons examiner ce point. Dis-moi d'abord comment tu as connu ma définition? Tu n'étais pas là quand je l'ai exprimée à Rose.

Andrès. — J'étais loin de vous, en effet. Je l'ai comprise, cependant.

Rose (intervenant). — Sans contact, Blanche?

Blanche (1) (*à Rose*). — Oui. Sans contact. Je vois ton étonnement. Ce n'est pourtant pas une impossibilité, Rose, mais cette intuition puissante est réservée d'ordinaire aux esprits supérieurs dont Phone fait partie, et nous n'en jouissons pas nous-mêmes.(*A Andrès*.) L'esprit qui t'a permis de nous interroger, t'a doué d'une faculté bien précieuse, Andrès, et en raison de la distinction considérable qu'il t'a accordée, je pense pouvoir prendre sur moi de répondre plus explicitement à tes questions que je ne me croyais en droit de le faire. Je te dirai donc ce que je sais de la raison des choses, Andrès, mais la lumière en sera bien éclatante pour tes organes humains, et, s'il en résulte quelque malheur pour toi, ce n'est pas moi qui en devrai répondre, car je n'aurai pas la première, enfreint les règles prescrites, et pourtan ne saurais les observer rigoureusement à ton égard maintenant, sans manquer à ce que je dois à l'Esprit sublime qui t'as envoyé vers moi pour être instruit de ce que tu veux connaître. Je te parlerai donc sans réserve.

---

(1) Tout ce paragraphe est dans l'esprit de la fiction primitive, et permet d'élever le débat.

Puisse cette épreuve te servir pour ton accession à une destinée supérieure.

Nous allons examiner le sens que Darwin a donné à son terme d'*Élection naturelle*. Je vais te le citer textuellement :

ANDRÈS. — Je ne sais pas l'anglais assez intimement pour bien comprendre en cette langue une chose textuelle aussi importante. Veuillez me la dire en français.

BLANCHE. — Soit. Prenons la traduction de Mme Clémence Royer. La voici :

« Plusieurs auteurs ont critiqué ce terme d'Élection naturelle; c'est probablement qu'ils l'ont mal compris. Quelques-uns se sont imaginé que l'élection naturelle produisait la variabilité, lorsqu'elle implique seulement la conservation des variations accidentellement produites, quand elles sont avantageuses aux individus dans les conditions particulières où ils se trouvent placés. Nul ne proteste contre les agriculteurs lorsqu'ils parlent des puissants effets de leur élection systématique; et cependant, en pareil cas, les différences individuelles qu'ils choisissent dans un but particulier, doivent avoir été produites préalablement par la nature. D'autres ont objecté que le terme d'élection implique un choix conscient chez les animaux qui se modifient, et on a même argué de ce que les plantes n'ayant aucune volonté, l'élection naturelle ne leur était pas applicable! Dans le sens littéral du mot, il n'est pas douteux que le terme d'élection naturelle ne soit un non sens; mais qui a jamais protesté contre les chimistes lorsqu'ils parlent des affinités électives des diverses substances élémentaires. Et cependant, à parler strictement, on ne peut dire non plus qu'un acide élise la base avec laquelle il se combine de préférence. On a dit que je parlais de l'élection naturelle comme d'une puissance divine ; mais qui trouve mauvais qu'un auteur parle de l'attraction ou de la gravitation comme réglant les mouvements des planètes? Chacun sait ce que signifient ces expressions métaphysiques presqu'indispensables à la clarté succincte d'une exposition. Il est de même très difficile d'éviter toujours de personnifier le mot de nature; mais par nature j'entends seulement l'action combinée et le résultat complexe d'un grand nombre de lois naturelles, et par lois, la série nécessaire des faits telle qu'elle nous est connue aujourd'hui. Des objections aussi superficielles sont sans valeur pour tout esprit déjà un peu familiarisé avec le langage de la science (1). »

Eh bien! je crois que, dans ma limitation des effets de l'élection naturelle de Darwin, je suis absolument resté dans l'esprit de ce savant lorsqu'il dit que « l'Élection naturelle *ne produit pas la variabilité, mais qu'elle implique seulement la conservation des variations accidentellement produites par la nature* », tandis que ses élèves, ses disciples, ses partisans, Romanes entr'autres, étendent souvent le sens pri-

---

(1) *De l'Origine des Espèces*, par Darwin. Traduction de Mme Clémence Royer. Paris, Guillaume et Cie, 1862, p. 116.

mitif de Darwin par des appréciations, et par un vocable nouveau, d'un sens plus étendu, je veux dire « *La Sélection naturelle* », et tout ceci peut-être, pourquoi ne le dirais-je pas, par un effet du *non-sens* reconnu ici par Darwin lui-même; non sens qui, dans la pratique de la doctrine a, en quelque sorte, prévalu sur la valeur restreinte que Darwin avait prétendu donner à son *Élection naturelle*.

Andrès. — Je suis d'accord avec vous pour cette appréciation d'un sens d'apparence un peu équivoque, que votre dernière explication m'a fait mieux comprendre. Permettez-moi de remarquer encore que vous avez passé sous silence une production importante récente: « *La Théorie nouvelle de la Vie*, du D^r Le Dantec, » qui ne peut vous être inconnue. Elle contient cependant des aperçus scientifiques nouveaux qui fourniraient, je crois, une base solide au Matérialisme. Voulez-vous me dire votre opinion à leur sujet?

Blanche. — Volontiers, car ce livre est un événement, non à proprement parler, par les arguments probants qu'il renferme, mais plutôt comme élément caractéristique de la tendance biologique de l'époque: Analyser la Vie; la produire même, si possible; se passer de la Nature, qui n'est que la Matière, après tout; l'Homme peut satisfaire cette fantaisie, il en a le droit, incontestablement, il en a peut-être la puissance!..

C'est bien drôle, ou bien tragique. Cela dépend de la manière d'envisager les choses générales.

Nous les examinerons sous leurs divers aspects. Voyons d'abord la *Théorie nouvelle de la Vie* (1).

Je connais l'œuvre dont tu me parles. Pour moi, je n'y trouve pas cette assise solide pour le Matérialisme que tu crois y avoir rencontrée. C'est effectivement le produit d'une visée nouvelle, mais dont l'examen critique est d'une nature très difficile. Il faudrait la suivre et la commenter, ligne à ligne, mot à mot même, dans quelques endroits. Somme toute, suivant une expression familière à l'auteur, la forme adoptée pour l'exposition de la *Théorie nouvelle* ne la rend pas accessible au grand nombre : Agrémentée d'équations, de formules d'école, de termes nouveaux, elle nomme rarement les choses par leurs noms : C'est la condition N° 1, la condition N° 2, la condition N° 3; ce sont les substances Q et les substances R; et le φ de l'hydrogène, et le φ du carbone, etc. Une critique contradictoire poursuivie en ces termes deviendrait, par les objections x et par les réponses de même nature qui leur seraient faites, très arides et très fatigantes pour le lecteur.

Mais à cette difficulté résultant de la forme, voulue ou non, il s'en ajoute une autre bien plus importante : les données caractéristiques du livre sont contestables.

Dès l'introduction, l'auteur déclare que : « la vie d'un homme est la résultante de l'activité synergique

---

(1) D' Le Dantec, *Théorie nouvelle de la Vie*, Paris, F. Alcan, 1896.

de milliards de plastides, comme l'activité d'un plastide est la résultante de milliards d'atomes. » Il ajoute : « l'erreur anthropomorphique consiste à ne pas faire cette distinction entre deux phénomènes de complexité si différente : elle provient naturellement de l'abus qu'il y a à appeler du même nom « *vie* » l'activité de l'homme et celle du plastide. »

Un livre du Dr Binet, dont la 2e édition est de 1891 (1), et a précédé en conséquence, de cinq ans l'apparition de la « *Théorie nouvelle* », qui est de 1896, semble avoir été écrit pour réfuter par avance cette « *Théorie* », dont l'idée mère était déjà peut-être connue vaguement alors dans la pléïade des physiologues. Laissant de côté le terme de plastide inventé par Hæckel, et répandu chez les Allemands, il conserve le terme « *cellule* » avec Claude Bernard, le professeur Henneguy, et autres physiologues français, et fait, à propos de la vie résultante de l'homme, la remarque suivante, après une digression sur les colonies des *unicellulaires :*

« Cependant une différence capitale continue à séparer les Métazoaires et les colonies de Protozoaires, alors même que dans ces colonies une division de fonction s'est établie entre plusieurs groupes d'individus. La différenciation physiologique qui se produit dans ces colonies de Protozoaires résulte d'un mécanisme qui diffère totalement de celui par lequel

---

(1) Binet, *la Vie psychique des micro-organismes*, 2e édition, Paris, Doin, 1891, p. 162.

elle est obtenue chez les Métazoaires. Pour ces derniers la différenciation résulte de la division de l'embryon en *feuillets germinatifs* dont chacun est l'origine d'un groupe distinct d'organes. A un certain stade du développement, la superposition de ces feuillets donne lieu à la formation d'une *gastrula;* la *gastrula* est produite par deux feuillets accolés et représentant un sac ouvert à l'extérieur; elle est caractéristique des Métazoaires; jamais le Protozoaire n'arrive à ce stade.

« Certaines colonies observées par Hæckel, par exemple *le Magosphæra planula* et les Volvox dont nous avons parlé plus haut, se présentent sous la forme sphérique; elles rappellent un stade antérieur du développement, auquel on donne le nom de *morula* ou de *blastula ;* mais elles ne dépassent pas ce stade. »

Que sont devenus les milliards de plastides, ou de cellules, dont l'activité synergique produirait, suivant le Dr Le Dantec, la vie d'un homme? Il y a longtemps que, par un *processus* métamorphique, ils ont cessé d'être représentés dans les stades successifs du développement humain, lors de l'épanouissement de l'homme. Le Dr Le Dantec le constate d'ailleurs lui-même, à l'occasion de l'évolution de la *gastrula*, où il passe immédiatement à l'étude des Métazoaires, « sans me préoccuper, dit-il, de l'histoire encore obscure de la genèse de leurs tissus (1), » ce qui est pourtant le fond de la question.

(1) Le Dantec, *ouv. cité*, p. 219.

Cette première donnée essentielle du livre se trouverait donc infirmée par l'observation du Dr Binet.

Quant à *l'erreur anthropomorphique*, que poursuit sans relâche le Dr Le Dantec, et qui consisterait, ici, à donner le même nom de *vie* aux principes des organes de conservation de l'homme, comme à ceux de sa vie consciente, cette erreur est le propre du Dr Le Dantec : il a jugé utile de désigner d'un terme particulier, assez imparfait, comme il l'explique lui-même (note, page 13), la *vie* des plastides qu'il appelle *Vie élémentaire manifestée*.

Depuis longtemps les physiologues ont employé deux termes distincts qui expriment très bien les deux vies existant parallèlement chez l'homme : Le premier est celui de *Vie végétative* propre aux organes de nutrition, de circulation, de reproduction, bienfait résultant de l'exécution d'un plan de la nature, gratifiant l'homme, comme les autres animaux, de cette vie silencieuse qui édifie, conserve, et répare son corps, *sans qu'il en ait conscience;* car, comme le dit le Dr Luys : « dans cette vie végétative, ce qui nous intéresse le plus est ce que nous connaissons le moins ».

Le second terme est celui de *Vie consciente,* ou Vie intellectuelle, caractéristique spéciale de l'animal, lui permettant d'agir en toute liberté, n'en déplaise au Dr Le Dantec, qui affirme *l'illusion de la volonté*, question sur laquelle je reviendrai tout à l'heure. Une autre donnée essentielle du livre du Dr Le Dantec résulte de sa déclaration : que les manifestations chimiques de la substance d'un Protozoaire deviennent celles de ses goûts et de ses sentiments (1), c'est-à-dire, comme il l'affirme en maints endroits de son livre, que tous les phénomènes vitaux ressortissent à la chimie et à la physique.

Le Dr Binet réfute ainsi ces insinuations dans son livre :

« Si l'existence du choix dans la nourriture chez les micro-organismes est un fait certain, l'interprétation qu'il en faut donner est beaucoup plus douteuse. Quelques auteurs, comme Charlton Bastian, expliquent le choix de l'aliment par un rapport de composition chimique entre l'organisme et l'aliment. Cette idée ne mène pas à grand'chose. D'autres comparent la sélection que le proto-organisme exerce entre les objets qui se présentent à lui, à l'action de l'aimant qui choisit, en quelque sorte, les particules de fer confondues avec les particules d'une autre substance. Cette seconde interprétation est un témoignage de la tendance qu'ont certains naturalistes à vouloir identifier les propriétés de la matière vivante avec les propriétés physico-chimiques du monde minéral (2). »

« Nous nous bornerons à rappeler un fait pour montrer la complexité de la vie psychique des micro-organismes : c'est l'existence d'une faculté de sélection s'exerçant, soit dans la recherche de l'aliment,

---

(1) Le Dantec, *ouv. cité*, Introduction, p. 15.
(2) Dr Binet, *ouv. cité*, p. 139.

soit dans les phénomènes de conjugaison. Ce choix est un phénomène capital; on pourrait le prendre comme la caractéristique des fonctions du système nerveux. Ainsi que Romanes l'a bien vu, le pouvoir de choisir peut être considéré comme le criterium des facultés psychiques. Allant plus loin, nous pourrions dire que la sélection résume les propriétés de la cellule musculaire.

« Les auteurs ont essayé d'expliquer le mécanisme de ce choix. On a prétendu l'éclaircir en disant qu'il était fondé sur une relation entre la composition chimique de la cellule qui choisit et la composition du corps quelconque qui est choisi.

« Ce sont là des explications purement verbales. Sans doute la faculté de sélection dont le protoplasma paraît doué repose sur la nature de sa composition chimique; la chimie est à la base de la physiologie, mais elle n'explique pas la physiologie, et il est bien évident que cette propriété qu'a le protoplasma de choisir entre plusieurs excitations est une propriété physiologique.

« Quoi qu'il en soit, nous pouvons résumer tout ce qui précède en disant que chaque micro-organisme a une vie psychique dont la complexité dépasse les limites de l'irritabilité cellulaire, car tout micro-organisme possède une faculté de sélection; il choisit ses aliments, comme il choisit l'animal avec lequel il s'accouple (1). »

(1) Dr Binet, *ouv. cité*, pp. 229, 230, 231.

Voici donc l'assertion du D^r Le Dantec, que tous les phénomènes vitaux sont des phénomènes physico-chimiques, fortement ébranlée par la constatation des faits qui précède. Maintenant, comment le D^r Le Dantec va-t-il prouver la vérité de son affirmation ?

Il semble qu'il va s'efforcer de produire la vie au moyen des corps inorganiques, car la vie qu'il produirait ainsi fournirait une preuve incontestable à sa *Théorie nouvelle*.

Pas du tout. Pour produire la vie, il expérimente sur des corps organiques. Il prend le protoplasma ; la partie contenant le noyau, de préférence à la partie qui n'en contient pas. Il prend la cellule, qu'il dénomme plastide, après Haeckel ; il prend le spore d'aspergillus Raulin, matière vivante, et l'unissant au liquide Raulin (1), il obtient des conditions chimiques qu'il dit être les conditions de la *vie élémentaire manifestée* de l'aspergillus. « Il faut en même temps, à la vérité, ajoute-t-il, une certaine température. » Soit, mais il faut surtout une matière vivante : *l'aspergillus*. Livrée à elle-même et agissant dans son milieu propre, elle manifesterait certainement la vie végétative ; le liquide Raulin, qui se compose de 12 substances (2), livré à lui-même, ne manifesterait pas la même propriété. La vie, la vie ! C'est ce que le D^r Le Dantec emprunte toujours pour réaliser ses expériences, mais

---

(1) Le Dantec, *ouv. cité*, p. 131.
(2) *Ibid.*, note, p. 107.

qu'il n'est pas encore parvenu à produire par l'unique emploi des corps inorganiques.

Le Dr Le Dantec semble faire peu d'observations directes sans les accompagner d'opérations chimiques; c'est peut-être ce qui l'amène à penser que les phénomènes produits chez les micro-organismes ont leurs déterminatifs chez ces opérations chimiques. Cependant ces phénomènes s'accomplissent d'ordinaire sans cette participation, à l'état de nature, où l'animal agit normalement.

Au reste, le Dr Le Dantec avoue sincèrement luimême qu'il ne connaît pas les éléments de la vie, et cela à travers des hypothèses bien curieuses : « Nous ne sommes pas à même de préciser, dans l'état actuel de la science, la composition chimique des corps plastiques; nous ne savons même pas indiquer quelle est la particularité de structure commune à ces substances. »

Il ajoute, de sa propre autorité, en dehors de la question : « mais nous savons qu'elles ne peuvent exister au-dessous d'une température maxima largement inférieure à 200 degrés centigrades... »

Si cette connaissance résulte de ses expériences caloriques, le Dr Le Dantec aurait bien dû en joindre les détails, ainsi que la température exacte à l'appui de son affirmation, surtout en raison de ce qui va suivre:

«... Nous pouvons donc *affirmer* qu'aucune de ces substances n'existe dans le Soleil, par exemple où aucun point ne jouit d'une température inférieure à 200 degrés... »

Qu'en sait-il, et comment le sait-il? Qui est-ce qui connaît véritablement la température du Soleil? — Le Soleil nous envoie la chaleur, disent les hommes. D'où vient que dans l'espace entre le Soleil et la Terre, on trouve un abaissement de température si considérable que la vie terrestre n'y saurait exister? Est-on sûr que le Soleil envoie de la chaleur? Ne serait-ce pas plutôt de l'électricité qu'il envoie, et qui dégagerait de la chaleur par combinaison chimique à la surface des planètes, plutôt dans leurs plaines que sur leurs montagnes, si bien que, sur toutes les planètes, une égalité calorique pourrait exister, sans égard à la distance du foyer. Cette hypothèse serait aussi plausible qu'une autre, et même elle renfermerait une notion d'utilité.

Le docteur continue : « Mais la Terre a été autrefois un véritable soleil et, par conséquent, de même qu'il n'y avait pas d'eau sur la Terre, nous en sommes certains, quand sa température était en tout point supérieure à celle où l'eau se dissocie, de même il n'y avait pas sur la Terre de substances plastiques tant que sa température était en tout point supérieure à 200° centigrades?

« Il n'y avait pas d'eau sur la Terre, il y en a, donc l'eau a apparu; il n'y avait pas de substances plastiques, il y en a, donc la vie élémentaire a apparu.

« ... Nous ne nous étonnons pas de l'apparition de l'eau, parce que nous savons reproduire dans les laboratoires la synthèse de l'eau, quoique nous ne sachions ni pourquoi ni comment ce phénomène a lieu... »

Si le *pourquoi* de ce phénomène préoccupe le docteur, l'admission de son utilité dans la Nature ne lui fournirait-elle pas une réponse?

« ... Mais nous ne savons pas encore reproduire la synthèse des substances plastiques, dont nous ne connaissons même pas aujourd'hui la composition chimique... »

Sur quoi le docteur se base-t-il alors, pour en assimiler les évolutions aux *processus* physico-chimiques?

« ... Nous savons, en revanche, quels éléments sont nécessaires à leur synthèse.

Si le docteur connaît tous les éléments de ces substances, comment peut-il dire qu'il ne connaît pas aujourd'hui leur composition chimique?

Il semble qu'il y ait dans ce passage quelque chose de contradictoire.

« ... A leur synthèse, et que ces éléments sont réunis, dans l'eau actuelle de la mer, pour un très grand nombre d'espèces; nous assistons chaque jour à la synthèse de quantités immenses de ces substances protoplasmiques, mais toujours, ainsi que l'ont montré les expériences de M. Pasteur, cette synthèse a lieu dans des réactions où interviennent des quantités préexistantes des mêmes substances. Autrement dit, dans l'état actuel des choses, nous assistons tous les jours à la vie élémentaire manifestée, mais pas à l'apparition de la vie élémentaire (1). »

(1) Le Dantec, *ouv. cité*, pp. 191-192.

Le Dʳ Le Dantec pourrait bien, ce me semble, terminer ainsi cet aveu : « et nous ne pouvons nous-mêmes la créer, même à l'aide de la physique et de la chimie ». Il finit par une étude sur une substance monérienne plausible, douée par elle-même de vie élémentaire, mais qu'il ne connaît pas non plus, et il admet, somme toute, que la vie pourrait bien n'exister que sur la Terre, et ne se soit produite dans aucune autre planète (1), mais il ne dit pas comment il a recueilli ces dernières indications.

Tu vois, Andrès, que ce n'est pas encore la *Théorie nouvelle de la Vie* qui te fournira une base scientifique pour ton matérialisme.

ANDRÈS. — Mais alors que reste-t-il de ce livre ?

BLANCHE. — Une affirmation de la tendance biologique dont je te parlais tout à l'heure, et une étude nouvelle de la *Vie végétative*, intéressante dans certaines de ses parties, c'est-à-dire, visant les fonctions de nutrition, de respiration, de circulation et de reproduction, car, en ce qui concerne la *Vie consciente*, comme le Dʳ Le Dantec accorde la conscience aux corps simples, aux substances inorganiques et qu'il nie l'existence de la volonté chez les êtres animés, il est certain qu'il a seulement effleuré cette question, bornant ses expériences aux manifestations physico-chimiques de la matière, et traitant les propriétés psychiques de quantités négligeables,

―――――――――
(1) Le Dantec, *ouv. cité*, pp. 193-194.

« *n'influençant en rien les phénomènes physiologiques* (1) ».

Andrès. — Mais cependant il m'est resté de cette étude l'impression que les phénomènes psychiques en faisaient également partie, seulement il affirme que la Volonté libre n'existe pas, et qu'il n'y a que *l'illusion de la Volonté*.

Blanche. — Je sais bien qu'il y a quelques indications touchant la conscience, mais je dis que la conscience n'est pas, dans ce livre, l'objet d'une étude aussi serrée que l'est celle des manifestations physico-chimiques.

Ainsi, je laisse à l'écart la préoccupation sentimentale du D^r Le Dantec qui se demande sérieusement « si le chlore souffre ou jouit quand il se combine au sodium » (2), pour relever seulement la conclusion de ce paragraphe, conclusion ainsi conçue :

« Nous concluons donc au déterminisme physiologique, et en même temps, à cause du rapport établi entre la morphologie et la physiologie, au déterminisme biologique, sans avoir eu, à aucun moment, à faire intervenir dans nos considérations des épiphénomènes de conscience dont nous ignorons même l'existence (3). »

Il est certain que, avec cet état d'esprit, bien arrêté, la conscience devait être traitée comme une quantité négligeable.

---

(1) Le Dantec, *ouv. cité*, p. 310.
(2) (3) *Ibid.*, p. 311.

Andrès. — Oui, dans la *Théorie nouvelle de la Vie;* mais dans le *Déterminisme biologique et la Personnalité consciente,* il en parle davantage.

Blanche. — D'accord. Il y a en effet entre les deux œuvres une différence sensible au point de vue de la doctrine exprimée :

Le premier volume, de février 1896, se termine ainsi : «... dans ce qui frappe nos sens, au cours de l'observation des êtres vivants, rien n'est en dehors des lois naturelles établies pour les corps bruts, (chimie et physique); voilà ce que je voudrais avoir établi au cours de cette étude des phénomènes de la vie (1) ».

Ici, on tolère encore l'existence séparée et différente de corps bruts et d'êtres vivants; *on voudrait avoir réussi à établir,* au cours de cette étude, qu'ils sont asservis, les uns comme les autres, aux manifestations, *exclusivement directrices,* de la chimie et de la physique. Cependant on n'a pas l'air d'en être sûr.

Mais au second volume! Oh! c'est autre chose; celui-là est net, carré, péremptoire. A quelques mois de distance, le rubicon déterminisme est franchi : « On m'a reproché!.. » dit la préface (2). Le défi est relevé; la préface se termine ainsi :

« Je vais m'efforcer de montrer dans ce petit livre, et au moyen d'une hypothèse très simple, analogue, par certains points à celle de Hæckel, comment la per-

---

(1) Le Dantec, *ouv. cité,* p. 320.
(2) *Idem,* t. II, préface, pp. 1 et 2.

sonnalité consciente se développe parallèlement à l'individualité physique pour disparaître avec elle. Mais, je le répète avec Huxley, ces considérations sont inutiles à l'étude objective des phénomènes vitaux, quelque compliqués qu'ils soient chez tous les êtres de la nature ; il y a déterminisme biologique et tout se passerait de même dans le monde, si les substances plastiques avaient uniquement leurs propriétés physiques et chimiques, à l'exclusion de la propriété de conscience (1). »

Dire cela de la conscience, autant dire qu'elle n'existe pas. D'ailleurs, tout ce raisonnement reste en l'air par la considération suivante : Si le D^r Le Dantec considère la conscience comme une chose matérielle, comme une substance R, nocive ou non, sa présence influencera nécessairement le phénomène où elle se trouvera mêlée.

Donc, avec la présence de la conscience, il serait incorrect de dire que les choses se passeraient comme si elle n'y était pas. Cette façon de parler n'est sans doute qu'une formule empirique, mais il faut lui refuser le droit de cité.

La présence avérée d'un corps, quelque ténu qu'il soit, ne saurait être indifférente dans une expérience de laboratoire, car si l'on admettait son indifférence, il n'y aurait pas d'hypothèse haeckelienne qui y fît rien, l'expérience serait, à juste titre, et à cause de ce détail négligé dans l'analyse, notée d'imperfection.

(1) Le Dantec, *ouv. cité*, préface, pp. 1 et 2.

Maintenant si, au contraire, le Dr Le Dantec pensait que la conscience dût être sans influence sur l'expérience parce qu'elle serait immatérielle, alors toute discussion contradictoire serait inutile : l'expérience ressortirait à la *Vie végétative*.

Quelque péremptoires que soient les assertions de ce second volume, on peut dire que ces assertions et leurs preuves n'y sont édifiées qu'à l'aide de paradoxes, d'hypothèses aiguës, telles que par des identités et des conditions essentielles au but, qui ne se rencontrent jamais dans la nature.

Il ne suffirait pas de le déclarer, et dire purement, oui, quand l'auteur répondrait, non ; il faut produire des exemples, quelques-uns ; car on ne saurait suivre tout le livre, ligne à ligne, mot à mot. Il faut bien se borner en toutes choses. Voyons donc :

1° Sur le mouvement des plastides :

« De nombreuses expériences, que je ne puis m'attarder à décrire ici (jamais d'expériences décrites!) ont *toujours* prouvé une influence manifestement directrice des différents agents employés, substances chimiques (chimiotropisme), lumière (phototropisme), chaleur (thermotropisme etc., ce qui donne à penser que le mouvement des plastides est uniquement une conséquence des réactions chimiques dont ils sont le siège.

« Bien plus, si au lieu d'ajouter un facteur nouveau, on supprime un des éléments essentiels du liquide ambiant, l'oxygène par exemple, les réactions cessent et *le mouvement s'arrête*. Il recommence si l'on rend l'oxygène au milieu (anabiose de Preyer).

« Ainsi donc, l'existence des mouvements et leur direction dépendent de la manière la plus nette de réactions chimiques que l'on peut modifier expérimentalement (1)! »

Il est certain que supprimer l'oxygène à un animal quelconque, c'est le gêner dans son essor normal, peut-être même compromettre sa vie par une intervention inopportune. Si l'on eût retiré l'oxygène à l'écrivain quand il a commencé à écrire ce qui précède, il n'eût probablement pas pu le terminer.

2° Sur l'identité des corps bruts et des corps vivants.

« ... Les propriétés chimiques inhérentes à des corps déterminés sont déterminées; les réactions qui en résultent dans un milieu déterminé sont également déterminées. Du chlorure de sodium traité à chaud par de l'acide sulfurique donne *toujours* de l'acide chlorhydrique; de l'hydrogène mis en présence d'un volume deux fois moindre d'oxygène donne *toujours* de l'eau au contact d'une flamme. Mais si les mouvements des plastides sont uniquement la conséquence de réactions chimiques de cette nature, ils sont nécessairement déterminés, et c'est en effet ce qu'a prouvé l'expérience, chaque fois qu'il a été possible de déterminer *toutes* les conditions dans lesquelles elles avaient lieu (2).

(1) Le Dantec, *ouv. cité*, t. II, pp. 27, 28.
(2) *Ibid.*, t. II, pp. 29, 30.

Du sodium et de l'hydrogène (corps inorganiques), l'auteur passe sans transition aux plastides (corps organiques), pour leur attribuer à tous des propriétés similaires, et voilà leur identité facilement établie. Mais comme le dit très exactement le Dr Binet : « La chimie est à la base de la physiologie, mais elle n'explique pas la physiologie, et il est bien évident que cette propriété qu'a le protoplasma de choisir entre plusieurs excitations est une propriété physiologique. »

3° Sur les mouvements volontaires d'une bactérie.

« Voici une bactérie qui part (chimiotropisme) à la rencontre d'une région de l'infusion où elle trouve une substance chimique qui lui *platt* (1). Je dirige d'un autre côté sur elle un rayon de lumière bleue et elle est contrainte de changer sa route. Mais, dira-t-on, c'est qu'elle aime mieux la lumière que la nourriture, alors je l'attire dans une autre direction par une substance attractive qui lui est nuisible (il y en a); elle y court et y meurt; est-ce parce que je l'ennuie au point qu'elle préfère le suicide (2)? »

Mais non, docteur ; Vous l'avez *contrainte* à changer sa route, *suivant vos propres termes;* vous l'avez ensuite attirée par une substance nuisible, comme lorsque l'on donne de la viande empoisonnée à un chien en quête de nourriture. Vous avez tué cette pauvre petite bête, et vous l'accusez de suicide et

---

(1) Le Dantec, *ouv. cité*, t. II, pp. 31, 32.

LES HYPOTHÈSES.

d'un mauvais usage de sa liberté ! quand il n'y a que le résultat *de votre expérience scientifique*.

4° Sur la conscience.

« Je monte le ressort d'une machine A munie d'un mouvement d'horlogerie. En face d'elle, j'installe un appareil photographique enregistreur, un cinématographe B. Il est impossible dans les conditions où je me place, que la machine A fonctionne sans que son fonctionnement s'inscrive en B. L'inscription en B accompagne *nécessairement* le fonctionnement de A. L'appareil B a-t-il dans ces conditions une influence quelconque sur A? Pas le moindre, évidemment. On peut enlever B, arrêter son mouvement, le séparer de A par un écran opaque. A n'en fonctionnera ni mieux ni plus mal. »

Mettez un miroir à la place.
Il vous servira tout autant.

..... « Supposez maintenant, au lieu d'un cinématographe placé devant la machine A, une conscience logée en elle (!!) et *liée à elle comme l'était tout à l'heure le cinématographe B* (qui n'était pas lié à elle du tout, puisque l'on pouvait mettre entre eux un écran opaque), la machine saura à chaque instant ce qu'elle fait, mais tout se passera exactement de la même manière que si elle ne le savait pas; en outre, la machine seule saura ce qu'elle éprouve; sa sensation ne sera pas connue d'un observateur situé hors de la machine puisque cette sensation pourrait disparaître sans que *rien* fût modifié. C'est un *épiphénomène* du fonctionnement de la machine ».

Admets-tu cette supposition étrange d'une conscience adaptée à une machine, *qui saura ce qu'elle éprouve*, Andrès? Voyons maintenant la conséquence que le Dr Le Dantec veut en tirer.

« Cette comparaison peut facilement (!!) s'appliquer aux plastides..... c'est seulement une conscience de cette nature, une conscience dépourvue d'activité directrice, un épiphénomène de conscience qu'on est en droit de leur accorder, puisque la science a démontré que tous les phénomènes fonctionnels des protozoaires sont déterminés par les conditions de milieu (1). »

Quand la Science l'a-t-elle démontré? Est-ce quand elle leur a supprimé l'oxygène? Quel rapport psychique réel peut-il y avoir entre une machine et un animal? Voilà pourtant comme on peut produire une preuve.

« ... Or, voilà qu'à l'extrémité de l'échelle nous nous rencontrons nous-mêmes! Ici, l'existence de la conscience n'est plus hypothétique; nous savons ce que nous faisons; mais la série ascendante que nous avons suivie pour arriver jusqu'à nous nous oblige à conclure ce qui suit. Nous savons que nous sommes doués de conscience, mais notre conscience doit être considérée comme un simple témoin inactif, ainsi que celle des autres animaux *si elle existe;* si elle existe! voilà toute la différence : nous sommes sûrs

(1) Le Dantec, *ouv. cité*, t. II, pp. 33, 34.

d'en être doués et nous ne pouvons aucunement savoir si les crabes en ont, mais s'ils en ont, elle est inerte et impuissante, et nous ne pouvons accorder d'autres attributs à la nôtre. Nous savons ce que nous faisons, nous ne savons pas ce que nous voulons; il n'y a en nous que des épiphénomènes de conscience concomitants à des phénomènes chimiques; la volonté est une illusion. « Voyez note, page 152 (1). »

Je t'ai cité patiemment tout ceci in extenso., Andrès, pour atteindre à cette déclaration étrange : « *la Volonté est une illusion.* » Voyons donc maintenant cette note, page 152, soi-disant explicative, dans ce qu'elle a de plus précis.

« Voici, d'ailleurs, un moyen très simple d'exprimer d'une manière précise ce que l'on doit entendre par ces mots : l'illusion de la volonté :

« Supposez (cas purement hypothétique), qu'il y ait, à un moment déterminé, deux hommes *identiques* atome à atome. Ces deux hommes auront naturellement les mêmes souvenirs (mémoire histologique). Eh bien, placés à ce moment déterminé dans des conditions identiques, *ils voudront exactement la même chose*, ce qui est la négation d'une volonté absolue, d'une liberté véritable. »

Tu peux facilement reconnaître, Andrès, que l'hypothèse précitée est inacceptable, une telle identité ne pouvant exister. Et puis, en admettant la doctrine

---

(1) Le Dantec, *ouv. cité*, t. II, p. 36.

de cet automatisme gratuit, serait-ce une raison pour que les deux hommes eussent les mêmes souvenirs, pour que toutes leurs impressions, reçues nécessairement d'ordinaire sous des angles différents (1), en aient contracté le même sens, la même intensité, la même valeur, chez l'un comme chez l'autre. Il faudrait que le docteur allât jusque-là : *les renfermer dans la même peau,* pour obtenir une identité parfaite.

S'il n'y a pas d'autre moyen très simple d'exprimer d'une manière précise ce que l'on doit entendre par *l'illusion de la volonté,* la démonstration en restera encore longtemps à faire.

Veux-tu, Andrès, quelques autres exemples de paradoxes et d'hypothèses du docteur Le Dantec, pour terminer ces remarques. Je te les fournirai aussi succincts que possible. En voici un sur la conscience des corps inorganiques :

« Il est donc logique d'admettre que même pour les propriétés qui ne sont pas accessibles à l'observation, il y a également identité entre deux atomes de même espèce; il y aurait une conscience carbone qui serait la même pour tous les atomes du carbone : il y aurait une conscience azote qui serait la même pour tous les atomes d'azote. »

« Le mot conscience doit être appliqué ici dans son sens le plus restreint (Comment restreindre ce sens ? La conscience humaine est un simple témoin inactif,

---

(1) Les deux hommes :	A	B
　　Les impressions extérieures C.

dépourvu d'activité directrice, indifférent à ce point que les choses se passeraient comme elles se passent, si la conscience n'était pas là, dit le docteur. Je le répète, « comment restreindre la conscience carbone? » Quel rôle plus effacé peut-on rêver pour elle?)

« ...Je représenterai par la lettre φ suivie du symbole chimique de l'atome considéré, ce quelque chose d'à peu près indéfinissable : φ (H) sera la conscience atomique de l'hydrogène; φ (O), la conscience atomique de l'Oxygène. φ (H), φ (O), représentent donc des choses immuables.

« La conscience d'une molécule doit être considérée comme la somme des consciences des atomes qui la constituent, la sommation étant faite, naturellement, de telle manière que chaque conscience atomique y prenne une place correspondant à la place qu'occupe lui-même l'atome en question dans l'édifice moléculaire. »

$$\varphi(H\,Cl.) = \varphi(H) + \varphi(Cl.)$$

« ..... Nous avons admis tout à l'heure que les φ des atomes *s'ajoutent* dans la molécule qu'ils constituent. Cette hypothèse est nécessaire pour qu'il soit possible d'arriver à ce que nous avons vu plus haut au sujet des êtres supérieurs (1)........ »

Cette hypothèse, *indispensable à l'obtention du but poursuivi*, doit te donner toute satisfaction, Andrès. Désormais, les corps bruts et les corps organiques obéiront ainsi également aux mêmes lois, en raison

---

(1) Le Dantec, *ouvr. cité*, t. II, pp. 84, 85.

des formules ci-dessus, que l'on pourra même varier, si l'on admet en outre l'hypothèse d'une manière unique (1).

Autre hypothèse :

« L'énergie spécifique des nerfs est aujourd'hui admise par tout le monde, et on l'exprime d'une manière frappante comme il suit : Supposez que vous réussissiez à souder une fibre du nerf optique à une fibre centripète partant d'une terminaison périphérique tactile; un attouchement produit sur cette terminaison tactile déterminera chez le sujet ainsi opéré une sensation lumineuse. Soudez le nerf optique séparé de la rétine à la partie périphérique du nerf acoustique, le patient verra le son, etc. »

« Mais ces mutilations ne sont pas en général réalisées dans la nature (2)... »

Quel dommage que l'on ne puisse réaliser une pareille supposition ! Voir le son ! Quel rêve !

Une dernière citation : *La Raison*.

« On donne souvent à l'intelligence humaine le nom de raison, et l'on entend par raison la *faculté* qu'a l'homme d'adapter ses actes aux conditions extérieures, de tirer parti de son expérience, (c'est la définition de l'intelligence d'après Romanes). Cette définition même sous-entend forcément l'existence d'une volonté capable de donner une impulsion et de déterminer des actes. Ceux qui admettent à *priori* que la vo-

---

(1) Le Dantec, *ouvr. cité*, t. II, note, pp. 84, 85.
(2) *Idem*, p. 137.

lonté existe, conçoivent de la même manière que cette volonté est raisonnable, mais si l'on ne voit dans la volonté qu'une illusion, un épiphénomène témoin et inactif, il faut se demander comment il se fait que l'homme soit raisonnable, puisque tout en lui est déterminé par sa structure et par les conditions extérieures.

« D'abord, en vertu même de la loi d'assimilation fonctionnelle, chaque organe est naturellement adapté à sa fonction, puisqu'il se conserve par son fonctionnement même... »

Chaque organe est adapté à sa fonction, non parce que c'est conséquent, nécessaire, utile; mais, suivant l'auteur, *puisqu'il* se conserve par ce fonctionnement même. Mais il se détruit aussi par son fonctionnement! ce qui laisse peu de valeur à la conséquence que l'auteur prétend tirer au moyen de ce *puisqu'il*.

« Mais cela n'est pas vrai seulement des organes dont le fonctionnement extérieur est susceptible d'observation directe; cela est vrai aussi pour les centres nerveux dont le fonctionnement est caché (?).

« Nous avons déjà vu, à propos de l'énergie spécifique des nerfs, que les centres optiques, par exemple (ce raisonnement est indépendant de la place assignée, par les anatomistes, aux centres optiques, dans la topographie cérébrale)... »

Belle garantie d'exactitude!

« ... C'est-à-dire ceux qui nous donnent la *sensation lumineuse*, sont précisément en rapport avec les rétines, c'est-à-dire avec les surfaces sensorielles qui

16

sont physiologiquement impressionnables par la lumière. Mais nous savons (?) qu'il faut renverser cette proposition et dire : nous appelons *sensation lumineuse* celle que nous éprouvons par suite du fonctionnement de nos centres optiques, parce que, *le plus souvent*, ces centres optiques n'entrent en activité que lorsqu'un rayon lumineux frappe notre rétine. Et ceci a lieu pour tous les hommes, parce que la structure histologique est analogue chez tous les êtres d'une même espèce.

« Si nous nous trouvons plusieurs hommes réunis et regardant un même objet, nous nous entendons généralement sur ce que nous voyons, parce que nous sommes tous construits de la même manière ; mais si l'un de nous voit différemmemt, par suite d'une excitation mécanique ou chimique quelconque, celle de l'alcool par exemple s'il est ivre, nous considérons sa manière de voir comme *déraisonnable*, nous disons qu'il a la berlue, qu'il est fou, etc. »

On pourrait peut-être hasarder qu'il n'est pas dans son état normal !

« Ici, il ne s'agit que d'un épiphénomène ; or, la même influence mécanique ou chimique a pu, non seulement lui donner une sensation différente de celle qu'on éprouve en général, mais modifier d'une manière complète tous les réflexes qui partent de l'excitation venue de l'extérieur, et finalement les actes apparents qui en résultent et qui diffèrent de ceux qu'eussent exécutés, dans les mêmes conditions, des hommes *raisonnables*. Nous songeons, quand nous assistons à cette chose extraordinaire, aux épiphénomènes accompagnant chez nous les réflexes qui sont déterminés par cette excitation spéciale et que nous appelons association des idées, raisonnement; nous croyons que ces associations d'idées déterminent chez nous la volonté d'agir de telle ou telle manière, et nous considérons comme privé de raison celui qui n'a pas eu la même association d'idées et par suite la même manière d'agir que nous dans les mêmes circonstances. »

Surtout s'il est ivre !

« L'association des idées qui provient d'une excitation extérieure, c'est-à-dire la marche suivie par le réflexe qui en provient, est généralement différente chez deux hommes différents; cela tient à ce que l'homme est le produit de tout ce qu'il a fait depuis sa naissance (formule un peu vague) et que jamais deux hommes n'ont fait exactement les mêmes choses, indépendamment des différences héréditaires. Mais prenez deux frères qui se ressemblent beaucoup et qui ont toujours vécu ensemble, ils auront presque toutes les mêmes associations d'idées, parce qu'ils ont le même caractère originel et qu'ils ont construit leurs divers organes par des opérations analogues. »

A l'appui de cette supposition, il y a au moins autant d'exemples *contre* qu'il y en a *pour*.

« La raison est donc, au point de vue des phénomènes apparents, un résultat de l'assimilation fonctionnelle et de la similitude de structure des hommes; au point de vue des épiphénomènes sensationnels, un résultat de *l'habitude* que nous avons acquise de constater que tel épiphénomène accompagne toujours tel phénomène correspondant, par suite même de la structure de notre cerveau ; si nous savions ce que pense un chien nous trouverions probablement qu'il est fou parce que son cerveau est différent du nôtre.

« On pourrait s'étendre indéfiniment sur ce sujet ; qu'il suffise de l'avoir indiqué (1). »

C'est effectivement un peu long ; mais si l'on a pu comprendre de ceci ce que c'est que la *raison automatique*, on n'aura pas perdu son temps.

Quant à ce que pense un chien, nous le savons dans beaucoup de circonstances. Il suffit pour cela de l'observer. J'ajoute que nous le trouvons le plus souvent très raisonnable. L'identité de structure est tout à fait inutile pour établir l'entente intellectuelle entre les animaux, au point de vue du jugement raisonnable qu'ils peuvent porter les uns les autres pour les choses qui leur sont nécessaires. La structure est très différente entre tous les animaux, tandis que l'intelligence se manifeste toujours chez tous de la même manière. Les hommes établissent des rapports mentaux avec les chevaux, les chiens les chats, les oiseaux, les souris, les chèvres, les poissons, même les insectes : les abeilles, les fourmis, les mouches, les araignées, etc., qui diffèrent totalement de structure avec eux.

Comme il ne s'agit pas ici d'une combinaison chi-

---

(1) Le Dantec, *ouv. cité*, t. II, pp. 138, 139, 140, 141, 142.

mique, mais du jeu normal de l'intelligence, cet aspect n'intéresse peut-être pas le Dʳ Le Dantec. Il suffit pour la question pendante de dire que l'identité de structure qu'il oppose, ne porte pas, et qu'elle surprend d'autant plus de sa part, qu'il cite souvent Romanes, et qu'il ne paraît pas s'être préoccupé des nombreuses observations directes de ce savant, sur l'intelligence des animaux et sur leur évolution mentale, dont il a certainement eu connaissance, au cours de l'examen qu'il a fait des œuvres de Romanes.

La reconnaissance de la Conscience *consciente* et de la Volonté libre, ruinerait irrémédiablement toute cette dialectique dont la matière véritable est la *Vie végétative* des auteurs, et je crois inutile d'insister davantage sur cet examen critique pour te convaincre de son peu de solidité, Andrès, à moins qu'il ne te plaise d'accepter cette personnification d'automate imbécile (1), dans un milieu où le monde inorganique serait doué de conscience sans organes (comprenne cela qui pourra), tandis que le monde organique serait doué de consciences témoins, dépourvues d'influence et de puissance directrice.

Andrès. — Je ne comprends pas ainsi le matérialisme.

Blanche. — C'est pourtant une de ses conséquences rationnelles. Je l'examinerai d'ensemble avec toi, et à ce propos, j'aurai peut-être l'occasion de revenir sur cette « *Théorie nouvelle* », dernière expres-

(1) Au sens latin du mot : *imbecillus*.

sion du matérialisme moderne se recommandant de la Science.

Les matérialistes de parti pris, ceux d'entre eux qui n'auront pas les connaissances absolument indispensables à cette étude, connaissances que l'auteur réclame dans son introduction (1), l'admettront d'emblée, justement à cause des équations et des formules auxquelles ils ne comprendront rien, et, par cette considération, il convient peut-être que je te donne, de suite et en peu de mots, mon appréciation sur la portée sociale de cette œuvre :

Cette doctrine péremptoire, dénuée de preuves, ne tenant aucun compte des enseignements par les observations, patientes et sérieuses, des Lubbock, Romanes, Huber, V. Meunier, E. Ménault, Toussenel, E. André, etc., pour les faits intéressant les êtres du monde organique, a évidemment un vice rédhibitoire : elle n'admet ni plan, ni utilité, ni progrès. Elle ne dit pas d'ailleurs ce que, en dehors de ces lacunes évidentes, elle admet *caractéristiquement*. Elle semble n'avoir pour objectif, pour *modus vivendi*, que les phénomènes matériels du moment. La combinaison chimique du moment crée un fait quelconque ; la combinaison chimique du moment, qui succède au premier, crée un autre fait, ainsi de suite, et c'est tout. Dans cet ordre d'idées, il y a bien un passé, mais il y a surtout un présent, *un présent inextingui-*

---

(1) D*r* Le Dantec, *Théorie nouvelle de la Vie*, introduction, p. 22.

ble, la seule chose qui soit jugée digne de considération. L'avenir, ce fatras de combinaisons chimiques aléatoires, sera ce qu'il sera, c'est sans intérêt. L'être naît par hasard, au hasard; il peut être bien doué, il peut être mal venu. Arrive qui plante. Il vit quelque temps, du mieux qu'il peut; *par tous les moyens à sa disposition;* dans la fête gaie ou écœurante de ses épiphénomènes de conscience. Il meurt *pour toujours; tout entier;* laissant sa dépouille pour faire n'importe quoi : une cruche, une belle fillette, un homme d'État, un crocodile; tous égaux en importance devant la Nature, qui d'ailleurs ne s'en soucie pas.

Dans ce milieu banal, cherche, Andrès, à quelle cause, à quel moteur matériel, à quel déterminisme aveugle, tu pourras rapporter, rattacher cette notion radieuse, qui n'est pas un mythe, qui n'est pas une illusion, dont les meilleurs de tes congénères sont doués; cette qualité tutélaire, purement psychique : *La Prévoyance.*

Andrès. — Je vous le répète : je ne comprends pas ainsi le matérialisme. Mais je crois que, sous quelque aspect qu'il se personnifie, vous serez toujours son adversaire.

Blanche. — Le matérialisme étant une négation, ne reposant sur rien, comment veux-tu que je le considère? Il s'est manifesté plusieurs fois déjà pendant le cours de l'Humanité, jamais il n'a fourni une formule pratique :

Épicure était matérialiste; c'était un homme vertueux, imbu des doctrines contradictoires d'Anaxagore et de Démocrite. Il faisait consister le bonheur dans les jouissances du cœur et de l'esprit, plus que dans celles des sens; dans l'exercice de la raison; dans la santé du corps et de l'âme. Il n'était pas athée, mais il vivait, de son éducation hybride, à côté de l'idée religieuse. Sa doctrine n'ayant pas de sanction morale, considérant la vie humaine comme une résultante éphémère du hasard, produisit ses fruits rationnels, et, après sa mort, dévia jusqu'à la pratique des plaisirs sensuels, au point de devenir une injure caractéristique du désordre des mœurs.

Lucrèce, autre matérialiste, exposa, un peu plus tard, la doctrine d'Épicure dans le magnifique poème *de Natura rerum*, mais il ne trouva pas en cette doctrine les consolations réconfortantes que requéraient ses chagrins, et finit à 42 ans par le suicide. Belle consécration de sa philosophie matérialiste !

Lamettrie, au dix-huitième siècle, proclama aussi le matérialisme, et son *Histoire naturelle de l'Ame*, publiée à La Haye en 1745, commença sa triste notoriété. A trois ans de là, en 1748, la publication de son *Homme-Machine* l'obligea à s'enfuir de Leyde pour échapper au dernier supplice. Frédéric II de Prusse, la providence politique des novateurs turbulents, lui offrit un asile à Berlin et le nomma de son Académie. A son lit de mort, dans l'exil, Lamettrie abjura, dit-on, ses erreurs dans un repentir sincère.

Dans le même temps s'édifiait à Paris une publication colossale, expression aussi complète que possible de l'esprit philosophique novateur et irréligieux ; encyclopédie monumentale des connaissances actuelles ; mais conçue surtout dans le but de colliger au point de vue de la libre pensée et de la philosophie sensualiste, les croyances, les mœurs, les sciences et les institutions du passé pour les anéantir et les reconstituer avec plus d'audace que de sagesse et de vérité. Une pléïade d'hommes remarquables nés la plupart vers la fin du règne despotique et fanatique de Louis XIV, dégoûté de la lâcheté, des mauvaises mœurs de la Cour et de la Ville, et des malheurs publics qui en résultaient, répondit à l'appel de Diderot, le promoteur et l'âme de cette publication, où bientôt, suivant les articles personnels de ses rédacteurs, Dieu, le matérialisme, la galanterie et la liberté, vécurent en assez bonne intelligence.

Vers la fin du siècle, les plus illustres collaborateurs : Montesquieu, Helvétius, Duclos, Voltaire, Condillac, Mably, étaient morts, mais l'œuvre collective portait ses fruits, et les sages réformes, dont tous les ordres de l'État français, désiraient et réclamaient l'application, vinrent échouer devant une révolution sanglante, anarchique et irréligieuse, que rien ne put arrêter et qui, malgré les faits prodigieux d'héroïsme de la nation, sembla aiguiller celle-ci sur la voie d'une descente irrésistible.

En quatre ans, les hommes les plus considérables de ton pays, après avoir tué leur roi, homme faible mais honnête, s'étaient tous entretués les uns les autres, laissant place nette au despotisme d'un soldat de fortune. Toute hiérarchie politique était ainsi brisée pour longtemps dans ton pays.

Ça et là, quelques étincelles de l'incendie matérialiste se manifestaient encore : Cabanis affirmait que les facultés morales naissent des facultés physiques. Ses disciples ne croyaient aucun crime sévèrement punissable. Otant toute liberté, toute responsabilité à l'homme, ils ne voyaient que des malades excusables et des folies à guérir. Broussais, dans son traité matérialiste de l'irritation et de la folie, vivement attaqué par les spiritualistes, préconisait le traitement antiphlogistique, et plus tard, apportait l'appui de sa grande intelligence aux puériles idées phrénologiques de Gall.

Andrès. — Vous êtes bien sévère pour les Encyclopédistes, il me semble. Le monument qu'ils ont élevé était d'une absolue nécessité pour l'époque, et a rendu de grands services aux Sciences et aux Lettres, au fur et à mesure de sa publication.

Blanche. — Ne perds pas de vue, Andrès, que je ne discute pas ici le talent et le mérite des grands écrivains qui ont collaboré à l'Encyclopédie, et qu'il s'agit surtout en ce moment de ce qui a pu servir à la glorification du matérialisme, à la destruction des barrières indispensables que la Religion et les règlements sociaux opposaient encore à la licence croissante du temps. Je ne voudrais pas m'arrêter à des considérations politiques étendues, cependant je m'empresse de reconnaître que ta nation avait de terribles griefs contre les hommes qui l'avaient gou-

vernée depuis cent ans : La révocation de l'Édit de
Nantes, en faisant la fortune de la Prusse, de la
Suisse, et de la Hollande, avait causé à la France de
grandes douleurs et un immense préjudice que les
folies de la Régence et du règne de Louis XV aggra-
vèrent extrêmement. Mais comment comprendre que
de grands philosophes, des penseurs illustres, de
bons citoyens, témoins de ce qui se passait au delà
des frontières de leur pays, se soient attardés et rivés
à la vengeance de faits remontant à Louis XIV, au
Régent, à Louis XV, *qui tous étaient morts*, quand ils
se trouvaient en présence de périls imminents, quand
les puissances du Nord venaient de détruire le gouvernement et de se partager le territoire de la Polo-
gne; quand l'Angleterre fondait sa grandeur mari-
time; quand la disette et la banqueroute menaçaient
leur pays. Le Tiers-État fit-il ce qu'il devait faire en
se solidarisant avec un de ses membres, l'abbé Sieyès,
publiant, avant toute réunion délibérante des trois
ordres, un livre qui contenait la déclaration suivante :
*Qu'est-ce que le Tiers-État? Rien. Que doit-il être?
Tout.* Ces paroles, contraires à l'équité, et qui provo-
quèrent dans le parti populaire des applaudissements
unanimes, renfermaient toute la révolution, car les
réformes pouvaient-elles aller jusqu'à donner une
semblable satisfaction à ceux qui la réclamaient im-
périeusement? Les résistances des deux ordres qui
suivirent cette provocation, dont ils n'avaient d'ailleurs pas besoin, ne furent-elles pas, en quelque
sorte, légitimées par elle? Souviens-toi de la lettre

qu'un encyclopédiste désabusé, désolé, Raynal, écrivit au Président de l'Assemblée Nationale pour décliner toute participation aux actes de rebellion qui se préparaient. Mais le flot des ambitieux montait et voulait submerger tout ; le peuple, naguère si doux, si attaché à ses rois, imbu maintenant de la doctrine d'une égalité, légitime sans doute au point de vue des droits civils de tous les citoyens, mais fausse et dangereuse pour une application intégrale, le peuple réclamait, par ses flatteurs, cette application intégrale immédiate, et l'ayant obtenue, acheva par là d'un seul coup, sans aucun profit pour lui, la ruine nationale que ses malheurs séculaires avaient commencées. Ç'en était fait, l'œuvre était accomplie. Le scepticisme triomphait ; on laissait au peuple une vaine fête à l'Être Suprême, les églises étaient fermées, leurs ministres chassés ou massacrés, et la liberté licencieuse des vainqueurs remplaçait pour un temps, encore indéfini, l'ordre régulier qui était la garantie de tous.

Andrès. — Voilà bien de la politique à propos de philosophie. Ne trouvez-vous pas ?

Blanche. — A qui la faute ? Il faut t'en prendre à tes philosophes politiciens et budgétivores.

Mais laissons cette digression funeste, que je terminerai en t'imposant, Andrès, une réflexion salutaire. Un siècle s'est écoulé depuis lors. Il a été perdu pour la France. Toutes les autres nations, au contraire, en ont profité. Réfléchis aux conséquences immenses qui sont résultées de cette antithèse contre ton pays; et si tu penses qu'il est difficile d'apporter aux maux accomplis un tardif remède, conviens qu'il faut, au moins, éviter de retomber chez toi dans de semblables erreurs.

Cette considération n'est pas vaine, si tu songes aux idées insensées que l'on propage actuellement dans tous les esprits de ta pauvre France.

Revenons à l'histoire du matérialisme pour ne plus nous en écarter :

L'Allemagne devait bientôt se mettre à la tête du mouvement théorique de ce sophisme humanitaire. Kant avait fondé la philosophie allemande, idéalisme subjectif qui devait remplacer la Théodicée de Leibnitz. Par là, il avait provoqué en sa faveur tous les suffrages germaniques, un peu déconcertés cependant, par sa conclusion sceptique : « Nous ne pouvons rien savoir de certain sur ces trois grands objets de la connaissance humaine : *le moi, le monde*, et *Dieu*. »

Son disciple Fichte qui lui succéda, gêné d'abord par le cadre étroit de la philosophie de son maître, l'élargit, le précisa davantage, et se vit accusé d'athéisme.

Schelling, disciple de Fichte, entreprit de résoudre les contradictions de Kant et de Fichte, et de mettre d'accord la philosophie et la religion en s'appuyant sur la *révélation*. Mais Hégel paraissait, et Schelling, mécontent de cette école nouvelle, se proposait d'en réfuter la philosophie, lorsqu'il mourut, en 1854.

Hégel apportait une philosophie nouvelle. Son

système peut s'appeler le *Panthéisme logique* : « L'idée est le principe universel. L'idée et l'être ne font qu'un. » Le Dieu d'Hégel est un être parfait qui *n'est* jamais et qui *devient* toujours.

A sa mort, en 1831, Hégel régnait en paix sur l'Allemagne, mais son empire, pour incontesté qu'il était, ne dura pas longtemps, et, en 1848, la philosophie eut sa large part des malechances de la politique.

Un Schopenhauer, misanthrope et maniaque, impatient et jaloux de se produire, profita habilement des circonstances. Il parlait ouvertement de ces hommes considérables, naguère l'orgueil de la philosophie allemande, dans des termes grossiers, aux applaudissements de la Jeune Allemagne : « Le panthéisme est tombé si bas et a conduit à de telles platitudes qu'on est arrivé à l'exploiter pour en faire un moyen de vivre..... Diluez un minimum de pensée dans cinq cents pages de phraséologie nauséabonde, et fiez-vous pour le reste à la patience vraiment allemande du lecteur. »

Quel bagage le nouveau prophète apportait-il à l'Allemagne pour appuyer ses prétentions? Un livre, paru dès 1819, et intitulé : *Le Monde comme volonté et comme représentation* (*perception*). L'insuccès du livre fut complet à son apparition; il resta longtemps dans l'ombre. Schopenhauer publia un nouveau livre en 1836, sous le titre de : « *La Volonté dans la Nature.* » Même silence autour de cet écrit qui parut mort-né comme les autres. Schopenhauer développait sa théorie de la *Volonté*, en l'appliquant à diverses questions de physiques et de sciences naturelles. Attaquant ses heureux rivaux, il s'emportait beaucoup dans la conclusion contre la philosophie des Universités « *cette ancilla theologiæ*, cette mauvaise doublure de la scholastique, dont le plus haut critérium de la vérité philosophique est le catéchisme du pays ».

Ce fut seulement en 1839 qu'un mémoire intitulé : *La Liberté de la Volonté* couronné à la Société Royale des Sciences, de Norvège, le tira de l'obscurité où il vivait, et que des polémiques engagées par deux disciples dévoués, Frauenstaedt et Lindner, firent connaître ses œuvres diverses. La philosophie de Hégel, qu'il avait si ardemment attaquée, baissait de jour en jour. La renommée de Schopenhauer, le nombre de ses lecteurs, de ses disciples, de ses critiques, allaient croissant, et il connut enfin la gloire pendant ses dernières années jusqu'à sa mort, arrivée inopinément en septembre 1860.

La philosophie de Schopenhauer est riche en théories de détails originales. Quant aux théories générales, il semble que ce que Schopenhauer a trouvé, ou au moins mis en pleine lumière, se réduit à ceci :

Une métaphysique est possible dans le domaine de la seule expérience, à condition de l'embrasser tout entière. Elle est, par nature, complètement libre de toute attache théologique, également indifférente au théisme ou à l'athéisme. Elle peut et doit rester dans notre monde et être, à ce titre, une *cosmologie*.

Le monde ainsi considéré, avec ses phénomènes si variés et si complexes, est réductible en dernière analyse à un seul élément que Schopenhauer appelle la *volonté*, et qu'on nomme ordinairement *la force*.

La volonté est donc l'explication dernière, « la chose en soi »; mais nous ne pouvons savoir ni si elle a une cause, ni si elle est sans cause, ni d'où elle vient, ni où elle va, ni pourquoi elle est, ni si elle a un pourquoi : Nous savons seulement qu'elle est, et que tout s'y ramène.

Tels sont les principes généraux de sa philosophie (1).

Cependant ces généralités sont insuffisantes pour la pratique d'une doctrine décorée du nom de philosophie. Schopenhauer a ses idées particulières, peut-être indéterminées, sur la métaphysique, sur la destinée de l'homme, sur l'idée de Dieu, sur le devoir, sur la justice, sur l'amour. Il ne pouvait laisser de côté des considérations aussi importantes; mais dans l'intérêt de sa doctrine, il eût peut-être mieux fait de n'en pas parler que de traiter ces sujets avec un tel esprit de pessimisme, d'erreur, de grossièreté égoïste.

« Il y a un point de la plus haute importance sur lequel nous devons insister d'abord, sans quoi le lecteur serait exposé à comprendre tout ce qui suit à contre sens : Schopenhauer prend le mot

---

(1) Th. Ribot, *la Philosophie de Schopenhauer*. Paris, F. Alcan, 3ᵉ éd., 1888, pp. 20, 21.

de *Volonté* dans un sens qui lui est propre, et qu'on peut traduire sans trop d'inexactitude par le mot *Force*.

« On entend ordinairement par Volonté l'acte conscient d'un être intelligent, tandis que pour Schopenhauer, la Volonté est inconsciente par essence, consciente par accident (1). »

Comprends-tu, Andrès, une chose *inconsciente en soi*, rendue *consciente* par un *accident?* C'est un miracle affirmé par un homme que l'idée du miracle exprimée par un autre poussait à vomir des invectives.

Et sa grande découverte, sa « Thèbes aux cent portes », que *tout se réduit à la volonté.* Il en était si fier qu'il s'appelait modestement le Lavoisier de la philosophie, et il prétendait que cette séparation dans l'Ame de deux éléments (intelligence et volonté) est pour la philosophie ce que la séparation de l'eau a été pour la chimie.

Mais après avoir ainsi ramené l'expression dernière à la *volonté* (sous-entendu, à la *force*), il se hâte d'ajouter qu'il ignore ce que peut être en elle-même la *volonté;* et que la philosophie n'a aucun moyen de rechercher ni la cause efficiente ni la cause finale du monde. « Elle est (la philosophie) la reproduction complète de l'univers qu'elle réfléchit, comme un miroir, dans ses concepts abstraits (2). »

(1) Th. Ribot, *Schopenhauer*, pp. 65, 66.
(2) *Ibid.*, pp. 31, 32.

Des concepts abstraits pour réfléchir, comme dans un miroir, des phénomènes concrets! N'est-ce pas là ce que l'on pourrait appeler rechercher l'obscurité pour l'amour d'elle-même? La relation pure et simple des phénomènes devrait être la règle de l'enseignement de cette philosophie.

Il n'y a dans tout ceci qu'abus de mots, sens détournés, la *volonté* pour la *force*, la *métaphysique* pour la *cosmologie;* voilà à quoi se réduit toute cette invention allemande. Plus tard, nous verrons la physiologie s'appeler psychique, et brouiller ainsi toutes les acceptions reçues; mais revenons à Schopenhauer.

« J'entends par la métaphysique ce mode de connaissance qui dépasse la possibilité de l'expérience, la nature, les phénomènes donnés pour expliquer ce par quoi chaque chose est conditionnée, dans un sens ou dans l'autre, ou, en termes plus clairs, pour expliquer ce qu'il y a derrière la nature et qui la rend possible (1). »

Tout à l'heure, sa *métaphysique* devait rester dans notre monde et être, à ce titre, une *cosmologie*. Cela paraît un peu flottant.

« La philosophie de Schopenhauer se place, comme le fait remarquer un de ses disciples, à titre de conception intermédiaire, entre son maître Kant et ses ennemis Schelling et Hégel. Kant dit : « Ne rien savoir ». Schelling et Hégel : « Tout savoir ». Scho-

---

(1) Th. Ribot, *ouvr. cité*, pp. 27, 28.

penhauer : « Savoir quelque chose. » Quoi? Ce qui est contenu dans l'expérience. Sa philosophie peut donc être définie comme il l'a fait lui-même : *un dogmatisme immanent*, c'est-à-dire qui reste dans le domaine de l'expérience, qui se propose de l'expliquer, de la ramener à ses derniers éléments; par opposition avec le *dogmatisme transcendant*, qui sans souci de l'expérience, s'élève au-dessus du monde et croit tout expliquer par des hypothèses gratuites et des solutions théologiques (1). »

Venons à ce que Schopenhauer dit de la destinée de l'homme :

« Le monde végétal décarbonisa l'air et le rendit propre à la vie animale. L'objectivité de la volonté réalisa une nouvelle forme : le règne animal; poissons et cétacés dans la mer, reptiles gigantesques sur la terre. Puis de degrés en degrés, à travers des formes innombrables et de plus en plus parfaites, la volonté de vivre en est venue jusqu'au singe. Mais ce n'était encore que son avant-dernier pas; dans l'homme elle a atteint le dernier. Un être supérieur à lui, plus intelligent que lui, serait impossible; car il trouverait la vie trop déplorable pour la supporter un seul instant (2). »

Tout pour l'homme; tout subordonné à l'homme, qui serait la fin de tout! Quel orgueil, Andrès!

C'est d'une pauvreté vraiment étrange que tous

---

(1) Th. Ribot, *Schopenhauer*, pp. 32, 33.
(2) *Ibid.*, pp. 78, 79.

tes écrivains fassent toujours coïncider la fin éventuelle de ta planète avec la fin de l'espèce humaine! Crois-tu vraiment, toi-même, cette espèce si parfaite et si indispensable à la nature?

Et puis, cette dernière réflexion d'un hypocondriaque : « Un être plus intelligent que l'homme n'accepterait pas la vie pour un seul instant. » A quelle philosophie quelconque cette réflexion peut-elle ressortir?

Andrès. — J'ai quelque peine à accueillir l'idée d'une espèce nouvelle, car je vous avouerai que je ne la comprends pas. Elle n'est peut-être pas impossible, après tout ; mais alors, je voudrais qu'elle eût des ailes, comme les oiseaux ; et la force magnétique, comme le gymnote ou la torpille.

Blanche. — Je pense plutôt que le progrès chez une espèce nouvelle, serait réalisé par une plus grande puissance intellectuelle, trouvant son appui et son mode d'expression dans une structure matérielle plus parfaite et plus simple. Mais revenons au matérialisme et à Schopenhauer, à propos de « l'idée de Dieu ».

Schopenhauer a repris pour son compte toute la critique que Kant a faite de la théologie rationnelle, sans y rien ajouter d'essentiel.

Il soutenait que l'idée de Dieu n'est pas innée; que le théisme est un résultat de l'éducation, et que si on ne parlait jamais de Dieu à un enfant, il n'en saurait jamais rien (1)...

---

(1) Th. Ribot, *Schopenhauer*, p. 36.

L'homme qui, le premier en tous pays, a pensé à Dieu, ne le devait pas à l'éducation, cependant.

La notion de l'existence de Dieu est universellement admise, sous des dogmes divers, il est vrai, mais, au fond, exprimant tous la même croyance... Mais, poursuivons :

L'idée de Dieu, fut-elle innée, ne serait pour nous d'aucun profit. D'abord Locke a établi d'une manière irréfutable qu'elle ne l'est pas : admettons cependant ce caractère d'innéité. Qu'est-ce qu'une vérité innée ? c'est une vérité subjective. L'idée de Dieu serait donc une forme *a priori*, toute subjective, comme le temps, l'espace, la causalité ; mais qui n'établirait en rien l'existence *réelle* d'un Dieu. Ce qui infirme à jamais toute théologie rationnelle, c'est que le nerf caché de toutes ses démonstrations, c'est le principe de causalité — ou de raison suffisante — qui, valable dans l'ordre des phénomènes, n'a plus de sens dès qu'on en sort. « La philosophie est essentiellement la connaissance du monde : son problème est le monde ; c'est de lui seul qu'elle s'occupe et elle laisse les dieux en repos ; elle espère qu'ils feront de même à son égard (1). »

Pour le philosophe schopenhaueriste, Dieu est une quantité négligeable, et la Métaphysique, ici, est encore une fois laissée de côté. Voyons maintenant la Morale et la notion du Devoir, cette unique garantie du droit social *des autres,* et, par action ré-

(1) Th. Ribot, *ouv. cité*, p. 37.

flexe, *de son propre droit*, au strict sens du mot :

On considère généralement la morale comme la partie pratique de la philosophie ; mais pour Schopenhauer, la philosophie tout entière est théorique, la morale comme le reste. « La vertu ne s'apprend pas plus que le génie ; les notions abstraites sont aussi infructueuses pour elle que pour l'art. Il serait aussi insensé de croire que nos systèmes de morale et nos éthiques produiront des gens vertueux et des saints, que de penser que nos esthétiques feront naître des poètes, des musiciens et des peintres. » — En morale, comme ailleurs, le philosophe n'a qu'une chose à faire : prendre les faits tels qu'ils lui sont donnés *in concreto*, c'est-à-dire tels que chacun les sent, les interpréter, les éclaircir par la connaissance abstraite de la raison (1).

Alors, pour Schopenhauer, toute éducation est inutile? La vertu ne s'apprend pas plus que l'inspiration musicale. La mère, sage, prudente, et éclairée ; attentive à initier l'intelligence inculte de ses enfants, à former leur cœur et leur esprit au bien, à la charité, aux actions honnêtes par l'imprégnation de principes moraux consacrés dans une longue expérience familiale ; cette mère admirable fait une œuvre sans portée, sans valeur? Quelle méchanceté a donc inspiré ce maniaque, instruit, mais sans éducation. Il nie chez les autres ce qu'il n'avait pas rencontré pour lui-même. Et tout cela appuyé sur une com-

(1) Th. Ribot, *Schopenhauer*, p. 115.

paraison spécieuse de l'éthique et de l'esthétique !

Comme étude du progrès pseudo-scientifique du matérialisme il faut continuer l'examen de ces insanités. Passons à ce qui suit :

« D'après tout ce qui précède, on ne s'attendra pas sans doute à trouver dans ce traité d'éthique, soit des préceptes, soit une théorie des devoirs, soit un principe universel de morale qui serait comme le réceptacle général d'où sortent toutes les vertus. Nous ne parlerons ni de « devoir inconditionné », ni d'une « loi de la liberté », car l'un et l'autre renferment une contradiction. Nous ne parlerons en aucune façon du devoir ; cela est bon pour les enfants et les peuples dans leur enfance, mais non pour ceux qui se sont approprié la culture qu'on possède à l'âge de la majorité (1). »

C'est complet. Voilà le dissolvant social trouvé. Il suffit d'envelopper cela sous le couvert du langage philosophique scholastique pour le rendre digne de l'attention des penseurs. Pas de devoirs ! et cela déclaré tout simplement ; comme chose théorique, subjective et de philosophie transcendante ?

D'ailleurs la Justice a aussi sa formule imprévue dans cette *cosmologie*. Elle a sa source dans la sympathie ou la compassion, suivant le néophilosophe.

La base de la morale c'est donc la sympathie, ou, comme le dit encore Schopenhauer la compassion, la charité :

---

(1) Th. Ribot, *Schopenhauer*, pp. 115, 116.

« La compassion est ce fait étonnant, mystérieux, par lequel nous voyons la ligne de démarcation qui, aux yeux de la raison, sépare totalement un être d'un autre, s'effacer et le *non moi* devenir, en quelque façon, le *moi*. La pitié seule est la base réelle de toute libre justice et de toute vraie charité. De même si la justice est réputée la première des vertus cardinales, c'est qu'elle est un premier pas vers la résignation ; car sous sa forme vraie, elle est un devoir si lourd que celui qui s'y donne de tout son cœur doit s'offrir en sacrifice : elle est un moyen de se nier et de nier son vouloir vivre (1). »

Mais non ; c'est l'accomplissement d'un devoir, voilà tout. Pour une fois que Schopenhauer reconnaît l'existence du devoir, et ce, un moment après l'avoir nié, il l'exagère jusqu'à en faire un supplice. Peut-être est-ce fondé s'il vise dans ce paragraphe le Bouddhisme, qu'il pratiquait, dit-on. Quant à baser, *dans les sociétés parvenues à l'âge de la majorité*, l'exercice de la justice sur la compassion ou la pitié, ce serait offrir peu de garantie aux justiciables ; car à celui d'entre eux qui, nanti d'une bonne cause, n'inspirerait aucune pitié à Schopenhauer, celui-ci ne lui devrait ni justice ni charité. De sorte que sa justice serait discrétionnaire.

Si tu fais jamais un système philosophique, Andrès, efforce-toi de le mettre d'accord avec le bon sens. La *Cosmologie métaphysique* viendra ensuite par surcroît.

(1) Th. Ribot, *Schopenhauer*, pp. 117, 118.

Dans la partie qui traite de la morale et de la justice, Schopenhauer, traite aussi de l'amour, qu'il définit ainsi : L'Amour est une passion *spécifique;* l'individu n'est qu'un instrument; la nature l'éblouit par une illusion décevante pour arriver à ses fins : perpétuer la vie. « L'instinct sexuel est le cœur même de la volonté de vivre, et, par conséquent la concentration du vouloir tout entier; c'est pourquoi j'appelle les organes sexuels le foyer du vouloir (1). » Je te fais grâce d'autres citations par trop réalistes.

Le jugement que Schopenhauer porte sur les femmes est sévère jusqu'à l'injustice. Il se résume à peu près dans cette citation de Chamfort. « Les femmes sont de grands enfants... elles sont faites pour commercer avec nos faiblesses, avec notre folie, non avec notre raison. Il existe entre elles et les hommes des sympathies d'épiderme et très peu de sympathie d'esprit, d'âme et de caractère. » Il est remarquable que Schopenhauer qui connaissait très bien Chamfort, ne cite nulle part le passage suivant de Chamfort, qui contient en germe toute sa métaphysique de l'amour :

« La nature ne songe qu'au maintien de l'espèce; et pour la perpétuer, elle n'a que faire de notre sottise. Qu'étant ivre, je m'adresse à une servante de cabaret ou à une fille, le but de la nature peut être aussi bien rempli que si j'eusse obtenu Clarisse après deux ans de soins; au lieu que ma raison me sauverait

---

(1) Th. Ribot, *ouv. cité*, p. 123.

de la servante, de la fille, et de Clarisse même peut-être. A ne consulter que la raison, quel est l'homme qui voudrait être père et se préparer tant de soucis pour un long avenir? Quelle femme, pour une épilepsie de quelques minutes, se donnerait une maladie (?), d'une année entière? La nature, en nous dérobant à notre raison, assure mieux son empire : et voilà pourquoi elle a mis de niveau sur ce point Zénobie et sa fille de basse-cour, Marc-Aurèle et son palefrenier (1). »

Dans sa thèse : l'amour c'est l'espèce; l'individu n'est qu'un instrument.

On peut regretter que Schopenhauer n'ait rien dit de l'évolution ascendante de l'amour; qu'il n'ait pas montré comment les deux faces de l'amour, l'une organique, l'autre psychologique, sont en corrélation variable; si bien qu'au plus bas degré, il n'y a guère qu'un instinct brut; plus haut, une harmonie parfaite entre ce qui est physique et mental; plus haut encore, un effacement progressif, quoique jamais complet, du physique (Pétrarque, Dante, l'amour platonique), jusqu'à ce point où il est *presque* juste de dire avec Proudhon : chez les âmes d'élite, l'amour n'a pas d'organes. »

Schopenhauer a procédé partout en biologiste; aussi la plupart des critiques ont-ils trouvé trop physique sa théorie de l'amour. Il eût été plus juste de reconnaître qu'il a donné ce que son titre pro-

---

(1) Th. Ribot, *Schopenhauer*, note, p. 126.

mettait : une métaphysique de l'amour sexuel (1).

Est-il sûr d'ailleurs qu'il eût pu comprendre l'amour psychologique? Il dit qu'il ressemblait pour l'intelligence à sa mère, et Feuerbach, qui l'a connue, la juge en ces mots : « Elle bavarde beaucoup et bien ; intelligente, sans cœur ni âme (2). » Il n'a jamais voulu se marier ; il a couru les filles à Dresde et en Italie. Cet homme, riche en haines, détestait les femmes ; il leur appliquait brutalement ce proverbe illyrien : « Les femmes ont les cheveux longs et les idées courtes (3). »

Était-il donc qualifié pour ressentir les sentiments de l'amour délicat?

Andrès. — Non certes. Et je crois même que cette philosophie réaliste très à la mode en France, il y a quelques années, n'a pas été sans influence sur la littérature ultra-légère qui nous a un peu délassés du tour guindé des classiques, et des romantiques à la Lune.

Blanche. — Si c'est là tout ce que tu trouves à reprendre aux grossièretés de Schopenhauer, tu m'affliges véritablement pour toi, Andrès. Réfléchis donc à ceci :

Les écrivains qui, dans des ouvrages licencieux, décrivent minutieusement des obscénités malpropres font des œuvres mauvaises et coupables, parce qu'ils

---

(1) Th Ribot, *Schopenhauer*, pp. 132, 133.
(2) *Idem.*, p. 2.
(3) *Idem.*, p. 12.

tendent à la dégradation certaine de l'esprit de leurs lecteurs, et à la déconsidération morale de leur pays.

Mais ce que l'on peut ajouter, sans égard à leur amour-propre, c'est que ce qu'ils considèrent comme des *clous*, subtilement placés pour provoquer l'attention d'un public corrompu sur leurs œuvres malsaines, sont simplement des choses idiotes par cette raison qu'ils ne devraient pas perdre de vue : Ces exhibitions n'ont rien de commun avec le domaine de l'intelligence.

L'acte intime et suprême par lequel la Nature assure la perpétuité de l'espèce, n'est vénérable chez l'espèce humaine que par le mystère dont il doit toujours être enveloppé. Si l'on veut décrire les passions, on ne doit le faire qu'en ce que ces passions ont de commun avec l'Ame, avec la Vie intellectuelle, sous peine de n'écrire que pour les bas fonds sociaux. L'acte visé ici ne ressortit nullement à l'Intelligence, mais bien à la Vie automatique, à la Vie végétative.

Pour les amants délicats, récemment mariés, l'amour est dans l'immense tendresse, vague quant au but, qu'ils éprouvent l'un pour l'autre, et l'acte ultime n'est qu'une résultante confuse qui surprend même étrangement ces natures innocentes, lorsqu'un enseignement imprudent n'a pas encore souillé leur esprit. La répétition, une agréable habitude, altèrent la première pureté de ces rapports sexuels involontaires, mais les hommes et les femmes qui vivent *dans* ou *de* la débauche, ou les solitaires qui s'exaspèrent par leurs pratiques, sont les seuls qui trouvent tout simple d'étaler aux yeux du monde les actes, les images, les descriptions de cette impudicité bestiale.

Andrès. — C'est très juste. J'en conviens sans réser- serve; car la mesure d'une littérature aimable a été fortement dépassée. Même, il y a souvent peu de ressort vital dans les élucubrations dernières. On y sent des praticiens surmenés. C'est comme on dit, un *truc* qui a fait son temps. On reviendra sans doute à des choses plus sérieuses.

Blanche. — Je le pense comme toi. Un dernier mot sur Schopenhauer.

Comme philosophe allemand, il a une qualité peu commune dans son pays : la clarté. Car la philosophie allemande de Kant, Fichte, Schelling, d'Hégel lui-même, qui est plutôt de l'esthétique que de la science, quoique prétendant à cette dernière, est au vrai, subtile, quintessentielle, indéterminée, amorphe. Elle amuse l'esprit anatomiste et de controverse. C'est un régal pour les délicats qui se piquent de posséder et de creuser la langue philosophique; mais elle n'a jamais rien produit pour la raison. Ne rien savoir, dit Kant. Voilà un joli résultat de ses œuvres colossales! La *révélation* sur laquelle voulait s'appuyer Schelling, aboutit à *l'inutilité de Dieu*, chez Schopenhauer, à la satisfaction du même auditoire.

Andrès. — Je trouve cela assez plausible chez Schopenhauer, qui, comme Bouddhiste, aspirait à l'anéantissement absolu dans le Nirvanà.

Blanche. — Soit. Mais comme philosophe et moraliste allemand, c'est insuffisant. Et puis, n'en déplaise au sage Çakia-Mouni, sa conception du *Nirvanâ* est pitoyable.

L'anéantissement de tout désir, le détachement des choses de ce monde, et comme espoir suprême, la destruction de la forme, c'est-à-dire de l'illusion, et l'entrée dans le domaine du *Nirvanâ* où la conscience et la pensée même disparaissent par un engloutissement de fosse commune, c'est une satisfaction donnée au pessimiste, à celui qui nie la justice et la bonté de Dieu; c'est la destruction de la responsabilité personnelle, cette base véritable et solide de la morale universelle, du bien progressif et de l'amour de Dieu et du prochain. Un vieux loup féroce, qui crève dans son impuissance sénile, serait content d'atteindre en fin de compte, ce néant, s'il lui était donné d'en imaginer l'existence.

Au reste, beaucoup d'hommes, et des plus sages, et des meilleurs, se sont efforcés de donner aux nations une philosophie générale et n'ont pu parvenir à édifier une œuvre durable. Quelques-uns ont borné leurs préceptes à l'utilité matérielle et sociale, tels Koung-Fou-Tseu, pour l'essence de ses doctrines; Lycurgue, Solon, Numa, d'autres encore. Leurs doctrines ont rendu des services aux nations pour lesquelles elles avaient été faites, tant que celles-ci ont continué à les pratiquer étroitement. Les philosophes qui ont voulu tout embrasser n'ont pas eu la même fortune : L'homme, l'auteur, transparaissait trop dans l'œuvre, sa personnalité y tenait trop de place; et puis, l'homme ne peut expliquer ce qu'il ne connaît pas ; ce qui ne peut tomber sous ses sens ; ce qui est pour lui, invisible et intangible ; sa nature ne s'y prête pas, et ses efforts, pour louables qu'ils soient, aboutissent toujours à l'impuissance.

C'est pourquoi je comprendrais assez qu'il s'appliquât d'abord à l'étude d'une sorte de Cosmologie, bornée aux choses du monde matériel, sur lequel ses constatations sont relativement faciles et certaines, mais à condition toutefois que s'il ne peut rien affirmer sur les choses hors de sa portée actuelle, et qu'il ne connaît pas encore, il les réserve prudemment, et ne les nie pas de propos délibéré, pour supposer gratuitement, chez la matière inerte, des propriétés qu'elle ne possède pas, afin de pouvoir attribuer à la matière l'empire universel, à l'exclusion des forces autrement puissantes qui actionnent l'univers, et qui sont, et seront peut-être encore longtemps, lettres closes pour lui.

Quand je traiterai, pour toi, de tes illusions, tant de celles nées de l'erreur de tes sens que de celles qui résultent de l'insuffisance de ta structure humaine, je reprendrai cette question. En ce moment, je ne m'occupe avec toi des philosophies récentes que comme moyen d'acheminement à l'établissement légal du Matérialisme, qui arrivera peut-être à s'implanter quelque jour, comme forme nouvelle de vivre aux dépens des autres, en tâchant de faire croire, et de croire lui-même, à l'irresponsabilité personnelle au delà de la mort.

Je te montrerai les conséquences déplorables que produirait cette affreuse tyrannie; l'inanité de ses doctrines pompeuses; et comment tu peux obtenir des preuves logiques de l'existence des vérités intellectuelles souveraines qui échappent à tes sens.

Revenons aux déclarations de matérialisme préparées en Allemagne par la philosophie pessimiste et morose, de Schopenhauer, sur laquelle je ne me suis appesanti que pour te fournir les prodromes de ces déclarations matérialistes insensées.

Andrès. — Mais à côté de ces philosophies infécondes, la Science travaille et progresse tous les jours; la vie n'aura bientôt plus de secrets pour elle. Le matérialisme alors pourra s'affirmer.

Blanche. — La Science et le matérialisme sont deux choses différentes : la Science travaille; le matérialisme pérore.

Andrès. — Vous ne pouvez pas méconnaître que le matérialisme cherche à prouver ses affirmations au moyen de la Science. S'il y parvenait, cependant! S'il arrivait à créer la Vie, que diriez-vous?

Blanche. — J'examinerais d'abord les résultats obtenus. Les vrais savants sont modestes et exposent simplement les fruits de leurs patientes et intelligentes recherches. Les sectaires exagèrent la portée des découvertes et triomphent bruyamment par avance. Ils ne produisent le plus souvent que le désenchantement.

Ainsi, par exemple, on est parvenu à obtenir, par voie chimique, l'albumine, une des parties constitutives du protoplasma, et il a été fait beaucoup de bruit autour de cette découverte importante. Malheureusement, cette albumine de laboratoire n'est pas vivante, elle n'est pas capable de jouer le rôle d'amorce et n'a pas la même activité que le protoplasma. On impute cette différence à des propriétés isomériques encore indéfinies. Peut-être manque-t-il plutôt un principe essentiel, insaisissable jusqu'à présent. Attendons. Je ne vois pas la part d'action du matérialisme en tout ceci, ni ce qu'il y viendrait faire.

La Science fait une chose utile, et légitime devant la Nature, en recherchant ses lois. Le temps n'est plus où l'on pourrait tenter de l'astreindre aux restrictions imposées par les dogmes des religions humaines. Je ne lui reconnaîtrai pourtant cause gagnée, que quand elle aura réalisé, non seulement une cellule vivante, ce qui serait déjà très remarquable, mais surtout lorsque cette cellule en aura produit d'autres qui, par métamorphisme, auront donné, par une plante je suppose, la tige, des feuilles, des fleurs et des fruits avec des organes reproducteurs efficaces. C'est à ces conditions que je reconnaîtrai que la Science humaine a pu créer la Vie, en imitant les procédés de la Nature. Encore ne serait-elle parvenue qu'à la production de la Vie végétative, car la Vie intellectuelle, expression supérieure, restera toujours en dehors de sa portée, comme je te le démontrerai...

Andrès. — Pourquoi la Science ne pourrait-elle

réaliser aussi bien la Vie intellectuelle que.....

BLANCHE. — Parce que la Vie intellectuelle est immatérielle, et que l'Immatérialité est en dehors de la portée de la Science humaine.

Je t'expliquerai cela quand j'aurai terminé l'histoire et les prétentions du matérialisme. Laisse-moi l'achever sans m'interrompre de nouveau :

Les matérialistes s'étaient emparés avec empressement des affirmations erronées, subversives, de Schopenhauer, dont tu as pu juger le peu de fondement et la portée anti-sociale, que réprouveraient même des sauvages parvenus seulement à la période pastorale.

Deux des compatriotes de ce singulier moraliste, Moleschott et Büchner, le premier physiologiste, le second docteur en médecine, encouragés par le succès de ses sophismes, publièrent successivement chacun un livre : *La Circulation de la Vie*, et *Force et Matière*, où, parmi des faits incontestables de Science physique, chimique, et biologique très bien exposés, ils lancèrent des affirmations éclatantes, mais sans les appuyer d'aucunes preuves.

Ainsi, chez Moleschott, le premier en date, on trouve ceci :

1° « La Force est une propriété de la Matière. La Force est inséparable de la Matière. La Force est aussi impérissable que la Matière. »

« Avant de développer ces propositions dans leurs rapports avec la vie cérébrale, je dois attirer l'attention sur une erreur fondamentale dont Liebig, etc. (1). »

La discussion de *l'erreur fondamentale* suit, mais le développement des trois propositions hardies ne vient pas à la suite. Elles sont affirmées plus haut, voilà tout.

2° A propos de l'affaiblissement de l'intelligence, il écrit :

« Ce n'est que par exception que le cerveau conserve, chez les vieillards, la force de l'âge mûr ; encore est-il difficile qu'il n'ait rien perdu. Nous savons que Newton est parvenu à l'âge de quatre-vingt-cinq ans, et que dans sa vieillesse, l'infortuné s'est occupé des prophéties de Daniel et de l'Apocalypse de Jean. L'Apocalypse de Jean, un joujou à la main du génie qui découvrit les lois de la gravitation ! La Force est impérissable comme la Matière (2). »

Comprends-tu cet axiome fondamental jeté là, mal à propos, on ne sait pourquoi, à la suite d'une anecdote sur *l'infortuné* Newton, et sans considération préalable, sans explication ultérieure !

Encore pourrait-on faire remarquer que la force *impérissable* de *l'infortuné* Newton s'en est allée, et que la matière est demeurée seule. C'est là un mode d'affirmation de Moleschott qui n'est pas banal.

3° « La Pensée est un mouvement de la Matière (3). »

---

(1) Moleschott, *la Circulation de la Vie*, Paris, Germer-Baillière, 1866, t. II, p. 140.
(2) *Ibid.*, t. II, p. 162.
(3) *Iibd.*, t. II, p. 178.

Voilà un axiome produit là, à la suite de considérations générales, aussi bien spiritualistes que matérialistes, terminées par un raisonnement de Vogt d'où il résulte que le cerveau est nécessaire à l'expression de la pensée, mais sans contenir aucune preuve de la proposition sus-énoncée, car il ne suffit pas de répéter, un peu plus loin, en d'autres termes : « La pensée est un mouvement, une transformation de la matière cérébrale. » Il faudrait le démontrer.

4° A propos de la volonté qu'il semble identifier avec la conscience, à peu près comme le fait Schopenhauer, il fait une singulière confusion : d'abord la Conscience a un double sens sur lequel il ne s'explique pas, et que les Anglais expriment par *Conscience* et *Conciousness*, que les Français pourraient rendre par *la Conscience* et *le Conscient*. La *Conscience* serait cette faculté psychique qui permet de juger d'une chose, *bonne ou mauvaise en soi*, au point de vue moral ; le *Conscient* serait la faculté de relation qui permettrait de constater la sensation produite par la présence, ou le passage au contact, d'un objet externe. Moleschott paraît s'en tenir à la dernière définition, mais je n'en suis pas sûre. Voici ce qu'il dit :

« La conscience n'est rien que la faculté de percevoir les rapports des choses avec nous. Plus nos nerfs sensitifs subissent fréquemment l'impression d'un mouvement matériel, plus nous avons entendu, vu, observé, jugé, compris, et conclu. » (Il semble que cette énumération implique les deux sens, tandis que l'axiome qui commence le paragraphe ne visait que les faits de relation), en un mot, plus notre pensée s'enrichit et plus l'opposition entre le moi et la chose située hors de nous devient saillante. L'exercice élève le niveau de la conscience; elle grandit avec la connaissance, elle reçoit d'autant plus cette empreinte d'une individualité distincte, que les perceptions des sens se lient plus fortement en elle.

« Aussi le développement de la conscience marche-t-il de front avec celui de la pensée. Nous le voyons dans la série des animaux et dans les âges de l'homme. L'enfant vit presqu'inconscient pendant les premiers mois sans se rappeler les états qu'il traverse et les choses qui agissent sur lui. Il n'y a pas dans la conscience des bêtes et celle de l'homme une différence d'espèce, mais une différence de degré. Cette différence peut être extrêmement grande, comme aussi, il faut le dire, elle peut être extraordinairement petite. » (Ici une anecdote sur Voltaire, ayant peu de rapport avec la question, et que je passe, pour abréger.)

« Pour qu'on puisse conserver la sensation comme fait de conscience clair, il faut que l'impression sur les sens ait été fréquemment répétée. Pourtant la conscience provient toujours de la sensation. Nous refusons la conscience à l'animal quand il cesse de sentir.

« La conscience est donc aussi une propriété de la matière (1). »

---

(1) Moleschott, *ouv. cité*, t. II, p. 182.

Peut-on accepter que cette affirmation étonnante résulte vraiment de ce qui précède? L'essentiel, à ce qu'il paraît, c'est que la *Conscience* et le *Conscient* soient englobés dans cette solution matérialiste.

5° Sur les idées innées :

Moleschott avait déclaré que : « Il n'y a pas d'idées innées (1). »

Plus loin, à propos de la volonté, il s'exprime ainsi :

« La race dont est sorti Vésale était, depuis le père de son bisaïeul jusqu'à son propre père, composée de médecins distingués. Le frère lui-même du fondateur de l'anatomie humaine fut entraîné vers la science de la nature par une inclination si irrésistible, que ses parents ne purent pas le plier à l'étude du droit. Riehl a rappelé il n'y a pas longtemps, dans son ouvrage instructif sur la société civile, que, précisément au moment où l'on se moquait le plus de la noblesse de naissance, on s'était mis péniblement à la recherche de l'arbre généalogique de Sébastien Bach ; on vit alors apparaître une longue et noble file d'aïeux composée de maîtres du plus ferme talent, et l'on attribua avec raison à cette noblesse artistique une bonne part des qualités distinguées de cet homme rare. Qu'il serait facile de multiplier les exemples !

« Ainsi l'homme est la résultante de ses aïeux, de sa nourrice, du lieu, du moment, de l'air et du

---

(1) Moleschott, *ouv. cité*, t. II, p. 167.

temps, du son, de la lumière, de son régime et de ses vêtements (1)... »

Mais alors Moleschott admettrait des idées innées ! Ce seraient celles transmises par l'hérédité. Moleschott devrait bien être conséquent avec lui-même dans ses citations.

Avec son livre *Force et Matière*, Büchner marche sur les pas de Moleschott, son maître. Il est encore plus général que lui dans ses expositions. Au reste, il dit lui-même : « Nous n'avons pas la prétention de présenter au lecteur dans les chapitres suivants, tout un système; ce ne sont que des idées et des notions éparses qui s'enchaînent néanmoins avec rigueur et se complètent réciproquement (2). »

Du reste, ce sont les propositions émises par Moleschott et prises chez lui, mais énoncées ici dans un style péremptoire; une sorte de sommation de se rendre.

Des citations sèches et impérieuses devant lesquelles il n'y a qu'à s'incliner, ainsi : Ocellus Lucain dit formellement, en parlant de l'univers : « Il a été et il sera toujours (3). »

Et voilà. Ocellus Lucain a dit cela; il l'a dit formellement; quelle explication voulez-vous encore?

— Mais les mondes détruits, disparus? Les formations successives?

---

(1) Moleschott, *ouv. cité*, t. II, pp. 193, 194.
(2) Büchner, *Force et Matière*, Leipzig, 1862. Préface de la 1re éd., p. vii.
(3) *Ibid.*, p. 61.

— En vérité! mais c'est toujours le même univers, le même couteau, dont a changé, suivant les occurrences fatales, la lame, ou le manche; même plusieurs fois.

Puis, toujours cette prétention de confisquer la Science au profit du matérialisme :

« La Science a établi par la géologie la formation des terrains et des espèces organiques par une série de formations successives, se développant de plus en plus, jusqu'à l'époque où l'homme et un monde animal et végétal conforme à l'homme, pouvait prospérer (1). »

Il n'y a rien, dans tout le chapitre, qui ait été découvert par le matérialisme, ni qui lui soit spécial. Toutes les sectes philosophiques ont enregistré et adopté ces constatations scientifiques.

Le matérialisme de Büchner n'a découvert qu'une chose... dans Moleschott : c'est que la Force est immanente à la Matière, et que cette combinaison fertile est éternelle, dans le passé et dans l'avenir; en un mot, qu'elle a toujours existé et qu'elle existera toujours.

Tout à coup, Büchner produit, d'après Helmholz, une proposition contradictoire, qui détruit sa proposition fondamentale. Voici sa citation :

« La Physique (Voyez Helmholtz, sur l'action réciproque des forces physiques, 1854), a calculé que, de même qu'il y eût un temps où notre terre était sans

---

(1) Büchner, *ouv. cité*, p. 75.

vie organique, il faudra qu'il arrive un temps, sans doute dans un avenir infini et incommensurable, où les forces physiques qui existent maintenant s'épuiseront, et où tous les êtres animés seront replongés dans la nuit et la mort. Que sont, en présence de tels faits, toutes ces phrases fastueuses d'une philosophie parlant de buts généraux de l'univers qui s'accompliront dans la création de l'homme, de l'incarnation de Dieu dans l'histoire, de l'histoire de l'humanité comme le dévoilement subjectif de l'absolu, de l'éternité de la conscience, de la liberté, de la volonté, etc., etc. Qu'est-ce que sont la vie et les efforts d'un homme et de tous les hommes en comparaison de cette marche éternelle, inexorable, irrésistible, moitié fortuite, moitié nécessaire de la nature! Le jeu momentané d'un éphémère planant sur la mer de l'éternité et de l'infini! (1) »

J'avais déjà dit, Andrès, tu t'en souviens (2) :

Tandis que la Matière semble aller à sa destruction puisque la force vitale l'abandonne peu à peu, et finira sans doute par la quitter tout à fait, préludant ainsi à l'anéantissement de la Terre qui suivra dans le passé les mondes disparus, l'Intelligence au contraire s'élève sans cesse, s'affranchit peu à peu de la matière, et, par des espèces de plus en plus désarmées matériellement, finira sans doute par dépouiller tout à fait la matière, alors que, par sa destruction finale,

(1) Büchner, *ouv. cité*, p. 107.
(2) Le présent livre, p. 171.

celle-ci sera désormais inutile à l'expression de l'Intelligence.

Telle serait la réponse que je pourrais faire à Büchner, mais je m'en garderais bien. Il est bien trop préoccupé *de l'homme, de ses hommes, de sa Terre*, auxquels il rapporte tout; comptant le reste pour rien.

Je ne veux relever de sa citation que la conséquence suivante : Sa matière immortelle, privée de sa force immanente, retournera *fatalement*, suivant Helmholz, à l'inertie, à la nuit, à la mort. Et le matérialisme, *éternel aussi;* naturellement.

A partir de ce point, son livre est frappé d'impuissance. Cette citation, qui est échappée à Büchner, qui vient là, on ne sait pourquoi, ruine son assertion superbe d'une Force éternellement immanente à la Matière. Éternellement, n'est plus alors qu'une manière de dire : *tant que la Force ne s'épuisera pas.*

Il est donc inutile pour toi que je prolonge cet examen. D'ailleurs l'inertie de la matière démontrée par les savants les plus qualifiés, et acceptée par les néo-matérialistes qui se réfugient maintenant dans les propriétés de la matière, dans ses affinités physiques et chimiques, rendent actuellement toutes discussions oiseuses à ce sujet.

Ces propositions hardies n'ont pas porté bonheur à leurs auteurs, qui ont été traités bien rigoureusement par leur patrie, et forcés de renoncer aux fonctions qu'ils y remplissaient dans l'enseignement. Deux d'entre eux s'exilèrent : Moleschott en Italie et

Vogt à Genève; Büchner reprit l'exercice de la médecine dans Darmstadt, sa ville natale.

C'est que le matérialisme, comme le socialisme, est matière d'exportation, en Allemagne. On ne les pourra prendre au sérieux que lorsqu'ils y seront pratiqués énergiquement par les Allemands eux-mêmes. Ceux-ci émettent ainsi hors de chez eux beaucoup de marchandises frelatées à l'usage... des autres. C'est une spécialité d'adultération de leur part, bien connue des étrangers. Le seul article d'exportation qu'ils ne sophistiquent pas, c'est l'engin de guerre à leur usage, pour lequel leur esprit, haineux et cupide, recherche sans relâche tous les moyens de perfection.

Toute cette digression sur les philosophes et les matérialistes avait pour objet de te faire connaître les sources où puisent les néo-matérialistes français à l'heure actuelle. La Force immanente à la Matière, cette hypothèse ingénieuse qui donnait au matérialisme une base solide, est actuellement discréditée, et sa chute a fortement ébranlé la consistance des affirmations de cette doctrine anti-sociale.

Voyons donc maintenant quel est le terrain de contestation et les arguments invoqués par les Matérialistes pour faire prévaloir leur doctrine sur celle généralement admise d'un Dieu, créateur de l'Univers.

Nous laisserons de côté Épicure et Lucrèce, non qu'ils soient absolument sans intérêt, mais parce qu'ils sont tous deux fort en retard au point de vue scientifique, et nous nous en tiendrons aux modernes qui prétendent s'appuyer sur la science parvenue au degré de développement actuel.

Les matérialistes appartiennent à toutes les classes de la société. On trouve notamment parmi eux des naturalistes, des physiologistes, des chimistes, des docteurs en médecine, des philosophes, des littérateurs, des politiciens, des gens du monde. Leurs affirmations ne sont pas rassemblées en un corps de doctrines acceptées par tous. Elles présentent, au contraire, des contradictions nombreuses sur des points essentiels, mais ils sont tous à peu près d'accord sur les suivants :

La matière est éternelle, remplit l'espace universel, a existé de tous temps, existera toujours. Elle s'organise elle-même par les qualités spéciales et par les affinités physico-chimiques dont elle est douée, en obéissant toutefois à des lois qui sont l'expression la plus rigoureuse de la nécessité. Il ne peut être question d'utilité dans les œuvres de la Nature. Il faut combattre et détruire la notion détestable de Dieu et de la Téléologie, dont l'éducation des hommes est infectée.

Parmi leurs contradictions je te citerai les suivantes : Büchner, dans la génération primitive (*Force et Matière*), admet le développement progressif vers des formes plus parfaites, des animaux qui ont paru sur la Terre, et le remplacement de l'homme par une forme supérieure à naître de lui-même, tandis qu'André Lefèvre termine sa « Philosophie » en écrivant que « nous savons que notre loi de progrès n'intéresse pas l'univers ». Moleschott, niant d'abord les « idées innées », les admet ensuite implicitement en établissant que les médecins naissaient des médecins dans la race de Vésale; les musiciens des musiciens dans la race de Sébastien Bach, etc., etc., par hérédité, tandis que Büchner réprouve absolument les idées innées; le Dr Luys s'appuie principalement sur la physiologie, concluant pour l'intelligence et les facultés morales de l'homme à l'automatisme matériel, tandis que le D^r Le Dantec s'appuie sur les procédés physico-chimiques, et conclut pour l'intelligence et les facultés morales de l'homme, à la résultante synergique de milliards de plastides; etc.

On peut faire observer que tous les matérialistes affirmant que l'Intelligence est un produit de la Matière, ils doivent aboutir nécessairement, inéluctablement (ou *fatalement,* suivant leur expression favorite), à l'automatisme intellectuel. Mais ce résultat de leurs analyses est tellement insensé, tellement contraire aux faits révélant chaque instant la spontanéité personnelle de l'Intelligence, qu'avec un peu d'attention, cette seule considération suffirait à faire rejeter la doctrine matérialiste comme absurde.

Trouverait-on d'ailleurs, parmi les matérialistes eux-mêmes, un docteur ou un adepte, qui consentît, par respect pour les idées sectaires, à passer pour un automate intellectuel, pour un imbécile (1)?

---

(1) Dans le sens donné au mot latin : *imbecillus.*

Non, ce Décius borné de l'impossible, ne se présentera jamais.

Des matérialistes ont l'habitude de reprocher à certains spiritualistes, intolérants ou peu scientifiques, d'user, dans leurs explications, d'un moyen commode qui consiste à rendre compte de tout à l'aide de l'intervention constante de la Volonté divine : *Dieu l'a voulu ainsi !*

On peut retourner la même objection contre ces matérialistes, qui usent également d'un moyen commode et d'une simplicité extrême, consistant à attribuer la production de phénomènes, difficiles à expliquer, à l'action des lois *fatales* qui sont *l'expression rigoureuse de la nécessité.*

Les matérialistes sont, en outre, mal venus à faire aux spiritualistes un reproche d'intolérance et de parti pris, car, comme le dit Moleschott, lui-même : « Ce n'est pas seulement dans le domaine de la Foi, c'est encore dans celui de la Science (toujours la Science confisquée au profit exclusif du matérialisme !) que l'homme *poursuit avec le plus grand fanatisme* la croyance qui a le plus d'analogie avec la sienne (1). »

Il y a donc aussi, suivant Moleschott, des intolérants parmi les matérialistes.

D'ailleurs, Büchner explique tout, péremptoirement, en quelques lignes :

Les lois qui déterminent l'action de la nature, qui règlent les mouvements de la matière, tantôt en

---

(1) Moleschott, *ouv. cité*, t. II, p. 100.

détruisant, tantôt en organisant, et qui produisent les formations organiques et inorganiques les plus variées, sont *éternelles et immutables*. Une nécessité absolue et inflexible domine la matière. « La loi de la nature, dit Moleschott, est l'expression la plus rigoureuse de la nécessité ». Aucune puissance quelle qu'elle soit, ne peut échapper à cette nécessité qui n'a ni exception ni restriction... Aucune révolution de la terre et du ciel, quelque terrible qu'elle fût, n'a pu avoir lieu d'une autre manière; aucune main toute-puissante tendant de l'éther n'a soulevé les montagnes et transplanté les mers, n'a créé les animaux et les hommes, par des considérations et des convenances personnelles; mais ces événements arrivèrent, d'après ces mêmes lois que nous voyons encore aujourd'hui, transplanter des monts et des mers et créer tout être; *et tout cela eut lieu en conséquence de la plus rigoureuse nécessité* (1).

Risquez-vous quelque question comme celle-ci : « Comment se fait-il que deux corps, qui étaient doués chacun de propriétés spéciales, ont perdu ces propriétés en se combinant tous deux, pour former chimiquement *un nouveau corps doué de propriétés nouvelles, toutes différentes des premières?*

Réponse : « *Cela résulte fatalement de l'application d'une loi de nécessité rigoureuse.*

Cela vaut bien, je pense, le *Dieu l'a voulu ainsi*, de certains Spiritualistes.

---

(1) Buchner, *ouv. cité*, pp. 33, 34.

Les matérialistes se complaisent, s'acharnent, à poursuivre la destruction de la Société actuelle pour en édifier une sur les dogmes de leur doctrine. C'est la suite de la mise en pratique des principes sensualistes de Diderot, inspirateurs de son Encyclopédie, et infusés maintenant dans la moelle de ton pays, par l'effet des manœuvres persistantes d'un esprit pseudo-progressiste, mais, au vrai, brutalement révolutionnaire, ce qui ne peut le conduire, fatalement, suivant l'expression matérialiste, qu'au désordre et à l'anarchie, sans préjudice d'autre chose, d'une énonciation inutile à notre objet.

Pour parvenir à leurs fins, les matérialistes visent d'abord la religion, les uns sous le nom d'anthropomorphisme, les autres, comme Büchner, Moleschott, sous le nom de révélation ou sous celui de téléologie, que Moleschott assimile presque à théologie (1). Tous s'efforcent de ridiculiser l'idée de Dieu, en visant des légendes, comme la Création en six jours; Josué arrêtant le soleil, etc. etc. Ils constatent malicieusement qu'autrefois les anthropomorphistes ont déifié, personnifié, les forces de la nature, les animaux domestiques; que les anciens Grecs croyaient aux hamadryades, aux néréides. Ils avaient ainsi, à ces époques ascientifiques, l'âme des arbres, l'âme des flots; c'était insensé, soit. L'était-ce cependant davantage que la conscience atomique, le φ de l'azote, du carbone, etc., etc., découverts par Haeckel

---

(1) Moleschott, *ouv. cité*, t. II, p. 95.

et le D^r Le Dantec, et préconisées à l'heure actuelle?

Précisons bien les situations relatives des deux écoles :

Pour les spiritualistes, la puissance de Dieu est infinie et incommensurable. Les lois qu'il a créées pour régler l'essor des mondes paraissent être immuables et éternelles. Sa bonté et sa justice étant infinies comme sa puissance, il s'est réservé ce que nous appelons le hasard pour intervenir où et quand il lui plaît. Les spiritualistes croient en outre à la vie éternelle de l'Entité; à une récompense indéterminée pour les bonnes œuvres accomplies par cette entité, et à une punition pour ses défaillances conscientes, pendant la vie terrestre.

Pour les matérialistes, « il en est des destinées de la nature comme de celles des hommes. Ces dernières étant le résultat de rapports naturels, sont partout également soumises aux lois physiques, et subissent absolument cette même nécessité rigoureuse et inflexible qui domine toute existence. Il est dans la nature de tout être vivant, qu'il naît et qu'il meurt, et aucun être n'est encore échappé à cette loi; la mort est ce qu'il y a de plus certain pour nous, *elle est la fin de toute existence individuelle* : ni les prières d'une mère, ni les larmes d'une épouse, ni le désespoir d'un époux ne retiennent sa main inexorable. « Les lois de la nature, dit Vogt, sont des forces barbares, inflexibles, elles ne connaissent ni morale ni bienveillance. » Aucune main ne retient la terre dans sa course, aucune prière n'arrête le soleil ni n'apaise la fureur des éléments en lutte entre eux, aucune voix n'éveille le mort de son sommeil, aucun ange ne délivre le prisonnier de son cachot, aucune main tendant des nues ne présente un pain à qui à faim, aucun signe au ciel ne nous donne une connaissance surnaturelle. « La nature, dit Feuerbach, ne répond pas aux plaintes et aux prières de l'homme ; elle le repousse inexorablement sur lui-même. » Et Luther dans son langage naïf : « Car nous le savons par expérience, que Dieu ne se mêle, en aucune manière, de cette vie terrestre (1). »

Les matérialistes se refusent à admettre l'idée, la possibilité de l'existence de Dieu. En présence des phénomènes naturels, ils sont toutefois obligés de reconnaître une cause quelconque, et ils en élisent une autre que celle des spiritualistes, qui n'a pas la même grandeur, la même simplicité logique, et à laquelle ils sont conduits à attribuer la même toute puissance que les spiritualistes attribuent à Dieu avec la faculté d'intervention, ce que le dogme strictement fermé des matérialistes ne saurait contenir. Cette cause des matérialistes, *c'est la Nécessité rigoureuse et inflexible, en d'autres termes, la Fatalité,* l'esclave aveugle des forces barbares, inflexibles, « qui ne connaissent, dit Vogt, ni morale, ni bienveillance ». Tout à craindre, rien à espérer, voilà chez eux le lot de l'entité humaine, bornée à cette vie terrestre. « Le naturaliste impartial et guidé par la vérité, n'hési-

(1) Büchner, *ouv. cité*, p. 35.

tera pas à protester avec énergie contre l'idée d'une immortalité individuelle, d'une existence personnelle après la mort (1) » ; si ce n'est l'aléa banal de groupements des principes constitutifs du corps révolu, pour la manifestation vaine de nouvelles entités, également éphémères.

Ni Dieu, ni maître, disent les matérialistes politiques. On comprend l'aspiration au *Nirvana*, dans les conditions morales épouvantables que les matérialistes font à la créature.

Quelquefois les matérialistes font mine de laisser les spiritualistes en repos : Voici ce que dit Buchner, dans un accès de mansuétude dont il est juste de lui tenir compte :

« L'objet de nos études est le monde visible et palpable, et non ce que chacun peut trouver bon de croire au delà de ces limites. La Foi et la Science, (Toujours la science, apanage des seuls matérialistes !) sont deux mondes séparés, et si notre opinion à nous, nous défend de croire quelque chose que nous ne savons pas, nous ne voulons pourtant pas nous arroger le droit de l'imposer aux autres. Libre à chacun de franchir les bornes de ce monde visible, et de chercher au dehors une raison qui gouverne, une puissance absolue, une âme du monde, un dieu personnel, etc., c'est sa propre affaire (2). »

L'article se termine cependant par le récit d'une

---

(1) Büchner, *ouv. cité*, p. 197.
(2) *Idem*, p. 43.

palinodie qui est une pierre jetée dans le jardin spiritualiste. « Chassez le naturel, il revient au galop, » mais enfin cela commence par de bonnes paroles, auxquelles on aimerait à se tenir.

Malheureusement, on ne peut pas; quelques pages plus loin, Büchner, reprenant sa phraséologie professorale à propos du cerveau, s'écrie : « Tout le verbiage des philosophes psychologues pour prouver l'indépendance de l'esprit de l'homme de son organe matériel, n'a pas de valeur vis-à-vis de la puissance des faits (1). » La guerre est allumée de nouveau. Ainsi s'évanouit l'espoir de l'hyménée !

Moleschott ne peut admettre les idées de finalité. Il les combat dans la citation suivante, mais la conclusion qu'il tire de son raisonnement me paraît mal fondée. Tu vas en juger :

« Quand j'ai dit plus haut qu'il était dangereux que l'intuition anticipée d'un but qu'il faut atteindre se glissât dans la science sous la forme de tentative d'explication, pour ainsi dire en dépit de notions meilleures, je pensais à autre chose qu'à l'occasion d'une erreur où tombent des savants laborieux dans leurs recherches. A ces idées de finalité se lie intimement celles que toutes les propriétés des corps sont surajoutées à la matière...

« ... Quiconque ne voit dans tous les mouvements des corps de la nature que des moyens pour atteindre un but, arrive d'une façon toute logique à la

---

(1) Büchner, *ouv. cité*, p. 125.

notion d'une personnalité qui, dans ce but, confère à la matière ses propriétés. Cette personnalité dirige aussi le but. S'il en est ainsi, si une personnalité dirige le but et choisit les moyens, la loi de nécessité disparaît de la nature. Chaque phénomène devient le partage du jeu du hasard et d'un arbitraire sans frein : La science finit ; la foi commence (1). »

Cette conclusion est erronée, ainsi qu'il résulte des considérations suivantes :

L'idée de l'action d'une personnalité souveraine n'est pas antagoniste de l'existence de lois qu'elle aurait édictées pour régler l'évolution des phénomènes physiques et chimiques que les matérialistes reconnaissent de leur côté, et dans lesquelles ils prétendent se renfermer étroitement. Affirmer, comme le font souvent les matérialistes, que cette personnalité serait sous la dépendance des lois qu'elle aurait faites, n'est pas articuler une notion exacte, car cette personnalité ayant édicté ces lois dans un mouvement de sa sagesse divine, elle ne saurait vouloir d'autres solutions que celles qui en devraient découler régulièrement.

D'ailleurs, à quel titre critiquer l'essor et l'usage de lois qu'il n'est pas donné à l'homme de comprendre, quelle que soit leur genèse ; et pourquoi supposer que : « si une personnalité désigne le but et choisit les moyens, la loi de nécessité disparaît de la nature?

(1) Moleschott, *ouv. cité*, t. II, pp. 94, 95.

Le but et les moyens étaient contenus dans l'intention première. Il n'y a donc point là, subséquemment, de jeu de hasard et d'arbitraire sans frein à redouter. La loi de nécessité, si elle existe à la connaissance de Moleschott, qui l'a constatée le premier, n'est, ne peut être, que la conséquence des lois que spiritualistes et matérialistes reconnaissent également. La Science n'est donc pas finie, comme le dit Moleschott, et son magnifique domaine matériel ne serait nullement restreint, parce que la Foi porterait ses actions de grâce et de reconnaissance devant l'Éternel.

Les matérialistes disent que la Science leur suffit, et qu'ils laissent la Foi aux spiritualistes comme étant leur propre affaire. Mais la Science n'est le monopole de personne, et les spiritualistes ont qualité autant que les matérialistes pour l'honorer et la cultiver, comme moyen de constatation de l'exécution matérielle des œuvres de Dieu, en maintenant, en outre de cette constatation matérielle scrupuleuse où rien ne vient l'infirmer, la Foi dans un *devenir* progressif, *conservateur de l'entité*, où l'idée de la responsabilité personnelle ne les effraie pas, mais répond aux élans intimes de leur nature, *non automatiques* ceux-là, je puis te l'assurer.

Que les matérialistes, se confinant dans leurs constatations matérielles très intéressantes, vivent donc, s'ils le veulent en dehors de l'idée de Dieu, les choses n'en iront ni mieux ni pire, et l'avenir sera ce qu'il doit être, mais qu'ils cessent d'affirmer gratuitement qu'il n'y a rien après la mort, parce que la preuve immatérielle en est inaccessible à l'intelligence humaine, et qu'il est au moins une considération à leur portée, considération digne du plus haut intérêt : c'est que leur doctrine de négation est destructive de toute société humaine quelconque, et qu'elle est par là, fausse, contraire et antipathique à la nature de l'homme, qui est fait pour vivre en société.

Mais le point où les matérialistes s'attachent le plus, dans leur conflit avec les spiritualistes, n'est pas en ces préoccupations philosophiques. La pierre angulaire de leur système où ils concentrent tous leurs efforts offensifs, est celle-ci :

La Force est immanente à la Matière.

La constatation de l'indépendance de la force, la force, moyen d'exécution des œuvres naturelles matérielles, dispensatrice des qualités *transitoires* de la matière *inerte*, et des affinités physiques et chimiques, c'est la ruine de leur doctrine, péniblement édifiée sur une fondrière, où elle s'enlise et va disparaître.

Relevons d'abord cet aveu de Moleschott :

« Nous ne faisons rien moins qu'une simple hypothèse quand nous disons que les forces se mesurent par leurs effets, par les phénomènes de mouvement qu'elles provoquent; car, à l'exception de ces faits, nous ne savons rien des forces.

« Toute manifestation de forces, tout effet suppose un sujet passif.

« Quand je dis que l'huile de vitriol ou acide sulfurique possède la force de dissoudre l'oxyde de fer, cela ne veut pas dire autre chose que l'oxyde de fer est soluble dans l'huile de vitriol (1). »

Et cependant Moleschott écrit bientôt, à la suite de ceci :

« La force est une propriété de la matière. (La force, dont nous ne savons rien ! disait-il plus haut).

« La force est inséparable de la matière.

« La force est aussi impérissable que la matière (2). »

Comme on comprend qu'il n'ait jamais articulé de preuves de la vérité de ces trois propositions !

Dubois-Raymond dit, de son côté, à ce sujet :

« Si l'on veut que la force soit une chose existante par elle-même, conservant en face de la matière son existence indépendante, une chose qui, située en dehors de la matière, agit sur elle quand par hasard elle entre dans son domaine, qui pourrait de plus lui être attachée pour un temps et de nouveau être séparée, on se forme une idée qui n'a pas de sens (3). »

Et Büchner, avec sa rudesse :

« Une force dégagée de la matière, planant librement au-dessus de la matière, est une idée absurde (4). »

Empruntant à la polémique allemande de Büchner son aimable enjouement, on pourrait lui répondre : Ce que vous dites eût été déclaré vrai autrefois, quand la force paraissait liée indissolublement à la matière, mais, maintenant, ce n'est plus la même chose,

(1) Moleschott, *ouvr. cité*, t. II, pp. 97, 93.
(2) *Ibid.*, t. II, p. 140.
(3) *Ibid.*, t. II, p. 137.
(4) Büchner, *ouvr. cité*, p. 1.

et Dieu pourrait imiter de l'homme, qui les a récemment inventés, la machine à vapeur et les puissantes piles électriques permettant à une *force indépendante* d'imprimer à *la matière inerte* des mouvements rapides sur les trains de chemins de fer, les steamers, l'outillage industriel; de déterminer des combinaisons chimiques considérables, de transmettre la pensée et la voix de l'homme aux antipodes de sa résidence.

Les trois affirmations de Moleschott donnaient une base concrète au Matérialisme. Il en a fallu rabattre. Il est reconnu maintenant que la matière est *inerte*. Le mouvement ne vient donc pas d'elle, mais de la Force *qui est indépendante de la matière*. Quant à cette affirmation que la force est aussi impérissable que la matière nous avons vu que Büchner lui-même admet, d'après Helmholz, « que les forces qui existent maintenant sur cette Terre s'épuiseront et que tous les êtres animés seront replongés dans la nuit et dans la mort. » Il ne reste donc plus rien de ces trois affirmations. *Vixerunt!*

Les matérialistes se rejettent sur les propriétés de la matière, sur les affinités physiques et chimiques de la matière. Ce sont également de pures hypothèses de leur part, comme tu vas le voir.

Non que je veuille dire que la Matière n'a pas de propriété du tout. Elle en a probablement du genre des propriétés géométriques : « Être terminé par trois côtés est une propriété du triangle ». En ce sens, elle aurait l'étendue, la densité, l'impénétrabilité, mais elle n'a pas ce que l'on pourrait appeler des qualités génératrices : l'affinité, le métamorphisme. C'est la force qui les lui donne, et la preuve qu'il en est ainsi, c'est que toutes les propriétés qu'elle manifeste, quand elle passe dans les combinaisons générales, sont *transitoires,* et qu'il suffit souvent que deux corps se combinent pour perdre toutes leurs propriétés individuelles primitives et en manifester d'autres, toutes différentes des premières. L'immutabilité de propriétés serait la condition *sine quâ non* de la constitution d'une propriété intrinsèque. Si cette immutabilité existait, aucune combinaison chimique ne pourrait avoir lieu, les propriétés intrinsèques de la matière ne pouvant être modifiées pour permettre alors la production des suivantes. On pourrait cependant relever une exception; elle paraît exister dans les productions organiques, dans la genèse des espèces : là, la filiation montre, chez l'être créé, la combinaison des qualités, mâles et femelles, de ses géniteurs; mais il y a un facteur de plus, la Vie, que ne possède pas le monde inorganique, et dont nous ne connaissons pas tous les effets.

La matière de l'Univers était originairement la matière cosmique répandue dans tout ou partie de l'espace universel.

« Ces globes et ces systèmes solaires se sont sans doute formés d'une masse amorphe de vapeurs et se sont condensés successivement en masses rondes et compactes, par le mouvement de rotation qui s'est

produit à quelques points isolés de cette vapeur (1). »
La matière cosmique qui compose le système dont
la Terre est un des éléments fut condensée en une
nébuleuse et portée à l'incandescence par une force
centripète, l'imprégnant de gravitation, de propriétés et d'affinités physico-chimiques. Peut-être cette
matière radiante, récemment constatée par Crookes,
est-elle celle d'un monde en formation, parvenu
à cette période d'incandescence. En se refroidissant,
la matière cosmique de notre système, originairement vaporeuse et amorphe, se trouva transformée
en mondes inorganiques par une première modification de la matière, et divisée en foyer central, planètes, anneaux, et satellites, doués de mouvements circulaires, les uns par rapport aux autres. L'ensemble
fut emporté par une force centrifuge dans une courbe
dont nous connaissons mal les coordonnées.

A chacun de ses stades successifs de formation, la
matière, manifestant passivement les effets passagers, les propriétés éphémères dont l'avait doté la
force, revenait à l'inertie qui est son état normal, et
qu'elle ne quittait que lorsque la force la faisait rentrer, pour de nouveaux stades autrement qualifiés,
dans la vie inorganique ou, enfin, dans la vie organique.

Tu peux vérifier facilement ce que je viens de
t'exposer en prenant la matière à tous les stades qui
se sont produits, depuis son premier épanchement

---

(1) Büchner, *ouv. cité*, p. 50.

ignifère des éruptions des roches primitives, en passant successivement par les cristallisations, les formations de corps simples, métaux et métalloïdes, jusqu'aux manifestations organiques des plantes et des animaux.

La matière que tu retireras de la circulation de la vie, en l'isolant des *processus* physico-chimiques ou des *processus* organiques, retournera, toujours et sans exception, à l'état inerte, qui est son état naturel.

A cet effet, considère les objets conservés dans les collections importantes des géologues, des naturalistes, des physiologistes et de tous les savants collectionneurs. Leurs collections se composent de la matière soustraite au mouvement vital universel. Les métaux et métalloïdes, plomb, soufre, fer, or, étain, sidérides, bromides, arseniates, silicates, cristallisations de toutes sortes, sont là, rangées depuis de longues périodes dans des compartiments fermés et bien isolés, et aucun mouvement propre n'émeut cette matière pour l'emporter vers des combinaisons nouvelles. Les blés conservés depuis 6,000 ans dans des sépultures égyptiennes; le vin des amphores romaines des maisons de Pompéï, dont les écailles viticoles garnissent les parois de ces amphores, toutes ces productions naturelles, parvenus à des stades divers d'évolution, restent inertes, jusqu'à la dessiccation finale, dont l'heure est inconnue, et pourtant parmi ces produits divers, les uns, placés dans des conditions physico-chimiques favorables, c'est-à-dire, mis en état de faire appel à des forces et à des propriétés en dehors d'eux, pourraient encore rentrer dans la circulation de la vie.

Veux-tu une preuve d'une autre nature?

Dans le laboratoire, le chimiste, ou son préparateur, tient à sa disposition les matières propres aux combinaisons chimiques qu'il veut effectuer. S'il n'a pas de pile en bonne condition de lui fournir l'électricité dont il a besoin, pourra-t-il manipuler ses combinaisons? Non. La matière est là. Elle est inerte, elle n'a pas de mouvement propre. Un corps mis au contact d'un autre corps, tous deux exempts d'humidité ou de chaleur, véhicules d'une importance certaine, pourront produire un mélange, jamais une combinaison chimique. Toute combinaison chimique est accompagnée d'un dégagement d'électricité. Il faut la pile, la force, l'électricité pour combiner les états divers de la matière en productions nouvelles car malgré les affirmations des matérialistes touchant le mouvement propre de la matière, ses propriétés, ses affinités physico-chimiques, jamais elle ne réaliserait de nouvelles combinaisons par elle-même.

Dans l'état de nature, une pile n'est pas nécessaire pour déterminer les combinaisons chimiques. La Terre fait elle-même l'office de pile, par un courant électrique ou magnétique continu. Pour le constater, prends une barre de fer doux, et dirige-la dans le sens du pôle magnétique. Ton fer doux sera aimanté, ce qui prouve que le courant est constant, et qu'il est indépendant de la matière.

Trouves-tu dans ce qui précède, Andrès, la preuve que la matière est inerte, et qu'elle ne peut fournir les aspects innombrables des corps inorganiques ou organiques que par l'effet d'une force en dehors d'elle-même?

Andrès. — Oui, c'est très plausible, très vraisemblable; seulement je voudrais vous demander une explication d'une nature délicate.

Blanche. — Parle; je m'efforcerai de te donner satisfaction.

Andrès. — La matière est inerte, je l'admets; mais vous ajoutez qu'elle était originairement vaporeuse et amorphe, et que ses qualités successives lui ont été données par la force qui est en dehors d'elle-même.

Blanche. — Oui. Eh, bien?

Andrès. — Mais le carbone, l'hydrogène, l'or, le plomb, les cristaux sont du carbone, de l'hydrogène, de l'or, du plomb, des cristaux, n'est-ce pas? Et ces substances, dégagées seulement par la force, je le veux bien, n'en ont pas moins des qualités propres à chacune d'elles? A moins de prétendre qu'il n'y a qu'une seule substance, et que...

Blanche. — C'est justement la question qui fait l'objet des recherches de tous les savants. Nous avons déjà un point acquis : La matière est inerte et la force est en dehors d'elle. Comprends-tu maintenant que si tu souscris à la possibilité d'une matière unique, il faut que tu admettes, au préalable, que les propriétés diverses qu'elle manifeste, et que tu appelles carbone, hydrogène, etc., etc., lui ont été données par la force, dans des circonstances diverses successives, dans des conditions atomiques extrêmement variées, ayant eu, les unes et les autres, pour conséquence rationnelle de différencier les aspects et constitutions de la matière, douée, par cette différenciation, de l'aptitude à des combinaisons nombreuses, car une structure unique de la matière aurait été impropre à les réaliser.

Si tu veux enquêter en dehors de cette donnée, très fondée, tu manques des éléments de recherches d'une matière unique, parceque tu te trouves arrêté invinciblement, en présence de matières douées de propriétés différentes, dont l'origine et la genèse, enveloppées de la plus profonde obscurité quant à leurs progressions faites de stades gradués à l'infini, paraissent ne se pouvoir interpréter autrement que par l'action, incessamment répétée, de la force.

ANDRÈS. — La proposition est bien suggestive ; mais il faudrait la prouver.

BLANCHE. — La synthèse chimique fournira peut-être un jour cette preuve : On avait admis comme un axiome physique que *l'identité de composition impliquait l'identité des propriétés*. Aujourd'hui, il faut abandonner cet axiome : on trouve des corps se ressemblant par *une même composition et manifestant des propriétés différentes*. On a appelé ces états inattendus, des phénomènes d'*isomérie*. Ces phénomènes consistant dans l'arrangement géométrique de l'édifice moléculaire sembleraient ressortir à la force, produisant le mouvement qui pourrait influer sur l'arrangement des molécules des corps, rendus par là isomères, polymères, métamères, kénomères, variétés diverses de l'isomérie; et ce qui paraîtrait établir l'action de la force dans ces phénomènes, c'est que l'on a pu obtenir, *chimiquement*, des changements moléculaires, c'est-à-dire en faisant appel à la force.

Sans m'appesantir davantage en ce moment sur les circonstances de cette découverte importante du savant chimiste français Berthelot, je te signalerai seulement que sa théorie isomérique pourrait être féconde en constatations nouvelles sur les relations existantes entre la force et la matière.

Je ne veux cependant pas abandonner la matière sans te faire part d'une réflexion qui me vient au sujet des effets qu'aurait pu produire dans ses manifestations, la propriété étonnante que les matérialistes voulaient lui conférer : de se développer par elle-même.

Si la matière avait cette faculté, nul doute qu'elle n'en usât d'une manière permanente. Elle le ferait donc avec toute l'irrégularité que comporteraient des conditions différentes de sécheresse, humidité, température, et toutes autres, dans les terrains divers où se trouveraient les gisements de mêmes substances données, parvenues, les unes et les autres aux mêmes stades de développement. Que deviendraient, dans cette complexité infinie de conditions diverses, produisant nécessairement des effets divergents, les corps dénommés, soufre, carbone, étain, etc., se développant d'eux-mêmes pour modifier leurs propriétés dans le sens que chacun d'eux subirait en raison des conditions de milieux hétérogènes?

Je crois entrevoir le chaos au bout de cette conception ingénieuse de la matière s'organisant elle-même.

Ne cherche pas. Cette réflexion ne mène à rien, puisqu'il est avéré que la matière ne s'organise pas elle-même, mais il n'était peut-être pas inutile de te montrer combien il est heureux que la matière n'ait pas cette faculté, car, non seulement tu ne pourrais conserver, pendant une courte durée, tes meubles, tes vêtements, tes ustensiles, tes maisons, mais tu ne pourrais rien faire de cette matière inconstante, abandonnant brusquement ses propriétés pour en assumer de nouvelles... Laissons cette question; elle est dépourvue d'intérêt.

Andrès. — Mais il y avait pourtant des savants, des hommes importants, dans cette doctrine d'une matière douée de la force immanente et de la faculté de s'organiser elle-même, en vertu de ses propriétés et de ses affinités physico-chimiques!

Blanche. — Songe-donc que ces conditions de la matière sont indispensables à la doctrine du matérialisme. Il ne peut s'affirmer autrement.

Si la force indépendante de la matière est admise, la force devient l'exécutrice des lois naturelles, inflexibles, sourdes et aveugles. Soit, *exécutrice*, mais par la volonté de qui! Il faut donc convenir alors que l'on ne sait rien du gouvernement du Monde et se courber devant une puissance que l'on ne comprend pas. L'homme, le roi de la création, subirait cet abaissement? Jamais! D'ailleurs, où est-il ce dieu; qui l'a jamais vu? Des lois naturelles, « *œuvres et expression la plus rigoureuse de la nécessité,* » que Moleschott a récemment découvertes, feront tout aussi bien l'affaire. Il vaut mieux s'en tenir à cela, à ce que l'on voit, à ce que l'on touche, et s'arranger un *modus vivendi* matériel, plus ou moins confortable, plus ou moins intelligible, et dans lequel on n'aura ni Dieu, ni maître, ni responsabilité personnelle.

Nous formerons une secte, disent les matérialistes, dont nous serons les chefs; et nous seuls rendrons des oracles, car seuls nous sommes la Science. Après la mort il arrivera ce qui doit arriver. Cette vie est l'essentiel; qu'elle soit douce et bonne; arrangeons-nous personnellement en conséquence.

ANDRÈS. — Oui. J'y rêve; cela me remet en mémoire un vieux savant avec lequel j'ai travaillé sans défiance pendant quelque temps. Il croyait à la création, et à une responsabilité *collective* à laquelle je n'ai jamais pu rien comprendre. Doctrine vague, pratique commode. Je le pressais parfois de questions sur des conséquences absconses. Il me répondait, tant bien que mal par des raisons qui n'éclairaient pas mon esprit. Enfin, un jour, à la suite d'une discussion un peu ardente, je lui posai cette question, dans l'air depuis quelques minutes : « En définitive, quelle est votre opinion sur la vie future? » — « Je m'en moque? » me répondit-il, en me tournant le dos. Je vis par là qu'il m'avait leurré jusqu'à ce jour. Je ne l'ai jamais revu depuis.

BLANCHE. — Tous les matérialistes ne professent pas des principes brutalement sensualistes; ainsi que la vertu, le matérialisme a des degrés, mais on peut dire que sa doctrine, sans morale et sans bienveillance, comme les lois barbares de Vogt, conduit à ces conséquences, nécessairement (fatalement, diraient les matérialistes); puis, tous n'apportent pas la même âpreté intransigeante dans la polémique, et beaucoup d'entre eux sont même des compagnons agréables; ainsi, tandis que Moleschott soutenait ses doctrines matérialistes à Heidelberg avec une telle vigueur qu'il était obligé par suite de se retirer à Zurich; que Büchner et Vogt, s'efforçant à Francfort de faire triompher de semblables doctrines par la politique, y échouaient par l'effet de la réaction monarchique; Hæckel, ce grand générateur de vocables, prenait une voie plus pacifique, et se défendait même des conséquences morales et matérielles de son matérialisme, sans oublier, toutefois, de payer en passant son tribut d'invectives aux princes de l'Église et aux hypocrites qui ne sont pas dans le giron de *l'infinie noblesse* de la matière.

Cet écrivain de talent appelle le matérialisme par la Science, le *monisme*, afin de le distinguer du matérialisme par le fait, auquel cependant il fournit des raisons spécieuses propres à fortifier ce dernier dans la controverse. Il appelle encore son monisme (car il a toujours plusieurs vocables à sa disposition pour une même idée) le *réalisme*, et il veut que le principe de son réalisme soit le même que celui que Kent appelle le *principe du mécanisme*, et duquel Kent dit expressément que sans lui aucune science naturelle ne saurait exister.

Voilà donc le *monisme* abrité par les nuages de la philosophie allemande un peu démodée! Cette exégèse ingénieuse ne le sauvera pas. C'est en vain qu'Hæckel espère ressusciter la doctrine d'Épicure sous le nom de monisme, et qu'il veut *enchanter* le *matérialisme éthique* (il appelle ainsi le *matérialisme sensualiste*), avec la *jouissance suprême de la contemplation des lois naturelles;* les matérialistes sensualistes accepteront le concours qu'il leur offre, car cela ne peut que leur être profitable, mais cette *contemplation* ne saurait suffire à leur bonheur : Il leur faut des jouissances visibles, et surtout tangibles. Ils auront bientôt roulé *la contemplation des lois naturelles* d'Hæckel dans la même fange où gisent déjà *les plaisirs calmes* d'Épicure (1).

Si le matérialisme pouvait gouverner l'humanité au moyen de *sa science* revêtue de l'estampille officielle, et en vertu des principes exclusifs que sa puissance consolidée exagérerait encore, les applications qu'il en pourrait faire dépasseraient en intensité d'oppres-

---

(1) Ernst Hæckel, *Histoire de la Création des êtres organisés*, Paris, Reinwald, 1874, p. 32.

sion les limites de ce que les facultés humaines peuvent supporter. Loin d'offrir à l'espèce humaine le bonheur, qui est, en définitive, le *desideratum* de cette espèce, il la ramènerait à la barbarie, puisque les forces naturelles au profit du plus fort, celui-ci personnifié dans ce système *par le plus savant*, deviendraient le contrat social.

Cette barbarie scientifique serait bien plus subtile, plus minutieuse dans son oppression que la barbarie primitive, parce que celle-ci, brutale et ignorante, sévissait dans un cercle restreint, particulièrement dans la zone du maître, par la violence et l'intimidation, laissant aux opprimés écartés leurs croyances grossières innées, qui jetaient du moins quelque consolation, quelque espérance indéterminée, dans leur condition misérable. Ces malheureux jouissaient en outre, à cette époque reculée, des produits naturels et sains qu'une science odieuse n'avaient pas encore corrompus pour une satisfaction cupide, par des falsifications dangereuses, tolérées ouvertement par ceux qui ont pour mission, *et pour devoir*, d'en poursuivre la répression.

Nul doute que si le matérialisme pouvait accréditer cette erreur que *sa science* est, seule, l'expression de la vérité, il se formerait bientôt, au sommet de la Société, une caste orgueilleuse, ayant sa langue propre, ne s'énonçant que par des formules abstraites, vagues et *sacrées*, à l'aide de vocables forgés par des racines inconnues, pour des acceptions dont le sens serait souvent purement personnel, une sorte de science discrétionnaire, quelque chose comme les formules hiératiques et les mystères des prêtres d'Isis, de Bacchus et d'Eleusis.

C'est alors que seraient appliquées, dans toute leur amplitude, ces lois de la nature qui, au jugement éclairé de Vogt, sont des forces barbares, inflexibles, qui ne connaissent ni morale ni bienveillance. Aux masses hébétés par les dogmes de négation qui affirment que rien ne survit de l'être humain après la mort terrestre, le matérialisme officiel n'aurait à offrir que le culte, le joug, de la Fatalité aveugle, promue au rang incontesté de maîtresse du monde, servie et encensée par des pontifes, bien rétribués sans doute; car il faut des pompes pour la multitude.

Qu'aurait gagné l'espèce humaine à son changement de culte? Les religions anciennes prescrivaient la bonne foi, l'amour du prochain, les bonnes mœurs, la charité, etc., pratiqués plus ou moins régulièrement, il est vrai, par le grand nombre; mais dont l'application correctement suivie par les natures d'élite, s'acquittant avec empressement, avec joie, au péril de leur vie, de leurs devoirs moraux envers leurs semblables, créaient, çà et là, par rayonnement, des sociétés fraternelles.

La fatalité, au contraire ne recommande rien, si ce n'est la soumission aveugle. C'est le laisser faire, le laisser aller, l'indifférence, l'imprévoyance, l'apathie incurable. Cette fatalité, une fois reconnue et glorifiée par la multitude, deviendrait la consécration de l'égoïsme habile, scientifique, se faisant impunément la vie douce aux dépens des autres ; et elle ne laisserait aux malheureux, dont elle n'a cure, que l'abandon, la misère et le désespoir.

Andrès. — Pour sombre, voilà un tableau sombre !... Brr. ! On en a froid dans le dos.

Blanche. — Et tu le crois chargé ?...

Andrès. — Mais !...

Blanche. — Parle sans crainte ; fais tes objections.

Andrès. — Les hommes ne supporteraient plus la tyrannie d'aucune puissance, à notre époque.

Blanche. — Les hommes sont toujours les mêmes ; en tous temps. Tu juges des hommes actuels par le degré de culture accumulée qu'ils ont acquise par l'hérédité et par l'application personnelle. L'homme ne vaut que par l'éducation. Au bout de quelques générations d'abaissement tu verrais reparaître le sauvage. Ceux qui veulent exploiter les hommes le savent bien et les enseignent en conséquence. Comment une génération sans instruction, et surtout sans éducation, éleverait-elle ses enfants ? Et cette deuxième génération, dont les qualités héréditaires seraient déjà amoindries, comment éleverait-elle les siens, à son tour ? Et la troisième ; la quatrième... si une réaction favorable n'avait encore pu se produire ?

Andrès. — Mais mon pays n'en est pas là.

Blanche. — Faut-il attendre qu'il y soit ? Ne vois-tu pas comme on l'y pousse. Un gouvernement bien intentionné, mais faible; dont le plus grand souci semble celui de prolonger son existence précaire, évite de faire tête aux mauvaises passions, que cette apathie rend d'autant plus audacieuses. Paris se tient encore; il a son bon sens, son intelligence, son courage; mais dans la province, craintive, où l'on se dit : « Moi, je reste tranquille, un tel commencera... », on trouve, dans telle commune, tel instituteur qui, en dehors du programme officiel, ose enseigner, à des enfants de huit à dix ans, qu'il n'y a rien après la mort terrestre, ce qu'il ne sait pas lui-même. Ces petits ont hâte de jouir de la vie, si courte, au delà de laquelle ils croient, sur la parole d'un sectaire, qu'ils n'ont plus rien à prétendre. Bientôt les parents désolés se plaignent de n'être plus respectés, et d'être contraints d'avoir avec leurs enfants, devenus effrontés et répondeurs, des discussions sur Dieu, sur l'existence de l'âme, même sur le devoir, où le dernier mot ne leur reste pas toujours. Jolie vie de famille!

Des ambitieux, investis de fonctions modestes dont ils exagèrent la portée légale, poussent aux désordres civils. Fomentant des passions dangereuses au sein des masses ouvrières pourvues d'une instruction sommaire, ils les agitent au nom de la Science sociale, leur en expliquant les problèmes biologiques et économiques les plus ardus, dans le sens de leurs convoitises, afin de se faire de ces illettrés une clientèle électorale dont le robuste appui leur est indispensable. Ils s'inquiètent peu si leur semence de discorde n'engendrera inévitablement que la misère de leurs clients, parce que c'est sur l'excès du mal qu'ils comptent pour assurer la réussite de leurs manœuvres.

Cette peste est née d'un ferment de révolte contre des abus oppressifs humains, à des époques néfastes. Elle a toujours tenté sans succès de prévaloir pleinement pour la conduite des hommes.

Quand, par le fait de sa participation encombrante aux revendications des opprimés, légitimes à beaucoup d'égards, elle a pu momentanément réussir à imposer sa direction, son règne n'a été qu'éphémère, et le peu de bien produit par elle, au sein de discordes civiles et de guerres sanglantes sans résultats durables, aurait été effectué d'une manière plus sage, et plus large, sans son concours, et surtout sans laisser les épouvantables souvenirs des actes d'hommes violents n'ayant rarement donné l'exemple de l'intégrité et des vertus civiques, autrement qu'en paroles.

ANDRÈS. — Il ne faut pas s'étonner de ces troubles civils, sans cesse renaissants. Le peuple est si malheureux, non seulement en France, mais presque partout.

BLANCHE. — C'est exact; et ces pauvres gens pour lesquels on n'a jamais rien fait de véritablement fructueux, le méritent cependant à toutes considérations, pour récompenser leurs travaux utiles, pour assurer et garantir leur existence. Une longue expérience aurait bien dû leur apprendre, pourtant, que le désordre ne produit jamais rien de favorable pour eux, et c'est une question dont je me réserve de t'entretenir à l'occasion de l'examen de ta *Société telle quelle*.

En ce moment, nous nous occupons du danger de l'intervention du matérialisme dans la conduite des affaires publiques. De leur côté, certains politiciens voudraient chercher un appui dans les affirmations de cette doctrine, et des savants, au moins imprudents, leur fabriquent des mots de passe. Tu peux démasquer ces pratiques, et réduire ces affirmations à l'aide de la Science auguste et fertile, qui n'est la servante d'aucun parti, d'aucune secte, d'aucune coterie.

Cette fumée nauséabonde, qui infecte l'atmosphère sociale, sera bientôt dissipée, grâce à la stricte neutralité du laboratoire.

II. — L'UTILITÉ

Blanche. — Après avoir réfuté les prétentions du matérialisme et démontré la vanité de ses hypothèses, il faudrait maintenant faire la contre-partie, et t'enseigner la réalité de l'existence immatérielle de Dieu et de l'Intelligence (de l'âme, si tu le préfères), après la mort terrestre, et sa destinée après des incarnations successives.

Pour cela, il faut que je te révèle ce qui concerne les forces intangibles qui échappent à l'examen matériel. Je vais te dire des choses que tu ne comprendras peut-être pas. Tu me suivras, si tu peux. Si je constate ton impuissance à le faire, nous abandonnerons la voie démonstrative hors de ta portée, et nous reviendrons à l'emploi des procédés de la logique humaine, lesquels te sont familiers, afin de poursuivre et de réaliser nos investigations abstraites.

Andrès. — Je suis un peu dégrisé du matérialisme par vos explications sur sa nullité. Est-ce un relent rétrospectif qui me gêne? Je ne sais. Je n'ai pas de méfiance, mais enfin l'accession aux choses immatérielles me paraît bien difficile. Je vous promets de vous suivre de mon mieux sur ces rampes escarpées.

Je vous écoute, désirant pénétrer les phénomènes d'abstraction de la nature.

Blanche. — D'abord, je te déclare ceci, Andrès : La Nature ne connaît pas les choses abstraites. La Nature n'est que l'ensemble d'un infini de nuances de la manifestation matérielle qui existent éphémèrement dans le Temps.

Les sciences humaines raisonnent là-dessus *ex professo*, mais les sciences humaines sont vaines; elles n'existent que par l'homme et pour l'homme. Leur histoire serait l'histoire de ses aberrations mentales. Elles sont pour l'homme ce que sa toile est pour l'araignée : sans sa toile, l'araignée ne pourrait prendre des mouches; sans ses cadres scientifiques, si nombreux, si imparfaits, si gênants, l'homme ne pourrait poser ses idées, les accumuler, tirer les déductions qui lui permettent d'avancer, un peu dans un de ses siècles, un peu plus dans un autre; mais, en certain cas, ses nomenclatures confuses lui font souvent l'effet des lianes de ses forêts vierges : elles s'enchevêtrent autour de ses jambes intellectuelles, et l'empêchent, non seulement d'avancer, mais même de se mouvoir...

Andrès. — Ses cadres scientifiques si gênants !

Blanche. — Oui, si gênants. Il faudra m'expliquer un peu plus pour te le faire comprendre. Je te donnerai donc un exemple de ces *impedimenta* pris, entr'autres sciences, dans une œuvre moderne de physiologie très remarquable :

Dans son chapitre de « L'évolution de la Matière »,

Moleschott dit : « Les bases de la graisse du beurre (triméthylamine), de l'esprit de vin (éthylamine), de l'esprit de bois (méthylamine), forment une série continue dans laquelle chaque terme diffère de celui qui le précède immédiatement par deux équivalents de carbone et d'hydrogène en moins. C'est de cette manière que se suivent les acides volatils non azotés, acides caprique, caprylique, caproïque, et butyrique auxquels viennent encore s'ajouter les acides acétobutyrique, acétique et formique. Dans cette série, le carbone et l'hydrogène vont perdant un nombre pair d'équivalents et l'oxygène augmente. Les chimistes appellent les corps qui appartiennent à ces séries, *substances homologues* (combinaisons homologues). »

« La connaissance de ces séries et de leurs analogues nous fait comprendre le mouvement rétrograde qui transforme peu à peu les substances organiques des végétaux et des animaux en éléments de l'atmosphère. Presque chaque jour, la découverte de nouveaux degrés intermédiaires vient jeter la lumière sur cette évolution de la matière (1). »

Réservant la partie scientifique explicative des phénomènes, je ne retiens de ceci, pour notre question en examen, que ce qui est relatif à la nomenclature des produits de désassimilation, et je te dis : voici une nomenclature d'acides reconnue incomplète, parce que la nature ne procède pas à la dé-

(1) Moleschott, *ouv. cité*, t. II, p. 50.

sassimilation par l'élimination de deux en deux équivalents, mais par quantités successives d'expressions infinitésimales. Quand l'analyste trouvera qu'il y a assez longtemps qu'il est englué dans sa nomenclature incomplète, il en combinera une autre, remplaçant l'ancienne, non dans la même conception scientifique, mais dans une conception en rapport avec les idées scientifiques contemporaines du changement qu'il opérera. Les savants A, c'est-à-dire ceux qui expérimentent, et qui enrichissent la science par leurs découvertes et par les déductions qu'ils en tirent, tâcheront de désapprendre l'ancienne nomenclature et de pratiquer la nouvelle, afin de mettre de l'ordre et de la clarté dans leurs travaux et, en même temps, dans la langue scientifique propre à leur spécialité. Ils s'en tireront avec peine, mais, avec du travail, ils en viendront à bout. Les savants B, ceux dont la science consiste principalement à s'énoncer dans les formules qu'ils ont apprises des savants A; ces savants B, faisant peu d'analyses et d'expériences, mais parvenant cependant quelquefois à s'immiscer des fonctions publiques où ils font la loi en toutes choses, et y montrent le plus d'intransigeance et de parti pris, sont les derniers à faire consacrer une nomenclature récente. Trop affairés pour acquérir des notions nouvelles par un travail fastidieux, à moins d'un intérêt pressant, ils contribuent bien souvent à maintenir la confusion dans le domaine scientifique.

Tu comprends que ce que je te dis ici à propos de

la physiologie, doit s'appliquer aussi bien aux autres nomenclatures scientifiques humaines. Pendant que la nature opère toujours sous les yeux de l'homme de la même façon, ses cadres scientifiques indispensables lui servent à peine pendant la durée de quelques-uns de ses siècles. Où sont les nomenclatures astrologiques et alchimiques ? Et la théorie astronomique des épicycles? etc., etc., Et, dans un autre ordre d'idée, les doctrines d'Isis et de Démeter?

Tout cela parce que l'homme, créature bornée, veùt du fini, du définitif, conformément à sa modalité; qu'après l'effort, il aspire au repos; après le triomphe théorique, à la gloire repue et tranquille. La nature, elle, toujours progressive et fertile, ne se repose jamais, et l'homme qui la critique, qui la censure, est fréquemment incapable de la comprendre et de l'imiter.

Andrès. — Il y a peut-être beaucoup du fait de la vanité et de l'orgueil, dans tous ces heurts de l'évolution humaine; mais qu'y faire?

Blanche. — Tu l'as dit. C'est le fait de l'orgueil; c'est lui qui cause en général tous les conflits et tous les maux de l'humanité. Par lui, l'homme n'est jamais d'accord sur rien avec ses congénères, et le monde est livré aux disputes. Tu l'as vu entre matérialistes et spiritualistes, à propos de la matière. Les premiers disent, sans pouvoir le prouver d'ailleurs : la matière se meut et s'organise elle-même; la force lui est immanente; elles sont toutes deux immortelles et indestructibles. Les seconds disent à leur tour, avec plus de raison, eu égard à la situation actuelle des choses : la matière est normalement inerte; la force est en dehors d'elle, et lui donne le mouvement qui détermine ses métamorphoses, c'est-à-dire, les stades transitoires, passagers, éphémères, dans lesquels elle se révèle tour à tour à nos yeux.

La vérité, c'est que la matière n'est rien. Elle n'existe que pour la manifestation de l'intelligence. Elle ne représente qu'une illusion; d'une durée relative.

ANDRÈS. — Tout à l'heure, un écrivain disait : *la volonté est une illusion*. Vous me dites : *la matière est une illusion*. Tout est illusion, alors!

BLANCHE. — Oui. Tout est illusion; excepté ce que tu ne vois pas, et qui, seul existe, et existera dans le temps. Je vais te le démontrer.

D'abord, qui oserait affirmer que la matière est universelle dans l'espace? Qu'elle le remplit intégralement?

ANDRÈS. — Je ne vous comprends pas!

BLANCHE. — Tu vas voir. — C'est une observation qui remonte aux temps où nous cherchions une unité de durée que nous avons empruntée, par suite, à la révolution sidérale, et que nous appelons *le cycle stellaire*, comprenant, en nombre rond, 26,000 de vos années. Tu as compris ma conversation avec Rose, tu es donc au courant de ce que je dis en ce moment.

Rose. — Chère Blanche, je crois que tu ne m'as pas entretenu de la localisation de la matière.

BLANCHE. — Oh! Rose chérie il y a bien des choses que je n'ai fait qu'effleurer dans une première initiation, et dont nous reprendrons les détails plus à loisir. En ce moment, je vais traiter de la localisation de la matière, pour ce pauvre Andrès. Tu en feras ton profit.

ANDRÈS. — Je voudrais également en profiter, mais c'est bien ardu, je pense?

BLANCHE. — Tu comprendras facilement. C'est très simple.

Ton soleil et son cortège de planètes se meuvent dans la direction de la constellation d'Hercule. Toutes les étoiles, toutes les nébuleuses, tous les corps célestes, dont l'ensemble n'est probablement qu'un seul système stellaire, sont passibles de mouvements comparables. Tous ces mondes matériels forment un vaste tourbillon, évoluant dans toutes les directions, autour de centres inconnus, ou inobservés; peut-être seulement autour d'un centre commun dont ils sont les innombrables circonférences.

T'es-tu jamais demandé, Andrès, à quoi bon ces courses fantastiques de mondes énormes gravitant à travers l'espace? Dis, en as-tu recherché la raison d'être?

ANDRÈS. — Non. Même je n'avais jamais songé auparavant à la possibilité d'un unique système stellaire tournant autour d'un unique centre, commun à tous les corps célestes.

BLANCHE. — Ah! Et là, cependant, est l'idée génératrice.

Eh! bien, la raison d'être de ce mouvement vertigineux résulte de ce qu'il est indispensable, entends-tu bien, indispensable à la manifestation de la Vie universelle.

L'univers matériel n'est qu'à la condition de manifester la vie. Les matérialistes le disent eux mêmes : « *Les lois de la nature sont l'expression rigoureuse de la nécessité.* » L'élément essentiel de la manifestation de la vie, c'est le mouvement ; car le mouvement engendre la chaleur, la lumière, la fertilité ; toutes conditions nécessaires à la manifestation de la vie.

La stabilité, l'immobilité des corps célestes, ce serait leur mort matérielle.

Et voilà pourquoi tous les corps célestes sont animés de mouvements plus ou moins rapides, tels que ceux que tu as pu reconnaître, constater, chez les sphères individuelles, accessibles à tes observations.

Tous les corps épars dans l'espace étant doués de mouvement, tu peux donc rigoureusement en inférer qu'ils ont tous la chaleur, la lumière, la fertilité. Ajouter qu'ils manifestent tous la vie à leur surface, ce serait, après les déductions qui précèdent, exprimer une idée banale ; mais nous ne nous occuperons pas de ceci en ce moment. Nous ne retiendrons que cette notion : Le mouvement a été donné à tous les corps circulant dans l'espace, et à tous, sans exception, car l'immobilité chez un seul aurait détruit l'harmonie, peut-être même l'existence chez tous les autres. As-tu compris, Andrès ?

Andrès. — Mais oui, cela me paraît très réel.

Blanche. — Et sais-tu quelle forme de mouvement général était la plus rationnelle dont ces corps dussent être animés.

Andrès. — Je ne saisis pas bien.

Blanche. — Nous disposons de l'espace infini. Nous pouvons donc employer indifféremment, en même temps que la rotation, la translation directe, hyperbolique, parabolique, elliptique, ou circulaire. Pourquoi les trois derniers modes sont-ils ceux qui nous paraissent les seuls usités?

Andrès. — Mais, la force d'attraction, c'est-à-dire la force centripète, agissant à l'encontre de la force centrifuge, la résultante doit être le mouvement circulaire.

Blanche. — Oui; si l'attraction et la translation étaient toujours de même valeur, ta résultante serait peut-être constante. Ne perds pas de vue qu'une vitesse de translation croissante rend l'orbite elliptique; une vitesse plus rapide encore la rendrait peut-être parabolique, puis hyperbolique, enfin directe, parceque la rapidité résulterait de la prédominance de la force centrifuge sur la force centripète.

Mais, indépendamment des attractions de passage et des influences très complexes qui ont leur part de concours dans la marche d'une comète parabolique intérieure, comme celle, par exemple, qui dépasse l'orbite de la dernière planète solaire connue, Neptune, il y a dans sa progression un facteur inexpliqué : c'est la cause du mouvement rétrograde à *l'aphélie*, sans corps céleste observé à ce point de l'espace. Car si le *périhélie* est près du Soleil qui, à ce point de l'orbite de la comète, peut, par son attraction, influer sur son mouvement circulaire au point de le rendre ce *que l'on peut ici appeler* rétrograde, il n'en est pas de même à l'aphélie où l'on ne connaît pas de cause équivalente pour le mouvement circulaire de retour. On est donc amené à admettre, jusqu'ici, que les comètes ont un mouvement propre d'évolution, dont les causes, apparemment étrangères à l'attraction, paraissent encore inexpliquées.

Quoi qu'il en soit, on peut dire, en résumé, que le mouvement direct et le mouvement hyperbolique n'existent pas, ou du moins ne sont pas constatés, en astronomie. Le mouvement parabolique est attribué aux comètes, en général; mais sur 226 comètes observées (1), le mouvement parabolique de 151 comètes n'a été maintenu avec cette désignation, que parce que leurs grands axes sont si considérables qu'on les estime être infinis, en attendant leur retour possible au périhélie qui, pour quelques-unes est évalué à une durée de deux, trois et même quatre cycles stellaires, soit pour cette dernière période, cent mille de tes années, en nombre rond. La constatation de leur retour les ramènerait au mouvement elliptique qui est celui reconnu pour 75 d'entre elles, et aussi pour les planètes solaires et leurs satellites,

(1) F. Arago, *Astronomie populaire*. Paris, Morgand, 1865; t. II, p. 355.

cette dernière série d'une importance minime, affectant même le mouvement elliptique ramené presque au mouvement circulaire.

Le mouvement elliptique serait donc le mouvement normal, si l'on en juge par les orbites qui nous sont connus pour la marche des corps célestes possiblement observés.

Andrès. — Et savez-vous le *pourquoi* de ce mouvement elliptique?

Blanche. — Tu m'en demandes beaucoup. J'y vois une condition rationnelle de sécurité pour une loi qui requiert une durée incalculable d'un mouvement nécessaire généralisé, devant entretenir la Vie sur tous les corps célestes. Un mathématicien estimé, Lambert, pensait que ce mouvement de circulation était le seul moyen de donner au système étoilé un état dynamique parfaitement stable (1).

---

(1) F. Arago, *ouv. cité*, t. II, p. 24. — Voici ce passage in extenso :
Lambert admettait déjà, en 1761, dans ses *Lettres Cosmologiques*, que les étoiles avaient des mouvements généraux de circulation dans des orbites immenses, autour de centres inconnus. Ce mouvement de circulation était considéré par lui comme le seul moyen de donner au système étoilé un état dynamique parfaitement stable. Un astronome de beaucoup de mérite, M. Maedler, actuellement (1865) directeur de l'Observatoire de Dorpat, a cru pouvoir fixer la position du centre autour duquel presque toutes les étoiles visibles circuleraient; ce centre, suivant lui, serait dans *les Pléiades*. M. Maedler appuie sa conception sur la discussion d'un très grand nombre de mouvements propres, mais jusqu'à présent sa théorie n'a pas fait un grand nombre de prosélytes parmi les observateurs. Sir John Herschell, entr'autres, l'a combattue en prétendant,

Maintenant, Andrès, quelles conséquences tires-tu de tous ces mouvements circulaires?

ANDRÈS. — Je n'en vois pas d'autres que celles que vous venez de m'indiquer vous-même. D'abord, le mouvement pour créer la Vie universelle sur les corps célestes; puis, la forme du mouvement qui, réglé en ce qui concerne leurs marches réciproques, assure leur sécurité mieux qu'une liberté anarchique d'allures, ayant pour conséquence inévitable de les jeter les uns sur les autres et de les détruire tous en peu de temps, ce qui est le propre de tous les mouments anarchiques. Ensuite, il y a la raison de Lambert « que c'est peut-être le seul moyen d'assurer la stabilité dynamique du système étoilé ».

BLANCHE. — Et tu ne déduis pas autre chose de tout ceci?

ANDRÈS. — Que pourrais-je encore en déduire? Je ne vois pas.

BLANCHE. — Eh bien, ce qu'on peut en déduire encore, c'est ce qui est échappé à Copernik, à Bacon, à Galilée, à Newton, à Voltaire, à Arago, à d'autres hommes éminents, marchant dans la voie que ces grands hommes leur avaient ouverte; c'est la conséquence fertile que voici :

Le mouvement général circulaire du système étoilé étant admis, la circonférence, ou si tu le préfères, l'orbite le plus extérieur de ce mouvement circulaire,

un peu arbitrairement peut-être, que si le mouvement de circulation générale existe, il doit se faire parallèlement au plan de la *Voie Lactée*.

quelque grand, quelque vaste, quelque immense, quelque prodigieux, quelque incommensurable que tu puisses te le figurer, trace, borne, limite, nécessairement, inéluctablement, dans l'espace, une forme, un orbe, une sphère, une figure finie.

Cela est mathématiquement incontestable, n'est-il pas vrai?

Or, une sphère prodigieuse évoluant dans l'infini, c'est un point perdu dans l'immensité.

Ce point perdu, cette goutte microscopique, cet atome impondérable, c'est l'ensemble de ton monde matériel, localisé dans un espace infinitésimal.

Le monde matériel est un microcosme.

Hein! Tant d'orgueil! Tant de systèmes! Tant de préoccupations cupides! Comme tout cela tient peu de place!

Je t'offre, Andrès, cette déduction pour les hommes, en l'an de l'Ère Chrétienne 1897, sous la constellation de la Vierge.

Andrès. — Je ne puis vous suivre que difficilement!... Alors, je ne vois pas ce qu'il pourrait y avoir dans le reste de l'infini, s'il n'y a pas de Matière?

Blanche. — Ah! pauvre Andrès! Toujours homme! Sans rémission!... Est-ce drôle que tu ne puisses entrer dans l'idée de Dieu! Voyons, efforce-toi un peu. Je repousserais une foi aveugle; je ne te demande pas le sacrifice de ta raison, bien au contraire. Tâche de te pénétrer d'abord de ceci : que le monde ne s'est pas fait tout seul; qu'il est, plus probablement, l'œuvre d'un Créateur; lequel a beaucoup plus de génie que toi et que tes congénères les plus orgueilleux. Creuse cette pensée, le reste viendra.

Soumets-toi un peu. Reconnais ton infirmité, ta vue courte, ton intelligence bornée, les illusions heureuses de ta condition d'existence... Laisse là tes erreurs, tes préjugés héréditaires, tes... J'ai peur de te demander l'impossible.

Va, pauvre créature ! Divague, si tu ne peux faire autrement. Entre-temps, l'immense, l'inépuisable bonté qui t'a protégé jusqu'ici, veille sur toi. Aime ce principe suprême, auquel, tu dois tout, qui n'a pas besoin de toi, qui t'a donné ce qu'il faut pour graviter vers lui. Aime-le, et sois bon envers tes semblables ; tu ne peux rien faire qui lui plaise davantage.

Andrès. — Oui. Moi, je veux bien. Je tâcherai d'entrer dans ces idées qui ne sont pas plus improbables que d'autres. Le monde ne s'est pas fait tout seul, soit. Les matérialistes disent qu'il a existé de tout temps et qu'il existera éternellement. Cela m'a toujours paru assez incompréhensible, d'abord.

Blanche. — Non seulement c'est incompréhensible, mais c'est surtout très commode ; cela n'a l'air de rien et ne coûte aucun effort. Le monde n'a pas eu de commencement et n'aura jamais de fin. Sur quoi se peut-on fonder pour tenter de faire croire à une indémontrabilité semblable ? Si les matérialistes ont besoin de l'éternité pour la solidité de leur système, qu'ils en fournissent la preuve. Il est vrai que lorsque l'on ne s'appuie que sur la matière, il faut absolument lui attribuer l'immortatité et la puissance intime d'évolution, sans quoi s'il était seulement probable que la matière dût faire défaut à un moment, il faudrait reconnaître autre chose. Quelle autre chose en dehors de l'idée de Dieu? Changer d'avis, alors! Non. Quand on est matérialiste, et que l'on a *le sentiment de sa dignité,* on reste matérialiste.

Nous, nous n'avons nul besoin de la connaissance de l'éternité, ni des notions certaines de commencement et de fin, pour baser nos croyances. Cette condition présente déjà un grand avantage en notre faveur; celle de ne pas nous obliger à déraisonner sur ce qu'il ne nous est pas donné de comprendre.

Relativement à la science, dont aucune secte n'a le monopole comme je te l'ai déjà dit, nous la pratiquons avec le même zèle que le peuvent faire des matérialistes, et nos expériences ainsi que nos observations, ne le cèdent en rien aux leurs comme exactitude et comme constatations matérielles exemptes de toutes hypothèses. La vue des phénomènes matériels si merveilleux nous révèle par leurs enchaînements rationnels et harmoniques, un plan préconçu visant à l'utilité, et ici, nous nous séparons des matérialistes qui ne reconnaissent pas l'utilité et s'arrêtent à la circulation de la matière, sans y vouloir admettre la participation d'une intelligence indépendante dans les phénomènes intellectuels et dans ceux de relation. C'est leur affaire.

Quant à la confession de notre Foi, elle tient en peu de mots :

Nous croyons en Dieu; nous l'aimons, et chaque

jour nous élevons notre âme vers lui pour le remercier de ses bienfaits. Nous croyons à sa puissance infinie et libre, rien n'étant supérieur à lui; à sa justice et à sa bonté, infinies comme l'est sa puissance; à sa faculté d'intervention volontaire, où, quand, et comment il lui plaît. Nous n'avons pas besoin d'agiter, pour les résoudre témérairement, ces questions d'Éternité de ceci, d'Immortalité de cela : l'Espace et la Durée appartiennent à Dieu. Nous croyons à la responsabilité personnelle de nos actes; à une vie future; à une progression vers Dieu, en récompense de nos bonnes actions envers nos semblables, pendant nos existences successives.

Il se peut qu'il y ait des hypothèses dans nos espérances, comme il y en a, d'ailleurs, dans la doctrine, *sans espoir*, du Matérialisme; mais jamais les principes moraux de notre Religion simple et pure, pratiquée de bonne foi, dans ses conséquences les plus extrêmes, ne conduiront à l'édification d'un système arbitraire et tyrannique comme le pourrait faire la doctrine matérialiste qui, par ses négations, de Dieu, d'une vie future, de l'utilité des actes de la vie présente, conduit fatalement (suivant son expression favorite), à la jouissance sans frein, à la pratique âpre et sordide de l'égoïsme, voulant au moins bien vivre dans la seule existence dont il soit assuré.

Andrès. — J'en suis pleinement d'accord avec vous. Permettez-moi... Je suis tourmenté de l'idée de vous adresser une question. Je vais peut-être dire une sottise....

BLANCHE. — Parle donc.

ANDRÈS. — Dieu existe. Quelle est son origine. Qui l'a fait, lui?... Et puis, il a créé le Monde. Quand? Il n'y avait donc rien avant la création?

BLANCHE. — Tu m'avais bien prévenu que tu allais dire une sottise. C'est fait.

Voyons, Andrès, quelle idée te peux-tu faire de Dieu?

ANDRÈS. — Je ne sais pas. Un être tout puissant, sachant tout, voyant tout.

BLANCHE. — Ton Dieu des religions humaines, hein? qui a des passions, qui est colère, vindicatif, n'est-ce pas?

ANDRÈS. — Que sais-je!... Si vous en savez plus que moi à cet égard, dites-le moi.

BLANCHE. — Qui a fait Dieu! Question bizarre!

Nous ne pourrons jamais connaître la personnalité de Dieu. Il n'offrira jamais à notre adoration un visage, ou une forme quelconque.

Qui a fait Dieu? me demandes-tu. Je te répondrai : Est-ce que l'on fait un principe.

Dieu est un principe. Un principe, cela est, voilà tout. C'est vraiment en ce sens que la notion de *commencement* est absolument incompréhensible.

Le monde a été créé. Tu demandes : « quand? » Peut-être ne voulais-tu parler seulement que de *ta Terre*, cet atome. Ce serait vraiment trop peu. Généralise. Dis : « les Mondes ».

Comptes-les, les mondes! Quand tu m'auras donné le total, je te désignerai celui qui a été créé le premier.

Et encore! Les mondes créés, détruits, créés de nouveau. Y pensais-tu? Voilà qui recule singulièrement le premier jour!

Ces questions sont inconcevables, et des hommes, aux sens bornés, les agitent. Quelle misère!

Laisse donc ces secrets, impénétrables pour ta chétive espèce.

Mais l'homme veut des choses finies : « Je veux un commencement ; je veux une fin, à ces mondes matériels. » Tu vis par la matière, que sais-tu si tu ne pourrais vivre sans elle? Et alors! Il y aurait donc un autre état que la matière, ce que dans ta condition tu ne pourrais concevoir. Je voulais t'en expliquer le « peut-être, » et tu m'arrêtes avec ta question saugrenue.

Andrès. — Je vous ai fâchée?

Blanche. — Me fâcher, mon pauvre Andrès! Oh! non; nous ne connaissons pas ces choses. J'ai pitié de ton aveuglement, voilà tout.

Andrès. — Et vous voudriez bien continuer?...

Blanche. — Certainement. Tâche seulement de me suivre, et laisse là tes préjugés humains.

Andrès. — Je ferai tout mon possible.

Blanche. — Je t'avais entretenu de ton monde matériel, localisé dans une partie x de l'infini, et tu me demandais ce qu'il pouvait y avoir dans l'espace qui ne contiendrait pas de matière.

Andrès. — Nous en étions effectivement là. Eh! bien, qu'y a-t-il?

Blanche. — Il y a ce que Dieu a voulu y mettre.

Et que nous ne connaîtrons jamais tant que nous existerons dans nos conditions actuelles, la mienne aussi bien que la tienne, car placée plus haut que toi dans la hiérarchie des êtres, comme tu l'es toi-même par rapport à l'infusoire, je suis encore bien ignorante, et je m'efforce de profiter de l'intelligence universelle partout où j'en puis percevoir l'expression. Comme tu ne connais que ton monde matériel, tu rapportes tout à ta matière, et tu crois que rien ne saurait exister en dehors d'elle, ainsi que ton Islandais qui ne comprend pas que l'on puisse vivre sans huile de poisson !

Encore la connais-tu bien imparfaitement ta matière. L'analyse spectrale de certaines étoiles te donne des raies révélatrices de métaux dont tu ne peux déduire les éléments.

Écoute donc mon hypothèse sur ce que peut receler l'espace vague que nous appelions la partie vide de l'infini.

Le monde matériel existe peut-être dans les conditions formulées tout à l'heure, conditions auxquelles il ne manque, pour réunir tous les caractères de la certitude, que la preuve absolue du mouvement général circulaire du système étoilé, mouvement qui a de nombreux partisans professionnels, et qui, en lui-même, est très vraisemblable.

Si le Monde matériel gravite ainsi dans une partie de l'espace, il pourrait n'être que l'une des manifestations de la Volonté de Dieu, l'une de ses manifestations plus ou moins nombreuses, plus ou moins différentes entre elles, et, à ce titre, le monde matériel doit avoir eu un commencement, et pourra de même avoir une fin. Pour ceci, nous avons déjà la notion d'astres détruits ou disparus, qui feraient préjuger une fin possible.

Il y a dans le monde matériel une manifestation radieuse qui domine tous les phénomènes matériels. C'est *l'Intelligence*. A son apparition chez les êtres animés, c'est comme une effluve inconsciente, ignorante de toutes les convenances matérielles, et, par son essence indépendante, en conflit permanent avec ces convenances jusqu'à ce qu'elle ait pu apprécier le bien fondé de celles qui lui sont nécessaires, et qu'elle se les soit faites siennes, comme éléments indispensables de relation avec ses contemporaines, pendant leur vie mondestre commune.

Quelle est la nature de l'Intelligence, et d'où vient-elle ?

L'Intelligence est un produit de la Volonté de Dieu, comme la Matière en est un autre, et, je le répète, comme il y en a sans doute encore d'autres différents, que nous ne connaissons pas, et dont nous ne saurions avoir nulle conscience appréciable, si elles sont sans aucune affinité avec notre nature.

Nous étudions laborieusement ce que nous possédons, attendant patiemment que nos progrès intellectuels, et surtout la Bonté de Dieu, nous mettent à même d'acquérir des notions sur les choses générales, qui ne nous sont pas cachées, qui ne sont pas mystérieuses, mais sont simplement inconnues de nous parce qu'elles sont encore en dehors de notre portée intellectuelle, à l'heure présente...

Andrès. — Oh! à l'heure présente! Je crains que cela ne soit ainsi toujours. Je ne vois pas de raison pour penser...

Blanche. — Donne-toi donc la peine de réfléchir avant de décider péremptoirement. Est-ce que les animaux qui ont précédé le dernier vertébré, avaient, pouvaient avoir la notion des lois physico-chimiques et des conditions d'existence des mondes épars dans l'espace? Quelle grande distance intellectuelle franchie par l'homme, cependant! Qui t'assure que la distance qui sépare l'homme des connaissances générales de l'Infini soit plus importante que celle qui existe encore, irrémédiablement, entre l'homme et les animaux qui l'ont précédé?

Andrès. — Mais dans les âges révolus!...

Blanche. — Encore des considérations oiseuses, peut-être. Attendons en paix, mon pauvre Andrès; tâchons de savoir imperturbablement ce que nous ne faisons en ce moment qu'épeler. Nous nous mettrons probablement par là en état d'acquérir des notions nouvelles et imprévues.

D'où vient l'Intelligence, et quelle est sa nature? disais-je.

Naîtrait-elle d'un *substratum* inexprimable de l'*Immatériel*, composant un ensemble commun, un protoplasma incorporel, surgi divinement à une période précédente, ou contemporaine, ou subséquente, de la manifestation matérielle?

Je la supposerais antérieure à l'apparition de la Matière, celle-ci ne me semblant avoir pour raison d'être que de servir de base, d'appui à la manifestation intellectuelle. Et ce qui me confirmerait dans cette opinion, c'est que l'Intelligence est toujours semblable à elle-même, dans son activité propre, dans ses aspirations à une destinée supérieure, tandis que la matière n'est qu'une chose subalterne et inerte, n'ayant que des propriétés géométriques, recevant de la force, aux temps pertinents, les propriétés génératrices, c'est-à-dire progressives, passagères et éphémères.

Donc, il semble probable que l'Intelligence *était* avant la Matière, et que celle-ci n'*a été*, que pour lui fournir un moyen de manifestation, un *possibilis* d'existence évidente, qu'elle ne pouvait offrir seule, au moins à ses débuts, mais qu'elle pourra assumer par la suite, dans une condition entitétique épurée.

Dans le principe, les entités jailliraient individuellement de ce *substratum* immatériel, à l'état d'intelligences ignorantes, pour s'incarner dans le milieu matériel, s'y développer, s'y instruire, et s'élever, par des passages successifs et nombreux, à l'Intelligence éclairée et aimante, jusqu'à graviter, par la foi et l'amour du prochain, vers le Créateur, tranquilles sur les effets de la responsabilité personnelle de leurs actes, et confiantes dans la justice et la bonté divines.

Dans une partie restée libre de l'infini, peut-être cette partie que tu ne comprends pas sans matière, un vaste espace recevrait ces entités bienheureuses individualisées chacune par une forme immatérielle personnelle, et goûtant ensemble les plaisirs d'une affection mutuelle, de la possession de la Science intégrale, et de la proximité radieuse de Dieu.

Andrès. — Malheureusement aucune âme n'est revenue sur la Terre pour nous fournir un simple aperçu de cette destinée heureuse.

Mon père, que j'aimais, et qui m'aimait tànt, ne l'a pu faire !

Pourquoi cette connaissance précieuse est-elle inaccessible à notre intelligence, à notre tendresse ?

Blanche. — Je ne le sais pas. Phone, ton protecteur, que j'ai interrogé à ce sujet, ne le sait pas non plus. Pourtant, une fois il m'a dit ceci : « C'est bien loin ! Séparation de peu de durée. »

J'ai réfléchi à ces paroles. En effet, si ton père voulait te venir voir de là-bas, il ne pourrait y parvenir, même une seule fois, au cours de ta vie terrestre, fût-elle égale à la plus longue de celles que les hommes ont jamais possédées.

Tu vas le comprendre : En admettant que son âme franchît l'espace avec la vitesse de la lumière, c'est-à-dire à raison de trois cent mille kilomètres à la seconde, elle mettrait, depuis Capella qui est l'étoile la plus éloignée de la Terre dont on ait mesuré la distance, de Capella, dis-je, à ta petite planète, environ soixante-douze ans à l'atteindre. Et qu'est-ce encore que cette distance comparée à celle qui existe entre la Terre et la plus grande circonférence orbitaire du système étoilé, au delà duquel peut se trouver le séjour de ton père?

Ton âme serait donc partie depuis longtemps pour rejoindre la sienne, que celle-ci n'aurait pas encore eu le temps de franchir l'espace qui la séparait de toi.

Andrès. — Enfin!.. Séparation de peu de durée, mais douloureuse!..

Vous m'avez bien expliqué ce qu'il advient de l'Intelligence; et la Matière? Que devient-elle en tout ceci?

Blanche. — La Matière, devenue inutile, retournera au néant dont Dieu l'avait tirée pour servir à l'expression de l'Intelligence.

Ta chère matière n'est rien, je te l'ai déjà dit.

Andrès. — Comment mon corps, mon sang!..

Blanche. — Illusion! Apparence éphémère! Il n'y a de vrai et de durable en toi que ton intelligence. C'est elle qui est ta véritable personnalité. Ton corps n'est que poussière, matière impalpable, qui retournera à la condition impalpable aussitôt que les éléments qui la composent cesseront de répondre aux vues du Créateur.

Andrès. — Par exemple! Si vous me prouvez que mon corps ne sent pas, que mes yeux ne voient pas, que mes oreilles n'entendent pas, que...

Blanche. — Expliquons-nous sur les propriétés de ton corps auxquelles je vois que, jusqu'ici tu n'as pas compris grand'chose.

J'abrégerai pour toi mes remarques sur ce sujet

autant que je le pourrai, car ta fatigue est évidente, et je regrette presque de t'avoir amené sur un terrain d'observations pour lesquelles tu me parais manquer d'une aptitude suffisante. Cependant, je ne veux pas te quitter sans te faire reconnaître combien ton corps a peu de propriétés durables, et comme tu es dupe de tes illusions à son égard.

Tes illusions générales sont de deux sortes : Les premières sont celles qui naissent de l'imperfection des sens dont tu es actuellement doué; les secondes sont celles qui sont afférentes à la non-existence, chez toi, d'organes rationnels.

Avant de traiter pour toi ces deux questions, dis-moi, d'abord depuis combien de temps tu penses jouir des substances matérielles, actuelles, de ton corps.

Andrès. — Mais... j'ai eu quarante ans le jour du dernier anniversaire de la prise de la Bastille.

Blanche. — Il y a environ quatre semaines. Et tu penses que tu jouis de ton corps matériel depuis ces quarante ans?

Andrès. — Si je le pense?.. C'est-à-dire que j'en suis sûr.

Blanche. — Eh bien, écoute ceci : « On ne se trompe guère en attribuant à un homme fait une quantité moyenne de vingt-quatre livres de sang. L'oxygène qu'il absorbe en quatre ou cinq jours par la respiration, suffit à transformer par la combustion tout le carbone et l'hydrogène de ces vingt-quatre livres de sang en acide carbonique et en eau. Mais le sang s'élève environ au cinquième du poids du corps d'un adulte. Si donc cinq jours suffisent à dépenser le sang par l'échange des matières, il faut que le corps entier se transforme en cinq fois cinq, ou vingt-cinq jours. J'ai trouvé que des corpuscules colorés du mouton, qu'on injecte en grande quantité dans la circulation des grenouilles, en ont complètement disparu après dix-sept jours.

« La concordance des résultats qu'on obtient en partant de trois points différents est une garantie positive de la vérité de l'hypothèse d'après laquelle il faut trente jours pour donner au corps humain entier, une composition nouvelle.

« La nourriture qu'on absorbe et l'oxygène qu'on inspire couvrent cette perte. Le sang, en effet, ne provient pas seulement des substances alimentaires, mais à la fois de la nourriture et de l'oxygène. C'est encore plus vrai des tissus. La condition de la genèse des tissus, c'est la respiration (1). »

Il y a donc un mois environ, mon pauvre Andrès, que tu vis dans une enveloppe matérielle nouvelle.

Andrès. — Aah !

Blanche. — Maintenant, tes souvenirs; à quelle date remontent les premiers?

Andrès. — Vers l'âge de deux ans et demi. Je vois encore la forge d'un voisin, le cloutier Vincent, qui m'aimait beaucoup, et qui, dès le matin, venait me

(1) Moleschott, *ouv. cité*, t. I, pp. 170, 171, 172.

chercher pour manger des pommes de terre, cuites sous la cendre...

Blanche. — Et tu te souviens parfaitement de cela, malgré ce jeune âge?

Andrès. — Au point que quand j'y songe, ce souvenir excite encore en moi la pensée instinctive de me détourner pour éviter les étincelles pétillantes de la forge, dont j'avais alors grand'peur pour mes yeux.

Blanche. — Tu vois la ténacité, la vivacité de tes impressions intellectuelles. Et ici, ce n'est plus cette guenille dont tu changes tous les mois qui a opéré, c'est ton intelligence, ton âme immatérielle, seule immuable depuis quarante ans.

Andrès. — Est-ce vraiment la même? Il me semble au contraire que c'est elle, plutôt que mon corps qui a changé. Mon intelligence me paraît bien autre qu'en ce temps éloigné.

Blanche. — Ton corps a disparu bien des fois depuis quarante ans; c'est ce que j'appellerais le changement intégral. Ton intelligence ne te paraît plus la même? Mais prenons un exemple : Quand on apprend un métier, un art, l'habileté qu'on y acquiert ne vient-elle pas graduellement? et n'est-ce pas toujours la même intelligence qui travaille à s'en assimiler l'exercice; et par là, s'enrichit et revêt une plus grande importance. Le corps est véritablement changé, c'est-à-dire, n'est plus le même. L'intelligence, au contraire, est toujours la même, seulement elle s'est développée. Ce n'est pas la même nature de changement.

Si tu te portes bien, tu ne sens pas ton corps, tu ne te sens pas vivre, car ta vie végétative opère, à ton insu, la nutrition, la circulation, l'assimilation et la désassimilation. Pourtant, tu crois que c'est ton corps qui est immuable! Au contraire, pour ton intelligence, tu as conscience de la presque intégralité de ses actes intellectuels; les faits qui intéressent tes affections ou tes biens, te laissent des souvenirs durables, *que ne pourrait conserver un appareil matériel qui ne se conserve pas lui-même;* et parce que ton intelligence est maintenant plus éclairée, quelle a acquis et *conservé* des notions nouvelles, en retenant les éléments, assouplis je le veux bien, de sa nature première, tu crois pourtant que c'est elle qui a changé. Voilà vraiment une illusion singulière! Mais que d'hommes l'ont éprouvée de même avant toi.

La vieillesse te fournit encore un exemple de la différence qui existe entre le corps et l'intelligence.

Lorsque l'homme atteint la vieillesse, en état satisfaisant de santé intellectuelle et physique, on dit communément que son intelligence et son corps ont vieilli l'un et l'autre, mais la réflexion relève encore ici une illusion singulière : le corps, lui, a vieilli certainement, malgré son entretien et son renouvellement continuels. Les membres ont perdu de leur souplesse; parfois les articulations raidies sont le siège de douleurs infirmantes; les sens matériels : la vue, l'ouïe, l'odorat, ont perdu leur acuité. Les digestions sont plus laborieuses, et le corps s'achemine, ou lentement, ou d'une allure rapide, vers la fin de son existence éphémère, par un *processus* inévitable, quel que soit le bon état sanitaire sénile des organes, car j'écarte de cette question la désagrégation par maladie, pour n'envisager que les conditions de la dégénérescence naturelle. L'intelligence, au contraire, sans avoir bénéficié comme le corps de réfections périodiques, grevée en plus que le corps, de la fonction d'apprentissage de son milieu matériel et de son évolution propre, a conservé plus de vitalité effective que le corps lui-même, et son déclin humain tient essentiellement à la déchéance de ses organes matériels.

Cette distinction est tellement exacte que je pourrais te citer, à l'appui, certains vieillards, d'une intelligence notoire, qui dissimulent habilement leurs infirmités matérielles, surtout celle influençant la mémoire, par des moyens secrets dénotant chez eux des efforts exceptionnels de facultés mentales, que ne s'imposeraient certainement pas des hommes plus jeunes; ce qui, loin de dénoter un affaiblissement intellectuel sénile chez ces vieillards, témoigne, au contraire, d'une vigueur de résistance consciente à l'encontre de l'affaiblissement matériel.

D'après toutes ces considérations, où penses-tu maintenant que soit placé le siège de la personnalité?

Est-ce dans ce corps qui ne se défend pas aussi énergiquement que le fait l'intelligence; dans ce corps, qui renouvelé incessamment, s'évanouit sans cesse, molécule à molécule? Ne serait-ce pas plutôt dans l'intelligence, qui, quelquefois, après l'ultime agonie de ce corps anéanti, se manifeste encore quelques instants, dans toute son intensité, dans toute sa splendeur, pour des conseils et des adieux suprêmes aux êtres aimés, doutant eux, jusqu'à la dernière parole, jusqu'au dernier regard, de son imminente disparition?

Andrès. — C'est vrai!... Le Matérialisme prétend cependant...

Blanche. — Je connais l'objection et je vais y répondre.

Le Matérialisme, en raison de son système restreint à la matière et étroitement fermé à toute autre expression qu'à celle de la matière, demeure étranger aux douloureuses constatations qui précèdent. Il ne peut traiter que de la vie végétative, de la vie matérielle. Par là, il aboutit nécessairement, inéluctablement, à des manifestations purement automatiques, qu'il qualifie improprement de psychiques. L'intelligence qu'il vise, étant, suivant lui, le produit des organes, elle ne peut être qu'automatique et imbécile, ce qui est la négation de l'intelligence propre, de l'intelligence directrice. De celle-ci, *de cette souveraine*, il ne s'occupe que pour la calomnier, et la ravaler à l'infime condition de la Vie végétative. Son parti pris apparaît avec la plus grande évidence par le soin qu'il prend ordinairement à ne jamais parler dans ses publications des observations sérieuses recueillies sur les actes de cette admirable intelligence des animaux et des hommes, par des observateurs distingués, tels que Lubbock, Darwin, Romanes,

Toussenel, Huber, etc., etc., observations rigoureusement exactes, auxquelles il supplée allègrement par des sophismes ou des allégations sans preuves, dans l'intérêt d'une cause que ne pourrait défendre une polémique impartiale.

Toute transaction est impossible à espérer du Matérialisme. La reconnaissance par lui, même mitigée, de l'Intelligence directrice chez l'être pensant, direction admise par tous les hommes qui veulent se donner la peine d'observer et de réfléchir, ruinerait, d'un seul coup, toutes ses allégations contraires, parce qu'il ne pourrait trouver dans la Matière la cause de cette manifestation intellectuelle, qui est très souvent en opposition avec l'évolution de la Matière, ainsi que je l'ai déjà signalé (1).

Après avoir dissipé ton illusion à l'égard de la mutabilité comparée de ton corps et de ton intelligence, je pourrais t'entretenir des illusions de tes sens, que ta raison instruite et réfléchie redresse ordinairement. Tels, les aspects trompeurs, qui te font paraître brisé un bâton plongé dans l'eau; la lune plus grosse à son lever qu'à son zénith; les apparences chimériques d'êtres et de choses vues dans une quasi-obscurité; toutes productions vaines, ayant pour causes la réfraction, des jeux d'ombres et de lumière dont tu connais les éléments, et que la réflexion ramène chez toi à leurs proportions et à leurs figures véritables.

(1) Voir au présent livre, pp. 37, 38 et 39.

Mais il est d'autres illusions dont tu n'as pas une conscience si claire, parce qu'il faut pour les comprendre un effort d'intelligence, une tension d'esprit, dont peu d'âmes sont capables, car il ne s'agit plus ici d'erreurs fantastiques produites sur les sens particulièrement influencés, mais de phénomènes réels qui, *quoique matériels*, sont tout aussi absolument hors de ta portée immédiate que les choses immatérielles sont hors de la portée humaine par leur nature spéciale. Je m'explique :

Chez toutes les créatures vivant dans ce monde transitoire, il existe un sentiment dont le Matérialisme ne pourrait fournir aucune explication : c'est la satisfaction, possible à tous les degrés de la vie animale, chez l'infusoire comme chez l'homme ; c'est le contentement, le bonheur même de vivre, de la Créature, qui dilate son cœur, qui excite et réjouit tout son être.

Cette condition psychique résulte de sa parfaite adaptation à son milieu, qu'il m'est absolument impossible de t'expliquer autrement que par un bienfait de l'Intelligence Suprême qui, en créant les innombrables espèces animales, a donné à toutes, même aux plus humbles, même aux plus rudimentaires, non seulement la faculté de vivre et de se reproduire, mais encore celle de trouver le bonheur par l'effet de l'adaptation intime de ses organes à ses conditions d'existence.

Ainsi, les sens de relation ont pour agents, des yeux, des oreilles, des papilles gustatives, des pituitaires, des réseaux délicats de fibres filiées d'apparences inextricables s'épandant vers les régions tégumentaires des corps; tous ces appareils admirables sont reliés par un puissant système nerveux. Peut-être penserais-tu qu'il eût suffi de reproduire ces agents essentiels à tous les degrés de l'échelle animale, dans des dimensions appropriées aux espèces?

Non. Il y avait à tenir compte, en premier lieu, du développement zoologique, ensuite des conditions spéciales d'existence des espèces. C'est ainsi que la structure de l'appareil de la vision est à peu près la même chez tous les vertébrés, tandis que, chez les mollusques, la plupart des animaux de cette classe ont une structure visuelle très différente, et que, chez les crustacés et les insectes, les yeux ont à peine quelques points comparables aux yeux des animaux supérieurs. Pour l'ouïe, les mêmes différences se constatent à tous les degrés de l'échelle animale.

Souvent la faculté se manifeste, que l'organe n'existe pas encore; le principe des sensations est intime, et antérieur à la formation des organes. Les animaux inférieurs qui ne jouissent pas de l'apparence des organes, ne sont cependant pas pour cela privés des sensations, car l'observation et l'expérience en révèlent parfois l'existence chez eux, comme chez les animaux supérieurs.

Je n'ai pas besoin pour ma thèse d'explorer l'universalité des espèces animales. Quelques exemples suffiront pour te faire comprendre que tous les animaux jouissent d'un bonheur relatif, en l'absence de notions possibles d'un bonheur plus grand que celui qui leur est départi. L'homme est soumis à cette même loi comme eux, mais seulement en principe. Son intelligence affinée fait déjà qu'il se trouve à l'étroit dans ses limites matérielles. La question est délicate et mérite d'être traitée consécutivement. Voyons nos animaux.

L'amœba enveloppe sa proie et se l'assimile par un estomac créé sur place. L'a-t-elle vue? Elle n'a pas d'yeux; elle semble n'avoir ni organes, ni appareil nerveux; cependant elle se trouve avoir tout ce qu'il faut pour la choisir, pour l'attaquer, pour s'en repaître, pour se l'assimiler, pour se reposer, repue, heureuse peut-être, de la satisfaction intégrale de son besoin de vivre.

L'escargot saisit, à une distance considérable, la présence d'un congénère; probablement dans un certain état hygrométrique de l'air; il le joint, s'accouple, et goûte un bonheur d'escargot, qui comble de joie cette entité minuscule.

A un autre point de vue, les animaux sont quelquefois supérieurs à l'homme dans certaines parties de leur organisation matérielle. Les insectes, en leur petitesse, sont pourvus de sens très développés. Ils jouissent évidemment des cinq sens, bien que l'on ne perçoive chez eux aucun organe d'olfaction et d'audition. Leur vue est exceptionnelle, et probablement microscopique et leurs yeux sont formés de l'agglomération pressée de facettes qui, chez quelques-uns d'entre eux s'élèvent au nombre de 25.000, indépendamment d'ocelles dont certaines espèces sont pourvues et dont on ne connaît pas l'usage. Parmi ces animaux, les hyménoptères vivent et travaillent en commun, forment des sociétés où ils obéissent volontiers à des notions économiques d'ordre et de bien-être.

Plus haut dans l'échelle des êtres, chez quelques oiseaux, la portée de la vue est extrêmement longue; à des hauteurs où l'œil humain les perçoit à peine, ces oiseaux distinguent nettement à terre les petits animaux dont ils se nourrissent et fondent sur cette proie éloignée, sans la moindre méprise. Chez les chiens, l'odorat est tellement développé que ton philosophe Buffon a dit que « *chez eux l'odorat est l'organe universel du sentiment.* »

Tous ces animaux, si différents de structures, d'organes et de milieux, aiment, se reproduisent, et, satisfaits de leur condition, paraissent ne rechercher qu'un bien, que ton espèce leur rend fort aléatoire : Vivre tranquillement dans la situation où ils sont placés.

Eh bien, ce contentement, ce bonheur, que ressentent à divers degrés, tous les animaux, par l'effet de leur parfaite adaptation organique à leurs milieux matériels, l'homme, abusé par ses illusions organiques spéciales, les ressentait comme eux, dans le principe :

Si ses yeux voyaient imparfaitement les choses, s'ils les voyaient, non comme elles étaient réellement, mais comme il convenait que son espèce les vît, les comprît, au moyen d'organes inférieurs sous certains rapports à ceux de quelques animaux, du moins l'esthétique créée par lui pour son usage exclusif, à l'aide de sa vision bornée, réalisait conventionnellement une beauté, une harmonie, une pureté d'expression, que tout le monde, d'ailleurs, ne comprenait pas de la même manière. Tous les peuples avaient ainsi les règles de leurs esthétiques dont la pratique les charmait, et qui, soigneusement enseignées à leurs enfants, pliaient les organes physiques et intellectuels de ceux-ci aux goûts nationaux conventionnels.

Mais ainsi que je te l'ai dit tout à l'heure, l'intelligence de l'homme, affinée, augmentée par d'innombrables travaux, se trouva bientôt à l'étroit dans ses limites primitives. Son milieu matériel était bien toujours en relation intime avec ses organes matériels, mais il ne l'était plus, il ne pouvait plus l'être, avec son intelligence, grandissant chaque jour davantage.

L'homme faisait appel aux observations, puis aux expériences scientifiques, et ses études patientes lui révélaient l'infinité, l'infirmité de ses propres organes.

Longtemps l'homme s'est montré fier de ses importantes découvertes : l'optique, la physique, la chimie, dont sa mathématique a fait des sciences exactes, ont agrandi son domaine, élargi le champ de ses explorations. Il a vu les astres à des distances incommensurables; il a calculé leurs poids, leurs orbites ; il a reconnu spectralement leur composition matérielle ; il a étudié l'atmosphère de sa planète, prévu le retour et la périodicité des vents alisés, annoncé les tempêtes, presque les cyclones. Il a reconnu et catalogué les stades de la matière inorganique et organique ; constaté et reproduit ses combinaisons diverses. Il a transmis électriquement ses traits, sa pensée, sa parole vivante, ses chants, jusqu'au bout de son Monde. Il a forcé la lumière à lui révéler l'aspect des substances renfermées dans des enveloppes opaques, réputées impénétrables. Maintenant, il voit vrai, il entend vrai ; il espère qu'il va créer à son tour. Il connaît et dédaigne l'inanité de ses illusions organiques. *Sa Science* va bientôt lui donner *cette gloire* : La constatation absolue de son néant matériel personnel.

Andrès. — Voudriez-vous donc faire le procès de la Science ?

Blanche. — Andrès, on ne saurait faire reculer la Science. C'est une révélation divine.

Lui dire : « Tu n'iras pas plus loin », ce serait s'efforcer de réintroniser l'ignorance ; ce serait vouloir faire marcher l'Univers à rebours. Ce serait sottement tenter l'impossible.

Andrès. — Mais alors !...

Blanche. — Mais alors l'homme y perdra sa sérénité, son bonheur :

Il verra ; il considèrera de ses propres yeux, la circulation de son sang, les *processus* délicats et silencieux de sa vie végétative ; les états pathologiques, passagers ou permanents, indistincts pour lui les uns des autres, de son propre corps; de celui d'une fiancée, à l'aspect externe ravissant, mais fallacieux, et dont la révélation cathodique le glacera d'horreur!... Il tremblera chaque jour pour les siens... surtout pour lui-même...

Malheureux! Infortuné! Tu la tiens, ta Science intégrale... Enfin!

Andrès. — Tout cela n'est pas gai. Et la Science ne devant pas reculer, le mal est alors sans remède!

Blanche. — Ah! matérialiste incorrigible! Je t'y prends encore!

Beaucoup d'hommes, d'abord, conserveront leurs illusions originelles. Oui, en principe, la matière personnelle est perdue; oui, la révélation de son état intime détruit le bonheur de l'espèce. Le Matérialisme n'offrait que le néant comme résultat ultime. La Science matérielle imposera l'horreur, journalière, permanente. Donc, à ton sens, Andrès, il ne reste rien?

Andrès. — Rien!

Blanche. — Rien, Andrès; tu conclus à rien? Tout ce que je t'ai enseigné n'a guère porté de fruits, alors. Écoute donc:

Les animaux trouvent un contentement, un bonheur quelconque dans leur parfaite adaptation organique à leur milieu matériel; c'est bien; mais cette félicité bestiale pouvait-elle suffire à l'homme?

Qu'est-ce qui le distingue des animaux?

Andrès. — L'Intelligence!

Blanche. — L'Intelligence; tout sec, comme cela? Mais les animaux ne l'ont-ils pas aussi, l'Intelligence?

Précisons : L'homme a l'Intelligence comme les animaux, c'est vrai; mais la nature amplifiée de son intelligence est rendue, par cette amplification, supérieure à la leur. L'homme a la parole. La parole n'est pas une faculté à part; elle s'exprime par le larynx, mais elle a son siège initial au cerveau. La parole humaine est une faculté intellectuelle, une manifestation de l'intelligence, au même titre que la volonté, la mémoire. La parole humaine est fertile, parce qu'elle peut, après éducation, bien entendu, exprimer la pensée dans ses nuances infinies et, au moyen de signes graphiques, conventionnels, les transmettre aux générations successives pour leur épanouissement.

L'intelligence humaine est une faculté d'ordre tellement supérieur qu'elle soumet, dirige, et, dans certains cas même, annihile la matière, dont elle n'a souvent aucun souci.

L'intelligence humaine a sa vie propre, elle est localisée séparément dans le corps humain; je n'ai pas besoin de te répéter en détail tout ce que j'ai déjà dit là-dessus, puisque tu l'as pu saisir dans ma conversation avec Rose.

Eh bien, puisque tu crois que la Science matérielle conduit l'espèce humaine à l'horreur et au néant, que la situation est irrémédiable, et qu'il ne reste rien; rien! abandonne-la, cette matière décevante, et cherche désormais ta consolation, ta félicité, dans les aspirations de l'Intelligence. Le progrès est là.

M'as-tu compris, Andrès?

Andrès. — J'ai bien conscience de l'exactitude de vos indications, mais mon esprit....

Blanche. — Je t'effare, visiblement. Tu ne peux me suivre sur ce *Status*. Laissons ces choses, toutes troubles pour toi. Il vaut mieux que je prenne maintenant avec toi un terme qui nous soit commun à tous deux : ce sera l'Intelligence et ses dérivés. Je l'avais prévu et t'en avais prévenu dès le début de cette partie de notre entretien.

Je te convaincrai désormais à l'aide de ta *Logique humaine*. Pas de sophismes, pas de subtilités. Tu déduiras les *causes* que tu ne verras pas, des *effets* qui frapperont ta raison, tes sens, tes organes humains. Ce sera peut-être un peu plus laborieux, mais c'est vraiment le seul moyen d'action, praticable avec ton infime nature. Sois attentif et sincère; voilà tout ce que je te demande.

Andrès. — Vous prévalez sur mon esprit; je ne demande qu'à être convaincu.

Blanche. — Avec le désir de l'être?

Andrès. — Avec l'ardent désir de l'être. Je vous écoute de tout mon pouvoir.

Blanche. — Il s'agit de te prouver, à toi, homme, ignorant des choses immatérielles, la réalité de l'existence de Dieu, de l'existence de l'Intelligence, ou de l'Ame, ce qui est la même chose, et quelle est sa destinée, après les incarnations successives qui sont nécessaires pour la conduire à sa perfection.

Comme il est impossible de te fournir des preuves matérielles de choses immatérielles, la solution paraît difficile, puisque toi, homme, tu ne comprends que la matière.

Elle n'est cependant pas impossible. Les matérialistes eux-mêmes, admettent très bien, *de plano*, quoi qu'ils disent, l'existence de choses invisibles, quand elles leur sont nécessaires, et qu'elles ne contrarient pas leur doctrine.

Il en est ainsi pour l'électricité, qu'ils n'ont jamais vue, qu'ils connaissent seulement par ses effets physico-chimiques, et qu'ils prétendent, pour les besoins de leur cause, être immanente à la matière. Je t'ai démontré à cet égard la vanité de leurs prétentions.

Eh bien! la même méthode peut être employée à la constatation de l'existence de Dieu et de l'intelligence, que nous ne connaissons également que par des effets, mais ici nous avons, de plus, un autre facteur puissant, que le matérialisme se refuse à admettre, malgré l'évidence, malgré l'emploi journalier qu'il est obligé d'en faire lui-même, et dont il dénie cependant la connaissance et l'usage à Dieu, le considérant comme son inférieur, sans doute.

Ce facteur victorieux, triomphant des arguties du Matérialisme, c'est *l'Utilité*.

L'Utilité se révèle dans toutes les œuvres de Dieu. Prends, si tu veux, pour exemple chez l'homme adulte, les appareils de la vision et de l'audition, qui sont les deux principaux organes de relation; l'Utilité est flagrante dans la contexture excessivement compliquée de ces deux organes :

Dans celui de la vision, tu remarques : Les sourcils, les paupières, les muscles de l'œil et releveur de la paupière supérieure, savoir : releveur de la paupière supérieure, droit supérieur ou élévateur de l'œil, droit inférieur ou abaisseur de l'œil, droit interne ou adducteur de l'œil, droit externe ou adducteur de l'œil. Muscles obliques de l'œil, soit : oblique supérieur de l'œil ou grand oblique, oblique inférieur de l'œil ou petit oblique. Aponévrose orbito-oculaire, ou aponévrose d'isolement et de sustentation de l'œil. Appareil lacrymal, soit : glande lacrymale, points et conduits lacrymaux, sac lacrymal et canal nasal, ou conduit lacrymo-nasal. Globe de l'œil. Membrane fibreuse. Sclérotique. Cornée transparente. Membrane moyenne de l'œil ou membrane musculo-vasculaire. Choroïde. Iris. Membrane nerveuse de l'œil ou rétine. Milieux de l'œil, soit : corps vitré ou hyaloïdien, cristallin, humeur aqueuse.

Pour l'audition, tu remarques : l'oreille externe. Pavillon de l'oreille. Conduit auriculaire. Oreille moyenne. Tympan ou caisse du tympan, soit : paroi externe de la caisse du tympan, paroi interne de la caisse de tympan, circonférence de la caisse du tympan. Chaîne des osselets, soit : Osselets, articulations et ligaments des osselets, muscles des osselets. Trompe d'Eustache, soit : Muqueuse tympanique, vaisseaux et nerfs de la caisse du tympan. Oreille interne ou Labyrinthe, soit : Labyrinthe osseux, dont : Vestibule, canaux demi-circulaires, limaçon ou cochlée. Labyrinthe membraneux. Utricule et canaux demi-circulaires membraneux. Saccule et portion membraneuse du limaçon ou canal cochléaire, soit : Périoste du labyrinthe, nerf auditif, vaisseaux du labyrinthe.

Je ne m'étendrai pas sur les détails histologiques innombrables, sur les précautions infinies évidentes, d'entretien et de conservation que révèlent l'examen de ces organes délicats mettant l'homme en état de jouir des aspects et sons extérieurs, qui existaient avant lui, qui n'avaient nul besoin de son existence, l'homme n'ayant pas été fait pour eux, de même qu'ils n'avaient pas été faits pour lui, comme le prétendait Protagoras, qui rapportait tout à l'homme, et dont les matérialistes modernes se sont approprié la doctrine athée et anti-sociale, héritée de Démocrite.

La place assignée sur le corps humain aux yeux et aux oreilles, est non seulement rationnelle, mais encore elle est utile. Les yeux sont en avant et au haut du visage pour voir de haut, directement devant soi; les oreilles sont sur les deux côtés de la tête pour augmenter le champ d'audition le plus possible. Ils occupent toujours les mêmes places chez les êtres similaires, ce qui exclut toute idée de hasard dans leur disposition. En constatant cette exécution organique merveilleuse, il n'est pas besoin de se demander avec Newton « si l'œil a pu être fait sans aucune connaissance de l'optique et l'oreille sans aucune connaissance des lois des sons ». Un matérialiste seul pourrait être assez aveuglé par ses passions de sectaire pour supposer que l'œil et l'oreille se soient faits ainsi d'eux-même, sans préoccupation d'adaptation utile.

L'utilité se révèle partout dans les œuvres de Dieu. Depuis les mouvements translatoires et rotatoires des Mondes, mouvements qui y entretiennent la vie et en garantissent la durée, jusqu'aux pseudopodes des animalcules presque amorphes qui, sans la faculté de les émettre à la surface de leurs corps, seraient privés des moyens de circuler et de se nourrir. Le *processus* de la Vie végétative est inconnu, même du docteur Luys, et dans son automaticité inconsciente, elle agit cependant à des fins utiles et conservatrices. Elle est organisée cellulairement ainsi, avec un luxe de précautions qui ferait l'admiration de tous autres que de concurrents à une genèse propre future, annoncée déjà à grand fracas, qui ne se produira peut-être jamais, mais où, le cas échéant, ces néo-créateurs jugeraient bientôt eux-mêmes que la notion d'Utilité leur serait indispensable.

Dans son livre *Force et Matière* (chap. IV, Téléologie), le Docteur Büchner se récrie contre la conduite *déplorable* de la Nature dans ses productions, dont les unes sont perdues depuis longtemps, ne laissant après eux que des débris du temps primordial? Il trouve à reprendre dans les variétés nombreuses des espèces; dans les monstruosités et les conditions inviables de certains individus où, suivant les aimables expressions qui lui sont familières, la Nature produit une foule de créatures non conformes au but, et *comme! nombre d'inepties.*

Si cela pouvait servir à quelque chose, on pourrait faire observer à ce savant docteur que, pour les productions perdues depuis longtemps, la cause en est due aux changements survenus dans les conditions d'habitabilité de la planète et que, d'ailleurs, les espèces perdues ont été généralement remplacées par des espèces supérieures procédant des anciennes. Que pour la diversité des espèces, la nomenclature intégrale en a été inspirée par des raisons qui ne sont pas encore parvenues jusqu'à l'Homme. Que pour les monstruosités et autres *inepties* de la nature, il y a le chapitre des accidents embryologiques et autres, qui ne dépendent pas toujours de la Nature, dont le docteur paraît ne tenir aucun compte, et dont le peu d'importance l'étonnerait s'il voulait rapprocher du total des êtres appelés à la Vie, le total des monstruosités qu'il déplore et qui n'infirme pas l'utilité générale.

Par ce qui précède, Andrès, te crois-tu fondé à admettre l'idée d'utilité dans les œuvres de la Nature? Veux-tu que je te donne d'autres exemples pris dans le règne végétal et dans le règne animal? Ils ne me manqueront pas.

Andrès. — Non. L'œil, la vie végétative, le mouvement des corps célestes me suffisent. Je crois à l'Utilité.

Blanche. — Eh bien ; en dehors de toute hypothèse, à l'aide des seules lumières de la raison et de la logique humaine, on peut affirmer que l'idée de l'utilité admise, et tu vois, Andrès, qu'il est impossible de ne pas l'admettre, l'idée de l'utilité admise pour l'infiniment grand et pour l'infiniment petit, comme je l'ai établi tout à l'heure, cette idée se lie nécessairement à celle d'un plan général de l'univers, concordant dans ses lignes essentielles avec l'appropriation de cette utilité.

En d'autres termes, et, abstraction faite de toutes causes finales et de tout *devenir*, *l'Utilité requiert nécessairement l'utilisation. L'utilisation ne peut cadrer de tous points avec l'utilité qu'à l'aide d'un plan général de l'Univers, et ce plan, ne pouvant être autogenésique, est l'œuvre d'une pensée organisatrice.*

Dès lors, *Dieu, la Pensée, le Principe, l'Intelligence Suprême* (le nom adopté n'ayant nulle importance dans la question), *est ainsi très simplement et très complètement démontré.* Est-ce ton avis, Andrès?

ANDRÈS. — Oui. Je le crois.

BLANCHE. — Voici le premier point réglé. Cherchons maintenant la preuve logique de l'existence indépendante de l'Intelligence.

ANDRÈS. — Vous voulez reprendre la discussion du Matérialisme?

BLANCHE. — A quel propos? Il est de toute certitude, au contraire, que l'Intelligence directrice est, par sa nature, hors de la portée, hors de la compétence du Matérialisme, qui n'a pas qualité pour intervenir dans cette recherche. Déserter une question ne sera jamais considéré comme un moyen de la résoudre, et le Matérialiste se bouche toujours les yeux et les oreilles, quand on lui demande d'expliquer, par des raisons tirées de son système, les observations nombreuses et sagaces de penseurs tels que Lubbock, Darwin, Romanes, Toussenel, Huber et maints autres, sur des faits de l'intelligence des animaux et de l'homme. D'autre part, à côté de cette donnée de l'Intelligence directrice, que le Matérialisme dédaigne, peut-être avec quelque fondement, parce qu'elle est inconciliable avec sa doctrine qu'il a le travers de croire, de soutenir être universelle, tandis qu'elle n'est que matérielle, il maintient cependant, que l'Intelligence (celle évidemment qui est propre à son système), est produite par la matière, et qu'elle est automatique, c'est-à-dire imbécile, puisqu'elle est sans initiative, puisque sa Volonté n'est qu'une illusion.

Il me paraît résulter de ceci que cette contention est née simplement d'un malentendu, parce qu'il ne peut s'agir ici pour le Matérialisme, non pas de l'Intelligence proprement dite, mais seulement de l'instinct héréditaire transmissible, ou d'un principe encore mal connu de la Vie végétative qui paraît en effet agir automatiquement, mais à laquelle il ne faudrait pas demander la composition d'une *Iliade*.

Je crois fermement que la portée du Matérialisme ne pourra jamais dépasser ce niveau : la Matière. Avec le parti pris qu'il a élu imperturbablement de nier ou de garder sous silence les phénomènes immatériels évidents, de dénigrer et d'insulter Dieu, l'âme, ses aspirations irrésistibles et universelles, il s'est claquemuré obstinément dans la matière, et ne peut atteindre au plus que ce résultat : l'automatisme. En cette situation, il n'a aucun titre à traiter de manifestations plus élevées que de celles de la Vie végétative.

A cette heure, et pour ne pas paraître désarmer sur le point en question, le matérialisme laisse percer l'inconséquence et l'ambition de sa doctrine : il a dérobé à ses adversaires un mot typique qu'il considère de bonne prise, et qu'il emploie très fréquemment : c'est le vocable *psychique*, caractéristique spécial de l'immatérialité, dont, par une rencontre singulière, il nie en même temps l'existence. C'est donc un larcin illogique pour lequel il peut être blâmé. Il n'est pas si difficile de créer un mot nouveau si l'on veut exprimer une idée nouvelle, et il n'était pas d'un besoin urgent d'appeler *psychiques* des sécrétions matérielles automatiques, car enfin il n'y a pas de pensées ni d'idées immatérielles dans le matérialisme. Il n'y a, il ne peut y avoir, que des sécrétions matérielles; que des produits excrémentiels, dirait Büchner, avec sa grâce coutumière.

Laissons une bonne fois le matérialisme en repos dans *sa matière;* vénérons et cultivons avec soin, de notre côté, la Science véritable, la Science expérimentale, la Science neutre, qui n'est le privilège de personne, et revenons à notre Intelligence directrice qui n'est pas de la compétence du matérialisme.

Si ta mémoire est fidèle, elle doit te rappeler tout ce que j'ai fait connaître à Rose de l'histoire de l'Intelligence, avant ta bonne venue, aussi bien que ce que je t'en ai enseigné depuis, à toi-même. Il ne faut pas grand effort d'esprit pour tirer de mes indications, appuyées d'ailleurs sur les témoignages de savants dont l'autorité est incontestée sur la terre, les caractères suivants de l'Intelligence, que je vais te rappeler pour la clarté de notre péroraison, en prenant l'homme pour exemple des manifestations intellectuelles.

L'Intelligence, ou Vie consciente, est l'apanage exclusif de l'animal. Elle est localisée chez l'homme, et son système est matériellement distinct chez lui de celui de la Vie végétative. Ces deux vies sont de natures différentes. Elles agissent réciproquement l'une sur l'autre, mais la Vie consciente dirige, épure et enrichit la Vie végétative pour la plier à son service. Elles ont des fins spéciales dans leurs vies parallèles. Elles sont, en principe, indépendantes dans leurs évolutions. La Vie consciente est parfois indifférente à la conservation de la Vie végétative. Elle pousse même ce détachement jusqu'à l'antagonisme, et jusqu'à causer la mort matérielle. L'Intelligence présente donc, *par des effets appréciables aux sens humains*, tous les caractères de la *personnalité* et de *l'indépendance* (1).

Dans l'anatomie comparée, tu as vu de même que

(1) Voir les détails au présent livre, pp. 24 à 38.

'Intelligence, ou Vie consciente, prédomine toujours sur la Vie végétative. Que l'on peut affirmer son existence, même chez les animaux les plus humbles lorsque l'on peut constater l'expression de leur volonté. En même temps, tu as pu remarquer que si les aspects physiologiques des animaux sont variés à l'infini, au contraire, l'aspect de la manifestation intellectuelle est toujours le même chez toutes les espèces, tant pour leur vie personnelle que pour les relations, qui s'établissent toujours, instantanément et facilement, entre toutes les espèces par l'intelligence, [ce qui prouve surabondamment qu'elle est d'une nature absolument distincte de la matière, dont les manifestations ne révèlent pas une semblable aptitude de relation.

Par mes dernières observations, tu as encore pu reconnaître que la personnalité humaine ressortit plutôt à l'Intelligence, qui est permanente, qu'au corps matériel, qui est muable et éphémère ; car chez l'homme achevant sa vie terrestre, non par maladie accidentelle, mais par l'épuisement consécutif de son être, c'est l'Intelligence qui décèle les dernières expressions de la personnalité.

Dans tous ces phénomènes si divers, l'Utilité apparaît toujours. Elle est tellement immanente au développement des espèces que Darwin y a trouvé la raison de son *Élection naturelle*, à laquelle ses disciples ont attribué plus tard une puissance en quelque sorte créatrice sous le nom de *Sélection naturelle* par une interprétation qui n'est pas conforme à la pensée du

Maître, ainsi que je l'ai démontré au moyen de la citation authentique de son texte sur cette question (1).

Il n'y a donc rien à ajouter pour prouver à l'homme, que Dieu et l'Intelligence (ou l'âme, qui est la même chose), existent véritablement, ainsi que tu le peux constater *par des effets tombant sous les sens humains.*

Conserves-tu quelques doutes à l'égard de la vérité de ces deux premiers points, Andrès?

Andrès. — Non; aucun. C'est très net et très clair.

Blanche. — Il reste à prouver le troisième point; c'est-à-dire, la destinée post-mondestre de l'âme, par des incarnations successives, et son repos dans la béatitude céleste, après une existence bien remplie au regard des créatures et de l'Intelligence Suprême.

Pour ce point spécial, nous ne pouvons pas appliquer notre méthode, qui consistait, pour les deux premiers points, à juger de la cause par les effets, parce que nous n'avons aucun effet humain révélateur des manifestations de l'âme, postérieurement à la Vie mondestre.

Comment allons-nous procéder pour obtenir cette preuve?

Tu sais maintenant que Dieu existe, et qu'il est l'auteur du plan universel et des lois évolutives du monde matériel.

Tu sais également que l'Intelligence, ou l'Ame, existe, qu'elle a son existence et son indépendance

---

(1) Voir au présent livre, pp. 251, 252.

propres, et qu'elle est prépondérante sur la Matière.

Ces deux points sont acquis pour toi, et ces deux points ont tout le caractère de la certitude. L'Homme ne peut rien savoir de plus. L'au-delà est hors de sa portée.

Ne lui reste-t-il que des conjectures, des hypothèses, pour pénétrer cet au-delà? Oui, c'est tout ce qui lui reste.

Mais ces hypothèses sont-elles de nature à lui faire au moins entrevoir quelque chose de vraisemblable, de plausible, de rationnel, succédant à la mort? Oui, il peut l'espérer encore, en s'appuyant sur le principe solide qui lui a déjà servi deux fois.

Quel est ce principe? La logique impérative. Ce que les matérialistes appellent eux-mêmes : *L'expression la plus rigoureuse de la nécessité.* C'est *l'Utilité.*

ANDRÈS. — Permettez-moi à cet égard une observation : Les matérialistes disent, avec Moleschott : « Les lois de la Nature sont l'expression la plus rigoureuse de la nécessité. » Je n'ai jamais bien compris ce qu'ils veulent exprimer par cette nécessité inéluctable. Vous lui attribuez ici, je crois, le sens d'Utilité. Pourquoi?

BLANCHE. — Cette déclaration de *nécessité rigoureuse* signifie particulièrement chez eux que les choses ne peuvent être autrement qu'elles sont, ce qui n'est pas d'une dialectique compromettante, mais n'offre pas, cependant, une garantie absolue d'exactitude, car si Dieu avait réglé les choses autrement sur cette terre (et c'est peut-être ce qui se passe dans les Mondes de couleurs jaune, orange, verte, bleue, etc., couleurs permanentes et persistantes qui semblent les qualifier), Moleschott eût, probablement, conclu de même, que les lois qui en avaient ainsi réglé les manifestations étaient l'expression la plus rigoureuse de la nécessité.

Maintenant, si par *nécessité* les matérialistes entendent la Fatalité, cette chose incompréhensible, ils devraient être au moins tenus d'en fournir l'explication. Si, au contraire, par *nécessité* ils entendent l'utilité, alors leur doctrine n'est pas défendable, puisque tu as vu que l'utilité requiert l'utilisation, et que celle-ci implique un plan conçu par une pensée organisatrice.

Le vague de leur terme convient à l'inconséquence de leur système ; mais on doit cependant croire que ce qui est *rigoureusement nécessaire* doit être utile, car on ne comprendrait pas la *nécessité rigoureuse* d'une chose qui ne servirait à rien. C'est pourquoi j'ai été forcée de prendre le sens que je t'en donne.

Je reprends : Nous n'avons donc que l'utilité, cette lumière céleste, pour nous conduire ; servons-nous alors de cette logique impérative, de cette utilité qui nous a été secourable jusqu'ici.

Dieu a créé les mondes. Il leur a donné la densité, la fertilité. A quoi bon, si ce n'était pas une préparation à une manifestation plus importante? Comprendrais-tu ces mondes déserts, roulant éternellement dans l'espace, sans autres bruits que ceux causés à leur surface par le choc des éléments?

Bientôt la Vie végétative s'y manifeste. Tout à coup, un être paraît. Il a conscience de sa vie. Il a la volonté de vivre, d'aimer, de se reproduire, en un mot il est doué de l'intelligence consciente. Il se diversifie, suivant les conditions différentes de milieux où ses génitures se trouvent placées et obéissent à des lois qui ne peuvent être édictées que par l'Intelligence Suprême.

Par leurs acquisitions héréditaires et leurs efforts personnels, les espèces ont développé cette intelligence qu'elles possèdent toutes, à des degrés divers. Chez l'une d'elles, cette faculté s'élève à une telle hauteur qu'elle domine et asservit la matière, recherche les lois qui ont présidé à la formation des corps, nomenclature ceux-ci, les analyse, invente les abstractions, tâche de comprendre son Créateur, de pénétrer ses vues, d'apprécier ses œuvres merveilleuses. Elle y trouve *l'amour* comme affinité universelle et *l'utilité* comme consécration intellectuelle. La créature conçoit par suite et espère, mais confusément, une continuation d'existence, une perpétuité d'affection envers Dieu, envers des congénères qu'elle adore. Elle croit en la bonté et en la justice divines. Elle a des aspirations plus belles, plus élevées que tout ce que la Nature a donné jusqu'à elle, et, par là, ses aspirations sont supérieures à toutes les productions de la Nature. Cependant, elle a vécu quelques jours; elle meurt!... et tout serait fini pour elle!!

A quoi bon ce scenario décevant et lugubre qui serait imposé à l'Intelligence? Quoi! L'âme humaine pourrait s'élever plus haut que les spéculations divines? Elle pourrait avoir l'intuition de destinées justes et rationnelles, hors de la portée de Dieu? que Lui, n'aurait pas la puissance de réaliser?...

Quelle erreur irrespectueuse!

Nous trouvons l'utilité dans toutes celles des œuvres matérielles de la Nature que nous pouvons comprendre. Ces productions délicates ont toujours pour expression des conditions d'existence suffisantes, quelquefois même recherchées, toujours conservatrices. Et quand l'Intelligence serait parvenue au sommet où nous la voyons atteindre chez des hommes extraordinaires, une embolie, un épanchement cérébral, détruiraient en un instant, et pour toujours, cette Intelligence magnifique? Cette création merveilleuse n'aboutirait qu'à des avortements?

Crois-le bien, Andrès, ce dénouement est impossible. Dieu est conséquent avec lui-même.

La conscience universelle nous le crie? Le *devenir* de l'Intelligence active n'a rien de commun avec celui de la Matière inerte. La Vie future est indispensable à l'épanouissement de l'idée morale.

Il y a certainement des hypothèses dans nos espérances, mais ces hypothèses n'affectent que le mode, non le fond, le principe même du *devenir*.

L'essence de la raison, de l'équité, de l'utilité, de

la morale, est essence première de la responsabilité personnelle.

La Justice divine est adéquate et inséparable de la Puissance divine.

. . . .
. . . .

Le *devenir radieux* est la fin prévue des travaux imposés aux entités intellectuelles pour l'obtenir. — Ce n'est pas une récompense; c'est le couronnement des labeurs, obtenu inéluctablement par des existences anxieuses, plus ou moins réfractaires ou défaillantes, plus ou moins ferventes ou simplement dociles, aux prescriptions austères de la Conscience.

Les unes, faibles ou coupables, s'attardent imprudemment aux pièges des passions épandus sur la route; les autres, saines et incorruptibles, franchissent rapidement les étapes successives.

Toutes arrivent; plus tôt, plus tard; resplendissantes de l'amour pur, ou pleines de repentir sincère.

. . . .

Nous sommes tous les créanciers de *l'Ineffable*.

Andrès. — C'est un beau rêve!... dans une atmosphère de bonté.

Blanche. — Andrès! C'est une espérance; une espérance rationnelle.

III. — LA SOCIÉTÉ TELLE QUELLE

BLANCHE. — Mais ton Espèce doit encore franchir des périodes ingrates. Elle a mal orienté son évolution jusqu'ici. Jetons un coup d'œil rapide sur sa *Société telle quelle*.

Je t'indiquerai ensuite le *modus vivendi* qui serait le plus favorable à l'accomplissement de sa destinée. En voudra-t-elle changer? J'en doute. L'orgueil est son *rémora*, et je ne crois pas qu'elle consente à s'en débarrasser jamais.

ANDRÈS. — Vous n'aimez pas l'espèce humaine. Vous ne laissez fuir aucune occasion passagère sans la frapper.

BLANCHE. — Toujours tes préjugés humains, qui ne sont pas de mise en ce milieu! Je compatis plus que toi-même à ses douleurs, dont elle n'aurait pas à rechercher la cause loin d'elle, la plupart du temps.

Aurais-tu donc oublié déjà ce que je viens de t'enseigner? Des entités passent par la vie humaine pour élever l'expression de leur intelligence. L'espèce est un mode éphémère, non un état permanent. Si l'épreuve est insuffisante, elles seront tenues de la recommencer. C'est ce retard, dont je souffre pour elles, que je voudrais leur voir éviter. Je ne puis leur adresser mes observations; cela nous est interdit, afin que leur libre arbitre soit respecté, et que par là, leur responsabilité personnelle reste entière, et si je m'en entretiens avec toi, c'est que tu m'es venu trouver sous les aupices de Phone, enrichi par lui de dons supérieurs qui commandaient mon respect pour lui et ma considération pour toi.

Quand bientôt tu retourneras sur la Terre, tu feras de mes indications l'usage qui te plaira. Tu communiqueras d'homme à hommes, et si tes bienfaits déplaisent ou blessent, on n'en tiendra aucun compte, et ce sera encore le mieux qui puisse en résulter pour toi. Quoi qu'il en soit, j'aurai fait pour ces entités tout ce qu'il m'est possible de faire, sans m'écarter volontairement et directement de la réserve qui nous est prescrite envers elle. Tu vois que mes sentiments ne sont pas agressifs à leur égard.

Andrès. — Pardon... Je le savais et je l'ai méconnu.. Je regrette profondément... Je voudrais...

Blanche. — Mon bon Andrès, tu n'es pas mauvais, ni orgueilleux, et tu t'efforces à t'amender. Veux-tu continuer notre examen de l'espèce humaine?

Andrès. — Je vous en prie; avec reconnaissance.

Blanche. — Tu as compris ce que j'enseignais à Rose des commencements de l'Humanité, quelques instants avant ta bonne venue. Ses commencements ont été bien douloureux, car la structure et les facultés intellectuelles de l'homme étaient anticipées, eu égard à ses misérables conditions d'existence. Sans téguments chauds ou solides, comme ceux des ours ou des éléphants; sans appareils défensifs, comme ceux des lions ou des gymnotes; sans langue innée, avec la faculté du langage; ses premières générations de pionniers pouvaient trouver la Nature bien rigoureuse à leur égard. Il nous semblait revoir en eux les premiers oiseaux bien caractérisés de l'époque tertiaire, doués de la faculté du vol, et cherchant à s'élever par le concours d'ailes rudimentaires, encore dépourvus de plumes! Ce n'était qu'une petite question de temps, la Nature a la durée!...

Où en étais-je, chère Rose, lorsqu'Andrès est survenu?

Rose. — Blanche, ma bien aimée, tu m'avais fait connaître l'origine de l'homme, son premier langage, ses premières agglomérations, et ses manifestations brutales et orgueilleuses, dont tu redoutais déjà les suites pour l'avenir de l'espèce (1).

Blanche. — Je ne t'avais pas encore parlé, je crois, des premières dynasties régulières de chefs de peuples, ni de l'établissement des religions dogmatiques?

Rose. — Pas encore, ma Blanche aimée.

Blanche. — Eh bien, c'est de ces points, marquant déjà un développement assez avancé des sociétés humaines, que je reprendrai mon examen.

Les agglomérations humaines les plus considérables s'étaient faites dans les lieux les plus fertiles de la

1) Voir au présent livre, pp. 141 à 182.

Terre, tels que la Chine et l'Inde. Celles de l'Assyrie et de l'Égypte auraient lieu d'étonner, parce qu'elles confinaient aux déserts, mais elles s'étendaient principalement sur les rives des grands fleuves produisant la fertilité, comme le Tigre et l'Euphrate, d'une part, et le Nil d'autre part, et vers leurs sources s'appuyant à l'Arménie ou aux terres équatoriales dont les districts montagneux et fertiles pouvaient recevoir des populations assez denses.

Les hommes les plus intelligents de ces agglomérations avaient rassemblé les multitudes et les avaient dirigés vers ces contrées plantureuses. Ils s'y étaient construit, ou fait construire, des demeures spacieuses, munies de tout le confortable que l'état de leur civilisation comportait. Ils avaient incité au labour et à l'industrie les hommes d'intelligence élémentaire ou médiocre, qui subissaient leur ascendant, d'abord par choix, et ensuite celui de leur progéniture, par insouciance ou par habitude, contents des biens modestes dont ils pouvaient alors disposer sans contrainte ni contrôle.

Plus tard ces multitudes accrues, essaimèrent dans toutes les directions et couvrirent la Terre de nations nouvelles.

En même temps que se fondaient des dynasties de souverains quelquefois bons, quelquefois cruels, toujours despotes et tyranniques, des hommes instruits, sortis des rangs supérieurs, jetaient les fondements des religions pour moraliser ces foules. Dans certains pays, en Égypte notamment, ces hommes étaient obligés de tolérer aux peuples ses superstitions locales et ses croyances grossières en une multitude de dieux, depuis les astres de l'espace jusqu'aux animaux domestiques, tandis que la religion des *initiés* s'élevait à la conception métaphysique de l'unité de Dieu et de l'immortalité de l'âme.

Le groupe chaldéo-assyrien, qui avait probablement avec le groupe Égyptien une communauté d'origine, avait comme lui la religion populaire et la religion des initiés, cette dernière d'une métaphysique moins pure que sa similaire égyptienne, et fortement teintée des observations astronomiques chaldéennes.

L'Inde avait sa religion particulière qui, admettant comme le groupe égyptien l'unité de Dieu et l'immortalité de l'âme, comprenait dans la métempsychose, les nombreuses incarnations de Vishnou.

Le groupe Chinois, sans relations avec les trois autres, avait pour ses lettrés une doctrine plus philosophique que religieuse, tandis que la religiosité du peuple trouvait sa satisfaction dans des superstitions locales très diversifiées, en raison de l'aréa immense occupé par cette race considérable.

La Religion se trouvait consacrer ainsi, dès l'origine des sociétés, une scission profonde entre les principaux des nations et le peuple, et les institutions politiques sanctionnèrent l'inégalité religieuse et civile par la division en castes ou classes, à peu près de la même manière, dans les quatre groupes principaux des peuples primitifs.

Les Chinois se divisèrent en quatre classes : Lettrés ou Noblesse, Agriculteurs, Industriels et Commerçants.

L'ancienne société indienne en quatre ordres : Brahmanes ou Prêtres, Guerriers, Marchands et Serviteurs.

Les Égyptiens, et peut-être aussi les Chaldéo-Assyriens, en trois castes : Prêtres, Guerriers, Peuple ; mais les castes n'étaient pas fermées en Égypte comme dans les deux premiers groupes, et les fonctions n'y étaient pas héréditaires, ce qui laissait plus d'élasticité entre les castes, et permettait aux hommes intelligents des deux dernières l'accès à la caste sacerdotale.

La Religion et la Politique s'entendirent ainsi pour consacrer l'assujettissement du grand nombre, et lui refuser tout espoir d'émancipation par le fait des castes fermées qui existaient à peu près partout à l'exception de l'Égypte.

D'autres religions surgirent des quatre premières, ou à côté d'elles, et plusieurs en conservèrent le système exclusif.

La première, celle de Zoroastre, était bienveillante. Elle proclamait un Dieu et deux principes antagonistes : le Bien et le Mal ; la Vie éternelle, et les âmes abîmées dans la contemplation de Dieu.

La seconde est le Bouddhisme, née d'une pensée de commisération à la vue des souffrances de pauvres Hindous, opprimés sous la suprématie des Brahmanes. Elle recommandait la résignation et affirmait la délivrance par le Nirvanà. Pour le théiste, le Nirvanà, est l'absorption de la vie individuelle en Dieu ; pour l'athée, c'est l'absorption dans le néant. C'est toujours l'absorption, la destruction finale de l'entité et de sa responsabilité propre. Ce n'est pas la Vie éternelle.

Une autre fut le Judaïsme, originaire de la Chaldée, modifiée par l'effet de la captivité en Égypte et de celle, ultérieure, à Babylone. Les Juifs admettaient, comme les initiés chaldéens et égyptiens, l'existence d'un Dieu unique, mais Moïse a rejeté l'immortalité de l'âme qu'il savait admise par les *initiés égyptiens*, en raison de ce qu'il aurait pensé que « ce dogme n'allait pas sans l'idée de la prédestination, idée de caste et de fatalité, qui ôte à l'homme toute croyance à sa liberté d'abord, à la vertu ensuite (1) ». Moïse méconnaissait ainsi les conséquences morales du principe de la responsabilité personnelle. Il est digne de remarque que les Juifs appelaient leur dieu *Iéhovah* jusqu'à la captivité de Babylone et *Elohim* depuis leur retour de cette captivité. Du reste le dieu d'Abraham était *Elohim* et Abraham venait de la Chaldée. C'est Moïse qui a donné à Dieu le nom de *Iéhovah* au départ d'Égypte.

Une autre religion fut, comme le Bouddhisme, une protestation contre l'oppression : Jésus-Christ maudissait les mauvais riches ; il promettait aux pauvres,

---

(1) Alex. Weill, *Moïse, le Talmud et l'Évangile*, Paris, Sauvaître, 1891, p. 74.

aux humbles d'esprit et de biens, le royaume des cieux. Sa doctrine et ses prédications respirent la charité, la justice, l'amour du prochain, du faible, du petit enfant! Sa morale active s'était déjà trouvée sur les lèvres et dans les écrits d'hommes évanouis : Khoung-Fou-Tseu; Platon; mais sa vie mit en actions ses paroles.

Une autre, la dernière jusqu'ici, a été imposée aux Arabes par un politique guerrier qui en a recherché successivement les bases dans le Judaïsme et dans le Christianisme, plus particulièrement dans le premier, pour décider en définitive qu'une autogenèse religieuse jetterait plus d'éclat sur sa personne et faciliterait l'obtention du résultat qu'il poursuivait. Les grandes lignes sont celles du Judaïsme, avec l'addition d'un paradis sensuel de nature à charmer les idolâtres de tempérament ardent qu'il voulait fanatiser, et à l'usage desquels il ajouta dans le Livre (Al Koran) des préceptes d'hygiène morale et physique dont ils avaient grand besoin.

Ces diverses religions primaires forment à peu près l'ensemble des croyances et des aspirations qui reportent l'Homme vers Dieu. Tenant compte provisoirement des milieux, elles répondent aux besoins et aux sentiments de races diverses, et elles sont aussi nécessaires à l'essor de leur intelligence qu'à l'épuration de leur cœur.

Sans la Religion, l'Homme ne serait pas sorti de l'état sauvage. Retire-lui toute religion, en niant Dieu et la vie future, si tu parviens à lui faire accepter ces négations détestables, destructives de toute base morale, c'est à l'état sauvage que l'homme retournera; car la Religion seule oppose un frein à ses passions pernicieuses, aussi dangereuses pour la Société que pour lui-même. Elle le soutient dans la mauvaise fortune, le console dans la maladie et les approches de la mort.

Je ne sais combien de temps durera encore l'espèce humaine, éphémère comme les espèces qui l'ont précédé, mais entre ces manifestations religieuses que seule jusqu'ici cette espèce pouvait produire, celle du Christianisme sera sans doute comptée dans les fastes des Mondes, comme une des forces les plus puissantes qui aient dirigé l'épanouissement de la Création. Ces élans d'amour, de charité sont dans l'histoire du développement de l'âme comme les jalons de ses progrès jusqu'à l'ultime période où l'ascendant de la bonté suprême et la réalisation de ces paroles divines : « *Aime ton prochain comme toi-même!* » marqueront la fin de son évolution en la rapprochant de l'essence du Créateur, du principe divin de toutes les choses éternelles.

Andrès. — Vous n'avez pas parlé du polythéisme des Grecs et des Romains; du druidisme; des théogonies des Pélasges, des Germains, des Scandinaves; des anciens Américains; des fétichismes de l'Afrique.

Blanche. — N'oublies-tu pas encore toi-même Sanchoniaton et beaucoup d'autres? Je t'ai parlé seulement des principales religions propres aux populations considérables; de celles ayant pour préoccupations esssentielles la moralisation et la socialisation des hommes.

Quant à ton polythéisme grec, dérivé peu intelligent de la théogonie des Pélasges et d'Orphée, il n'est presque entièrement que la glorification du beau esthétique et de la volupté, se jouant de l'inceste, de l'adultère, des basses passions de leur malfaçon de dieux, évoluant au-dessous du niveau moral des hommes sages. Tes théogonies de Germains et de Scandinaves, qui sont encore au fond de l'adoration de Saxons mal convertis par l'empereur frank Charlemagne, respirent le carnage, la vengeance, l'appétit des dépouilles opimes. Ces dieux malfaisants sont les géniteurs du « Dieu des armées ».

Tu as encore oublié le Moloch des Phéniciens d'Asie et d'Afrique. Tous ces cultes sauvages déshonorés par des sacrifices humains étaient plutôt des étalages de cérémonies terrifiantes où l'enseignement de la morale n'avait aucune part. Religions décoratives!

Voilà ce que tu pourrais critiquer, mais ce serait maintenant frapper dans le vide, à l'exception cependant du « Dieu des armées », qui a la vie dure, et dont la férocité moderne conserve précieusement le prétexte de culte, comme justification de sa cupidité meurtrière.

Ce que tu pourrais critiquer de même, avec une utilité toute actuelle, ce sont les manœuvres, aussi peu scientifiques qu'intelligentes, d'hommes de ton pays, s'efforçant de déverser le mépris sur des religieux catholiques un peu attardés dans la lettre, auxquels ils reprochent sérieusement Jonas dans la baleine, les trompettes de Jéricho, l'eau changée en vin, etc.; et dont ils prennent texte en même temps pour décrier la saine piété de ces hommes modestes.

D'abord Jonas et Jéricho relèvent de la Bible juive L'Évangile *seul* est le livre chrétien. Ensuite ces hommes intolérants perdent de vue un peu lestement que leur influence éphémère n'a d'autre base que le manque de fermeté civique en face de leur turbulence, et qu'il a déjà produit ce résultat déplorable que maintenant les maisons religieuses sont en majorité celles où les jeunes Français des deux sexes reçoivent l'Éducation, cette semence morale chichement dispensée aux universitaires, aux petits laïques, aux bataillons scolaires, grande pensée dite géniale, aboutie en fait à des dépenses frivoles et improductives.

Tu leur rendras un service signalé si tu peux amener leur bonne foi à convenir de tout ceci. Pour y réussir, quand tu retourneras sur la Terre, entretiens-les surtout en particulier. Alors les abus les frapperont d'autant plus facilement que beaucoup de ces *désuperstitionnisés* envoient leurs enfants dans les maisons religieuses, à l'insu de leurs électeurs.

Andrès. — J'ai l'impression que vous amoindrissez un peu le Νόημα.

Blanche. — Dans la forme, peut-être... mais le fond est très sérieux. D'ailleurs, c'est ta faute : A quel propos me parlais-tu de la prise de la Bastille?

Andrès. — Ah!... Pour mon âge !

BLANCHE. — Oui. Tu sens toujours le hareng. Instinctivement, je m'égayais en te parlant de tes co-irréligionnaires. Vois-tu, je perçois tes moindres pensées; je ne suis pas sûre de t'avoir conquis. Allons; un bon mouvement. Quel est ton état mental?

ANDRÈS. — Sincèrement, là; très sincèrement. Je me sens un peu comme la souris sous l'œil du chat... Non, c'est trop dire... ce n'est pas ma pensée exacte... Il y a des moments.... Voici : je suis étourdi, content, inquiet, charmé... L'état mental d'un nouveau député qui voyagerait en première.

BLANCHE. — Si ce n'est que cela, tu te mettras vite au point après quelques moments de surprise. Reprenons notre étude :

Indépendamment de la Religion, utile comme lien affectif des hommes, il y a l'exercice de la Justice sociale, cette autre institution conservatrice. En les voyant fonctionner l'une et l'autre, au moyen et pour le service de la fragilité humaine, et en relevant leurs fréquentes erreurs d'interprétation et d'application, j'éprouvais une grande anxiété.

Que des hommes se soient crus capables d'administrer, en les régentant doctrinairement, ces choses saintes et vénérables, la religion et la justice, qui ne requièrent pourtant, mais sans alliage, la première : que l'amour de Dieu et du prochain; la seconde : que l'équité incorruptible; les défaillances charnelles, qui en accompagnent trop fréquemment l'exercice sur la Terre, en révèlent toute la difficulté pratique pour les humains.

Les initiateurs possédaient toute l'austérité et l'abnégation indispensables pour leur conception et leurs applications premières, mais parmi les hommes qui leur ont succédé dans ces hautes fonctions, beaucoup ont laissé engourdir leur foi par insouciance, jusqu'à réduire inconsciemment leur mandat à un métier, sacré, inattaquable, dans lequel ils s'enfermaient comme en une forteresse inexpugnable, protégés par le bras séculier. Le laisser-aller d'une vie routinière, l'embarras des relations, le besoin de vivre, plaidaient pour eux les circonstances atténuantes, mais ces nobles institutions dont la pureté absolue est indispensable pour fortifier la moralité et la sécurité des nations, pourraient par de telles défaillances, se trouver gravement compromises.

Heureusement, dans les grandes crises, surgissent de ces corporations mêmes, des hommes distingués, saints et incorruptibles, conservateurs des traditions séculaires, qualifiés en un mot pour leur mission réparatrice, qui remettent les choses dans une situation pertinente.

Mais ces fluctuations professionnelles inquiètent les agglomérations régies par des pouvoirs politiques et ces derniers, dans une pensée de garantie sociale, peut-être *in petto* pour augmenter leur puissance, veulent exercer une action directrice sur ces institutions qui devraient, en principe, évoluer en toute indépendance.

Les erreurs sacerdotales et judiciaires sont donc réprimées par les pouvoirs publics, mais ceux-ci abusent bientôt de leur omnipotence pour dicter aux ministres du Culte et à ceux de la Justice les arrêts qu'ils déclarent leur être indispensables pour la répression d'oppositions dangereuses et pour être mis en état de gouverner avec une pleine autorité.

Ces conflits de droits et d'injustices justifient le bien fondé de la séparation de ces pouvoirs, devant cependant fonctionner sous un contrôle vigilant de leurs actes. Tout le monde en est d'accord, mais qui exercera dans l'État ce contrôle souverain? Et quelle sagesse, quelle bienveillance, quel tact y seront nécessaires!

L'Église pourrait être libre, sous un concordat réglant à la fois, et cette liberté et le régime des autorisations nécessaires dans des circonstances données, afin d'éviter ou de dénouer les conflits que l'effet de la liberté religieuse pourrait élever occasionnellement entre l'Église et l'État. C'est le régime actuel de ton pays, dont certains disent, peut-être à tort, qu'il le supporte avec impatience. Puisse-t-il, au contraire, avoir le bon sens de le conserver! S'il dénonçait le Concordat, ou l'abandonnait follement, il ne pourrait peut-être jamais l'obtenir de nouveau, et il resterait sans défense en face de l'Église, n'ayant d'autre recours qu'une persécution odieuse et sans effets utiles pour lui-même. Les autres États ont, en général, des églises nationales, ce qui diminue beaucoup les éventualités de conflits entre les pouvoirs civils et religieux.

La Justice, elle aussi, devrait être de même, dans

ton pays, indépendante des pouvoirs politiques, et pour obtenir ce résultat il suffirait que l'avancement dans les fonctions judiciaires fût du ressort exclusif de la Magistrature. Comme il advient de toutes les institutions instables humaines, la Magistrature pourrait, par la suite, profiter de son indépendance pour s'efforcer d'exagérer ses prérogatives, mais si la Magistrature rend des arrêts, elle n'est pas investie du pouvoir de les appliquer, et elle dépend en outre, également et inévitablement, de l'État sous le rapport budgétaire.

C'est peut-être à l'aide de ces considérations que l'on pourrait trouver en France un terrain d'entente pour consacrer l'indépendance de la Magistrature, tout en permettant à l'État d'exercer sur elle un contrôle dans des circonstances délicates.

Il y a, d'ailleurs, un ancien et grave précédent de révocation par l'État des arrêts les plus importants de la Magistrature, mais on semble n'y pas apporter la moindre attention en raison de l'origine cependant toute régalienne de ce précédent, et quoiqu'il s'agisse des plus grands intérêts de la Société c'est-à-dire de sa sécurité. Ce précédent si grave, c'est *le droit de grâce.*

Ce droit, mitigé maintenant par une consultation judiciaire, est plutôt l'expression d'un droit de bon plaisir, discrétionnaire, arbitraire, que l'exercice d'un droit ayant pour objet le redressement d'une erreur judiciaire. Il s'exerce au-dessus des juges criminels, ayant condamné sur preuves, souvent sur aveux. Il s'exerce au-dessus du contrôle de la cour de cassation. Il a le privilège de donner la vie à un coupable qui ne la mérite pas. Il n'a qu'une chose pour lui : il est du côté de la pitié; mais il est contre la stricte justice, et il semble dire aux juges, effarés de leur terrible sentence inutile : *Vous avez eu tort.*

D'ailleurs, il n'a d'effet principal que contre la mort. Il n'est pas suspensif du châtiment intégral du crime par une peine afflictive ou infamante. Comme il rappelle un privilège régalien, il devrait disparaître, et entraîner avec lui le dernier vestige d'un pouvoir discrétionnaire quelconque dans ce pays, *mais à une condition expresse* : L'abolition absolue de la peine de mort, décrétée déjà par plusieurs nations. La concession au criminel, mis hors d'état de nuire, de sa vie misérable, est souvent un châtiment terrible.

Il résulte d'ailleurs de ce droit de grâce, fonctionnant, malgré son anomalie judiciaire, sans approbation de la magistrature, que celle-ci peut facilement s'accommoder de la raison d'État, et que l'État trouverait certainement le moyen de faire admettre par la magistrature l'exercice de son contrôle sur elle, tout en lui concédant l'avancement des magistrats. Cet octroi assurerait la sécurité matérielle de la magistrature, consacrerait son indépendance morale, et la grandirait dans le respect de ses justiciables, ce qui ne serait pas dénué d'intérêt.

Dans les temps historiques primitifs, la religion et la justice étaient toutes deux entre les mains des prêtres, mais en avançant en civilisation, les hommes ont voulu des garanties judiciaires plus précises que celles que pouvaient impliquer les décisions empreintes des préoccupations dogmatiques de leurs juges, et leurs pouvoirs civils ont été investis par eux de la juridiction dite civile pour la distinguer de celle qui concernait le culte. Ce changement ne s'est pas opéré partout en même temps, ni dans des conditions identiques, mais à des périodes diverses chez les nations dispersées sur la surface de la Terre. Aujourd'hui tous les peuples de race aryenne, tant en Europe que dans les autres parties du Monde, ont accompli cette séparation, mais chez quelques peuples de la race jaune et chez les races inférieures de l'Afrique, de l'Amérique du Sud, et de l'Océanie, on trouve encore des nations et des tribus où les prêtres ont conservé les deux juridictions, réduites chez quelques-unes d'entre elles à des pseudo-maléfices et à des simagrées ridicules.

J'aurais beaucoup à te dire touchant les autres manifestations sociales de l'esprit humain, et nous pourrons une autre fois les reprendre en détail. Les principales sont : l'agriculture, l'industrie, le commerce, les sciences, les lettres, les beaux-arts, et celles concernant les relations humaines et la sécurité des nations, c'est-à-dire, la marine et l'armée. Ces deux dernières, surtout l'armée, sont partout du ressort exclusif de l'Administration publique. Pour les autres, l'État fournit souvent sa participation, mais elles sont bien plus normales et plus prospères quand elles sont l'expression des efforts et des combinaisons privées, agissant avec une indépendance et une liberté d'allure qui ne devrait avoir d'autres limites que la liberté d'autrui et les prescriptions des lois nationales et internationales. Rien ne contribue à leur éclat, à leur expansion et à leur richesse comme l'esprit pratique de l'initiative privée.

Les entreprises qui requièrent l'appui de l'État sont, en général, celles qui ne sont pas viables, ou qui sont mal conçues. L'État infuse le plus pur du sang de la nation à des moribonds dont la circulation galvanisée par son apport, donne des apparences de reconstitution, mais ne prépare souvent que des effondrements plus désastreux que l'avortement paisible et normal d'une conception exsangue.

Le rôle de l'État doit être plus large, plus fertile, plus humanitaire. Il n'a jamais été rempli conformément à ce qu'il devait être. L'État devrait être le Dieu visible et tangible des mortels. Or, ce Dieu là n'existe pas ; on ne voit que ses prêtres, et les frais de leur culte sont si exorbitants, qu'après les dépenses de superflu, il ne reste souvent rien pour les dépenses nécessaires.

Les Sociétés humaines fonctionnent sur la doctrine de l'Intérêt. Avec la nature animalière de l'homme, ce résultat était inévitable. Dans le principe, il était donc rationnel ; mais depuis !....

L'intelligence de l'homme mûrie et développée par les observations et les expériences séculaires ; l'amour du prochain que lui enseignent l'esprit et la lettre des religions dignes de ce nom ; la voix de l'équité qui se fait constamment entendre dans les consciences éclairées. Rien n'a amolli son égoïsme féroce. Rien n'y a changé !

Il fait des affaires lucratives; il entasse ses trésors en lieux sûrs; puis il vient marmotter des prières à Brahma, à Allah, à Jehovah, à Dieu. Il a rempli ses devoirs et va se coucher. Son ventre est plein; il ne peut y en avoir de vides.

Quoi ! Pas un qui, archi-millionnaire, se trouve assez riche! Pas un qui, exténué, mourant, veuille laisser la place à un autre !..

Andrès. — J'ai connu dans les Hautes-Alpes un industriel qui avait gagné six millions. Il en voulait dix. Il était vieux et diabétique. Il est arrivé à 7 millions, 872,000 francs. — Pas même huit millions ! disait-il en mourant.

Blanche. — Il y a des exceptions généreuses. Chez les femmes, surtout. Elles se concertent, elles travaillent, elles donnent; elles exposent leur santé, leur vie même. Rayonnantes de foi et de charité, elles reçoivent leur récompence de la Justice Suprême.

Les hommes ont aussi leurs héros qu'il ne faut point omettre : Çakya-Mouni, Marc-Aurèle, saint Louis, saint Vincent de Paul; beaucoup d'autres. On compte aussi parmi les hommes des humanitaires, *vulgo* utopistes. Ils n'ont pas manqué à ton pays depuis un de tes siècles. Que sont devenus « la paix perpétuelle », de l'abbé de Saint-Pierre; l' « Icarie », de Cabet; le « Phalanstère », de Fourier; la « Triade », de Pierre Leroux; l' « Extinction du Paupérisme », de Louis Napoléon Bonaparte ; le « Positivisme », (ou l'État Sacerdotal), d'Auguste Comte, etc., etc.

Aujourd'hui, ces œuvres pleines de foi, d'enthousiasme, sont remplacées par un socialisme au programme amorphe, subtil. Il reçoit également dans son sein les anarchistes, ceux-ci tout à fait amorphes, et les collectivistes, qui ne demandent pas le partage des biens, oh ! non, mais seulement leur mise en commun, afin qu'il n'y ait plus de pauvres !

Le Collectivisme c'est bien l'utopie par excellence : la communauté des biens est plus radicale que le partage. Dans le partage, les gens économes posséderaient encore quelque chose, au même titre que les autres, d'ailleurs. Il est vrai que quand les gens moins épargnant auraient dissipé leur part, il faudrait, pour être conséquent avec le système, recommencer le partage, puis le recommencer encore, jusqu'à ce qu'il n'y ait plus rien pour personne.

Dans le collectivisme, où personne ne posséderait rien en propre, pas même les chefs (ceci, sous réserve), cela irait un peu plus vite. On se jetterait de suite sur la proie pour la dévorer. Les meurtriers auraient les plus grosses parts. D'aucuns, modestement, se retireraient... les poches pleines. Il en viendrait de loin à la curée. Il faudrait les laisser faire, la désorganisation sociale ne permettant pas de les repousser, et le meilleur du butin s'en irait peut-être par là. Cette petite fête durerait à peine du dernier dégel au retour des neiges. Un rêve, quoi !

Les hommes intelligents qui s'occupent de collectivisme n'ont sans doute pas songé à cela : « On déchaîne le vent, on recueille la tempête. » Mais il en est, peut-être à leur insu, parmi eux qui, voyant que les premiers postes des autres *ismes* seront occupés pour longtemps par ceux qui les détiennent, et n'ayant plus le choix, s'arrangent de cet *isme* là, accepté par des travailleurs ignorants et pas méchants, qui meurent de faim dans les grèves en attendant les grands jours de *Cocagne*.

Cette question brûlante me remet en mémoire une utopie sociale magnifique, imaginée et bien écrite par un Américain (1).

En voici les grandes lignes; tu le liras en détail.

Edward Bellamy suppose un citoyen de Boston endormi en 1887, et se réveillant en l'an 2000 chez un *Physician* qui a recueilli son pseudo-cadavre sous les ruines d'une maison incendiée. Il se retrouve au milieu de sa ville, mais combien agrandie, embellie! Mais ceci n'est rien : l'ordre social est bouleversé, l'égalité la plus complète règne entre tous les habitants. (Et il en est de la Terre entière comme de Boston). Tous les citoyens, hommes et femmes, *reçoivent la même éducation, selon leur sexe*, jusqu'à vingt ans. C'est là le point essentiel, l'idée génératrice de cette société perfectionnée. De vingt ans à quarante ans, ils exercent successivement tous les

---

(1) *Looking backward*, 2000-1887, by Edward Bellamy. London, W. Reeves, Fleet Street, E. C. (Seul de son siècle en l'an 2000; (regard en arrière, 2000-1887), Paris, Guillaumin et Cie, 1891).

métiers : construction et conduite des machines pour la majorité des besoins, travaux des champs, services publics et privés, ces derniers n'ayant plus rien de servile dans le sens dégradant du mot, exercés entre gens égaux et d'éducation similaire. Après quarante ans, retraite et entretien convenable par l'État.

Et cette société nouvelle, qui n'a pas les préjugés de l'ancienne, préjugés sans raisons d'être et indéfendables, la plupart du temps, cette société fonctionne correctement. Tout cela est expliqué et développé d'une façon très naturelle, qui fera sourire un homme orgueilleux; mais on pourrait lui rappeler que telle éducation, tel homme, et que les Spartiates, obéissant aux lois de Lycurgue, ont déjà expérimenté dans beaucoup de ses parties le système égalitaire d'Eward Bellamy; pendant sept de tes siècles; *tout le temps de leur gloire.*

L'orgueilleux, ton contemporain, qui ne connaît peut-être ni Lycurgue, ni ses lois, ni leur durée, te dira que tout cela est impossible, et il faudra en rester là avec lui.

Le livre d'Edward Bellamy est très judicieusement pensé et très suggestif. Seulement comme l'auteur ne dit pas par quels moyens les hommes ont pu effectuer le passage de l'ancien *modus vivendi* au nouveau, et généraliser ce dernier par toute la terre, on ne peut prendre au livre l'intérêt qui naîtrait de l'étude d'une chose pratique, mais l'idée est ingénieuse et mérite d'être méditée, dans le texte original surtout, si tu peux le faire.

Les gouvernements des Sociétés fonctionnant sur la doctrine de l'Intérêt, n'ont jamais rien fait, ou pu faire, d'efficace pour les pauvres. Pourquoi cette partialité entre les membres de la famille humaine, inégaux souvent par l'Intelligence, mais inégaux surtout par le fait de l'Instruction, des premiers soins familiaux et scolaires; inégalités injustes, dont Ed. Bellamy indique principalement la réparation dans sa société théorique de l'an 2000. Quoi! *Tout* aux uns, *rien* aux autres! De quel droit? — *Parce que c'est ainsi.* Ces cinq mots doivent-ils contenir la réponse définitive et sans appel?

Les pauvres ne sont défendus par personne, et on leur fait payer la plus forte part de l'instruction des gens qui possèdent tout à l'aide de cette instruction qu'ils leur doivent.

Les promesses de réformes d'abus qui sont faites aux pauvres, s'accumulent en monceaux. A côté de ces fantastiques châteaux de cartes s'élèvent des abus nouveaux qui, eux, ne sont pas fantastiques, et dont le niveau dépasse celui des projets de réformes des anciens abus, dont l'adoption aurait, à l'heure présente, un résultat de mince importance, eu égard à l'accroissement causé par le nombre des nouveaux abus.

Les occasions n'ont pas manqué aux sociétés anciennes et modernes pour améliorer le sort des pauvres gens sans prélever une obole sur les riches de leurs pays. Qui jamais a songé à la part des pauvres, à la suite des conquêtes de Cyrus, d'Alexandre, de Crassus; et lors de la découverte de l'Amérique ; des mines de diamants, d'or, et d'argent, du Brésil, du Pérou, du Mexique, de la Californie, de l'Australie, de l'Alaska; des mines de pétrole aux États-Unis et autres; des concessions des mines de charbon et des chemins de fer, en Europe et ailleurs?

Les dépouilles opimes des anciens conquérants étaient partagées entre les chefs et leurs favoris; la plèbe de Rome n'avait que du pain et les jeux du Cirque.

La part des pauvres, fixée dans des proportions délibérées, et prélevée sur ces coups de fortune, sur ces profits fortuits, eût dû être répartie, non par des distributions en nature, simples occasions de dissipation et de gaspillage, mais par des institutions d'instruction et de secours, ayant pour effet de changer la pauvreté incurable d'un pays en un certain bien-être matériel et moral.

Les concessions de mines et valeurs nationales faites par les divers États aux exploiteurs de mines et autres valeurs, n'ont jamais contenu dans leurs cahiers des charges de clause de prévoyance pour une part des pauvres, au delà d'un produit net de cinquante pour cent, par exemple, ce qui eût été pourtant une assez jolie rémunération du capital.

Quelques-uns objecteront que la réduction des bénéfices pourrait amener la retraite des capitalistes et entraîner ainsi l'abandon des travaux.

Est-ce que la réduction de l'intérêt de la rente

de 5 % à 4¹/₂, à 4, à 3¹/₂, à 3, à 2¹/₂; en définitive à la moitié du revenu ancien, a provoqué des porteurs l'abandon de leurs placements en ce genre?

Et, naturellement, je ne parle, je ne puis parler, que des concessions futures à faire, car tout contrat doit être respecté, non seulement pour raison de stricte équité, mais pour asseoir le crédit public sur des bases inébranlables. J'affirme que des entreprises pouvant donner 50 % de bénéfices éventuels, comme maximum, ne manqueront jamais de preneurs.

Non. On laisse se fonder en tous pays des fortunes insensées, dont certaines permettent de donner (1) un bal d'une centaine de personnes coûtant plus de vingt millions, et ces fortunes sont fondées, non par l'industrie ou des inventions personnelles que l'on est sans droit équitable d'atteindre, et qui ne pourraient l'être sans détruire tout esprit d'initiative, mais par l'aliénation gratuite de richesses nationales, sans participation, sans réserves, sans contrôle, ce qui dénote l'absence d'un esprit vraiment gouvernemental au profit de tous.

Tel est la gestion sociale des gouvernements qui administrent les sociétés fonctionnant sur la doctrine de l'Intérêt. La gestion s'exerce souvent par l'intermédiaire de très grandes intelligences; plus communément par celui de la routine, du laisser faire; bien rarement par la préoccupation des pauvres, de ceux

---

(1) En février 1897, à New-York. *Le Matin*, nº du . février 1897.

pour lesquels les charges sociales sont plus écrasantes, en raison de l'obligation où ils se trouvent d'acheter par quantités minimes, et par conséquent plus cher, les choses nécessaires à leurs besoins. A ceux-là, l'État ne fait pas de concessions gratuites de places au soleil. Toutes les parcelles, même les plus petites du sol à la surface de la Terre, appartiennent maintenant à des particuliers ou à des États quelconques, non en fait, mais sur le papier, ce qui est bien plus inflexible. Pas d'argent pour acheter ou louer un abri, pas un lieu où le pauvre ait *le droit indiscutable* de reposer sa tête.

ANDRÈS. — Oh! La Charité!...

BLANCHE. — Je le sais bien. Il y a de bonnes âmes, compatissantes, bienfaisantes... Et puis, il y a les asiles de nuit, les ouvroirs, les hôpitaux, l'accès de ces derniers exigeant parfois des formalités un peu longues.. Il y a les grandes routes! Oui, les grandes routes, pour le pauvre fier, qui, excepté ce qui est de sa recherche de travail, ne veut rien demander à personne.

Je te parle d'organisation sociale; de droits indiscutables de résidence. Le pauvre social sans argent n'en a pas. Il est, sous ce rapport, moins bien partagé que le sauvage.

ANDRÈS. — Comment faire? Quel remède trouver si votre appréciation est sans réplique?

BLANCHE. — Tu en doutes? Veux-tu des preuves? Je me bornerai à t'en donner deux que tu ne récuseras pas :

Voici ce qu'un Cappadocien de mérite écrivait déjà sous le règne de l'Empereur Auguste : « La loi, comme on sait, est le type même et le moule qui donne la forme à une société, tellement qu'on a pu définir quelquefois le droit : *l'intérêt du plus fort* (1). »

Ce passage de Strabon est d'une profondeur remarquable. Il signifie que les diverses sociétés ont été constituées par les classes puissantes, dans leur unique intérêt, sans se préoccuper des convenances et du bien-être des masses incultes.

Et Strabon, après avoir donné la définition qui précède, passait outre pour recommander la Science géographique aux princes.

A la même heure, Jésus-Christ faisait, à cinq cents kilomètres de la Cappadoce, ses prédications évangéliques aux pauvres, en leur promettant le Royaume des Cieux.

Plus tard, après dix-huit de tes siècles écoulés, un ex-ministre de l'avant-dernier roi de France, écrivait à son tour :

« Maintenant, en dehors de tout, j'apprécie les gouvernements ce qu'ils valent. Peut-on croire aux rois de l'avenir ? Faut-il croire aux peuples d'à présent ? L'homme sage et inconsolé de ce siècle sans conviction, ne rencontre un misérable repos que dans l'athéisme politique. Que les jeunes générations se bercent d'espérance : avant de toucher au but,

---

(1) *Strabon*, Paris, Hachette, 1896. Livre I, chap. Ier, p. 17.

elles attendront de longues années; les âges vont au nivellement général, mais ils ne hâtent point leur marche à l'appel de nos désirs; le temps est une sorte d'éternité appropriée aux choses mortelles; il compte pour rien les races et leurs douleurs dans les œuvres qu'il accomplit (1). »

Tel est le jugement de deux penseurs indépendants sur l'origine, l'essence, des sociétés humaines : l'intérêt du plus fort !

Quel remède y trouver ? me demandes-tu. Il existe. Il faut le rechercher dans le désintéressement, le goût du travail, le sentiment du devoir, l'amour du prochain.

Malheureusement, ces bonnes traditions d'antan s'oblitèrent insensiblement chaque jour, et les exemples du dédain dont ils sont l'objet sont d'autant plus pernicieux qu'ils viennent de plus haut.

Dans une subdivision administrative, l'esprit du Sébaste est loin de ses fonctions. Il donne des signatures; il recommande, en remettant la correspondance ou les pièces en cours au secrétaire, ou aux sous-ordres, *de faire le nécessaire*, jolie formule rapide contenant implicitement toutes les instructions; puis il prépare son *speech* (j'allais dire improprement « son discours »), pour le banquet fraternel électoral de demain. Il a des rendez-vous personnels d'affaires importantes, avec des entremetteurs, louches et vé-

---

(1) Chateaubriand, *Mémoires d'Outre-tombe*, Méline, Bruxelles, 1849, t. IV, p. 277.

reux personnages, qu'il serait plus séant et plus utile pour lui-même de faire arrêter dès leurs premières ouvertures corruptrices. Il a d'autres rendez-vous, d'une nature discrète. Il rentre dans sa famille; il se couche, fourbu, vanné; pour recommencer le lendemain...

Et des gens de cette sorte s'occuperaient du bien public, de réformes à faire dans l'intérêt du pays! A quelle heure?

C'est le train courant des choses. Peut-être une discipline de fer en préserve-t-elle l'Allemagne, en proie, elle, au bas espionnage; l'Angleterre, la Suisse, la Hollande, d'autres encore, ont un meilleur esprit; mais là, et là, et là... Peinture de granit sur de l'argile!

Le laisser faire, le déni de protection légitime, la négation de la liberté du travail, ont pour effet rapide d'accentuer la scission fomentée entre artisans et patrons ou bourgeois. On réclame des salaires plus élevés pour un travail moindre. Des meneurs, des ouvriers étrangers anonymes, *sans passeports* et *sans livrets*, fomentent et enseignent des théories économiques déplorables. On s'entête, on s'accule à l'impossible; et la suspension du travail est l'éventualité la plus certaine qui puisse sortir de ces sourdes manœuvres et de ces haineux malentendus.

Cependant un danger plus grave que ces dissensions intestines, où la raison et le patriotisme finissent souvent par prévaloir, menace la race aryenne. Il point à l'horizon, et lui aussi, grandit tous les jours. Il vient de la race jaune, qui, tourmentée, agacée sans cesse par les agissements européens, voudra à son tour, commercer de produits obtenus à des prix de main-d'œuvre d'un bon marché excessif, avec la matière première presque pour rien, à pied d'œuvre. Lorsque ces antiques marchés industriels seront fermés aux produits européens, comparativement très chers, que deviendra l'Europe? Elle vivra sur elle-même? Triste perspective?

C'est une affaire de temps. Quand les machines industrielles fonctionneront chez les Asiatiques, l'heure sonnera. Ce qui en diffère la survenance, c'est l'apathie de la race jaune, énervée par le Bouddhisme; c'est l'industrie nationale, vieille çà et là, de trente, quarante, cinquante siècles; patriarcale; avec des métiers individuels de quatre sous, au moyen desquels l'Hindou, le Persan, le Tartare font des tapis pures laines, de dessins séculaires ravissants, de couleurs harmonisées indélébiles. Et les ustensiles de bambou ornementés; ou encore ceux de métal, avec des maximes sacrées, en caractères fleuris, etc. Mais déjà ils commencent à produire de la camelotte pour l'exportation, en textiles et en métaux. Quand ils adopteront la machine, ils ne feront plus que cela. Alors, adieu la main-d'œuvre de la Perse, de l'Inde, de la Chine, et surtout du Japon, la première du Monde.

Avant de réformer de toutes pièces son système social, l'Europe doit songer à défendre son existence. Pourquoi laisse-t-elle pendantes les minimes questions matérielles qui la divisent? L'Angleterre se permet tout, l'Allemagne la jalouse. Comment finira cette compétition de deux frères ennemis?

Il faut pourtant reconnaître que le rôle assumé par l'Angleterre est vraiment social, avec un caractère quasi-universel. Certes, de ses colonies les richesses sont anglaises, mais la liberté, l'établissement, la sécurité, y sont communs à toutes les nations, à charge par elles de respecter seulement les lois locales. C'est un spectacle unique au Monde; aucune autre nation ne le donnerait dans une aussi large mesure, et cela doit consoler un peu les autres peuples des succès de cette race envahissante. Il est encore digne de remarque que les Anglais de l'Extrême-Orient ont laissé leur morgue hautaine en Europe, et qu'ils présentent, dans ces pays éloignés de leur Métropole, les hommes et les femmes les mieux élevés, les plus polis, les plus bellement civilisés, que tu puisses y rencontrer.

Pourquoi les Nations européennes, menacées par les progrès d'Agriculture et de Commerce de la race jaune ne s'uniraient-elles pas intimement pour conjurer les périls qui les menacent toutes indistinctement? Quelles antipathies de races ou d'institutions sociales et politiques, des hommes d'État pourraient-ils invoquer contre cette union, profitable à toutes? Quand la République Française a mis sa main démocratique dans celle de l'Autocrate russe, comment les autres nations européennes se pourraient-elles considérer comme inconciliables les unes avec les autres?

La possession d'une bande de terrain français, de douze lieues de large, divise la France et l'Allemagne, sans grand profit pour cette dernière, et cette contention pèse sur tout le concert européen. Elle pourrait être l'objet d'une transaction équitable qui rendrait à l'Europe la paix désarmée, l'exonérant ainsi de charges écrasantes, au moment où la question des pauvres va lui imposer inévitablement de lourds sacrifices.

Peut-on se flatter d'obtenir cette heureuse détente?

Non. Il n'est pas permis d'espérer ces solutions réciproquement bienveillantes. L'Orgueil humain est irréductible. Les conséquences se dérouleront inéluctablement. Les haines sociales grandiront. Les luttes internationales donneront des alternatives de triomphes et de désastres, causes de douleurs, de misères, et de ruines, chez les vainqueurs comme chez les vaincus. Entre temps, les sociétés humaines continueront l'application de leurs doctrines égoïstes et meurtrières.

Quelle sera la fin de toutes ces calamités!...

Si, au lieu de persister à évoluer sur la doctrine de l'Intérêt, les Sociétés civilisées, faisant application de leurs acquisitions morales séculaires, s'étaient au contraire inspirées d'une doctrine d'équité, de bonne foi et d'amour du prochain; en un mot, si l'homme avait mis sincèrement en pratique les préceptes divins de la religion, au lieu de ravaler celle-ci, la plupart du temps, à la dévotion aisée, à l'étalage de vaines mômeries, les malheurs sociaux qui fixent notre attention en ce moment ne seraient pas arrivés. Une répartition plus équitable n'aurait jamais permis à un homme de prendre vingt lieues carrées de territoire pour lui seul, tandis qu'un autre ne pourrait disposer de dix pieds carrés de terre pour se reposer. L'État eût été le Dieu visible et tangible des pauvres gens, comme beaucoup d'entre eux ont encore l'illusion de le croire, quoiqu'ils ne l'aient jamais vu.

Pour s'élever à cette Société de justice et d'amour, il eût fallu que l'homme acceptât le concours chéri et continuel d'un facteur aussi aimable que puissant, que la Nature a placé à son côté, qu'il tient dédaigneusement à l'écart, qu'il ne connaît pas, qu'il croit comprendre seulement quand il le fait descendre au niveau de sa grossièreté prédilectoire.

Ce facteur, c'est *la Femme*, tirée du même sang que lui; c'est *Elle* dont je veux t'entretenir pour te faire connaître les grandes lignes d'une Société rationnelle, où l'homme reconquis à la raison, goûterait d'autant plus complètement le bonheur qu'il le répandrait autour de lui.

QUATRIÈME PARTIE

LA SOCIÉTÉ RATIONNELLE

I. — LA FEMME

BLANCHE. — Jusqu'ici, à propos de l'Humanité et de ses commmencements, du développement de son intelligence, du *modus vivendi* de ses premières agglomérations, que l'on appelle chez elle, la vie politique, la vie religieuse, j'ai parlé quelquefois des femmes, mais jamais *de la Femme, de l'Éternel féminin* en lui-même, et de la part incontestable qui lui était dévolue dans l'épanouissement moral de l'Humanité.

Je ne vois pas que les hommes, dans leur philosophie, dans leurs lois, dans leur littérature, dans leurs passions mêmes, se soient jamais préoccupés de ce qu'était la femme en elle-même, la femme proprement dite. L'orgueil de l'homme a tout rapporté à lui, le mâle, qui a la force; *la force*, la seule supériorité véritable qu'il reconnaisse ici-bas.

Il résulte naturellement de ce point de vue spécial où il s'est placé, en tous temps et en tous pays, qu'il a comparé la force de la femme à la sienne, et que trouvant, en général, la femme inférieure à lui sous ce rapport, il l'a considérée comme une créature devant être reléguée au second rang, bien qu'elle procédât des mêmes géniteurs que lui.

Et son jugement sur elle a toujours affecté de s'énoncer par cette comparaison. Jamais il n'a admis que, en principe, la femme était une créature *différente* de lui; c'est-à-dire comportant des fins spéciales, étrangères à celles de l'homme. Au lieu d'analyser, il compare. Il compare sa force musculaire, sa force mentale à celles de la femme, et jugeant celles-ci inférieures aux siennes, il proclame la femme inférieure à lui, et voilà, c'est chose jugée, et pour toujours.

Si cette erreur n'avait eu pour conséquence que de placer la femme à un second rang, inventé expressément pour elle, afin que l'homme occupât le premier rang sans conteste, c'eût été déjà une grave injustice, mais le résultat de cette erreur a eu, dès l'enfance de l'espèce humaine, un effet bien plus regrettable : Elle a faussé la marche rationnelle de l'humanité, et cette faculté nouvelle, l'Intelligence subjective, qui lui avait été donnée pour élever l'expression de la vie intellectuelle, en l'agrandissant et l'épurant de plus en plus, ne lui a servi, en définitive, qu'à se créer une vie factice, avec des besoins factices impérieux, inéluctables, et des relations de convention d'homme à homme, basées sur l'orgueil, et où les vues de la Nature sont trop souvent méconnues.

Avant de démontrer l'effet qu'aurait produit la participation plus équitable de l'influence féminine dans le développement de l'humanité, examinons ce qu'est la Femme; d'abord comme l'homme l'a faite, ensuite comme la Nature l'a créée.

Dans toutes les sociétés, soit primitives, soit perfectionnées, soit quintessenciées, la femme est élevée pour les plaisirs et les besoins de l'homme, et non pour elle-même. Autant que la Nature *matérielle* (si je puis user de ce pléonasme pour mieux affirmer ma pensée), la société humaine s'est préoccupée de la propagation de l'espèce et elle a vu dans la femme le moyen propre à donner cette satisfaction à l'homme, le roi de la création, pour qui tout est fait, *incontestablement*, suivant ses fictions sociales.

Aussi dès l'âge le plus tendre, l'être féminin est dressé au mariage, à la subordination de sa volonté et de ses désirs à l'homme, cet ami tendre, charmant, affectueux; cet appui solide, ce consolateur, etc., mais son *maître*, enfin, et cette dernière épithète gâte tout, lorsque l'on sait que, en cas de conflit, il n'y a pas de tendresse, d'affection qui tienne, et que la femme *doit* céder. C'est la règle sociale, éludée d'ailleurs la plupart du temps par la ruse de la femme, mais il n'en est pas moins vrai que cette règle légale, déposée dans l'éducation de la femme, exerce une influence ennemie sur le développement de l'esprit qui lui est propre, et qui commence tout d'abord, comme l'esprit du plus humble des animaux, à regimber contre la contrainte.

Il en résulte que dans la société humaine, la femme ne se sentant pas libre, ne fournit pas l'apport qu'elle doit, et use sa vie, sciemment ou inconsciemment, à réagir contre la situation secondaire qui lui est faite, sans pouvoir souvent se rendre compte elle-même de ce que devrait être sa situation normale, par suite de l'empreinte indélébile dont l'éducation première qu'elle a reçue a frappé son cerveau. Comme l'homme ne connaît pas la femme, c'est-à-dire le parti qu'il devrait en tirer pour leur bonheur commun, de même la femme ne se connaît pas elle-même.

Passons sur les suites déplorables de ces malentendus dans les sociétés humaines : L'impudicité, l'adultère, la jalousie, les crimes qui accompagnent ces insanités, nous apparaissant comme des piétinements sur place de l'animalité grossière. Il faut bien ajouter, cependant, que l'homme n'est pas toujours seul responsable de ses aberrations, et que l'organisation physiologique des femmes les incite souvent à se jeter à corps perdu dans la seule voie qui leur reste ouverte pour goûter la liberté qu'elles pressentent leur appartenir aussi bien qu'aux hommes, aux mâles de leur espèce. Passons. Tout ceci n'est pas pour nous intéresser. Reportons-nous aux origines.

Dans les temps écoulés, la Femme parut. Est-elle l'œuvre plus complète de la Nature dans l'expression de l'espèce humaine, et venue, en conséquence, après l'homme? Parmi nos esprits supérieurs beaucoup sont de cet avis, et à l'appui de leur opinion, ils invoquent, ce qui pourrait paraître singulier, les opinions des hommes, dont certaines de leurs religions diverses affirment que la création de la femme est postérieure à celle de l'homme. Sans doute il ne faudrait voir dans l'affirmation de ces religions *primaires* que le rappel de traditions orales des premiers temps de l'humanité dont ce grand fait avait pu frapper les contemporains, s'il s'était réellement produit ainsi. Toutefois, il semblerait rationnel de penser que, dans tous les cas, cette succession aurait été très rapide, la conservation de la nouvelle espèce étant à ce prix.

Aussitôt que, chez la nouvelle espèce, nous eûmes distingué des individus de sexes différents aussi dissemblables d'aspect, nous nous appliquâmes à les analyser. D'ailleurs, l'analyse s'imposait, tant la femme ressemblait peu à l'homme : L'homme grand, fort, hardi, vigoureux, affrontant résolument le danger, poussant des cris effrayants contre les animaux, ses adversaires. La femme, plus petite, moins forte, timide, recherchant la protection du mâle contre les dangers extérieurs, mais en cette situation craintive, trouvant, dans son affection ardente, dans son dévouement infatigable, dans l'application de son intelligence à tout ce qui pouvait servir à leur bien-être commun, l'aide propre à encourager, à soutenir le mâle, et à le consoler dans un insuccès souvent inévitable.

A ce propos, il me revient un fait des temps secondaires de l'humanité que je ne puis rappeler sans ressentir encore l'impression profonde qu'il produisit sur nous : Un homme nu luttait contre un ours des cavernes. Il avait été surpris par cet ours, venu sournoisement jusqu'auprès de lui, et n'ayant presque plus qu'à l'éteindre dans ses bras puissants, lorsqu'un cri de sa femme, restée à quelques pas, lui fit tourner la tête et apercevoir l'ennemi. Il fit un saut en arrière, cherchant des yeux une pierre, un bâton pour se défendre, et ne trouvait rien lorsque sa femme lui remit à la hâte un éclat de silex en forme d'aiguille, de la longueur de son avant-bras, et lui donna un avis en quelques gestes rapides. L'homme se rua sur l'ours en évitant son étreinte, et lui plongea dans la gueule le silex pointu pour presque toute sa longueur. L'ours se roula sur le sol sans pouvoir se dégager de cette arme qui avait dû trancher une artère, car rendant à flots le sang qui l'étouffait, il expira. Alors, tremblant encore du danger auquel il venait d'échapper, grâce au secours intelligent de sa femme, l'homme la serra contre son cœur, échangeant avec elle des caresses mutuelles. Puis tout à coup, leurs yeux pleins d'un rayonnement d'amour et de reconnaissance, ils levèrent l'un et l'autre les bras au ciel, vers le Soleil peut-être, et tombèrent lentement à genoux.

Jamais, depuis le commencement de notre présence au-dessus de la Terre, nous n'avions éprouvé une aussi grande émotion. Ces êtres nouveaux trouvaient dans leurs âmes un lien avec les Mondes supérieurs. En dehors de la Terre il y avait pour eux quelque chose, et ce quelque chose était plus puissant que la

Terre, et ils lui rapportaient leur espoir, leur foi, leur reconnaissance !

Quel abîme entre cette nouvelle espèce et toutes les espèces antérieures, dont aucune, quelles que fussent les marques d'intelligence qu'elle nous avait révélées, n'avait pu exprimer, ni peut-être ressentir, des sentiments d'un ordre aussi élevé; sentiments encore confus chez l'homme, sans aucun doute, mais dont l'existence était déjà évidente, et que l'observation, la réflexion, lui apprendraient à mieux comprendre et à mieux préciser.

Mais ce qui nous troublait le plus délicieusement dans cette révélation, c'est que nous y découvrions que la lacune qui avait toujours existé entre notre essence spirituelle et celle de ce monde inférieur, tendait à se combler par l'intermédiaire de l'homme, chez qui la notion d'une puissance supérieure venait d'apparaître si distinctement. Et notre sympathie s'élançait vers cette créature étrange, animale encore par ses besoins matériels, mais déjà intelligence du même ordre que la nôtre, nous le sentions, et dont l'influence allait sans doute s'exercer sur la Terre, dans le sens de la bonté, de l'harmonie universelle, car quels autres sentiments pouvaient naître chez une créature pensante, se reconnaissant subordonnée à une Intelligence suprême?

Nous avions compté sans l'orgueil, ce résidu de la férocité animale, qui bouillait dans le cœur de l'homme, et devait être le plus grand obstacle à l'accomplissement de la mission pour laquelle il avait reçu une intelligence si supérieure à celle des autres animaux. La méconnaissance du droit de la femme d'exercer une influence égale à celle de l'homme sur l'éducation sociale fut la première faute que l'homme commit dès ces temps primitifs. Elle engendra toutes les autres.

La femme est un être qui, en général, présente des caractères différents de ceux que l'homme révèle. Procédant l'un et l'autre des mêmes géniteurs, d'où vient cette différence? L'embryon n'a pas de sexe, en principe; le sexe, mâle ou femelle, s'affirme plus tard sans que l'on ait encore pu pénétrer les voies et moyens, la raison d'être, de cette élection. Rien n'établit toutefois que, par suite de ce choix impénétré, la femme qui en résulte soit nécessairement inférieure à l'homme, car c'est par *l'Intelligence* et non par *la Force* que l'homme se différencie des autres animaux, et il est remarquable que souvent, presque toujours, la jeune fille tient de son père, tandis que le jeune garçon tient de sa mère, pour la constitution physiologique et pour les qualités morales, sauf à en faire emploi suivant leur sexe respectif. Et cet entrecroisement dans les deux sexes, de principes héréditaires souvent contraires, a cette conséquence que, pour l'espèce humaine, plus élevée dans l'échelle intellectuelle que les espèces antérieures, le mariage n'est plus l'union sexuelle bestiale, mais représente l'union libre et intime de deux êtres de raison, leur fusion morale et matérielle, *sur le pied de la plus parfaite égalité pour les deux sexes*. Comprendrait-on un frère, image de sa mère, déclarant à sa sœur, image de son père, qu'elle lui est inférieure, parce qu'il se trouve être le mâle. Dans la complexité de leurs natures réciproques, ce lui serait bien difficile à prouver et, dans le fait, il se trouve beaucoup de filles supérieures d'intelligence à leurs frères.

L'union intime de deux époux, dans une espèce qui, la première ait été douée du sentiment d'abstraction, est faite sur le pied d'une égalité complète afin que la pensée du mâle réagisse sur la pensée de la femelle, *et vice versa*, avec une intensité de même quantité et qualité, pour adoucir ce que le mâle a de trop dur, de trop péremptoire, de trop matériel, comme pour fortifier et ramener au sens pratique des choses terrestres, ce que la femelle a de trop mol et de trop idéal, *au moins dans la présente période*. Par ces voies, l'être se perfectionne, non par lui seul, ce qui pourrait le conduire à l'entêtement dans ses propres idées, mais par l'époux ou l'épouse qu'il aime, qu'il adore pour le concours qu'il en a reçu en vue de ce perfectionnement. D'un autre côté, l'esprit moyen résultant de l'action réciproque des époux l'un sur l'autre, pourrait bien représenter l'esprit rectifié et remis au point, de l'espèce, libre de toutes préoccupations génitales, car ce sont les fonctions génitales spéciales à chacun des époux qui différencient leurs dispositions affectives, bases fréquentes de leurs jugements.

Examinons maintenant la femme comme la Nature l'a faite, mais pour l'apprécier plus exactement, prenons cette créature charmante dans une société déjà dégagée de ses limbes.

La mère, de son union intime avec l'époux, a procréé deux rejetons : un fils, qui tient le plus souvent d'elle, une fille, qui tient de son mari. Elle aimerait peut-être davantage sa fille, le sexe de celle-ci ayant plus besoin de protection; elle serait plus fière peut-être de son fils, celui-ci pouvant les protéger l'une et l'autre. La fille lui rappelle le père, par ses traits, par ses qualités psychiques; le fils le lui rappelle aussi, par sa mâle attitude, par sa force physique, tandis que par sa tendresse il est encore pour elle comme une émanation de sa propre chair, de son âme personnelle. Quoi qu'ils soient, ces chers enfants, son époux les résume pour elle dans son cœur et, par là, elle l'aime de toutes ses forces physiques et de toutes ses forces mentales; elle l'aime éperdument en lui et en ses enfants.

Le père ressent aussi les effets de la paternité; il chérit ses enfants et se dévoue à leur établissement; il en reporte même l'amour originel à la mère, mais comme il y a longtemps que l'acte initial s'est accompli de son fait, la caractéristique de cette paternité semble plus celle d'un acte réfléchi.

La mère, au contraire, a senti chaque jour ses enfants dans son sein; elle les a formés de son sang, de son lait, leur a prodigué les premiers soins, ce que leur père n'eût pu faire, a recueilli leurs premiers regards, leurs premiers sourires, leurs premiers bégaiements, et sa maternité, éternellement ininterrompue, a acquis par cette perpétuelle application une acuité à laquelle la paternité ne saurait prétendre. Par là, les deux enfants deviendront ce que la Maternité les aura faits, et il est légitime de dire que jusqu'à l'âge de puberté, surtout pour la fille, les enfants procèdent plutôt de leur mère que de leur père. Du reste, même pour le fils, il est facile de reconnaître s'il doit les soins de ses premières années à sa mère, car, dans ce cas, il garde toujours de cette première éducation une empreinte spéciale.

Voilà les deux enfants, types de l'espèce, formés, et leur première enfance reçoit de leur mère, avec les principes fondamentaux de la probité et de la chasteté, une éducation et une instruction à peu près semblables. Rien n'annonce que le garçon devra être un jour supérieur à la fille. S'il se révèle entre eux une différence, il semble qu'elle soit à l'avantage de la fille, car souvent celle-ci a l'esprit plus précoce que celui du garçon : elle est moins gauche, a plus d'application et de tact que son frère, mais celui-ci a plus de vivacité, et son étourderie est peut-être causée par un besoin inconscient de mouvement plus accentué chez lui que chez sa sœur. A cet âge, les forces mentales sont plus développées chez celle-ci, les forces physiques chez celui-là, car le développement est plus lent chez le garçon que chez la fille, et le cerveau chez la fille atteint son plein et s'arrête, lorsque, au contraire, le cerveau chez le garçon continue encore son évolution.

Malgré des exceptions nombreuses, on peut dire

que les choses se passent généralement ainsi dans le développement comparé de ces deux êtres de sexes différents et que, jusqu'à l'âge de leur puberté, on ne peut constater d'autres diversités entre eux que celles qu'une direction intentionnelle, en raison de la prévision de leurs fonctions spéciales futures, a pu déposer prudemment dans leurs esprits.

Mais lorsqu'arrive l'époque de la puberté, les diversités s'accusent au point de rendre ces deux êtres absolument dissemblables. Chez le garçon, la marche de la Nature, en vue de l'expansion de la force, est plus simple. Il reste physiologiquement ce qu'il était, aux organes de la virilité près, qui acquièrent chez lui, sans crise, tout leur développement. Son cerveau se développe aussi, et par l'instruction, privée ou publique, s'assimile les notions exactes et les notions conventionnelles, lentement accumulées par les hommes. Pourvu de son bagage, ou scientifique ou artistique, ou industriel, il se sent propre à l'action et se lance dans la vie avec l'ardeur de la jeunesse, avec le désir légitime de devenir quelqu'un et d'acquérir des biens qui assureront à lui et aux siens le nécessaire, pour le présent et pour l'avenir.

Chez la jeune fille l'œuvre de la Nature est plus compliquée et plus laborieuse. C'est elle qui est plus particulièrement chargée de la propagation de l'espèce et de son éducation, et les organes propres à l'accomplissement de cette mission sont plus nombreux, plus délicats et plus disséminés sur sa personne que chez le jeune garçon. Sa formation requiert quelquefois plusieurs années pour se parfaire, et la crise qui la termine est souvent accompagnée de quelque danger. Tout son corps s'épanouit en une métamorphose complète : Le bassin s'élargit, les hanches s'accusent, les glandes mammaires gonflent les seins, et une congestion périodique retentit sur toute son économie; d'autre part, toute sa personne devient plus attrayante et plus gracieuse; ses formes extérieures sont plus pleines, sa peau se colore d'un doux incarnat; sans le vouloir, sans le savoir, elle rougit et soupire; elle se complaît dans la réserve, sa voix prend une expression douce et pénétrante, et ses charmes languissants et passifs, excitent inconsciemment autour d'elle les prodromes de la fécondation.

Tandis que le jeune homme peut, sauf dans de rares moments fièvreux, consacrer son existence entière à la partie mentale de la vie humaine, la jeune fille que l'injonction de la Nature opprime tous les jours davantage, sent tous ses esprits fortement influencés par la partie matérielle de son organisme. Elle a besoin d'expansion, d'amitié, d'amour. Elle ne sait où poser sa pensée, ses désirs, ses espérances. Elle veut et recherche avidement la lumière. Elle écoute tout, puis honteuse, rougit, craignant de comprendre. Alors, elle se ressaisit, elle remplit les devoirs familiaux et sociaux dont une éducation première lui a enseigné les usages; se livre à l'étude pour étendre et orner son esprit, s'y plonge âprement pour échapper à l'obsession de cette nature ardente qui vient de se révéler en maître chez elle. Heureuse, quand dans le sein de sa mère, elle peut trouver une direction affectueuse pour ses pensées nouvelles, et une occasion d'épandre ses bordées de tendresse et d'amour qui sont maintenant les signes caractéristiques et éternels de sa nature de femme.

Voilà la femme comme la Nature l'a faite. Comment peut-on la comparer à l'homme, et pourquoi prendre pour terme d'une comparaison entre eux *la force*, physique et morale, qui est justement la caractéristique du mâle chez l'homme comme chez la plupart des animaux? Pourquoi ne pas prendre aussi bien pour cette comparaison les qualités affectives, plus puissantes chez la femme? Par là, l'homme descendrait certainement au second rang, mais cela ne ferait pas son compte. La vérité, c'est qu'il ne convient peut-être pas de comparer l'homme à la femme, parce que le développement de l'un et de l'autre les différencie profondément, mais voulût-on absolument les comparer, c'est plutôt *l'Intelligence* qu'il faudrait choisir comme terme de comparaison, comme terrain commun, et encore n'obtiendrait-on peut-être pas une appréciation bien exacte de leur valeur réciproque, car la femme a d'autres intentions intellectuelles que l'homme, et rien ne prouve que les déductions, rigoureuses sinon toujours exactes, qu'il tire de son esprit, dont il est si fier, et qui constituent son bagage scientifique, soient plus propres que le tour d'esprit de la femme à le conduire à la découverte du bonheur de l'espèce. Il faut le dire, c'est là qu'est le nœud de la question.

Nous avions espéré, dès le temps où la magnifique intelligence de l'espèce humaine s'était révélée à nous par son premier élan vers une puissance supérieure, que l'influence de cette espèce allait s'exercer sur la Terre dans le sens de la bonté et de l'harmonie universelle qui l'eût dirigée vers le bonheur, si tant est qu'elle dût jamais pouvoir y atteindre. L'homme, n'écoutant que son orgueil et son avidité, a préféré suivre la doctrine de l'Intérêt, et nous avons vu les résultats qu'il a obtenus par suite de cette erreur de conduite. Après en avoir tracé le tableau, il convient d'exposer quelle éducation la femme aurait dû recevoir pour accomplir sa mission sociale en toute liberté, et quelle devait être sa part légitime dans l'éducation et le développement social dont l'homme l'a tenu systématiquement à l'écart autant qu'il l'a pu.

La femme devait être élevée pour elle-même, pour la plénitude de l'éclosion de son intelligence et de ses qualités affectives spéciales, et les acquisitions séculaires des observations humaines devaient être mises à sa disposition aussi bien qu'à celle de l'homme pour consacrer leur égalité dans les moyens d'appréciation des faits de leur vie commune, sauf à en faire emploi suivant leur sexe respectif, leur tournure d'esprit particulière, leurs fonctions diverses, les directions scientifiques spéciales qu'ils auraient élues de suivre pour assurer leur existence et celle des leurs dans un milieu civilisé.

ANDRÈS. — Alors, la femme eût été enfin en état de réaliser son grand *desideratum* réclamé à grands cris par elle au moment où je quittai la terre, c'est-à-dire d'exercer tous les arts, professions et métiers exercés jusqu'ici exclusivement par l'homme, soit médecin, ingénieur, avocat, député, sénateur, chef d'État, etc., etc..?

BLANCHE. — Non. Cette erreur de conduite est le fruit de l'organisation sociale édifiée sur la doctrine de l'Intérêt, qui a créé l'individualisme à outrance. C'est un moyen excellent pour la femme de se défendre dans le milieu irrationnel où elle s'agite maintenant. Cependant, bonne, aimante, dévouée, je la crois mal conseillée par ses adhérents, parmi lesquels se remuent beaucoup d'ambitieux, de sophistes et de mystiques, qui la pousseraient à dépasser la portée de ses revendications très légitimes, et à retourner, à son profit contre l'homme, le joug du despotisme sexuel. En ce cas, le succès pourrait bien ne pas répondre à ses espérances, et sa tentative actuelle, ainsi orientée, aboutirait plutôt à un déclassement et à un échec lamentable.

Dans la société que je voudrais voir fonctionner avec son concours, société basée sur la doctrine de la bonne foi, de la bonté, de l'amour, la femme resterait à la place que ses fonctions spéciales lui ont assignée, à la seule exception des professions ayant pour objet la santé ou les soins intimes qu'une femme instruite et habile rendrait plus correctement, sous le rapport de la chasteté, aux femmes requérant ces soins, que des hommes ne le pourraient faire.

Pour les autres professions, la femme n'est pas assez sûre de la disposition intégrale de son temps pour les exercer sans solution de continuité; et d'ailleurs, dans ces professions, le contact obligé avec des hommes qui lui sont étrangers, contact prenant vite le ton de la familiarité, est trop plein d'inconvénients pour elle.

Pour bien préciser ma pensée sur ce que peut être le concours social des femmes, je dirai que dans la société actuelle des hommes, par exemple, certains d'entre eux choisissent pour leur occupation habituelle, qui l'agriculture, qui la navigation, ou les sciences dites exactes, ou les arts dits libéraux, ou les armes, ou la magistrature, ou le commerce, ou l'industrie, ou l'administration, etc., et que chacune de ces carrières nécessite une instruction professionnelle spéciale, afin que les détails en soient rendus familiers aux adeptes de ces carrières, mais qu'il est une instruction générale mise à la portée de tous les hommes : l'instruction secondaire, au moyen de laquelle *il est convenu entre eux* qu'ils sont tous aptes à donner leur avis sur les faits d'une utilité organique, ou à imprimer une direction rationnelle aux affaires intéressant l'ensemble de leur agglomération. C'est une instruction générale de ce genre, mais plus sérieuse, que je vise, et dont je voudrais que la femme fût pourvue aussi bien que l'homme, avec la faculté de la compléter sur un point donné, à l'occasion, pour en pratiquer l'emploi de la manière que je le dirai tout à l'heure.

A l'âge de la puberté, douée d'une éducation chaste et forte par les soins de sa mère, de l'instruction générale commune aux deux sexes, telle que je viens de l'indiquer, la femme eût, librement, recherché ou accueilli l'alliance de l'homme, riche ou pauvre, dont elle eût voulu partager la vie, sans aucune préoccupation de possessions matérielles, et dispensée, en principe, par les lois et par les mœurs, de lui apporter autre chose que sa personne, ses vertus, et ses connaissances personnelles. L'homme l'eût reçue de ses parents sur le pied d'un autre lui-même, et l'eût traitée, non *chez lui*, mais *chez eux*, avec le respect que des égaux se doivent entre eux. De la part de la femme, ce respect devait être le même à l'égard de son mari, et, pour l'un comme pour l'autre, le respect réciproque ne devait être altéré dans la suite, ni par des considérations d'âge, de santé, d'infirmités même, mais, au contraire, se renforcer par tous les gages d'amour, d'estime et de dévouement d'une longue vie d'honnêteté et de dignité, ayant eu constamment pour objet, la vérité, la justice, l'amour de Dieu et du prochain, et la compassion bienveillante pour les humbles créatures, inoffensives et douces, contemporaines de l'homme sur la terre.

Dans une société constituée par de semblables familles, la femme eût été consultée au même titre que l'homme sur toutes choses, même sur la confection des lois, aussi simples que peu nombreuses, qui devaient la régir. La femme, trouvant ses raisons dans son cœur, aurait adouci ce que les lois civiles et religieuses humaines contiennent toujours d'obscur et d'implacable quand elles procèdent d'hommes spéciaux imposant leur opinion d'une manière tyrannique par le reflet du milieu conventionnel et étroit dans lequel ils vivent solennellement enfermés, plutôt que comme le résultat d'une large délibération équitable et cordiale.

Il convient maintenant d'exposer de quelle manière la femme pouvait exercer son influence sur l'éducation et le développement social.

Il est admis d'abord, n'est-ce pas, Andrès? 1° que la femme, désignée par la nature pour donner aux enfants les premiers soins matériels et la première éducation, doit, *ipso facto*, résider dans son domicile plus que son mari, et par conséquent, être plus particulièrement chargée de l'administration intérieure de la famille; 2° que l'homme étant doté des qualités sortables à la nature des efforts extérieurs, c'est-à-dire de la force musculaire et d'une énergie morale plus puissantes que celles de la femme, est par là qualifié pour l'initiative à prendre au dehors en vue de l'entretien et de l'expansion de la famille.

Eh bien, de cette division naturelle des fonctions des deux époux, il est facile de déduire le caractère de l'influence que la femme peut et doit exercer sur les questions sociales. Elle dispose d'abord des réunions privées où elle rencontrerait ses amies avec les personnes des deux sexes reçues dans leur société, et qui se trouveraient dans une situation identique à la sienne, circonstance favorable pour l'entretien qu'elle rechercherait ; *mais c'est principalement par son mari, par son influence sur l'esprit de celui-ci dans leurs causeries intentionnelles*, qu'elle pourrait produire ses raisons et combattre les arguments, suivant elle erronés, répandus dans le public, et qu'elle trouverait en faveur dans l'esprit de son mari. La sympathie, la bonne foi étant l'âme de leurs rapports, leur discussions seraient toujours modérées et bienveillantes ; et, de part et d'autre, on se rendrait au bon sens évident, sans autre préoccupation que la recherche de l'utilité et du bien publics. Ainsi convaincu, l'homme apporterait dans les délibérations extérieures la résultante des raisons mûrement examinées en commun, pour les soumettre à des hommes influencés de la même manière par leurs femmes.

Andrès. — Mais les hommes qui seraient restés célibataires et les veufs, ne participeraient donc pas à ces délibérations publiques ?

Blanche. — Dans une société sérieuse, les hommes ne devraient pas admettre que les affaires qui intéressent toutes les familles, principe essentiel de la nation, fussent délibérées par des hommes s'exonérant volontairement des charges et des préoccupations de la famille, et par là, moins intéressés que les autres à la bonne gestion des affaires publiques. Par respect pour la liberté individuelle, le mariage resterait volontaire, mais les fonctions publiques ne seraient remplies que par des hommes, ou mariés, ou l'ayant été au moins pendant plusieurs années.

Andrès. — Alors les célibataires et les veufs des deux sexes seraient sans action sur la direction des affaires qui les intéressent, à un moindre degré que les familles, j'admets cela, mais enfin qui les intéressent aussi?

Blanche. — Les célibataires se marieraient, et peut-être aussi les veufs. D'ailleurs, il ne serait pas exact de dire qu'ils resteraient sans action. Ils auraient, dans leur vie privée, les salons, où les femmes se rencontreraient également, puis les assemblées, les conférences, les journaux, pour faire connaître leurs opinions, ce qui leur serait commun d'ailleurs, avec l'immense majorité des hommes qui ne remplissent pas des fonctions publiques.

Andrès. — J'ai de tout ceci l'impression que les femmes seraient un peu claquemurées dans cette société normale. Un peu comme chez les Turcs, n'est-il pas vrai?

Blanche. — Qu'il est difficile de suivre un semblable exposé de vues générales lorsqu'on manque de l'application nécessaire!

Tu perds de vue, Andrès, la constitution de la famille instruite et vertueuse, basée sur l'amour et non sur l'orgueil et sur l'intérêt.

Tu ne saurais découvrir dans des mariages semblables à celui que je t'ai décrit, aucune de ces demi-vierges orgueilleuses qui, sous couleur de mariage, s'unissent à de riches vieillards insensés, pour jouir, sans frein, des plaisirs mondains dont elles ont déjà pris l'avant-goût dans la société de leurs mères.

Pauvres créatures! qui ne trouveront même pas à ce prix, non le bonheur, elles n'y songent pas, mais le plaisir durable et sans rancœurs, qu'elles pourchasseront toujours sans le pouvoir joindre jamais.

Andrès. — Oh! pour cela, d'accord; mais votre femme modèle serait bien privée de liberté, ce me semble?

Blanche. — Nullement : *La femme serait aussi libre que son sexe lui permet de l'être*. Ne perds pas de vue cette considération très importante :

La femme est la gardienne de l'honneur du foyer. Les hommes de tous les temps et de tous les pays l'ont toujours ainsi compris. Certains peuples ont poussé jusqu'à la tyrannie les précautions qu'ils ont prises pour assurer la chasteté des femmes ; chez les Musulmans, le harem; chez les Chinois, les pieds brisés; chez les Japonais, les dents des femmes mariées laquées de noir; etc.; presque tous ces peuples de race jaune. La race noire paraît plus indifférente; la race blanche, plus libérale, mais la même préoccupation familiale se montre aussi chez elles, peut-être à un moindre degré.

Le régime rationnel est dans la liberté pour la femme, d'aller, de venir, de voir ses amies, de faire ses acquisitions; de fréquenter les monuments du culte de sa nation, les spectacles, les concerts, les conférences, etc., etc., en compagnie de son mari le plus possible, ce qui est d'ailleurs facile à une femme bien élevée qui aime toujours mieux cette compagnie que toutes autres, et dont l'honnêteté évite avec un tact parfait toute démarche et toute société où sa réputation serait exposée à la plus légère atteinte. Cette conduite réservée et prudente lui assure toute l'estime de son mari, dont la confiance en elle devient bientôt sans limite.

ANDRÈS. — En cas de désaccord des époux dans leurs discussions intéressant la chose publique, que ferait-on? Qui les départagerait?

BLANCHE. — Je ne pense pas que ces questions générales puissent donner lieu à des discussions bien âpres entre les époux. Dans un cas semblable, on pourrait, pour les mettre d'accord, user d'une conciliation moyennée par trois groupes de deux époux, afin d'avoir une voix prépondérante. Ceci, ou autre chose, ce n'est pas difficile à résoudre. Mais tu me fais des objections enfantines, Andrès; il y en a beaucoup d'autres, très importantes, qui pourraient s'offrir à ton esprit, et que je vais réfuter pour toi, par avance.

II. — VOIES ET MOYENS

Blanche. — Après avoir examiné et exposé quelle devait être l'éducation de la femme, et comment elle aurait dû exercer sa part légitime d'influence sur le développement social de l'espèce humaine, je veux examiner comment son égalité avec l'homme eût pu être admise sur toute la Terre, car il faut que la Société dont je viens de te donner la formule familiale puisse s'établir universellement, en un temps donné, sans quoi l'humanité manquerait d'équilibre dans les relations de tous ses membres.

Était-il possible d'établir cette égalité universelle entre les deux sexes? — Pourquoi non, si nous mettons à *priori* l'orgueil de côté pour baser la Société humaine sur la bonne foi, sur l'amour réciproque, ce sentiment fertile en conséquences heureuses pour les époux qui le mettent au-dessus des satisfactions souvent illusoires que procure la possession des biens dont résulte le superflu.

Établissons d'abord, à l'égard de ces pléthores de biens personnels, rassemblés aux dépens de multitudes qui ne possèdent même pas le nécessaire, que leur existence est, sinon illégale, du moins illégitime, et n'est que l'expression persistante de la barbarie des premiers temps de l'Humanité, où l'envahisseur victorieux dépouillait des familles paisibles et les vouait à la plus affreuse misère, afin de posséder tout à lui seul et de le gaspiller ensuite par forfanterie entre ses complices. Cependant ce vieux levain d'orgueil féroce persiste encore, et beaucoup croient trouver dans les succès personnels obtenus ainsi, un témoignage de la supériorité légitime d'un homme sur ses semblables.

A quel âge de l'humanité était-il possible d'établir l'égalité universelle de droits entre les deux sexes?

Pour résoudre cette question il est évident qu'il faut mettre en dehors de toute supputation de date, les périodes d'animalité grossière qui ont marqué les débuts de l'espèce humaine, et les périodes de sauvagerie qui ont suivi les premières.

Et puisque je t'ai parlé des périodes d'animalité de l'espèce humaine, il faut que je place ici une remarque sur la féminalité animale qui n'est pas étrangère à notre sujet, parce que la *femme* de ces périodes a dû avoir nécessairement des points physiologiques et psychiques de ressemblance avec les espèces immédiatement antérieures à la sienne :

Chez les animaux féroces, chez les bêtes fauves, la femelle se refuse au mâle, contre la volonté de celui-ci; et malgré sa force, sa colère, le mâle se résigne en grondant, par une compréhension tacite, inconsciente peut-être, que les caresses ne sont douces que lorsqu'elles sont accordées librement. La femelle sait bien qu'elle est plus faible que le mâle, mais enfin *elle ne veut pas*, et tout est dit. Son caprice féminin qui a sa cause dans une disposition physiologique actuelle, est respecté par le mâle dont les câlineries félines s'usent en pure perte devant cette volonté, souvent menaçante. Pour tous les faits de leur vie féroce, la femelle obtiendrait-elle également du mâle le respect d'une volonté aussi contraire à la sienne, ce n'est pas certain, mais enfin n'y eût-il que la constatation de cette possession personnelle, que l'on en pourrait inférer que les femelles des animaux féroces, ou sauvages, ne vivent pas à l'égard des mâles de leurs espèces dans un état d'asservissement égal à celui auquel la femme des sociétés humaines a consenti légalement à se plier.

Pourquoi cette différence de droit au détriment de la femelle de l'espèce humaine?

Eh bien, cette différence résulte des applications erronées de l'intelligence supérieure, dont l'homme et la femme sont également doués, comme je te l'ai expliqué précédemment.

Ceci peut te paraître un paradoxe. Il est pourtant très facile de te démontrer la vérité de cette assertion.

La haute intelligence dont l'homme est si fier, a produit chez lui un résultat très inattendu dont nous nous sommes beaucoup préoccupés dès ses premières manifestations appréciables, et voici ce que nous avons remarqué :

L'homme n'est pas parfait; c'est un animal raisonnant et déraisonnant, venu à son heure, mais encore bien asservi à des besoins matériels, aux passions violentes des animaux ses précurseurs. Il a en effet tous leurs vices : la férocité du tigre, la ruse du crocodile et du renard, l'avarice des fourmis, l'avidité du loup, la lâcheté du chacal ; de même qu'il peut aussi manifester, surtout par la femme, toutes les qualités affectives des animaux inoffensifs et doux qui les possédaient avant lui ; mais au service de ces passions bonnes et mauvaises il a mis l'intelligence étonnante qui lui est propre et, par là, il en a décuplé, centuplé, milluplé les effets par des innovations funestes, tirées de la culture de l'esprit, des recherches habiles et délicates du langage, enfin des consécrations péremptoires et spécieuses de l'écriture, en détournant tous ces dons de leur utilité progressiste.

Avant l'homme, nous connaissions le mal, l'oppression du faible, l'effusion du sang ; mais ces maux qui avaient leur principe dans la lutte pour la vie, pour la conservation de l'individu et de l'espèce, se bornaient à peu près à cette satisfaction. L'animal repu, laissait en paix, jusqu'à l'apparition de nouveaux besoins, ses victimes ordinaires, qui employaient toute leur intelligence transmise et acquise à éviter, avec plus ou moins de succès, de nouvelles attaques.

Avec l'homme intelligent et orgueilleux, les mêmes faits se produisirent d'abord de la même manière ; mais bientôt il asservit pour son usage certains animaux dont il fit ses auxiliaires ; puis il asservi des hommes, soit d'une race plus faible que la sienne, soit, dans sa propre race, à la fois ceux dont il put faire des complices et ceux sur lesquels il put prendre un ascendant de domination. En ce temps-là, le langage intelligible, quelques signes graphiques existaient déjà. La parole, cette nouveauté si précieuse pour la clarté des rapports sociaux, lui donna la faculté d'inventer et d'imposer le mensonge. Il partit de là pour affirmer des droits antérieurs, des hommes d'une essence supérieure à celle des autres hommes. Bientôt, des chefs élus il fit les maîtres absolus et sacrés de la multitude ; et, dans cette société primitive déjà gouvernée par des fictions, les pauvres d'esprit, sans instruction, sans cohésion, sans initiative, dont il fit ses dupes, il disposa de leurs biens, de leur vie ; il les poussa à des massacres dont l'invention et la perpétration nous remplissaient d'horreur et nous faisaient douter de la possibilité de l'épanouissement moral de cette pauvre petite planète, pendant que les survivants du parti vainqueur célébraient dans des réjouissances grossières leurs succès... leur gloire ! comme ils appelaient cela, les pauvres insensés ! car l'homme est le seul animal auquel, suivant une de vos expressions imagées, ses congénères puissent faire prendre *des vessies pour des lanternes.*

Et cette assertion est indéniable : L'intelligence des autres animaux n'est certes pas comparable à celle de l'homme. Aucun d'eux, l'éléphant, le chien, le castor, l'abeille, la fourmi, etc., ne laisse supposer chez son espèce la faculté de comprendre les idées abstraites dont l'homme intelligent fait sa préoccupation habituelle, mais, il faut le reconnaître aussi, aucun animal, à l'état sain, ne déraisonne comme l'homme ; à aucun, même au plus infime, on ne pourrait, volontairement de sa part j'entends, faire prendre le change sur les choses à sa portée ; les erreurs d'application de ces pauvres créatures imparfaites viennent, ou « des perversions morbides de l'instinct, car la démence n'est pas rare chez les animaux (1) ; » ou de leur ignorance des faits naturels qui se manifestent à eux d'une manière brusque et imprévue. Telle la mouche, qui, voyant surgir une lumière dans l'obscurité, va se brûler à cette flamme inconnue, soit qu'elle la confonde avec celle du soleil, soit que sa curiosité ou quelque besoin physiologique ait été sollicité chez elle par l'aspect de cet objet brillant insolite, etc., etc.

Nous avions déjà vu quelque chose d'analogue à la barbarie humaine chez les sociétés d'insectes parues avant celle de l'homme. Là aussi nous avions observé l'existence des esclaves, des incursions agressives, des batailles, des massacres, des accaparements de vivres aux dépens de tribus ennemies, mourant de faim ou s'exilant après la défaite, mais l'intelligence des fourmis, etc., quelque remarquables que fussent ses manifestations nombreuses et variées, se bornait

---

(1) Romanes, *l'Évolution mentale chez les Animaux*. Reinwald, Paris, 1884, p. 168.

à des actes qui ne visaient plus particulièrement qu'à des résultats matériels. Quant à s'élever par la pensée au-delà de leur milieu; à supposer un lien quelconque de leur monde minuscule avec l'univers incommensurable; à s'attacher à une idée de justice et de miséricorde existant hors de leur portée, et dont le secours pourrait être invoqué par la prière, jamais aucun animal avant l'homme n'avait éveillé en nous l'idée la plus élémentaire qu'une telle manifestation jaillirait à un moment donné, devant nos esprits émerveillés et attendris, de la surface de cette petite planète.

Pourquoi faut-il que l'homme, premier animal doué de cette faculté extraordinaire, au lieu de s'élever par la bonté et par l'amour vers son Créateur, en conformant tous ses actes à cette direction rationnelle, n'utilise son intelligence spéciale qu'à la satisfaction de son orgueil et de sa soif de domination, et que de la Sagesse il ne fasse le plus souvent sortir que le sophisme et le mensonge pour tromper son prochain et vivre glorieusement à ses dépens?

ANDRÈS. — Eh bien, oui. Pourquoi? Je me le demandais. Car enfin, ce progrès inéluctable, cette perfection angélique...

BLANCHE. — Je vais te le dire. C'est que cette intelligence éthérée, lumineuse, attachée *pour la première fois* à une loque matérielle et éphémère comme ce qui représente l'espèce humaine, constitua, à son apparition dans le Monde, un état rudimentaire nouveau, dont l'adaptation intime est encore imparfaite, et ne sera probablement pas réalisée par cette espèce. De là les anomalies choquantes et éternelles que nous relevons dans sa conduite. Par l'effet de sa nature idéale, cette espèce enseigne et honore toutes les vertus, tous les sentiments purs et élevés, mais en même temps, par l'effet de sa nature animale, ses sociétés fonctionnent sur de tels errements que l'homme qui, pour ses relations d'affaires avec les hommes, et strict observateur des préceptes de son éducation morale, s'attacherait, sans réserve, à la pratique de l'entière équité, de la justice intégrale, de la sincérité absolue, serait *à coup sûr*, la dupe, bernée et bafouée, de la majorité de ses plus illustres (je ne dis pas de ses plus honnêtes) concitoyens.

Car si les aspirations de l'espèce humaine sont en haut, ses appétits sont en bas, et c'est en bas qu'il lui faut vivre. De là une civilisation et des institutions factices; un *modus vivendi* mystérieux que ses adeptes n'expliquent que par des euphémismes, quand ils sont contraints de les expliquer, et qui les a conduits à créer et à sanctifier « *l'apparence* »... « *Sauvez l'apparence!* »

Comment cet emploi abusif par l'homme de son intelligence a-t-il réussi, dès le principe, à désarmer la femme de ses droits et à lui faire accepter volontairement par la suite un état d'assujettissement auquel se refuseraient les femelles des autres animaux?

Je t'ai dit, Andrès, comment les premières sociétés humaines se sont formées. Elles sont sorties d'une pensée de défense collective contre les attaques extérieures.

Dans un péril pressant, c'était à la Force, c'était aux hommes qu'il fallait faire appel, et, quand surgit cette nécessité d'une organisation défensive, les hommes y subordonnèrent tout, leur liberté personnelle et surtout celle des femmes, qui avaient moins de force qu'eux, et dont les revendications, dans un moment où il fallait faire face à un danger immédiat, n'avaient aucune chance d'être prises en considération.

Quand le péril aigu fut conjuré, les hommes s'organisèrent plus correctement et, dans leur pacte social, engagèrent quelque chose de leur propre indépendance. Comme ils avaient pris goût par un précédent à la douce servilité féminine, ils introduisirent dans les règlements sociaux qu'ils édictèrent, des raisons spécieuses pour consacrer définitivement cette servilité.

C'est à ce moment que la revendication des droits de la femme eût dû se produire, mais pour le faire utilement, elle eût nécessité chez elle une somme d'instruction morale et des connaissances étendues et variées, que l'état de leur civilisation ne pouvait encore lui fournir, dans ces sociétés primitives où la Force disposait de tout.

La femme avait donc dû céder à la force de l'homme, avec cette aggravation d'état sur les autres espèces animales, que douée comme l'homme d'une raison vacillante, accessible aux propositions insidieuses prenant corps par la parole, elle s'était trouvée en proie aux sophismes que des hommes, assumant un caractère sacré, lui imposaient comme les bases indispensables de leur société despotique.

C'est par des pratiques de ce genre que l'usurpation de l'homme s'établit sur la presque totalité de la Terre. Avec des formes diverses, variant suivant les latitudes et les milieux : température plus ou moins élevée; aridité ou fertilité des continents; populations denses ou éparses sur une surface donnée; genre de vie nomade ou sédentaire, le fond social fut partout le même et, à part quelques contrées isolées par leurs conditions topographiques, soit insulaires, soit climatériques, soit fermées par des montagnes inaccessibles, le sentiment d'insécurité, de crainte, principe conservateur, commun à l'homme primitif et à tous les animaux, basa sur la force le droit antique universel, car la notion du droit philosophique issu de la reconnaissance de l'égalité morale des êtres composant toute l'espèce humaine, est une conception relativement nouvelle, si l'on considère l'ancienneté de cette espèce.

Remarquons que, même au temps présent, beaucoup d'hommes, dans divers pays, n'admettent pas encore l'égalité morale des êtres. Sans égard aux perfections relatives des races, dues chez les plus avancées à l'instruction et à l'hérédité, ces esprits étroits sont surtout influencés dans cette question par leur intérêt personnel. Mais laissons cela pour examiner, sans plus attendre, le point qui a rapport à la possibilité effective de la reconnaissance universelle des droits de la femme, dans la période actuelle.

Quelque difficulté que présente la poursuite de cette reconnaissance de droits si désirable, il existe cependant des circonstances favorables qui pourraient en faciliter la réussite.

D'abord, les gens de fortune médiocre, les modestes, les pauvres de tous les pays, n'ont jamais suivi, ou pu suivre, les méthodes de vie factices, coûteuses et encombrantes, de leurs chefs d'État, des princes, des riches, et des parasites qui gravitent autour de ces hommes orgueilleux. Peut-être, à la vue des exemples pernicieux qui leur étaient offerts, l'envie ne leur eût-elle pas manqué de les suivre si les moyens de le faire eussent été à leur disposition. Quoi qu'il en soit, ils ont toujours vécu plus près de la nature que cette élite égoïste. Par l'effet de leurs unions, contractées le plus ordinairement sur la donnée de l'affection réciproque, et en dépit des dispositions légales restrictives de leurs diverses contrées, les femmes sont les conseillères, et souvent les arbitres des intérêts de leurs ménages. Dans ces ménages modestes où tout est commun, les peines, le plaisir, les goûts, les mœurs, l'époux et l'épouse se consultent et délibèrent avec une liberté et une sincérité complètes. L'accord subsiste toujours entre eux aussi longtemps que leurs causeries ne roulent que sur les nécessités naturelles de leur milieu; il peut être souvent rompu, au contraire, par des questions d'ordre conventionnel, telles que la politique, les dogmes religieux, les pratiques sociales et, parfois, par certaines coalitions d'intérêts qui s'efforcent de les enrégimenter, mais dont l'utilité n'est pas pour eux, surtout pour la femme, d'une précision évidente et à laquelle ceux qui dirigent ces moteurs fantastiques ne tiennent guère, en dehors de ce qui peut servir leurs intérêts personnels.

Sous l'empire d'une répartition plus équitable des charges sociales, si les hommes n'eussent pas été contraints d'envoyer leurs femmes hors de la maison pour augmenter les ressources pécuniaires de la communauté, cette immense majorité humaine eût peut-être réalisé *de plano* les indications morales des lois naturelles par la pratique de l'égalité de droits des deux sexes, sans même légiférer à cet égard (1).

Mets en parallèle, Andrès, tout ce que cette masse

---

(1) Voici un exemple fourni par un peuple tartare qui prouverait que la participation des femmes à la direction des affaires sociales, loin d'être une utopie, répondrait bien plutôt à des convenances rationnelles, puisqu'elle constitue pour ce peuple un *modus vivendi* avantageux et durable :

« Les *Hézarehs* habitent des maisons couvertes de chaume et à moitié enfoncées dans la pente des montagnes. Les hommes roulent des bandes de drap autour de leurs jambes. Les femmes portent de longues robes de laine et des bottes d'une peau de daim extrêmement flexible et qui leur montent jusqu'aux genoux. Elles sont coiffées avec de petits bonnets très justes à la tête, et desquels pend une bande de drap qui descend sur le dos jusqu'à la ceinture. Hommes et femmes ont les traits de la race tartare.

« Les femmes sont souvent belles; et ce qui pourra paraître surprenant chez un peuple civilisé, elles exercent une grande simple et laborieuse a produit d'utile pour ses nations : les champs ensemencés, les villes bâties, les rivières régularisées dans leurs cours, les canaux complètant l'hydrologie de leurs contrées, ces contrées défendues au prix de leur vie, etc., etc. sans parler des sommes énormes fournies par elle pour subventionner le luxe et les plaisirs contestables d'une minorité oisive. D'autre part, vois toute cette minorité oisive, au ventre insatiable appelant aux budgets nationaux de l'insuffisance de ses fortunes privées, et absorbant, sans rien produire de vraiment utile, toutes les richesses arrachées au travail de misérables manquant souvent du nécessaire.

influence sur les hommes : elles conduisent la maison, prennent soin des propriétés, font en partie les honneurs de chez elles, et sont consultées dans toutes les affaires. »

« Jamais on ne les frappe, et jamais on ne les enferme. Cette dernière circonstance, jointe à la haine que les peuples voisins portent aux Hézarchs, sectateurs d'Ali, a été cause que l'on a accusé les femmes de ces montagnards d'avoir des mœurs extrêmement relâchées; mais rien dans les récits des derniers voyageurs n'autorise cette supposition ». (*Univers Pittoresque. Tartarie*, par Dubeux, p. 102.)

Si des peuples dotés d'une civilisation rudimentaire ont pu réaliser un état social où les femmes exercent une aussi puissante influence, comment pourrait-on soutenir que cette grande situation ne saurait leur être attribuée dans un milieu très civilisé, où l'éducation et l'instruction révèlent toute leur valeur, fait ressortir leur mérite dans tout son éclat?

Il est, par cette considération, rendu bien évident que l'égoïsme des hommes civilisés, appuyé sur une routine inique, pourrait seule faire obstacle à la reconnaissance et à la généralisation d'une égalité civile, qui serait d'ailleurs très profitable aux deux sexes.

Il y a chez ces pauvres gens, plus près des lois naturelles que les orgueilleux qui prétendent les conduire, une force prépondérante qui n'attend qu'une conjoncture favorable, une organisation rationnelle, pour apporter son appoint triomphant à une rénovation sociale dans le sens *pacifique* et *fraternel* que je t'indique, et qui est plus désirable pour l'essor libre des destinées humaines qu'une forme de gouvernement inutilement cherchée jusqu'ici par les fortes têtes qui font de la politique leur occupation fructueuse; ratasquouères de la veille, Excellences problématiques du lendemain; car une forme de gouvernement sera toujours satisfaisante, si elle oblige rigoureusement ceux qui le détiennent à la pratique de la probité publique; sans lâche défaillance de la part des magistrats, dispensateurs des lois; sans impunité pour les hauts fonctionnaires coupables, et pour ceux de leurs subordonnés devenus leurs complices; et si elle n'entreprend jamais sur les libertés inoffensives des citoyens, dans le suffrage *éclairé* et *explicite* desquels ce gouvernement trouverait son unique raison d'être.

Une autre circonstance favorable à cette reconnaissance de droits, apparaît dans l'effondrement possible de ce qui contribuait le plus à la force et au fonctionnement des sociétés fictives :

La fortune des nations civilisées est profondément atteinte par la production de l'or et de l'argent sur diverses parties de leur petite planète. Les hommes ont établi leur société sur la doctrine de l'Intérêt.

Ils voulaient être les maîtres, et pour être les puissants, *les premiers,* ils recherchaient les richesses et son signe caractéristique : *l'or.* Entre autres insatiables, tel lord, tel citoyen d'une grande république (car la forme du gouvernement n'y fait rien) avaient amassé, non le bonheur, ils déclarèrent qu'ils n'avaient pas le temps d'y songer, mais des fortunes personnelles équivalentes aux budgets d'États importants. Tout à coup, sur divers points de sa surface, la terre le vomit, cet or, l'unique objet de leurs désirs, de leur passion, et ces fortunes, toutes les fortunes identiques, vont peut-être s'anéantir, comme le superbe Meschacebé voit ses ondes abondantes, devenues gouttes éparses se perdre au sein de l'immense Océan. Richesses périssables ! Vanités !

« Toujours, disait ton grand philosophe martyr, le cable passera plus facilement par le trou d'une aiguille qu'un riche n'entrera dans le royaume des Cieux. »

Qu'il eût mieux valu enseigner aux hommes, et les y façonner patiemment, par l'éducation et par les effets de l'hérédité (car une civilisation ne s'établit solidement que par une longue suite de générations), à rechercher le bonheur dans la pratique de l'équité, de la bonne foi, de l'amour du prochain. Que de temps perdu avant de le reconnaître ! N'importe, à l'œuvre ! Il n'est jamais trop tard pour s'amender et reprendre le droit chemin.

ANDRÈS. — Je ne perçois pas clairement comment les hommes pourront être amenés à renoncer volontairement à un système où ils sont les maîtres incontestés pour en adopter un autre où ils auraient la seconde place.

BLANCHE. — Hein! l'orgueil humain irréductible! Comme c'est bien là son langage!

Tu poses mal la question d'ailleurs : l'homme n'aurait pas la seconde place; il aurait au moins une place égale, et peut-être même la sienne devrait-elle être considérée comme prépondérante, puisque investi des fonctions publiques, il y apporterait la moyenne de l'opinion délibérée avec sa femme qui, elle, n'aurait de participation et d'influence dans les affaires publiques que par l'entremise de son mari. Où trouves-tu donc qu'il ait perdu de sa considération?

ANDRÈS. — Il est moins libre. Il a l'air de vivre en lisières.

BLANCHE. — Moins libre! Andrès, la liberté est une faculté personnelle, ayant pour objet des choses personnelles. Quand il s'agit de discuter des intérêts avec des tiers, l'homme est bien obligé d'abandonner quelque chose de sa liberté, à moins de vouloir exercer une autorité despotique. Cela, c'est l'ancien système de discussions éternelles; au plus fort ou au plus habile. Mais des relations basées sur la bonne foi, c'est d'une simplicité extrême.

ANDRÈS. — Oui, quand la bonne foi est commune aux deux parties; ce qui est assez rare.

BLANCHE. — Raisonnement actuel! Il est évident que l'espèce doit d'abord faire son éducation dans le sens de cette société rationnelle et que les commencements seront laborieux. L'établissement du principe est l'essentiel. La participation des femmes dans la gestion des affaires des deux époux existe déjà dans bien des cas, comme je te l'ai rappelé, mais elle n'existe que tacitement. Il faut lui donner un caractère légal, ainsi qu'à l'égalité des deux sexes et aux dispositions propres à fonder la Société rationnelle, d'après les bases que je t'ai indiquées. Alors les femmes démontreront à leurs maris qu'il y a économie, simplicité et sécurité à la mettre en pratique.

Ne perds donc jamais de vue que l'homme est éducable, qu'il a de la raison, et qu'il n'est pas impossible de lui faire admettre la pratique des procédés raisonnables. Lycurgue avait amené son peuple à vivre sous des lois sévères et morales. Ce peuple, qui florissait en même temps que les Athéniens, ivres de libertés anarchiques; en même temps que les Perses, esclaves de leurs despotes; en même temps que d'autres peuples dotés les uns et les autres d'institutions différentes, conservait des relations avec eux, et il a cependant observé pendant sept siècles des lois rigides qui ont été la cause et la conservation de sa puissance et de sa gloire. Quand Philopœmen l'obligea par la force à abandonner ces lois, ce peuple spartiate perdit toute sa vertu et se confondit obscurément avec les autres peuples.

Ce que cette race antique fit, l'agglomération scientifique moderne, si fière de sa prétendue supériorité, se déclarerait-elle incapable de le faire? Cela n'est pas certain, heureusement pour sa bonne renommée.

Voici un autre exemple de la facilité avec laquelle les hommes se prêtent à l'observation de convenances sociales, même assez bizarres : C'est la peine que, dans certains milieux quintessenciés, ils ont prise de tout temps, à se plier à des besoins factices, à des fictions qui les étreignent étroitement, qui leur font perdre la majeure partie de leur vie si courte; qui leur font aliéner, dans une condition servile, leur liberté, leur libre arbitre, leur dignité, leur indépendance ; et tout cela presque toujours, non pour acquérir par la bassesse et la flatterie, des biens propres à garantir leur chétive existence, ce qui serait en quelque sorte excusable, sinon toujours digne; mais seulement pour la recherche d'un superflu de gloriole qui n'ajoute rien à leur bonheur moral ni à leur bien-être intellectuel. Au contraire, cette recherche du superflu et de l'ostentation détruit dans leurs âmes, disciplinées comme celles des gens de maison à l'aspect du Maître, tous mouvements d'une expansion libre, fière et généreuse.

Andrès. — Ce sont les exigences de sociétés raffinées...

Blanche. — Et décadentes.

Supposons qu'il se produise chez les femmes de France, d'Angleterre et des États-Unis d'Amérique un mouvement inspiré par des vues identiques à celles dont je viens de t'entretenir, quelles raisons prépondérantes les hommes de ces trois contrées à la tête de la civilisation, pourraient-ils opposer à la théorie d'une semblable Société rationnelle proposée explicitement par leurs femmes réclamant leurs justes droits à l'égalité sociale?

Andrès. — Certainement, certainement... Cette théorie est très fondée et très raisonnable, mais c'est une habitude si invétérée chez les hommes d'être les maîtres!.. Et puis, vous le reconnaissez vous-même, la méthode actuelle est universelle; elle a donc pour elle de répondre aux besoins sociaux de tous les hommes. Le sauvage vous dirait aussi bien que l'homme civilisé, qu'il entend être le maître chez lui, qu'il consultera sa femme s'il lui reconnaît un jugement sain et pratique, mais qu'il ne veut pas être obligé de la consulter, et surtout d'agir selon la volonté exprimée par cette faible *squaw*.

Blanche. — Au lieu de son canot d'écorces d'arbres, dont ton sauvage ne peut se servir par tous les temps sous peine de noyade, propose-lui, en lui en enseignant au préalable l'usage, un canot à vapeur voguant contre vents et marées à une vitesse centuple de sa périssoire, et tu verras, si, comme tout le monde, il ne s'arrange pas du meilleur.

Andrès. — Mais quelle cause d'embarras pour les gouvernements dans la pratique des affaires nationales et internationales, où tout peut-être serait à modifier, si l'on voulait appliquer à leurs transactions la pratique de ce système rationnel.

Blanche. — Je ne crois pas qu'il y aurait à modifier leurs règlements. En général, les législations et programmes des gouvernements sont honnêtes, sinon toujours très clairs. Il n'y aurait qu'à les appliquer *honnêtement*, laissant évoluer en toute liberté l'agriculture, l'industrie, le commerce, les sciences, lettres et arts, les relations maritimes. On poursuivrait, aux termes de la Loi, mais rigoureusement, les malversations, les abus de pouvoirs, les sophistications, les contraventions, les fraudes. Tu vois que les applications pourraient peut-être requérir des redressements, mais on ne peut pas dire que les législations et programmes seraient de ce fait modifiés.

As-tu quelque autre objection?..

ANDRÈS. — Je ne vois pas. Au cours de l'exposition si je remarquais encore...

BLANCHE. — Bien, à ton aise.

Dans la participation de la femme à la chose publique il n'y a qu'avantage pour l'homme. Une collaboration aimable, discrète, dévouée... et qui ne coûte rien, de la part d'une femme aussi bien élevée et aussi instruite que son mari, et qui a les mêmes droits et le même contrôle. Tu ne peux méconnaître que dans la Société rationnelle, la femme, avec le tour d'esprit qui lui est propre...

ANDRÈS. — Il n'est pas favorable de la part de toutes. Il y en a de vicieuses, de menteuses...

BLANCHE. — Abrège ton énumération. J'en connais l'étendue; les causes aussi sont nombreuses.

Il ne serait pas juste, exact, au sens étroit du mot, d'objecter que dans les Sociétés factices basées sur l'Intérêt, la femme, agissant sur les mêmes errements que l'homme, affichant comme lui des vices, qui paraissent encore plus odieux chez elle, on ne peut compter qu'elle s'amendera pour participer à la rénovation sociale. Je la crois plus portée par sa nature aimante, au repentir et au retour sur elle-même, à l'aide de bons conseils et d'une bonne direction, que l'homme dégradé. Il ne faut pas perdre de vue que dans la Société actuelle, la femme est légalement sujette, et qu'elle ne peut lutter contre l'injustice de son oppression qu'avec des armes de valeur identique à celles qui l'oppriment. C'est de légitime défense, et cela explique et excuse, dans une certaine mesure, la conduite déplorable de certaines d'entre elles dans une société déplorable.

Andrès, mettons-nous d'abord d'accord sur ceci : que la Société humaine, universelle si tu veux, est basée sur l'Intérêt; qu'elle agit sans souci des préceptes religieux et des prescriptions austères de la conscience qu'elle professe du bout des lèvres; que cette société qui ne vit plus que sur des fictions, sur des mensonges, voit compromettre toutes ses chances de durée par sa gestion égoïste, incapable d'un sacrifice légitime; et que, sourde aux revendications les plus fondées, un jour viendra où, absolument acculée, elle exaspèrera la force sauvage et brutale qui se jettera sur elle. Les lois méprisées; le crime triomphant! Admets-tu ces prolégomènes?

Andrès. — Je ne puis faire autrement; l'évidence crève les yeux.

Blanche. — Vaut-il pas mieux chercher aujourd'hui un remède que courir tête baissée à la catastrophe?

Andrès. — Sans doute !.. Mais faire appel à la faiblesse pour fortifier une société affaiblie.

Blanche. — Quelle faiblesse ? Tu ne veux pas parler de la faiblesse musculaire de la femme, je suppose ? Son intelligence, d'une nature plus souple, plus conciliante, plus affective, que celle de l'homme, est la force régénératrice de ta Société mourante.

Il n'est pas douteux que l'influence de la femme sur le développement social de l'espèce humaine aurait *irrésistiblement* amené la pratique de l'équité, de la bonne foi, de l'amour du prochain, parce que la femme est tout amour et commisération, et c'est particulièrement dans la direction affective que son esprit (j'aimerais mieux dire son cœur) se fût manifesté. Pour en fournir la preuve, les exemples historiques abondent, dans tous les temps et dans tous les pays, car jamais le concours des femmes n'a fait défaut aux entreprises généreuses, qui ont toujours largement bénéficié de ce précieux concours.

Par exemple, jamais de leur entente sociale avec les hommes ne fussent sortis les sacrifices humains, druidiques et autres ; ni l'inquisition, cette folie homicide.

Andrès. — Mais Velléda ?...

Blanche. — Velléda était probablement un instrument entre les mains des prêtres bructères ; ce qui le prouverait, c'est que lorsqu'elle fut prise par les Romains et conduite à Rome, elle fut immédiatement remplacée par Ganna. Il fallait entretenir ce prestige de prophétesse pour exciter le courage des Germains, comme on le fit d'ailleurs chez d'autres peuples par des superstitions semblables.

Mais tu m'écartes constamment de la question spéciale à laquelle je veux me tenir, et que je voudrais énoncer dans des termes pour l'intelligence desquels, une fois déjà, tu m'as montré peu d'aptitude. Enfin, essayons.

Supposons que Dieu... Tu crois en Dieu, maintenant?

Andrès. — Oui; de toute mon âme.

Blanche. — Supposons que Dieu ait voulu donner à chaque homme un ange gardien pour l'assister pendant sa vie terrestre.

Comment penses-tu que Dieu eût procédé vis-à-vis de l'homme?

Andrès. — Oh!... moi, je ne sais pas.

Blanche. — Je ne te tiens pas quitte. Il faut que tu me dises de quelle manière Dieu eût pu accorder ce bienfait aux hommes, sans gêner leur libre arbitre; car souviens-toi que la morale humaine n'a aucune base sans la responsabilité personnelle.

Andrès. — C'est une fiction que vous me demandez, n'est-ce pas?

Blanche. — Certainement. Revêt donc ta fiction des couleurs les plus aimables; orne-la de toutes les vertus, de toutes les qualités, tout en la créant vraisemblable, rationnelle; jamais tu n'approcheras des procédés simples, justes et fertiles employés à cette même fin par la Sagesse et la Bonté divines.

Quand tu auras fini, je répondrai. Va, je t'écoute.

Andrès. — Mes souvenirs me gênent. Je vois toujours les images de mon enfance : un ange auprès d'un berceau. La mère et l'enfant ne semblent pas l'apercevoir. Lui, il s'attache à l'enfant, le protège contre les périls, lui suggère doucement à l'oreille la conduite qu'il doit suivre. L'enfant soumis et docile, obéit à l'ange, se conduit bien, reçoit des récompenses, suit tranquillement le cours de sa vie terrestre, et quand elle est terminée, monte au ciel en compagnie de l'ange, qu'il voit alors pour la première fois.

Voilà tout ce que je sais de l'ange gardien... par les images.

Blanche. — C'est un peu court. Allons, Andrès, un peu d'imagination.

Andrès. — Ma foi non. Je ne trouverai jamais mieux que cela : l'ange prend l'enfant au berceau, l'accompagne pendant sa vie, et le conduit au ciel après sa mort. Pourrez-vous faire davantage? J'en doute. Moi, je ne puis rien de plus.

Blanche. — Ton histoire ne remplit pas nos conventions : l'enfant n'a pas son libre arbitre; l'ange lui suggère tout ce qu'il a à faire, et il obéit docilement. Il n'a donc pas le mérite de ses actions, et il n'a aucun droit à une récompense. D'un autre côté, s'il n'était pas d'un esprit docile, ce serait assez que l'ange lui suggérât une action pour qu'il fît tout le contraire, et il se perdrait ainsi par ce qui aurait dû le sauver.

Donc, ta fiction n'atteint pas le but indiqué. Allons, Andrès, autre chose.

Andrès. — J'ai fait ce que je pouvais. J'en suis quitte. A votre tour.

Blanche. — Alors, écoute-moi et cette fois ne m'interrompt pas. Ce que je vais te dire n'est pas une fiction, c'est très sérieux; c'est un fait de tous les jours.

Dieu a donné un ange gardien à l'homme, mais il n'a pas voulu que cette créature fût d'une nature supérieure à celle de l'homme, afin que celui-ci ne fût pas tenu d'obéir, ou exposé à désobéir, et qu'ainsi il pût conserver son libre arbitre et sa responsabilité personnelle.

Cet ange gardien, il l'a formé du même limon que l'homme; il l'a fait naître, vivre et mourir dans sa race, ne l'a pas fait unique pour chaque homme, mais divers, afin que l'homme pût profiter de cette affection tutélaire à toutes les époques et dans toutes les conditions de sa vie. Il a donné à cette créature les goûts, les passions de l'humanité, avec moins de force musculaire qu'à l'homme, afin qu'elle ne pût lutter et prévaloir sur lui comme énergie, ce qui l'eût humilié, et peut-être irrémédiablement détaché d'elle; mais il l'a douée de plus de finesse, de plus de délicatesse que lui, parce que c'est par la persuasion aimable qu'elle doit contribuer à sa direction, et non par une réprobation et un redressement pédagogique de tous les jours qui, dans la pratique, deviendrait vite insupportable. Pour éviter ces froissements, il a fondu et incorporé toutes ces différences et toutes ces similitudes de deux natures dans un ensemble de dispositions affectives et de dévouement profond qui permettent à la divine créature de supporter les rebuffades, les mouvements violents, provenant quelquefois seulement de l'exubérance des forces de l'être auquel elle est liée, et d'adoucir cette rudesse native par l'émollience de sa patiente douceur. En outre……

ANDRÈS. — J'y suis! C'est la femme! Mais l'homme a la femme comme le lion a la lionne.

BLANCHE. — Ce n'est pas du tout la même chose, mon pauvre Andrès.

Il ne s'agit pas ici simplement de relation de mâle à femelle, mais bien de considérations plus élevées.

A l'origine, l'homme pouvait paraître un animal comme le lion, mais, dans le fait, tout bestial, tout muet qu'il apparût, il n'en était pas moins dépositaire d'une intelligence autrement puissante que celle des brutes ses devancières par les facultés additionnelles dont la Nature l'avait doté. Cette intelligence n'était encore, à proprement parler, que latente, mais elle ne devait pas tarder à se développer et à manifester des pensées jusqu'alors inconnues.

Sans doute il devait, comme les autres espèces, reproduire et perpétuer la sienne, mais ce n'était qu'un fait propre à lui faire rechercher et chérir une compagne. Sa destinée spéciale était autre; la faculté d'abstraction ne lui avait pas été donnée pour faire des enfants, mais pour élever son intelligence à des hauteurs que les autres espèces terrestres n'avaient même pas pu pressentir.

Et maintenant, puisque tu as pu comprendre que

c'est de la femme qu'il s'agit; qu'elle est pour l'homme cette amie fidèle, son égale par l'intelligence et par l'instruction, qui doit l'accompagner dans toutes ses épreuves, dans toutes ses douleurs, dans tous ses plaisirs, dis-moi s'il serait sensé de comparer la femme à l'homme seulement par leur force et leur énergie relatives, et de la juger inférieure à lui par cette seule considération?

Sans les qualités intellectuelles qui lui sont propres pour l'accomplissement de la mission spéciale qu'elle remplit cordialement auprès de l'homme, la femme eût été seulement un être quelconque, inférieure à l'homme dans les facultés qui étaient communes à tous deux, bonne à mettre des enfants au jour, à les élever avec les soins maternels des oiselles pour leurs petits, qui, en état de vivre par eux-mêmes, s'éloignent de la famille sans esprit de retour.

Tu sais bien qu'il n'en est pas de même chez l'espèce humaine, et tu vois que, ainsi que je te l'avais dit, la femme est une créature différente de l'homme, c'est-à-dire comportant des fins spéciales étrangères à celles de l'homme, dont elle le fait profiter pour adoucir sa nature et l'aider à en élever l'expression par l'éducation, *qu'elle seule peut lui donner*, enfant, jeune homme, époux. Tu vois en même temps combien est grande l'injustice de l'homme qui la considère comme inférieure à lui, lui refuse l'égalité de condition avec lui, et de quelle ingratitude il paie tous les soins qu'il a reçus d'elle.

Mais toutes ces erreurs sont tellement évidentes

pour quiconque a pu les constater une fois, que l'on est porté à croire que la cause en est due à l'ignorance ordinaire de l'homme et de la femme sur leurs conditions réciproques. Le Monde a toujours vécu comme cela; on continue d'injustes pratiques; l'homme tirant tout le profit de son côté; la femme, évaluée par une Société telle quelle, jugée et casée sur une comparaison inique, se tait et subit (ou du moins *subissait* jusqu'à ces derniers temps) sans oser rien dire.

Et c'est pourquoi je te disais : l'homme ne connaît pas la femme; la femme ne se connaît pas elle-même; l'humanité a mal orienté sa destinée en refusant le concours de la femme à l'évolution sociale.

La fusion sociale de ces deux natures, douées de qualités distinctes mais ne s'excluant pas, eût donné des résultats tout différents de ceux produits par l'action unique de l'homme. La femme y eût apporté le tour de son esprit qui est bienveillant, aimant, expansif, et les lois eussent été plus simples, plus claires, plus *humaines*, dans le sens affectif de ce mot.

Oui, il est indéniable que la participation de la femme eût exercé une action sur l'évolution sociale. Les faits tirés de la nature inorganique fournissent des exemples que l'on peut invoquer, quoiqu'ils reposent sur des faits matériels. La Nature produit des propriétés nouvelles par la combinaison de deux corps qui, séparément, n'eussent jamais pu les révéler.

Andrès. — Vous avez raison; je le sens. Eh bien, malgré cela, je crois que l'égoïsme des hommes ne consentira jamais...

Blanche. — Mettons les choses au pire. L'homme persiste à refuser le concours de la femme; il poursuit sa carrière dangereuse; il voue son espèce à la destruction. C'est sa volonté; il a son libre arbitre. Au bout de sa carrière, il trouvera ce qu'il a cherché.

. . . .

Serait-il juste que la femme, que *l'Éternel féminin* que l'homme a englobée malgré elle dans son erreur de conduite, subît une destinée malheureuse que seul il aurait mérité? Je ne le pense pas.... Peut-être continuera-t-elle son évolution sous une forme qui garantira cette fois son indépendance!.

. . . .

J'espère encore que l'avenir sombre de l'humanité peut être conjuré par l'entremise de la femme. Lorsqu'en France, en Angleterre, aux États-Unis d'Amérique, les femmes seront éclairées par les plus intelligentes de leurs pairs sur la conduite discrète, sage et réservée qu'elles doivent suivre, avec constance et fermeté, pour obtenir une Société rationnelle dans le caractère de celle dont je t'ai indiqué les grandes lignes, nul doute qu'après en avoir compris les avantages sociaux, elles n'entreprennent la grande croisade qui, de proche en proche, de contrée en contrée, aboutira au triomphe définitif dont leurs adversaires *aimés* seront les premiers à profiter. Ce n'est qu'une affaire de temps!..

Andrès. — Voyez! Voyez donc, cette lueur opale et brillante!

Blanche. — Elle accompagnait ton arrivée. Elle présage ton départ. Andrès, tu vas me quitter ; c'est la volonté de Phone, ton protecteur. Dans quel état moral te laissé-je après notre entretien, et au moment où tu récupères ta vie humaine, mon ami?

Andrès. — Je crois en Dieu; et j'ai l'ardent désir de revoir ma femme.

FIN DE L'ÉPANOUISSEMENT TERRESTRE.

AU LECTEUR

J'ai terminé la partie critique de mon livre ; J'espère, cher lecteur, avoir rempli les engagements de ma préface. Je me suis donné libre carrière dans la Première partie (Les Origines), pour l'exposé de mes propositions, je les ai prouvés toutes dans les Deuxième et Troisième parties, sans faire usage d'aucune hypothèse pour établir l'existence de Dieu et l'existence de l'Ame, ou de l'Intelligence indépendante, ce qui est la même chose ; car on ne saurait appeler hypothèses les déductions logiques et rigoureuses obtenues au moyen de la constatation indéniable de *l'Utilité* dans les œuvres de la Nature.

J'ai eu soin d'indiquer une différence en ce qui concerne *la Vie future*, pour la démonstration de laquelle nous n'avons pas, comme nous l'avons pour Dieu et pour l'Intelligence, des faits matériels dont nous puissions nous autoriser à titre de preuves. Aussi ai-je bien insisté sur ce que nous ne pouvions le considérer que comme une espérance *rationnelle*, en nous appuyant sur *l'Utilité générale* qui nous permet d'admettre que cette Intelligence magnifique, *souveraine sur la Matière*, ne peut être considérée comme créée pour quelques jours seulement dans le temps, à moins de méconnaître l'Idée morale dans la Création.

J'ai réfuté le matérialisme, doctrine négative, stérile, dangereuse, et contraire à la destinée sociale de l'espèce humaine, puisqu'il est incompatible avec toute Société. Sa prétention de confisquer la science à son profit est audacieuse et puérile; cette prétention est d'autant plus étrange que les affirmations athées du matérialisme sont absolument dénuées de bases scientifiques. D'ailleurs, la science n'est la servante d'aucun parti; elle n'est le privilège de personne; les constatations qu'elle révèle sont également admises par les spiritualistes, qui n'ont pas une doctrine *fermée* comme les matérialistes, et ne sont pas prisonniers de l'anthropomorphisme, de la téléologie, et d'une éternité incompréhensible, comme les matérialistes le sont de leur matière immortelle et universelle, qu'ils affirment péremptoirement être ainsi, sans pouvoir en fournir la plus légère preuve.

J'ai pris la forme du dialogue, peu suivie d'ailleurs dans les parties du livre qui comportent une énonciation un peu longue. Je la trouve commode pour abréger les transitions, répondre par avance aux objections qui sont dans beaucoup d'esprits, et qui ne sauraient être passées sous silence.

Je me suis appliqué à ne pas délayer une idée dans vingt pages, mais plutôt à dire seulement le nécessaire, aussi clairement que je l'ai pu, sur des sujets que l'on pourrait traiter en vingt volumes.

Le livre est achevé. Cher lecteur, vous pouvez le fermer ici.

Le reste est une récréation d'auteur, dans l'esprit du livre, que vous prendrez si vous le voulez, non pas même comme une hypothèse, mais comme une simple pensée, philosophique dans ses interlignes.

CINQUIÈME PARTIE

SCHEMA DE LIQUIDATION

I. — L'ŒUVRE DE L'HOMME

Pyr. — Les temps sont révolus. Les agitations psychiques et matérielles précipitent l'œuvre ultime de l'épanouissement. L'équilibre est rompu dans les phénomènes harmoniques!

Saphir n'est pas revenu de son exploration terrestre?

Saphir. — Pur esprit, je viens de la Terre. Je l'ai parcourue en tous sens. Tout annonce la fin d'un règne.

Pyr. — Corrompue du sommet à la base?

Saphir. — Les mouvements tumultueux, les perturbations, les orages, se passent généralement à la surface de la mer, ou à peu de profondeur de cette surface.

Ainsi, les agitations perturbatrices des hommes avaient lieu autrefois dans les hautes classes des

Sociétés et chez les esprits turbulents et ambitieux, en luttes compétitrices avec ces hautes classes.

Il y avait un fond de tranquillité permanente où les humbles vertus se conservaient. Le remou des luttes d'en haut s'y faisait parfois cruellement sentir, mais comme il n'atteignait pas la limite de ce qui pouvait être supporté par les forces morales humaines, il était subi avec résignation, avec un courage passif. Puis le calme revenait, les humbles se remettaient à vivre comme devant, s'arrangeant des conditions éphémères du nouveau *modus vivendi*.

Aujourd'hui cette réserve n'existe plus qu'exceptionnellement. Les stériles idées perturbatrices pénètrent jusqu'à la dernière couche sociale où elles sont accueillies avidement et sans examen possible par l'ignorance inconsciente, autrefois défendue contre de pareils sophismes par la simplicité de ses mœurs et l'appréciation plus saine de ses intérêts véritables.

Pyr. — Le mal se généralise?

Saphir. — Tous veulent commander et nul ne veut obéir. La notion du *Devoir* est perdue. L'orgueil humain se refuse à profiter des leçons de l'expérience.

Pyr. — La femme?

Saphir. — Tombée à une condition abjecte. Révoltée ou apathique. Servile par nécessité, elle a son maître en horreur. Elle néglige tous ses soins; sa famille, quand par malechance elle en a une. Au reste, l'homme n'y tient plus. Il se trouve plus libre ainsi.

Pyr. — Les enfants?

Saphir. — Horribles! Des loups; des bêtes nuisibles, malfaisantes; sans éducation, sans croyances; dont personne ne s'occupe; errants dans les campagnes, dans les rues des villes; en quête d'abris et de nourriture; disputant leur pâture aux chiens; volant tout ce qui traîne dans ce milieu sans ordre.

Pyr. — C'est le matérialisme?

Saphir. — Non, c'est pire que cela. C'est pire que la négation, c'est sa résultante : c'est l'ignorance orgueilleuse, l'espèce humaine imprévoyante et sceptique; croulée au-dessous du ver de terre, de l'escargot. Un spectacle navrant.

Pyr. — Plus d'intelligence?

Saphir. — Si. Mais, dévoyée, sophiste, ergoteuse. On ne cause plus, on plaide. La cupidité insidieuse toujours en éveil. Les forts sont des acarus, des teignes; les faibles des vannés, des ataxiques.

Pyr. — Les arts, la littérature?

Saphir. — A quoi bon! Tout est épuisé. On a inventé des plaisirs bêtes et grossiers; rien n'amuse plus. On court assister aux disputes et aux rixes populaires. Il n'y a d'imprévu que là. On trouve que les ivrognes tiennent parfois des propos bien drôles.

Pyr. — Les populations? nombreuses?

Saphir. — Grouillantes. L'Europe déborde; l'Asie, toujours si populeuse, est exubérante; l'Afrique, dont les déserts ont été forés, drainés, produisent des herbes alibiles dont les sauterelles ne voudraient pas...

Pyr. — Ah !. Et les sauterelles?

Saphir. — Il n'y en a plus. Mangées... Au reste les animaux commencent à manquer. Encore quelques générations et les hommes auront dévoré toutes les espèces animales des trois éléments et beaucoup d'entre les espèces végétales. Ce sera la destruction de l'évolution naturelle depuis l'apparition du règne organique. Tout à recommencer?

Pyr. — La Terre est-elle tellement encombrée d'hommes?

Saphir. — L'Afrique est la contrée où l'on trouve un peu de place. Les Amériques sont bondées; dans certains endroits des tropiques, on vit sur les bateaux; vienne une tempête dans la nuit, au jour levant toute une population a disparu. L'Australie est plus calme: elle a encore des lapins; la nourriture y est assez abondante.

Pyr. — Les Sciences mathématiques et naturelles?

Saphir. — Très avancées partout. Les armes destructives sont parvenues à une perfection extraordinaire.

A ce propos, il se prépare quelque chose...

Pyr. — Qu'est-ce donc!

Saphir. — Topaze vous dira cela en détail. Elle est autour de Yongchon depuis longtemps et elle connait son Asiatique à fond. Nous en avons déjà parlé ici.

Pyr. — Je n'y étais pas; dis-moi ce que tu sais.

Saphir. — Yongchon est un chef mandchou qui prétend descendre d'Aisin Kioro, le premier roi mandchou, se vantant d'une origine céleste. Dans un âge reculé, lorsque les Japonais vainqueurs des Chinois, et les Russes, se disputaient la Corée et le lambeau de Mandchourie qui confinait à la Chine avec Moukden pour capitale, les ancêtres de Yongchon s'exilèrent de Moukden et vinrent s'établir dans la Mongolie orientale à proximité de Péking, avec un grand nombre de Mandchous leurs clients.

Il y a vingt ans, Yongchon profitant des troubles, accueillit dans son district les fugitifs japonais et, à la tête d'une armée bien disciplinée composée d'éléments divers, se ruant sur la Chine septentrionale sans défense, dont il démolit la grande muraille qui la séparait de la Mongolie, il en fit la conquête jusqu'au Yiang-Tsé-Kiang et se trouva en peu de temps le maître incontesté d'un État de plus de deux cents millions d'habitants. D'un génie politique remarquable, il organisa sa conquête, la compléta par l'adjonction du reste de la Chine et du Thibet, et donnant la main aux Annamites et aux Siamois, se fit reconnaître Chef de la Ligue Bouddhiste qui a pour devise « *l'Asie aux Asiatiques* ». C'est lui qui récemment a fait déclarer aux Européens qu'il ne leur serait plus vendu de thé, de soie, de blé, de riz, en un mot d'aucun produit de ses États, et que leurs vaisseaux ne seraient plus reçus dans ses ports. Les Européens se sont moqués de sa défense. Il a donné ordre de leur refuser partout l'entrée de son empire qui forme presque la totalité de l'Extrême-Orient et de la Cochinchine. Les Européens furieux ont brûlé Shang-Haï, Swatow, Amoy, Canton, maints autres ports, mais ils ont été obligés de se retirer avec leurs pacotilles, sans remporter les marchandises asiatiques qu'ils convoitaient.

Des deux côtés on se prépare à la guerre, et quelle guerre! Plus de quatre-vingts millions de combattants peut-être : L'Europe sur l'Asie. Le champ de bataille sera probablement le Turkestan. Il y a de la place, mais peu de ressources locales.

Topaze est restée à proximité de Yongchon tandis que Schorl, en Europe, considère le Grand Conseil de Hermann de Spandau, *Protecteur souverain* des Allemands, qui prétend commander toutes les forces européennes. On négocie. Les Russes, premiers menacés, veulent garder leur frontière de la Caspienne à l'Oural, avec six millions d'hommes. Les Allemands et leurs alliés veulent au contraire se fortifier sur la ligne de l'Oder aux bouches du Danube, en s'appuyant sur les montagnes de Bohême et les Carpathes. On discute; certains veulent aller attaquer les Asiatiques chez eux, d'autres opinent pour les attendre. L'Europe se sent ruinée et affamée; la misère l'oblige à brusquer un grand coup. Yongchon, orgueilleux de ses cinquante millions de soldats, croit écraser l'Europe en se jouant. Du reste, le même armement perfectionné des deux côtés, avec plus de facilité de mobilisation en Europe. On en est là.

Pur esprit, voici Schorl.

Pyr. — Eh bien, Schorl, que sais-tu?

Schorl. — Des nouvelles d'Europe; un son de cloche seulement. La situation est noire. On ne sait rien de l'Asie où tout est enveloppé du plus profond mystère. Hermann a demandé le secours des États-Unis d'Amérique. Frère Jonathan a répondu par la remise en vigueur d'un ancien édit, disposant qu'aucun Européen ne serait reçu en Amérique s'il ne justifiait de la possession de moyens d'existence. Jonathan est en train de manger l'Amérique du Sud hors d'état de lui résister; il guigne le Canada que l'Angleterre ne pourra pas défendre : L'Angleterre n'a que deux bras pour mille colonies.

On a arrêté en Europe des marchands Khalkas de Mongolie, des Tartares, des Dzoungariens, véhémentement soupçonnés d'espionnage. On a trouvé sur eux et chez eux, des notes sur papier japonais en caractères de dialectes inconnus. Hermann a fait soumettre ces marchands à la torture. Ils sont morts dans les tourments sans proférer une parole.

Hermann en a réservé quatre pour leur faire porter à Yongchon la lettre suivante :

« A Yongchon, puissant empereur. » — Tes sujets, mongols et autres, abusant de l'hospitalité qu'ils ont toujours reçue dans mes États, où il n'était fait aucune différence de traitement entre eux et mes bien-aimés sujets, s'y sont livrés à un espionnage infâme, reconnaissant ainsi par l'ingratitude la plus noire, les bienfaits dont moi et mes sincères Allemands les avons toujours comblés. Cette conduite les met au ban des nations. L'antiquité grecque, dont tu as sans doute entendu parler, les eût voués aux dieux infernaux Je les ai livrés à mes juges incorruptibles qui les ont châtiés selon leurs mérites. Je te prie de cesser d'agir aussi méchamment envers moi, ou j'irai t'en prier en personne.

« Ton frère affectueux : Hermann de Spandau. »

Les quatre Mongols sont partis par Trieste pour Shang-Haï. Hermann attend la réponse.

Les armements se poursuivent avec frénésie. On travaille jour et nuit, mais il y a un motif d'inquiétude : les mines de houille sont très appauvries. On a eu bien tort de laisser déboiser les montagnes.

Pur esprit, je n'ai rien à ajouter.

Pyr. — Et quelle impression de toute ton enquête, Schorl?

Schorl. — L'horreur! Une brutalité, une insolence, une indiscipline, une anarchie, un gaspillage, une misère!...

Topaze (survenant). — Tu n'as rien vu, Schorl. Ah! l'Asie! Yongchon, ses armements, son exode sauvage, sa dévastation dévorante. Toutes ces populations, vouées aux bagnes du travail mortel, aux massacres, à la famine, à la peste!

Pyr. — Topaze, chère amie, je t'attendais. Que se passe-t-il en Asie?

Topaze. — Pur esprit. Un prodige de méchanceté, d'intelligence haineuse, de sauvagerie indicible.

Ce Yongchon, qui prétend descendre de la vierge céleste par Aisin Kioro son fils, procède plutôt de Nasr-Oullah, khan de Boukhara, qui fit périr successivement par le fer et par le poison, son père, cinq de ses frères, un oncle, et enfin, les personnages influents qui l'avaient aidé à monter sur le trône; puis massacrer un nombre considérable d'officiers de son armée et de personnages appartenant à d'autres classes.

A la réception de la lettre d'Hermann de Spandau, Yongchon a pâli, mais est resté impassible et muet pendant plusieurs heures à la même place. Puis, il s'est mis à écrire lui-même, en bon allemand, la réponse suivante à son frère Hermann :

« Race maudite, bâtarde, désertrice de l'Asie, reste en paix dans ton impuissance et dans tes brumes. Tu ne reverras jamais le plateau radieux du centre du Monde. A ta moindre velléité de mouvement vers moi, j'irai te pulvériser dans ta fange.

« Je te renvoie tes quatre messagers, pauvres marchands qui sont honnêtes, qui ne sont pas des espions, et qui valent plus dans leurs vêtements mis en lambeaux par les voyages, que tes princes de sang, chamarrés par des massacres.

« Va. Crève de faim et de rage. Je n'ai pas de nom pour toi. »

Les messagers partirent, emportant la lettre. Yongchon peut compter sur eux; ces Mongols ne craignent ni les fatigues, ni les souffrances, ni la mort. Ils ont promis, ils obéiront... et reviendront peut-être.

Ensuite Yongchon fit amener devant lui une centaine de commerçants européens dont il avait épargné la vie, à la stupéfaction de son entourage, les réservant pour un dessein connu de lui seul, et, environné de cent Mandchous bien armés qui les tenaient à distance, il leur dit :

« Vous êtes dans ma main et je puis vous écraser, vous et vos familles que vous chérissez et que vous voudriez enrichir de la substance de mon peuple. Vils Européens, vous aimez l'or. Je vous en donnerai plus que vous ne pouvez rêver d'en posséder jamais. Je vous donnerai en outre en toute propriété une ville et des campagnes fertiles, qui seront Frankji, et où vous vivrez heureux et paisibles, à moins que vous ne préfériez retourner dans vos contrées avec tous vos trésors, reconduits en sécurité par de bonnes et fidèles escortes.

« Voici ce que j'attends de vous :

« Hermann a fait mourir mes espions dans les tortures. Je veux me venger sur lui, et aussi sur vous-même si vous ne faites pas ceci :

« Vous êtes instruits, juifs allemands, docteurs tudesques, professeurs latins, vous avez des relations dans vos contrées, vous avez accès partout. Vous allez me servir d'espions dans vos pays, on ne se méfiera pas de vous. Vous me rendrez compte de tout, surtout des lieux où sont amassées et conservées les munitions et armes de guerre. Vous direz de moi ce que vous voudrez, comme injures; c'est une satisfaction que je vous accorde, mais pas un mot qui puisse être utile à mes ennemis, ou sinon... Vous donnerez de l'Asie des nouvelles contradictoires : Nous avons peur; nous n'avons pas d'armes; nous en avons d'immenses quantités, mais elles sont défectueuses; tantôt notre orgueil nous pousse à envahir l'Europe ; le lendemain nous voulons nous fortifier chez nous ; etc., etc.

« Je récompenserai le zèle intelligent avec munificence. Je connaîtrai personnellement ceux qui seront zélés.... et les autres.

« Vous allez m'obéir passivement; comme des chiens, comme des bêtes serviles, de jour et de nuit. Mon œil sera sur vous jusqu'au bout du Monde. Si l'un de vous me trompe, je me vengerai de lui le plus cruellement que je le pourrai. Je ne ferai pas d'exécutions en masse. Pas un innocent, entendez-vous, pas un innocent n'aura rien à craindre de moi.

« Mais la famille d'un traître sera déchirée en pièces, brûlée ou écorchée vive ; ou dépecée individuellement en cinquante-sept morceaux, à la chinoise. J'inventerai des tortures atroces.

« Demandez ce que vous voudrez pour les frais de vos voyages et pour l'entretien de vos familles pendant votre absence; fixez vous-mêmes. On ne vous refusera rien. »

Beaucoup se tuèrent avec leurs familles; d'autres acceptèrent les conditions de Yongchon et partirent pour l'Europe. Yongchon avait réussi.

A Ling-Tao-Fou, dans le Shang-Si, près du fleuve Hoang-Ho, en Chine, frontière de la Mongolie, où se faisait la concentration de ses troupes, il ouvrit un Conseil où furent convoqués les principaux chefs de ses armées et des lettrés chinois. Des Japonais, armés de leur *Tsurugi*, longue épée à deux tranchants, nue à la main, se tenaient debout au dernier rang.

Yongchou apprit à l'assistance son projet de porter la guerre en Europe avec cinquante millions de soldats. Il décrivit ses immenses préparatifs, les monceaux d'armes européennes, derniers modèles, qu'il avait achetées directement de fabricants anglais et allemands, ainsi que les substances explosives, dynamite, mélinite et autres, que lui fournissaient maintenant, en outre de ses achats, les chimistes japonais, pendant que les manufactures japonaises continuaient à lui fabriquer des fusils et des bouches à feu, sur modèles. Il montrait le Hoang-Ho, chargé de jonques, de radeaux, de transports de toutes sortes pour les approvisionnements qui allaient prendre la route de Mongolie aussitôt débarqués. Il manquait de moyens de transport par terre, et les ingénieurs japonais lui avaient demandé quinze ans pour construire six chemins de fer à double voie du Hoang-Ho à la frontière du Turkestan chinois. Quinze ans ! C'était pour délibérer là-dessus que le Conseil était assemblé.

Tsaï-Tso, un vieux lettré chinois, demanda la parole.

— Tiens-tu à ta vie ? objecta Yongchon, frémissant de colère.

— Non, répondit Tsaï-Tso.

— Parle.

— Le projet du Fils du Ciel est insensé, commença-t-il. Il avoue lui-même manquer de moyens de transport pour ses troupes. Mais ce n'est pas tout de les transporter, il faut les nourrir. Où trouver des aliments quotidiens pour cinquante millions d'hommes? Voici ce que, moi, je propose : La paix avec les barbares n'est pas encore devenue impossible. Si vous m'en croyez...

Yongchon fit signe à un Japonais de l'arrière. La tête du vieillard jaillit de ses épaules et retomba sur la pointe acérée de la *Tsurugi*. Les yeux courroucés de Yongchon et les yeux libres et fiers de cette tête sanglante se regardèrent.

— Continuons, reprit Yongchon.

Et, dans un silence morne, il ajouta :

« Attendre quinze ans ! Moi qui ne veux pas attendre une semaine. Nous allons rassembler des multitudes dans les forêts du Shang-Si. Cinq millions d'hommes, s'il le faut. Nous abattrons les arbres. Nous ferons des traverses que nous poserons sur le sol, nivelé en même temps par d'autres multitudes. J'ai cinq cent mille tonnes de rails en acier. On peut faire des rails en bois quand on trouve de bonnes essences. J'aurai douze voies de front à la largeur des voies russes que je trouverai à Khokand. Mes voies seront couplées par quatre avec un intervalle de cinq cents mètres entre chaque groupe de voies pour le passage éventuel des armées, ce qui me fera un front de deux et demi à trois kilomètres. J'ai mille et quelques locomotives. C'est insuffisant; j'en chercherai d'autres. Et puis, on fera des trains légers, poussés et traînés par la multitude. Dans six mois je serai à Samarcande ; peut-être à Khiva.

Comment je nourrirai mes armées? Nous emporterons et composerons, çà et là, des dépôts de provisions. Nous mangerons tout sur la route. Ne vous préoccupez pas du lendemain ; nous allons toujours en avant. Ah! Il faut des chariots, des cadres! Ramassez-en ; faites-en ; du monde aux chariots et aux cadres.

« Où sont les gouverneurs de Shang-Si et de Ling-Tao-Fou? »

Deux hommes s'avancèrent.

« Bien, restez ; à droite et à gauche de mes gardes. Nous allons régler l'exécution des premiers travaux. Faites jeter à la rivière cette charogne maudite.

« La séance est levée. »

Les travaux commencèrent de suite au moyen d'escouades nombreuses. Des chefs responsables, dont des centaines furent écartelés ou pendus, suivant les cas, pour punir leurs vols, leur négligence ou leur incurie, conduisaient à coups de bâton ces bandes robustes et résignées. Le sol se nivelait et se couvrait de traverses, à raison d'un kilomètre par jour. Yongchon écumait. Dix kilomètres par jour ne suffiraient pas, et les hommes mouraient sous le bâton pour les faire.

On comptait, à vol d'oiseau, plus de 3.000 kilomètres de Ling-Tao-Fou à Kaschgar ; 4.000 jusqu'à Khiva, mais la route de Khiva allongeait le parcours. Un officier Kirghise, transfuge des Russes, assurait qu'il fallait passer au-dessus du lac d'Aral, ce qui donnait 5.000 kilomètres pour atteindre le Volga où se faisaient les premiers rassemblements de troupes russes. Les chemins de fer de Khokand et de Khiva étaient des joujoux aux yeux de Yongchon ; il lui fallait ses douze voies partout pour éviter des transbordements avec ses trois kilomètres de front, par monts et par vaux. Or, 5,000 kilomètres à 10 par jour faisaient 500 jours, près d'un an et demi ; et encore fallait-il tenir compte des accidents inattendus de terrain, et des mauvaises saisons.

Ito-no-Kami, l'ingénieur en chef japonais avait fait des objections embarrassantes à Yongchon. Celui-ci les reçut en mauvaise part, mais il prit sur lui de dissimuler sa fureur insensée. Il respectait Ito-no-Kami, dont personne ne pouvait suppléer le zèle, l'habileté et l'attachement à sa personne, Yongchon l'ayant tiré des mains des Chinois au péril de sa vie, dans sa première campagne.

Ito-no-Kami émit l'opinion que l'on ne pourrait conduire plus d'un million de soldats à la fois, en comprenant dans la première armée la majeure partie de la cavalerie, puis faire des envois successifs avec des approvisionnements de bouche, de fourrages et des munitions de guerre. Yongchon maintint qu'il fallait partir ensemble avec les approvisionnements sur chemins de fer et combattre de suite en masse pour vaincre facilement et vivre sur le pays ennemi qui offrait des réserves au vainqueur. Ito-no-Kami demanda un an et demi pour construire le chemin à douze voies jusqu'à Kashgar et voulut que les travailleurs fussent soutenus par une armée importante. Pendant ce temps Yongchon assemblerait des provisions de la Chine, du Thibet et de l'Inde, les Anglais ne possédant plus en ce dernier pays que la province de Calcutta et l'île de Ceylan. On enverrait toutes ces provisions sous l'escorte des armées successives et les hostilités commenceraient dans dix-huit mois ou deux ans au plus tard, ensuite on vivrait sur le pays ennemi.

Yongchon accepta ce dernier parti comme pis aller et donna carte blanche à Ito-no-Kami pour l'exécution, mais, par un entêtement invincible, il se réserva l'accomplissement de son premier plan, disant qu'en fait, il opérerait à côté ou en avant d'Ito-no-Kami, et ne le gênerait en rien. L'ingénieur fut obligé d'obéir, à condition qu'il aurait ses matériaux et ses travailleurs spéciaux pour huit voies du chemin de fer, laissant à Yongchon les quatre voies les plus septentrionales à construire.

Dès lors, ce fut un délire de concurrence pour le travail, où les hommes furent sacrifiés comme la matière, mais où Yongchon et Ito-no-Kami apportèrent une bonne foi réciproque et fraternelle. Les travailleurs ne manquaient pas; la difficulté était de les employer utilement et de faire converger méthodiquement les produits de la division du travail vers la voie du chemin de fer. Souvent les niveleurs du sol avaient du retard et réclamaient un concours, jamais attendu. Les bûcherons envoyaient des traverses, posées immédiatement sur le sol par les charpentiers. Les forgerons appliquaient et rivaient les rails dessus, les charrons les consolidaient en outre par des fiches latérales, en bois imprégné de bitume.

Les équipes se succédaient sous la conduite de leurs chefs avec la fureur de troupes livrant des assauts. Les hommes tombaient parfois de fatigue, quelques-uns ne se relevaient pas. Les femmes, les enfants, souffrant des maux qu'ils voyaient endurer à leurs époux et pères, partageaient librement leurs labeurs, pourvu qu'ils ne fussent pas une cause de confusion. D'ailleurs, quand les torrents humains passaient avec leurs matériaux, ils ne se dérangeaient pas; tant pis pour les imprudents aventurés sur leur route.

En dix jours soixante-douze kilomètres à quatre voies, soixante à huit voies furent bâclés; ces voies reçurent des cadres avec roues et plateaux pour porter des matériaux et des provisions au bout du tronçon de ce chemin rudimentaire, offrant une solidité suffisante.

Les escouades se reposaient tous les deux jours, remplacées par d'autres qui faisaient la même besogne. Cependant les escouades d'Ito-no-Kami, piquées de leur premier désavantage, regagnèrent quinze kilomètres à la décade suivante, grâce à l'emploi de machines à niveler le sol qu'Ito-no-Kami inventa, dont ses hommes se servirent les premiers, et qu'il fit connaître de suite à Yongchon qui en recommanda l'usage à ses équipes.

La main-d'œuvre ne coûtait rien. Les Mongols,

Tartares, Dzoungariens et autres étaient nourris, campés, vêtus en commun avec leurs femmes et leurs enfants. Simplification : pas de paies ni de répartitions compliquées à faire. Une coercition impartiale et féroce maintenait une discipline de fer. Le gaspillage par adultes était puni à l'égal du vol. Tout voleur était pe. du ou enterré jusqu'à la tête et abandonné ainsi. Les mœurs étaient protégées avec la même férocité : un Chinois qui avait outragé une femme Khalka, le poursuivant de ses cris et de ses sanglots à travers les chantiers, fut saisi par ordre de Yongchon, pendu par les mains à une traverse de bois soutenue par deux poteaux espacés de trois mètres, et fustigé à coups de bâtons ou de tringles de fer par les travailleurs passant près de lui. La chair et les os de son corps ainsi suspendu tombaient en fragments informes.

Le fonctionnement de cette *justice*, très actif au commencement, devint bientôt presque nul par la terreur qu'elle inspirait.

Est-ce folie, est-ce génie? Ce travail gigantesque avance visiblement, retardé par le passage de cols vers Ling-Tao et vers Koho-Nor à l'extrémité occidentale de la Chine. Ces obstacles franchis, on va trouver des lacs jusqu'au Turkestan; on va cotoyer le Thibet qui enverra des contingents et des provisions. Yongchon prendra-t-il contact avec les Russes dans un an comme il le veut? Bakaloum! (nous verrons) disent les Turcs. Il est guidé et soutenu par sa haine. Il ne veut ni luxe ni richesses. Il

L'ŒUVRE DE L'HOMME.

a publié qu'il les laissait en proie aux travailleurs et aux soldats de toutes nationalités qui le suivent. Il veut se venger d'Hermann, et ces millions d'hommes à la chaîne, ces familles misérables, ces villes opulentes dépouillées, ce grand empire dépeuplé, servent cette haine inextinguible à laquelle Yongchon sacrifierait lui-même sa vie.

. . . .
. . . .

SCHORL. — Pur esprit, je reviens d'Europe, Ah!....
PYR. — Leur attitude?
SCHORL. — Ferme en apparence; en réalité pleine d'anxiété. Au fond, une saturnale.

Le *Protecteur Souverain* a convoqué ses alliés à Ratisbonne et conféré avec eux. Il a reçu les messagers de Yongchon avec sa lettre. Il a fait grâce aux quatre marchands et les laisse libres, noblement.... pour les faire espionner en secret. Il dédaigne ce sauvage de Yongchon : il nourrit d'autres desseins que la vengeance; c'est pour les leur exposer qu'il a réuni ses alliés à Ratisbonne.

La situation est celle-ci, leur dit-il. Il n'y a plus de commerce lucratif; on arme des navires pour faire juste les frais; des échanges vaines; rien à gagner. Les Asiatiques gardent et consomment leurs produits sans vouloir entretenir de rapports avec nous. Leurs richesses sont immenses. Nos armées sont inactives. Qu'attendons-nous?

Puisqu'ils repoussent notre amitié, allons les combattre, les vaincre par notre science militaire sans égale, leur prendre de force ce qu'ils ne veulent pas nous livrer de bon gré. Ce repos armé nous énerve, nous sommes les plus forts, montrons-nous capables de renouveler les exploits glorieux de nos ancêtres!

MASSENTHAL, duc de Juliers. — Bravo!

CONRAD, duc de Saxe, demande si l'on peut délibérer en toute liberté.

HERMANN, vexé et mielleux, reprend la parole : La demande de notre bien aimé et féal, le duc de Saxe, nous étonne; jamais l'Europe n'a joui de plus de liberté : elle va jusqu'à la licence. Peut-être le regret d'un vain titre est-il pour quelque chose dans les paroles absurdes de notre ami distingué. Ma famille, en fondant une dynastie de Protecteurs Souverains, a débarrassé le sol de la patrie des cours d'empereur et de rois qui l'encombraient. Un seul souverain suffit à une nation. D'ailleurs, ces cours fastueuses étaient une cause de dépenses inutiles prises sur les impôts arrachés à mes peuples...

CONRAD, duc de Saxe. — Ils augmentent toujours!

HERMANN. — Je n'ai rien entendu; je dédaigne l'interruption. La grande Allemagne est une République démocratique et sociale..

MASSENTHAL, duc de Juliers. — Et socialiste!...

HERMANN. —... et socialiste, gouvernée par un Protecteur Souverain absolu. (Murmures) Quoi donc!.. L'Antiquité ne nous a-t-elle pas laissé un exemple illustre? « République Française, Napoléon Empereur! »

CONRAD, duc de Saxe. — Oh! les Français!.

HERMANN. — Ils sont légers, mais ils ont du bon : C'est en prenant leurs programmes militaires, en nous appropriant leur esprit, leurs découvertes que nous avons fait la grande nation. Ils n'empruntent aux étrangers que les choses futiles. De là notre supériorité sur eux.

MASSENTHAL, duc de Juliers. — Fameux, bien tapé! bravo! (Rires au fond.)

KARL, duc de Bavière. — Un négociant qui a longtemps habité Amoy où il a laissé sa famille, et qui vient d'arriver à München, m'annonce que Yongchon arme contre nous; cette brute veut construire des chemins de fer pour nous envahir avec toutes ses forces.....

CONRAD, duc de Saxe, interrompant. — Si vous avez un négociant d'Amoy, j'en ai un de Nanking qui vient d'arriver aussi et qui me dit tout le contraire : Yongchon est insensé, aphasique. D'ailleurs, 5.000 kilomètres de chemins de fer à construire, on en aurait pour 25 ans. Restons donc en paix; c'est mon avis.

WILHELM, margrave de Moravie. — Oh! il ne fera pas de premières ni de wagons-salons; m'est avis qu'il peut aller vite. S'il arme, comme je le crois, nous devons le prévenir. Nos espions disent-ils quelque chose?

HERMANN. — Après Kaschgar, personne ne passe. On ne sait rien; c'est un blocus par terre et par mer. Deux officiers, un Prussien et un Saxon, qui allaient par terre au Thibet pour observer une éclipse de soleil, disaient-ils, ont été arrêtés. Le Dalaï Lama les a fait supplicier et a saisi les notes trouvées sur eux. Leur domestique persan a pu s'échapper et transmettre l'avis à deux Badois rencontrés sur la route de Hérat à Kaboul. On ne voit pas de troupes; quelques goums de Tartares qui battent les routes jusqu'à Aral. On ne sait rien.

Karl, duc de Bavière. — La Russie devrait nous renseigner par la Sibérie; faire une pointe jusqu'en Mongolie même, pour éclairer le Monde civilisé.

Hermann. — La Russie doit savoir quelque chose. Elle assemble ses armées sur sa frontière Sud-Est et m'a fait demander de l'y suivre. J'ai voulu d'abord vous consulter. On croit que Moscou et Saint-Pétersbourg sont particulièrement menacés. L'ambassadeur de Russie m'a dit le tenir d'un marchand de Kasan revenu par Canton du Yang-Tsé-Kiang. Devrons-nous rallier l'armée russe et aller ensemble de l'avant?

Conrad, duc de Saxe. — Dans les déserts du Turkestan! Sans vivres! Chercher un ennemi qui fera le vide pour nous affamer et nous ruiner sans combattre! Restons donc tranquilles.

Wilhelm, margrave de Moravie. — Nous avions décidé de garder la ligne de Stettin aux bouches du Danube. C'est, je crois, la meilleure situation pour la guerre comme pour le *statu quo*.

Hermann, qui avait été touché des vivats serviles de Massenthal. — Allons, duc Massenthal, ton avis. Messeigneurs, notre féal Massenthal. Il est le fils de ses œuvres; sorti du peuple, il en a, avec un peu de rudesse, la franchise sincère. Hip! Hip! Massenthal, ton appréciation sur ces sauvages de l'Est?

MASSENTHAL, duc de Juliers. — De l'Est! de l'Est!. Enfin!.. Le patron veut que je parle, je dirai ce que j'ai sur le cœur. Mon père était savetier à Aachen. Il avait le gosier salé. Il a ouvert une brasserie à Julich; il y régalait tous les portefaix et rouliers du pays. Ils m'ont nommé député. (Murmures; Massenthal élève la voix).

Pour lors, le patron voulant faire quelque chose d'agréable au peuple, m'a nommé duc. La place est bonne. Voilà..

A présent, je veux vous dire ceci : Le malt est cher, mais ce n'est pas tout : nous avons trois fléaux : La trichine, la grêle, les officiers prussiens. Moi, je voudrais rester tranquille. Après ça, je veux bien qu'on se batte tout de même. Qu'on m'assure tous les jours mon mass et ma pipe. Le reste, je m'en f... iche.

HERMANN, se levant, avec un grand air de dignité et « *les officiers prussiens* » sur le cœur. — Nous ne souffrirons jamais que nos conseils et nos parlements soient contaminés par le contact de sceptiques grossiers. Huissiers, jetez cet homme dans le ruisseau.

MASSENTHAL, duc de Juliers. — Fameux! Le patron me dit de parler, moi, je parle... C'est bon, c'est bon, je m'en vas. D'ailleurs, j'ai soif. C'est égal, Protecteur, toujours à la vie, à la mort; moi et mes campagnards...

HERMANN. — Le Conseil a délibéré longuement sur notre conduite à tenir. Il résulte assez clairement de ce débat que nous nous arrêtons à l'occupation de la ligne de Stettin à Odessa.

Un vote n'ajouterait rien à l'expression de la volonté du Conseil, et nous ferait perdre un temps précieux. Merci et adieu, Messeigneurs. Rompez!

Et tous sortirent, les alliés ayant opiné du bonnet.

A l'issue de cette cérémonie, Hermann vit l'ambassadeur de Russie et lui fit part de la décision des alliés. « Avec ses seuls Allemands, il ne pouvait... »

L'ambassadeur, au fait de ce qui s'était passé, comprenant la trahison d'Hermann sans en bien pénétrer les motifs, informa de tous ces faits nébuleux son maître, le noble Alexandre XII, qui prit ses mesures en conséquence.

L'Europe avait des relations avec l'Afrique et les deux Amériques, celle-ci médiocres, car lorsque Jonathan voulait bien danser, c'était à condition que l'Europe paierait les violons. Elle n'y pouvait souscrire. Elle était misérable; la matière première lui manquait, la main-d'œuvre était chère. On mourait lentement de consomption.

Les anciennes intrigues et machinations d'Hermann persistaient à agiter les groupes de politiciens de la rue : « Pourquoi pas la guerre? Là, on avait tout l'avantage : on avait la science, on avait la tactique habile, les armes perfectionnées. On ne ferait qu'une bouchée de ces barbares, et on les pillerait. On aurait de l'or, des perles, des pierres précieuses, des épices, du café, du thé. Oh! boire du thé! Du vrai thé de Chine et du Japon !

Les docteurs faisaient là-dessus des conférences. Ils prouvaient aux populations que l'Europe pouvait se suffire à elle-même ; que la découverte des terres équatoriales avait été une calamité pour l'hygiène des régions tempérées, ne pouvant sans un effet destructif de la santé, s'assimiler des substances qui n'étaient pas faites pour elles. Qu'il était facile de renoncer au sucre, au thé, au café, aux épices ; de revenir au régime fortifiant du XIIIe et du XIVe siècles, où les hommes étaient si robustes, avant ces voyages insensés qui avaient détourné l'Europe de son évolution rationnelle.

Et quand ils avaient convaincu leur auditoire, et encaissé la recette, ils allaient prendre le thé, le café, une glace à la vanille, dans une maison discrète où l'on ne dédaignait pas les produits exotiques, quand on pouvait s'en procurer.

L'erreur, les contradictions, les disputes, les mensonges, les jalousies, l'incertitude de ce que faisait l'Asie, mystérieuse, invisible, muette, pendant que dans l'Europe haletante, la misère montait, montait toujours, voilà ce qui préoccupait, ce qui passionnait toutes les têtes, enfiévrées par l'anxiété, hallucinées par la détresse physique du corps, envahies par des bourdonnements incessants et sonores, qui gênaient l'essor de la volonté, de l'énergie, engendrant une lassitude désespérée, consciente d'une détente, d'un repos, d'un bien-être, qu'il ne serait plus jamais possible d'atteindre et de réaliser.

Cette sorte de fièvre obsidionale produisait, suivant les sujets, suivant les circonstances, l'étourdissement, le vertige, l'hallucination, la monomanie, la folie, la démence. Ainsi s'enlisait graduellement l'intellect de cette Europe orgueilleuse, de cette race aryenne hautaine, qui, naguère, voulait tout courber sous sa loi !

. . . .

. . . .

Topaze. — Pur esprit. Yongchon a pris contact. Les Russes ont perdu la ligne de l'Oural; ils se replient sur le Nord.

Pyr. — Comment! Il est venu à bout de son projet gigantesque?

Topaze. — Oui; mais ni dans les délais ni dans les conditions espérées. D'abord les rampes du Koho-Nor, premier obstacle sérieux rencontré, ont causé beaucoup d'embarras dont Ito-no-Kami a triomphé au moyen de tarières à vapeur qu'il a inventées, et par la mélinite. Les Mongols occidentaux ont voulu s'opposer au passage. Battus et poursuivis jusqu'aux sources du Yang-Tsé-Kiang, leurs tribus n'existent plus. Puis les Thibétains du Katski ont refusé des vivres. Yongchon, qui n'aime pas le gaspillage, se les a fait d'abord livrer, ensuite il a détruit tous les campements et bourgades de ces Thibétains pour les punir du retard qu'ils lui avaient causé. L'eau est rare dans la Mongolie. Dans les districts où elle manque complètement, Ito-no-Kami a imaginé de placer des rigoles en terre cuite sur des maçonneries à faibles pentes aboutissant à des réservoirs où l'eau est reprise par des siphons et remontée sur d'autres rigoles la conduisant successivement plus loin où elle fait défaut. Quand le sol était en pente dans la direction favorable, les rigoles étaient simplement posées à terre et assujetties solidement par des fiches.

Avant d'arriver au Khotan, un grand désert de sable a forcé de changer le tracé et de remonter au nord jusqu'au Tarim dont on a suivi le cours presque jusqu'à Kaschgar; dans le désert on a perdu beaucoup d'hommes et de chevaux.

Kaschgar a opposé à son occupation une résistance acharnée. Hul, général d'avant-garde, l'a fait incendier et détruire; tous les habitants ont été passés au fil de l'épée.

Yongchon, fou de colère, a fait écarteler Hul pour avoir détruit cette ville et ses habitants sans son autorisation, le privant ainsi des approvisionnements et des ressources que cette ville renfermait. « Comme si le désert n'était pas assez grand, maudit chien! » lui criait-il, en le frappant au visage.

Hul, expirant des blessures reçues dans le combat, a subi sa peine sur le front de l'armée, pour servir d'exemple.

Il fallait ensuite passer la chaîne du Thian-Shan; ce passage présentait de grandes difficultés. Nouvelles et plus puissantes tarières à vapeur et mélinite! Dans un passage tortueux, on poussait les cadres montés, à bras d'hommes. Une fausse manœuvre amena le recul d'un train entier qui entraîna tous les autres sur une descente de quatre kilomètres environ, renversant et écrasant sur leur passage des centaines d'hommes, de femmes et d'enfants. Retard de deux jours pour déblaiement, repaquetage de provisions et remise en train de cheminement. Enfin l'armée commença à défiler dans le Turkestan russe, provinces de Ferghana, où les avant-gardes atteignirent Khokand et s'emparèrent du chemin de fer, dépourvu de machines et de wagons que les Russes avaient fait replier sur leur ligne de défense.

Pendant cinq mois on reçut des armées un peu débandées qui se reformèrent, prirent une allure militaire toute japonaise, et gagnèrent successivement la vallée du Syr-Daria, dont elles longèrent la rive droite jusqu'à Pérowsk. Dans la plaine une reconnaissance de vingt mille Kasaks vint se faire envelopper et écraser par la cavalerie mongole. Quelques sotnias seulement s'échappèrent vers la frontière d'Europe, où six millions de Russes, campés de Gurieff sur la mer Caspienne à Orsk au pied de la chaîne de l'Oural, se préparait à barrer le passage à ce qu'ils appelaient « la Horde mongole ».

Cette horde aux départs successifs, forte à peine de vingt millions d'hommes au début, se recruta de Thibétains, d'Hindous musulmans et boudhistes, et surtout d'autres armées venues tardivement de la Chine. Quand des villes étaient dévastées sur le passage de ces troupes, les guerriers et les habitants ruinés suivaient la grande armée, n'ayant plus d'autre moyen d'existence; aidant les Mongols dans leurs travaux de terrassement et de campement. Les populations du Turkestan russe avaient voulu d'abord s'opposer au passage de Yongchon, mais à l'aspect de cette avalanche d'armées qui descendaient de leurs montagnes, elles avaient renoncé à la résistance et s'étaient jointes à l'invasion.

À Pérowsk, trois ans après le départ de Ling-Tao-Fou, Yongchon commandait à une armée de quarante-trois millions de Mongols et autres, dont environ trente millions ayant une organisation militaire respectable, comprenant dix millions de soldats de premier ordre, avec armement et instruction tactique d'Ito-no-Kami, d'une valeur tout à fait nouvelle, et inattendue des Européens.

Ito-no-Kami proposait de laisser l'armée se reposer quelque temps. Yongchon, entre autres considérations, songeant à ses provisions, résolut de battre les Russes de suite, pour nourrir ses troupes de vivres frais, sur le pays ennemi. La marche en Europe était un jeu après ses travaux et ses marches dans le désert mongol. Ses traverses, ses rails devaient être en ce moment fortement éprouvés. Il fallait aller en avant, toujours en avant.

Renseigné avec détails précis par ses espions européens sur les localités où étaient accumulés les approvisionnements de guerre des Russes et des Allemands, Yongchon, dans sa joie, donna à ces misérables la ville, les richesses et les habitants d'Astrakan à leur discrétion. Il ne s'agissait plus que de prendre la peau de l'ours.

Après avoir reconnu lui-même l'emplacement stratégique des belligérants, il fit publier qu'il allait marcher sur Moscou et Saint-Pétersbourg. Prenant avec lui ses armées d'élite, fortes ensemble de dix millions d'hommes, il se dirigea sur Orenbourg, sans se soucier d'être débordé sur sa droite par les Russes d'Orsk qu'il fit observer néanmoins par un fort parti de cavalerie mongole, laissant quinze millions d'hommes à Togrul, son lieutenant, pour tenir en respect sans les harceler, les Russes de la ligne de Gourieff à Orenbourg. On peut être audacieux quand on a pour soi la force écrasante du nombre. Sa massue de dix millions de soldats d'élite brisant la ligne russe à Orenbourg ferait tomber toutes les défenses jusqu'au Volga par une marche de flanc sur Samara.

La bataille commença par une canonnade des Russes fortement retranchés en avant d'Orenbourg. Les obus à la mélinite éprouvaient cruellement les troupes mongoles qui, quoique braves, commencèrent à flotter et dont quelques unités se débandèrent. Ito-no-Kami avait prévu cette éventualité. Pour y parer il avait formé sa seconde ligne à huit cents mètres de la première. En tête de cette seconde ligne, Yong-chon avait pris son poste de combat. Il fit accueillir par des feux de pelotons à cinq cents mètres, les fugitifs mongols poursuivis par les Russes qui croyaient déjà la bataille gagnée. Profitant de ce que les Russes avaient imprudemment abandonné leurs retranchements pour donner la chasse aux Mongols, Ito-no-Kami fit avancer son artillerie nombreuse et légère, que je ne décrirai pas ici, dont les petits boulets pleins enlevaient sept à huit hommes de front sur toute la profondeur des lignes. La cavalerie russe vint charger cette artillerie meurtrière, mais alors Ito-no-Kami fit donner deux cent mille colosses mandchous, armés de revolvers et de grosses piques de frênes de deux mètres, qu'eux seuls avaient la force de manier, et qui rendirent les baïonnettes russes inutiles et tuèrent les cavaliers sur leurs chevaux.

S'efforçant de regagner leurs retranchements, les Russes s'y précipitèrent pêle-mêle avec les Mandchous à leur suite; la foule mongole parvint à inonder les retranchements à son tour, les déborda, se rejeta sur les derrières de l'extrême droite russe contenue en avant par les troupes de Togrul. Dès lors, la bataille était perdue, les Russes se retirèrent sur le Volga vers Saratow pour s'y retrancher. Yongchon prit la route de Samara, direction de Moscou; ce que voyant les Russes, ils abandonnèrent la ligne du Volga pour prendre les routes du Nord, afin de couvrir leur capitale contre Yongchon.

Pyr. — Où s'arrêtera maintenant ce sauvage !

Topaze. — Quoique sur la route de Samara, il n'a pas encore franchi le Volga, au moins à ma connaissance. Saphir est autour de ses armées et nous donnera bientôt de ses nouvelles.

. . . .
. . . .

Pyr. — Saphir, ma chérie, qu'as-tu vu ? Dis-le moi.

Saphir. — Pur esprit, quand Yongchon est arrivé en face de la ligne russe à Orenbourg...

Topaze. — J'ai raconté la bataille d'Orenbourg. Dis ce que tu sais depuis.

Saphir. — Yongchon est à peu près le maître. La bataille décisive va se livrer dans les plaines de Glogau entre l'armée de Yongchon et celle de Hermann, avec un avantage numérique énorme en faveur du premier. Les Allemands et leurs alliés sont tournés; ils veulent maintenant s'efforcer de couvrir leurs magasins de Spandau et de Magdebourg, sans lesquels ils ne pourraient continuer la guerre.

Pyr. — Dis d'abord, radieuse amie, quels événements ont suivi la bataille d'Orenbourg.

Saphir. — Si les Allemands avaient eu du bon sens, ils auraient quitté leur ligne de l'Oder aux Bouches du Danube pour venir donner la main aux Russes à leur frontière de l'Oural.

Pyr. — C'était très simple. Pourquoi ne l'avoir pas fait?

Saphir. — Hermann se disait : Les Russes sont vaillants, ils vaincront les Mongols. S'ils sont vaincus eux-mêmes, les Mongols seront du moins bien affaiblis. J'en aurai facilement raison; après je reprendrai mes provinces baltiques. La Russie sera enfin devenue trop faible pour s'y opposer.

Pendant ce temps Yongchon avec ses troupes terribles franchissait le Volga à Samara, au delà de l'extrême gauche des Russes qu'il avait déjà battus, et faisait mine de marcher sur Moscou pour y attirer les armées russes; celles-ci s'empressaient de se replier sur le Nord.

Alors Ito-no-Kami et Togrul par une marche rapide et directe, par Voronej, Koursk, Poltava, Mohileff, se jetaient entre les Russes et les Allemands pour empêcher leur jonction, pendant que les populations mongoles et autres, bien armées, inondaient la Russie méridionale dont les habitants fuyaient vers la Bessarabie et la Gallicie. Astrakan était maintenant la proie des espions de l'implacable Yongchon.

Le véritable objectif d'Ito-no-Kami était les immenses magasins d'approvisionnements russes de Kieff et de Mohileff dont il s'empara presque sans coup férir. Il s'établit ensuite solidement sur les deux rives du Dniéper, en y attendant Yongchon, suivant ses instructions. Celui-ci, après quelques engagements sans importance avec l'armée russe, qui avait réussi à gagner Moscou, laissait un rideau de troupes pour l'observer et, sur la nouvelle du plein succès de son lieutenant, prenait la route de Tula à Mohileff où ils opéraient leur jonction. Ils laissaient l'armée russe privée de ses principaux magasins, couvrir leurs capitales en gardant la défensive, courroucée de l'abandon des Allemands.

Maintenant l'objectif de Yongchon était Hermann. Enfin, il le tenait, Hermann! Il le tenait! Il le tenait! Il dansait de joie. Puis il s'arrêtait et devenait rêveur : Un si vaste territoire avec ses armées et ses populations dispersées des Carpathes à la mer Caspienne, dont il pouvait-être si facilement coupé! Ito-no-Kami le rassurait : Kieff, Kharkoff, Saratow,

Tzaritsin, Orenbourg, Astrakan, avaient des garnisons solides, il n'y avait rien à craindre.

Il n'y a plus qu'un coup à frapper, s'écriait nerveusement Yongchon : Spandau et Magdebourg. Il faut immobiliser Hermann derrière les Carpathes et en Bohême. Tu vas t'en charger, mon frère, disait-il à Ito-no-Kami, dans son expansion.

Non, reprenait-il : viens avec moi, et laisse ton armée d'observation à Togrul, sur lequel nous pouvons compter, hein?

J'ai besoin de tes talents, je serai bien en l'air à Magdebourg. Et les chariots. Tu les as? — Toujours, et tout prêts, répondit Ito-no-Kami. — Emmenons-les! s'écria Yongchon.

La marche en avant fut donc résolue. D'abord Togrul réparti sur Galatz, Iassy, Tarnopol; Ito-no-Kami sur Lemberg, Cracovie; Yongchon de Cracovie à Breslau. Ensuite Togrul joignit son armée à celle d'Ito-no-Kami, avec l'assistance de deux généraux comme lieutenants; Ito-no-Kami renforça l'armée de Yongchon, et tous deux s'étendirent au nord au delà de Breslau.

. . . .
. . . .

Schorl. — Pur esprit...

Pyr. — Schorl, sois le bienvenu.

Schorl. — Pur esprit, Hermann était à Prague donnant des ordres pour le renforcement de son armée dont il voulait faire passer une partie en Saxe tout en conservant les communications entre elles.

Des conseils insidieux l'avaient amené à ne rien garder sur l'Oder, comme étant trop éloigné et sans relations avec les autres armées, mais il voulait cependant se réserver les moyens d'agir au besoin entre la Bohème et la Baltique. On exécutait donc ce changement stratégique; tout à coup un accident épouvantable se produisit sur le railway de Prague à Dresden. Un tunnel près d'Aussig, sauta dans la nuit, rendant impraticable le service de la ligne. Hermann mit tout en œuvre pour faire déblayer le tunnel et réparer la voie.

Hermann fut saisi d'inquiétude. La horde mongole se jetait sur lui et les Russes ne bougeaient plus. Tous ses calculs tournaient contre lui. Maintenant, pour aller aux Russes, il fallait passer sur le ventre des Mongols.

Il vit clair dans sa situation. L'accident du tunnel était le résultat d'une trahison. Il était entouré de traîtres. On voulait lui enlever ses magasins comme on avait surpris ceux des Russes. Il fallait couvrir en hâte Spandau et Magdebourg, mais comment sortir de Bohème par le Nord sans ce chemin de fer, avec l'artillerie, les munitions, les services de guerre? Avec quelles troupes livrer bataille? Ah! l'Europe est perdue! Ma ligne jusqu'à Odessa est trop longue! Bah! celle de Yongchon est aussi longue que la mienne. Allons, du courage!

Et voilà l'aile gauche entière de l'armée européenne sortant de Bohème par les routes, chemins, sentiers, tous encombrés, de Zittau et de Reichenberg, où les unités militaires se confondaient, forçant la marche pour empêcher les Mongols de gagner Breslau.

Breslau est déjà occupé par eux. A présent Yong-chon marche vers Glogau. Les armées s'aperçoivent. Des hourras, des clameurs jaillissent des deux côtés.

« C'est là, dit Hermann, poussant frénétiquement son cheval. » Allons, c'est à Glogau qu'il faut livrer bataille !

. . . .

II. — L'ŒUVRE D'EN HAUT

— Où en est-ce?
— A quel égard?
— La Rotation de la Terre?
— Normale. Quinze cents kilomètres à l'heure, à l'équateur.
— L'Inclinaison de l'Écliptique?
— Nous restons dans le régime des Tropiques. En ce moment 22° 30'.
— Le mouvement continue-t-il?
— Oui. Nous sommes à 23° 15; 23° 20'. . . . . . . Ah!.. 24°.. 25°.
— 25°!. C'est la catastrophe!

. . . .
. . . .

Pyr. — Esprit sublime, quel est ce phénomène!
Phone. — Pur esprit, c'est le renversement cyclique (1). Le centre de gravité de la Terre se déplace. Les eaux du pôle austral se précipitent vers les régions boréales.

(1) *Hypothèse de J. Adhémar.* Voir Paul de Jouvencel, *les Déluges*, pp. 81-182. Paris, Garnier frères, 1862.

La marée envahissante a-t-elle dépassé l'Équateur?

Pyr. — Esprit sublime, elle gagne lentement.

Phone. — Pur esprit. Entre le 45° et le 55°, latitude Nord; considère l'Europe. Qu'y perçois-tu?

Pyr. — Lorsque la rotation de la Terre la ramène de notre côté, je vois des feux, j'entends des cris, des fleuves de sang coulent. C'est un horrible météore, rouge, rouge, rouge!

Phone. — La bataille ultime des races continue. La haine, jusque dans la mort! La haine; inconcevable antithèse!

O toi! grand Dieu! qui fis tout par l'amour! Que ta puissance dissipe leur aveuglement! Que ta bonté leur pardonne!

Pyr. — Les eaux dépassent l'équateur. Elles bondissent en furie sur les terres boréales qu'elles inondent, abandonnent, ressaisissent.

Phone. — La bataille continue toujours?

Pyr. — Toujours! La montagne a l'avantage : la plaine est sous les eaux.

Phone. — Les Aryens triomphent?

Pyr. — Aryens et Sino-Mongols sont entremêlés, enlacés, sur les cimes où la lutte homicide se prolonge... Ah!.. Les crêtes sont submergées!

Phone. — Tout est fini!..

. . . .
. . . .
. . . .

Rose. — Chère Blanche, quel affreux spectacle!..

Blanche. — Ma Rose chérie, encore quelques minutes, ce ne sera plus qu'un événement horrible évanoui pour toujours dans le passé.

Oh! ces ambitions, ces haines, cet orgueil! Puissent-ils à jamais disparaître dans ces ondes vengeresses!

Pardonnez, mon Dieu, à la créature faible, aveugle, coupable!

Rose. — Que va-t-il arriver!

Blanche. — Attendons les effets des volontés divines.

. . . .
. . . .

Pyr. — Esprit sublime, les éruptions volcaniques, les déchirements détonnants, les trépidations du sol de la Terre ont cessé, l'équilibre, le calme, se rétablissent peu à peu sur cette petite planète; encore quelques oscillations, quelques flux et reflux, quelques remous, tout y rentrera dans l'ordre. Mais la Faune et la Flore terrestres, que sont-elles devenues?

Phone. — Pur esprit, le mouvement de rotation et celui de translation de la Terre n'ayant cessé ni l'un ni l'autre, la vie y persistera. Quand ces mouvements s'arrêtent sur un astre, il est détruit; sa matière, projetée dans l'espace, s'assimile pour quelques parties, à titre de bolides, aux astres vivants. Ses autres parties, vaporisées, rentrent dans la matière cosmique, l'Akasch des Brahmanes (1).

(1) Arago, *Astronomie populaire*, t. II, p. 520, note.

Les espèces des Flore et Faune terrestres subissent, les unes la destruction, les autres les effets d'un métamorphisme très compliqué. En ce qui concerne la Flore, la destruction a deux causes : le choc des eaux d'autant plus puissant qu'outre leur poids considérable, elles sont projetées avec violence. Alors elles brisent les arbres, écrasent les plantes, ensevelissent les uns et les autres sous des monceaux de sable. La seconde cause de destruction est l'influence défavorable du brusque changement de milieu pour les espèces préservées qui, originaires de pays chauds ou tempérés, sont drossées dans les glaces ou sur des terrains maigres ou stériles. Les plantes marines ont des aléas plus favorables. La température des mers est plus constante pour les espèces qu'elles abritent passagèrement, où qu'elles renferment d'une manière permanente.

On pourrait dire avec justesse : la Mer, c'est la Mère.

Comme influence de milieu pour les espèces marines, les profondeurs variées présentent un inconvénient qui ressemble beaucoup à celui qu'offre la différence des latitudes pour les espèces terrestres. Ainsi que ces dernières, les espèces marines ont été jetées brusquement d'un hémisphère à l'autre. Arrachées violemment du sol, le plus grand nombre a perdu ses racines nourricières et ses organes de reproduction, mais dans la quantité totale il se trouve des individus de toutes les espèces qui réussissent à s'acclimater et, avec le temps, parviennent à réparer les mutilations causées par la catastrophe en s'adaptant aux conditions de leurs nouveaux milieux. Peut-être ainsi reverras-tu bientôt dans les mers boréales devenues très profondes, les riches espèces végétales marines, un peu modifiées, te rendre les dictyotas, les padinas, les lammarias, les alarias, les lessonias, les macrocystes et autres plantes mystérieuses aux colorations délicates, qui pullulaient dans les mers, et les belles algues marines, en arborescences, en mousses légères, en dentelles épanouies flottantes, roses, brunes, bleues, vertes, de nuances et de formes infinies.

La Faune est plus éprouvée, mais l'œuvre primitive n'est pas détruite. Nous restons fort en deçà de l'animal fixé. L'animal libre, intelligent a conservé des types nombreux. Il reste beaucoup d'espèces marines; les espèces terrestres sont plus atteintes. Les derniers vertébrés, comprenant les bimanes, les quadrumanes, les autres mammifères, excepté quelques cétacés, sont probablement tous détruits. Parmi les vertébrés des autres classes, les oiseaux, reptiles batraciens, poissons, persisteront sans doute dans des unités assez nombreuses pour assurer la conservation de leurs espèces, modifiées suivant les milieux où elles pourront vivre.

En un mot, les Vivipares ont vécu; la Vie, absente chez eux pendant quelques révolutions diurnes, les a quittés maintenant pour toujours.

Les Ovipares paieront aussi un large tribut au cataclysme, mais l'œuf vivant, mieux défendu que le petit vivipare a plus de chances de persister davantage. Cent œufs couvés et éclos peuvent sauver une espèce et nous constaterons certainement, par espèce, la survivance d'un plus grand nombre.

Dans les herbes, les arbustes, les forêts d'essences nouvelles de la Terre régénérée, tu pourras entendre encore le bruissement des élytres d'insectes, la reptation et les sifflements des reptiles, le doux gazouillement des oiseaux.

Pyr. — L'Intelligence abstraite de l'homme, qui la représentera?

Phone. — Elle ne peut manquer à cette Terre, qui l'a connue une fois, qui ne peut l'avoir perdue pour toujours.

Elle reviendra, amendée sans doute.

Pyr. — Débarrassée de l'orgueil?

Phone. — Plût à Dieu ! Ce serait beau, le règne de la paix, de l'affection sur la Terre.

Pyr. — Nous l'avons toujours espéré en vain, jusqu'ici.

Phone. — Raison de plus pour l'avoir maintenant. Les aspirations ne sont jamais vaines. Généralement intuitives, elles sont la constatation d'un état supérieur, existant à coup sûr quelque part, mais intangible ici, à l'heure actuelle.

Pyr. — C'est une espérance.

Phone. — Une réalité. La puissance de Dieu est infinie?

Pyr. — Certes.

Phone. — Nous rêvons un progrès, un effet rationnel, raisonnable; le Mieux : *la couronne du Bien.*

Pyr. — Oui.

Phone. — Nous voulons; seulement nous, nous ne pouvons pas ce que nous voulons; quelque rationnel que ce soit, parce que nous sommes infimes, parce que nous sommes impuissants.

Pour Dieu, vouloir c'est pouvoir; n'est-ce pas?

Pyr. — Je n'en doute pas.

Phone. — Si notre idée est absurde, c'est qu'elle est une erreur de notre raison; elle est sans intérêt. Si notre idée est juste, Dieu l'a eue avant nous. Seulement il attend son heure pour la produire...

Pyr. — Peut-être...

Phone. — Et alors, notre aspiration est un pressentiment.

Pur esprit, le jour est peut-être proche où nous verrons la paix régner sur la Terre!

Que cherches-tu?

Pyr. — Je ne perçois aucune entité du groupe lithique : Diamant, Rubis, Saphir, Topaze, Emeraude, Améthyste, Grenat, les Agathes, les Tourmalines, toutes disparues!

Phone. — Plus près de la Terre, plus assimilées à elle que les entités du groupe chromatique, elles ont reçu du cataclysme une commotion plus forte et se sont sans doute dérobées plus haut dans l'espace.

Le groupe chromatique : Blanche, Rose, Violette, Carmine, Jonquille, Amarante, etc., était en vue tout à l'heure.

Pyr. — Esprit sublime, que cette terre est changée! Je la vois; c'est la Terre, je ne la reconnais pas! Et vous?

Phone. — Les régions boréales sont couvertes d'une mer profonde. Ça et là, quelques fragments des anciens continents, quelques îles et archipels : L'Archipel de l'Himalaya avec ses pics prodigieux de l'Everest, autrefois mornes et glacés, aujourd'hui couverts d'une belle végétation; le pic thibétain d'Hindo-Kho; derrière, l'archipel de Thian-Shan et le pic de Bokhdo-Oola; l'archipel du Caucase et le pic d'Elbrouz; le pic d'Ararat; le pic persan de Damavend; l'Archipel du Liban et le pic détaché du Sinaï; l'archipel des Alpes et les pics Otler et du Mont-Blanc; l'archipel de l'Atlas; l'archipel d'Abyssinie; l'archipel des Montagnes rocheuses et mexicaines; toute cette Polynésie qu'offre maintenant l'Ancien Monde et que nous aurons le temps de détailler davantage.

Aux régions australes, c'est le contraire : les terres sont émergées, mais celles que nous y connaissons sont modifiées. Non seulement l'Australie, la Nouvelle-Guinée, la Malaisie, paraissent plus élevées au-dessus de la mer, si bien que leurs antiques rivages sont perdus aujourd'hui dans leurs montagnes, mais un tremblement de terre a fendu l'Australie, du Midi au Nord, en deux parties à peu près égales, séparées par un détroit sinueux de 200 kilomètres de largeur, tandis que l'intérieur du continent s'est éboulé dans les précipices ouverts de tous côtés par les éruptions volcaniques et que les continents Sud-Africain, Sud-

Américain, et l'Archipel Polynésien ont éprouvé des modifications semblables.

Pyr. — Esprit sublime, pourquoi ces éruptions en même temps que l'action des mers?

Phone. — Pur esprit, la croûte terrestre, tu le sais, n'est pas épaisse. La pression des profondes mers australes sur le sol, y contenait l'expansion des feux souterrains. Les eaux, en se déplaçant, ont cessé de leur opposer une aussi grande résistance, et les volcans ont accompli les changements que tu vois.

C'est une sphère nouvelle à étudier.

. . . .
. . . .

SIXIÈME PARTIE

PLEIN AZUR

L'ESPÈCE NOUVELLE

Blanche. — La *Nature* est calme, tranquille; elle a récupéré la paix. Mystérieusement habile, elle rend au sol ses forêts; sous les mousses, un doux murmure fait pressentir une onde pure épandant la fertilité.

Réparant ses vastes ruines, ce n'est plus qu'à des lois divines qu'elle acquiesce, en liberté.

. . . .
. . . .

Rose. — Un rossignol! Allons, doux petit oiseau, chante. J'aime tes trilles bien perlés et sonores. Aussi bien, que ne peux-tu les parler pour te faire comprendre clairement de ta compagne!

Blanche. — L'inflexion suffit pour dire ce qu'on éprouve éperdument. Une idée chantée est peut-être plus agréable aux sens, quoique moins précise, mais exprimée cependant avec une clarté suffisante.

Rose. — N'entendrons-nous plus le langage!

Blanche. — Cette manifestation puissante ne saurait être perdue.

Elle est trop nécessaire à l'expression de l'Intelligence.

. . . .
. . . .

Blanche. — Ah! Jonquille!.. Toute radieuse, ma chérie!

Jonquille. — Je viens d'En-Haut. Une musique des sphères célestes, mes chères aimées! Comme lors de l'apparition de l'Homme!

Rose. — Il faut aller ensemble à la rencontre du Sublime esprit.

. . . .
. . . .

Blanche. — Voyez, cette lueur opale et brillante! C'est lui, mes sœurs. Sublime esprit, que va-t-il s'accomplir?

Phone. — Voici : La loi d'épanouissement continue son évolution matérielle en s'appuyant sur l'une des manifestations antérieures.

Après la chute des Mammifères va paraître une Espèce nouvelle, douée d'une Intelligence, supérieure par sa pénétration et par son rayonnement à toutes les facultés psychiques antérieures. *Mens agitat molem*. L'esprit meut la Matière. Cette vérité sera rendue plus évidente.

La Nouvelle espèce, dont il ne m'est permis de vous révéler que les caractères psychiques, procèdera de la *Femme,* non de la Femme physique, du mammifère femelle, mais de la *Féminité morale consciente;* Suprême incarnation de *l'Éternel Féminin,* et l'expression la plus haute entre toutes les espèces créées, de la Pitié active, du Dévouement absolu, de l'Amour.

Une faculté puissante, manifestée exclusivement jusqu'ici dans le Règne Végétal par la Fleur hermaphrodite complète, dite *monocline,* va apparaître pour la première fois chez les animaux organisés, où grâce à elle, ce progrès sera enfin également accompli.

Cette faculté se révèlera dans le mode de Filiation.

La Créature, parvenue à un degré pertinent de maturité, de perfection physique et intellectuelle, engendrera, seule, son rejeton; sans violation brutale de sa personne, pudique et chaste, dans l'acte de la conception et dans celui de la parturition.

Les ovaires, si je puis emprunter cette image à la physiologie animale antérieure, seront fécondés par la Pensée, mais Pensée génératrice d'un ordre supérieur, dont l'effervescence sera déterminée par une tension d'esprit absolument détachée de toutes préoccupations matérielles; une sorte d'aspiration divine portant jusqu'au spasme, jusqu'à l'extase, l'Être appelé à donner la Vie à une créature nouvelle par le rayonnement de son Ame, comme le Feu embrase, sans se diminuer, les matières combustibles.

Les êtres inférieurs de la nouvelle espèce, c'est-à-dire les êtres non qualifiés pour cette perfection élective par leur inaptitude, soit organique, soit volontaire, demeureront sans géniture.

Par là, la nouvelle espèce tendra à s'affiner de plus en plus, et ne sera pas exposée, comme dans la dernière espèce animale, à déchoir par ses rejetons, engendrés le plus souvent dans des conditions défectueuses, soit au point de vue physique, soit au point de vue moral.

Il résultera de ce nouvel ordre de choses dans la filiation, un mode pacifique de rapports entre les êtres de la nouvelle espèce : Plus de jalousie, d'adultères, et des crimes auxquels ces insanités donnaient lieu chez les hommes. Plus de liens conjugaux où l'amour, et même l'estime, n'avaient point de part. Les relations cordiales seront volontaires et désintéressées. Elles seront fondés sur l'amour, non plus sur l'amour sexuel, puisqu'il n'y aura plus de sexes différents, mais sur l'amour pur, déjà pressenti par les hommes, impraticable chez eux par l'intrusion inopinée et inévitable des passions charnelles dans les relations affectives. Cet amour pur, caractéristique de la nouvelle espèce, naîtra de la sympathie mutuelle entre créatures plus ou moins identiques d'aspiration, ayant plus ou moins d'attraction ou d'affinité les unes pour les autres, et s'unissant dans la recherche du bonheur.

Par cette raison, dans la nouvelle espèce, les groupes affectifs ne seront plus composés, comme dans le passé, de deux personnes de sexes différents, recherchant dans une union étroite le *summum* de leur félicité.

Ces groupes pourront être composés d'un nombre indéterminé de personnes, échangeant entre elles tous les témoignages de l'affection la plus vive, et aussi la plus variée, chacune d'elles apportant son tour particulier dans la manifestation aux sens multiples, de cette affection, dont l'amitié la plus tendre chez les espèces antérieures les plus organisées, ne pourrait fournir qu'une image imparfaite.

Et cette affection, ne ressortissant qu'à un ordre purement psychique, ne connaîtra ni la satiété née de la fatigue organique, ni, par conséquent, la faiblesse sénile. Rien ne semble donc s'opposer à ce que cette nouvelle espèce ne s'élève très près de la manifestation de Bonté Suprême, qui rapprochera peut-être un jour de Dieu la Créature, vivante et intelligente, émanée de *Lui*.

Espérons que la nouvelle espèce aidera à la réalisation de ce *desideratum*. Unissez-vous à moi et prions : « *Mon Dieu, que votre règne arrive !*

FIN.

TABLE ANALYTIQUE DES MATIÈRES

	Pages.
Au lecteur	V-X

PREMIÈRE PARTIE. — Les origines.

I. — SUR LA TERRE

Aspiration humaine voulant connaître les Lois Naturelles.	1
Le respect absolu de la Liberté personnelle, principe de la Responsabilité et garantie de la Morale universelle..	2
Mode de relation avec les Entités passives	3
Puissance de la Volonté	4

II. — DANS L'ESPACE

L'initiation. — Le Globe terrestre	5
L'Aspiration humaine. — L'Espace	8
La Faculté de Translation. — Les Milieux d'Évolution	10
Unités d'espace et de durée. — Condensation du Globe terrestre	16
Le Monde inorganique. La Vie. Le Monde organique	17
Le Règne Végétal et le Règne Animal	20
Période indécise entre les deux règnes	20
Mission de la Plante	22
Vie Végétative. — Vie Consciente, apanage de l'Animal.	23

Relations de ces deux existences. Leurs conditions spéciales..	24
Action réciproque de ces deux vies l'une sur l'autre.....	26
Richesses organiques transmises par l'Hérédité.........	27
Tendance de la Vie Consciente à l'indépendance absolue.	28
Preuves que les actes de la Vie Végétative ainsi que ceux de la Vie Consciente ont des fins spéciales dans leurs évolutions parallèles.............................	29
Preuves de leurs localisations différentes dans le corps humain.....................................	29
Preuves de l'indépendance de leurs évolutions...........	32
Preuves de la différence de leurs natures................	36
Preuves de leur antagonisme..........................	38
Universalité de leurs manifestations. L'infiniment petit..	40
Exemples de Vie Consciente chez les Animalcules.......	41
L'Œuvre multiple de la Nature........................	46
Principe binaire de l'épanouissement de l'Animal.......	49
L'Intelligence prédominante..........................	49
Principes de la Variation des Organes.................	50
Insuffisance des lois de Darwin pour expliquer l'apparition d'organes nouveaux............................	52
Le Métamorphisme...................................	53
Passage de l'animal fixé à l'animal libre................	53
Les trois Termes de la Création.......................	54
L'Évolution ultérieure des Espèces....................	55
Les Oiseaux passant par les Reptiles...................	56
L'Évolution Sériaire des Espèces......................	58
Infériorité physiologique de l'Homme, à certains égards.	64
Les Séries ou Bifurcations animales....................	65
Les Aspects physiologiques *innombrables* des Espèces...	66
Les Protozoaires. Les Mollusques.....................	66
Les Arthropodes.....................................	69
Société des Fourmis et des Abeilles (Hyménoptères).....	72
Les Vertébrés.......................................	74
Les Bordées d'Éclosion...............................	76
Processus d'apparition des Espèces nouvelles............	77
Universalité et Spontanéité de l'Intelligence............	79
L'action réflexe, l'Instinct, la Raison..................	82
Les Manifestations intelligentes, *unitaires*, des Espèces..	87

	Pages.
Les Protozoaires...	87
Les Mollusques...	88
Les Entomozoaires...	89
Les Vertébrés : Poissons....................................	92
— Batraciens et Reptiles....................	93
— Oiseaux......................................	94
— Mammifères : Marsupiaux et Cétacés....	100
— — Ruminants et Pachydermes................	101
— — Carnassiers................	104
— — Canidés.....................	110
— — Singes......................	116
Synthèse philosophique des manifestations naturelles précédemment examinées...	123
Résultante : Preuve de l'existence de l'Ame.............	131
Coup d'œil sur l'état des espèces répandues sur le Globe avant l'apparition de l'Homme...............................	132
La Nature, maîtresse absolue dans l'évolution terrestre, avant l'apparition de l'Homme................................	138

III. — L'ESPÈCE HUMAINE

L'Homme. Ressemblances et dissemblances avec les autres Animaux...	141
Quadrumanes et Bimane.....................................	144
L'Hypothèse d'un Ancêtre commun avec les Singes......	147
L'Homme Alalique, autre hypothèse......................	148
L'Origine de l'Homme.......................................	150
Insuffisance des lois de Darwin pour l'expliquer.........	152
L'Homme n'est pas le fils du Singe........................	153
Conditions matérielles primitives de l'existence de l'Homme..	154
Le langage spontané chez l'Homme.......................	158
Les Éducateurs du langage intelligible...................	160
« Nécessité, mère de l'industrie ».........................	162
Les formes familiales de l'Humanité......................	164
La forme familiale la plus propre au bonheur de l'Espèce...	165

	Pages.
La Concurrence vitale. Brutalité des Commencements...	166
L'Universalisation terrestre réalisée par l'Homme.......	168
L'Intelligence souveraine............................	170
Essais d'organisations sociales......................	172
Le Cercle vicieux hiérarchique.......................	174
Les Hommes utiles; vrais grands hommes...............	175
La Morale, la Croyance en une Intelligence Suprême; sentiments propres à l'Homme et innés chez lui.........	176
La Conscience irréductible...........................	176
Indigence morale des Races inférieures...............	177
Les Éducateurs moraux................................	178
L'Homme ne vaut que par l'Éducation..................	179
Défaillances humaines : Danger de l'Avenir...........	180
Le *Possibilis* d'une *Espèce Nouvelle*..............	181

DEUXIÈME PARTIE. — Contact avec l'humanité.

I. — OU LA FATALITÉ OU DIEU

L'Aspiration humaine vers le contact des Entités passives.	183
Connaissances abstraites à la portée de l'Homme........	184
Difficultés de rapports, causées par les préjugés humains.	184
Andrès, l'aspiration humaine. Ses motifs de contact.....	185
Ce qu'il sait; ce qu'il croit..........................	187
Andrès, matérialiste...................................	188
La Fatalité; le *processus fatal*......................	191
Génie propre à chaque nation; à chaque race............	192
Ce que c'est que « la *Fatalité* »; sa raison d'être...	193
L'Anthropomorphisme....................................	194
L'Idée d'une Intelligence Suprême, plus accessible à l'intelligence de l'Homme que l'Idée de la Fatalité........	195
Simplicité de l'Évolution Naturelle, l'Idée d'une Intelligence Suprême étant admise *à priori*..................	197

II. — LES RAISONS D'ANDRÈS

	Pages.
La Philosophie matérialiste ; aperçus préliminaires......	199
La Physiologie matérialiste..................	203
Le « Cerveau » du docteur Luys.................	207
La Science matérialiste allemande	210
Le *Processus* de la Sensibilité.................	211
La Genèse des Idées.........................	212
La Direction négligente de l'Esprit. Quel Esprit?.......	216
La Genèse de la Volonté......................	218
La Volonté *fatale*...........................	219
La Motricité volontaire.......................	222
Action et réaction du *Monde extérieur* et des Tissus vivants.................................	224
Analyse de l'impression générale produite par les extraits cités...................................	225
Le Matérialisme manque de sanction scientifique........	226
Examen d'extraits de Cabanis, de Flourens, du docteur Luys....................................	230
Citation de « Nouvelles idées sur la Structure du Système nerveux », du docteur Ramon y Cajal..............	238
Hypothèse Matérialiste et Hypothèse Spiritualiste. La seconde est plus claire et plus explicite que la première..	239
L'Hypothèse Spiritualiste, fût-elle l'expression absolue de la vérité, elle ne saurait démontrer *matériellement* des choses immatérielles........................	243
Les points fondamentaux qu'il est nécessaire d'admettre.	244

TROISIÈME PARTIE. — Le matérialisme.

I. — LES HYPOTHÈSES

Les Tergiversations d'Andrès....................	247
L'Élection Naturelle de Darwin et la Sélection naturelle de ses disciples............................	249

TABLE ANALYTIQUE DES MATIÈRES.

	Pages.
La « Théorie Nouvelle de la Vie, » du docteur Le Dantec.	253
Les Colonies des Unicellulaires, du docteur Binet	255
La Vie élémentaire manifestée	257
La Vie psychique des Micro-Organismes	258
Hypothèses du docteur Le Dantec sur les éléments de la Vie, etc.	261
Le Déterminisme biologique et la Personnalité consciente, du docteur Le Dantec.	266
Sur le mouvement des plastides	268
Sur l'identité des corps bruts et des corps vivants	269
Sur les mouvements volontaires d'une bactérie	270
Sur la Conscience	271
La Volonté est une illusion!	273
Sur la Conscience des corps inorganiques : Le φ du Carbone, le φ de l'Oxygène, etc.	274
Sur la Raison automatique	276
Portée sociale de l'œuvre	282
L'Historique du Matérialisme	283
Les Encyclopédistes du XVIIIe siècle	284
Les erreurs des Révolutionnaires de 1789	285
La Philosophie allemande	289
Schopenhauer. Sa turbulence agressive, ses succès tardifs, son influence.	290
Les principes de sa philosophie	291
Sa Métaphysique et sa Cosmologie	294
La Destinée de l'Homme	295
L'Idée de Dieu	296
La Morale et la notion du Devoir	297
La Justice, premier pas vers la Résignation	299
L'Amour, passion spécifique	301
L'Amour de Schopenhauer est une métaphysique de l'amour sexuel.	302
L'Œuvre des écrivains licencieux	303
Schopenhauer bouddhiste. Réflexions sur le Nirvanà	305
Difficulté de l'établissement d'une philosophie générale	306
Conséquences dangereuses de l'Intronisation légale du Matérialisme.	308
Les Matérialistes allemands : Moleschott, Büchner, Vogt.	310
La Pensée est un mouvement de la Matière. La Volonté.	311

TABLE ANALYTIQUE DES MATIÈRES.

	Pages.
Les Idées innées	314
Büchner. « Les forces physiques s'épuiseront », de Helmholz	316
Le Matérialisme et le Socialisme, matières d'exportation allemande	319
Le conflit entre Matérialistes et Spiritualistes. Arguments des deux partis	319
Lutte contre la Religion, dénommée Anthropomorphisme ou Téléologie	324
« Chaque phénomène devient le jouet de l'arbitraire, si l'on admet l'idée de finalité ». Proposition erronée qui conduit à la négation de l'Utilité	328
Matérialistes et Spiritualistes devant l'idée de Dieu	329
La Science n'est pas le monopole des Matérialistes. Elle appartient à tout le monde	330
« La Force est immanente à la Matière ». Examen et réfutation de ce paradoxe	331
Quelles sont les propriétés de la Matière ? Des propriétés géométriques	333
La Matière cosmique originaire. La Matière radiante de Crookes	334
Exemples d'états permanents de la Matière inerte	335
Réflexions sur la Matière unique	338
Conséquences de l'auto-organisation de la Matière	340
Les Matérialistes d'humeurs diverses. Hæckel	342
Son *infinie noblesse de la Matière. Sa jouissance suprême de la contemplation des lois naturelles*	343
Le gouvernement de l'Humanité par le Matérialisme	344
La Tyrannie scientifique, son évolution, son empire affermi	345
Ce que l'Humanité gagnerait au changement de régime	346
Les prodromes actuels vers ce changement	347
La neutralité du Laboratoire	350

II. — L'UTILITÉ

Blanche veut essayer d'initier Andrès à la connaissance des choses immatérielles	351

	Pages.
Vanité des sciences humaines. Ses nomenclatures variables...	352
Les Savants A et les Savants B...	354
La Matière n'est qu'une illusion...	356
La Révolution sidérale...	356
Les courses des astres dans l'Espace ont pour but la manifestation de la Vie...	358
Mode général de leur progression dans l'Espace...	359
Déduction tirée d'un mouvement général circulaire du Système étoilé...	362
Le Monde matériel est un microcosme...	363
L'Éternité. La notion en est indispensable aux seuls matérialistes...	364
Les Spiritualistes, respectueux de la puissance de Dieu, n'en ont pas besoin...	365
Qui a fait Dieu? — Qu'y avait-il avant la Création?...	367
Ce qu'il y a dans l'espace de l'Infini, vide de Matière...	368
Quelle est la nature de l'Intelligence? — D'où vient-elle?...	370
De la faculté des relations d'outre-tombe...	373
Les illusions humaines sont de deux sortes...	375
La Mutation incessante du corps matériel humain...	375
La Permanence de l'intelligence humaine...	377
Le Siège de la Personnalité...	379
Illusions *matérielles* humaines hors de la portée immédiate de la constatation de l'Homme...	382
La parfaite adaptation organique de l'Animal à son milieu, crée chez lui le bonheur, le bien-être...	382
Les organes matériels de l'Homme sont restés en relation intime avec son milieu matériel. — Son intelligence, s'étant considérablement développée, a cessé depuis longtemps d'être en relation intime avec ce milieu matériel.	386
Cet équilibre rompu privera, par suite, l'Homme de sa sérénité, de son bonheur...	387
Ayant constaté que la Matière est décevante, l'Homme doit rechercher sa félicité dans les aspirations de l'Intelligence...	389

Andrès ne pouvant comprendre les chozes immatérielles, Blanche en abandonne l'exposition, et pour instruire

TABLE ANALYTIQUE DES MATIÈRES.

Pages.

Andrés, revient à la *Logique humaine* afin de déduire par elle les *causes* cachées, *des effets* qui frappent la raison, les sens, les organes humains...... 390
L'Electricité, principe inconnu. — Son existence démontrée par ses effets. 391
L'Utilité...... 391
Exemples irréfragables d'Utilité dans les œuvres de la Nature : la Vision, l'Audition, la Vie végétative, etc...... 392
L'Utilité requiert l'Utilisation. — L'Utilisation ne peut cadrer avec l'Utilité qu'à l'aide d'un Plan général de l'Univers, œuvre d'une Pensée organisatrice. — Dès lors, Dieu démontré...... 396
L'Intelligence. — Le Matérialisme muet, de parti pris, sur les observations de Lubbock, Darwin, Romanes, Toussenel, Huber, etc., relatives aux faits de l'intelligence des animaux et de l'Homme...... 396
Le vocable *psychique* appliqué par les matérialistes à des sécrétions matérielles...... 398
Preuves de la *personnalité* et de l'*indépendance* de l'Intelligence...... 400
La Destinée de l'Intelligence, ou Ame, indémontrable par des faits matériels, comme on l'a fait pour l'existence de Dieu et de l'Intelligence...... 401
L'Homme n'a que des conjectures, des hypothèses, pour pénétrer cet *Au-delà*...... 402
Ces hypothèses, s'appuyant sur l'*Utilité*, acquièrent par là quelque chose de vraisemblable et de rationnel à l'appui de leurs espérances...... 402
L'*Utilité* admise *rigoureusement* par les Matérialistes.... 403
La *Vie future* est indispensable à l'épanouissement de l'*Idée morale*...... 405
Nous sommes, tous, les Créanciers de l'*Ineffable*...... 406

III. — LA SOCIÉTÉ TELLE QUELLE

L'Espèce humaine a mal orienté son évolution...... 407
Ses premières institutions politiques et religieuses...... 409
Les Classes, Ordres, et Castes...... 411

	Pages
Les Religions dérivées..	412
L'Homme sans religion serait resté à l'état sauvage ; privé de religion il y retournerait............................	414
Le *Christianisme*, force puissante pour l'*Épanouissement terrestre*..	415
Les Religions sensuelles et décoratives.....................	416
Les coups d'épingles des sectaires laïques.................	417
L'essence première de la Religion et de la Justice.......	418
La Foi des Initiateurs et l'Insouciance des continuateurs.	419
Conflits entre l'État, la Religion, la Justice................	419
Effets heureux du Concordat. — Nécessité de sa conservation...	420
La Justice doit être indépendante des Pouvoirs politiques.	421
Le Droit de Grâce, anomalie judiciaire......................	421
Supprimé ; mais à la condition *expresse* de l'abolition de la peine de mort...	422
Les gouvernements théocratiques historiques............	422
Les manifestations sociales diverses de l'esprit humain...	423
Le Rôle de l'État. — Il devrait être le Dieu visible et tangible des Mortels..	424
Les Sociétés humaines fonctionnent sur la doctrine de l'Intérêt...	424
Les exceptions généreuses ; chez les femmes surtout.....	425
Les Humanitaires. — Les Utopistes........................	425
Le Socialisme politique actuel : Programme amorphe et subtil...	426
Les Partageux. — Le Collectivisme........................	426
Le Système égalitaire d'Edward Bellamy...................	427
Le Succès éclatant et septcentenaire du régime de Lycurgue..	428
Les pauvres paient la plus forte part des frais de l'instruction des gens qui possèdent tout à l'aide de cette instruction..	429
La part des pauvres dans les exploitations de valeurs nationales..	430
Le pauvre social sans argent, moins bien partagé que le sauvage..	432
Opinions de Strabon et de Chateaubriand sur les Sociétés humaines de leur temps......................................	433

	Pages.
A quelle heure l'étude des réformes dans l'intérêt du pays ?	435
Le danger de la race jaune	436
Le rôle social exercé par l'Angleterre	437
L'alliance de l'Europe contre l'Asie. — Peut-on l'espérer ?	437
Effets de la méconnaissance des acquisitions morales et des préceptes de la Religion sur la conduite des Sociétés humaines	438
Le Facteur puissant d'une Société Rationnelle	439

QUATRIÈME PARTIE. — La société rationnelle.

I. — LA FEMME

La Femme, en elle-même	441
Comparaisons erronées avec l'Homme	442
Conséquences de ces erreurs	442
Ce qu'est la Femme sociale actuelle	443
Élevée pour les plaisirs et les besoins de l'Homme	443
Les Origines	444
Expression élevée de la Nature humaine	445
L'Orgueil humain ; Source d'injustices et d'erreurs	447
Le pied d'égalité pour les deux sexes	448
La Femme, comme la Nature l'a faite	449
Comparaison rationnelle de l'Homme et de la Femme	454
L'Éducation rationnelle de la Femme	457
Le Mariage rationnel	458
Influence de la Femme sur l'Éducation et le Développement social	458
Les Célibataires exclus des fonctions publiques	460
La Femme libre ; *autant que son sexe lui permet de l'être*	462
Des arbitres dans les désaccords matrimoniaux	463

II. — VOIES ET MOYENS

	Pages
L'Égalité Universelle des deux sexes est-elle possible?....	464
A quel âge de l'Humanité pouvait-elle s'établir?.........	465
La Servilité légale absolue de la femelle humaine.......	466
Ses Causes ? Effets de l'intelligence spéciale de l'Homme.	466
Exemples antérieurs de barbarie sociale chez les Animaux.	467
Cause des antithèses mentales dans la conduite des hommes..	467
Raison de la subordination primitive de la Femme.......	471
Doctrine récente de l'Égalité morale des Races humaines..	473
Circonstances favorables à la reconnaissance de l'Égalité de la Femme..	474
La Condition des femmes chez les Hézarehs (Note).......	475
Les Objections de l'Orgueil humain.....................	478
L'Homme se ploie par intérêt à des conventions sociales factices..	481
La Femme irrégulière dans la Société telle quelle........	483
Effets rationnels de l'influence favorable de la Femme sur le développement social................................	485
Théorie de l'Ange gardien : La Fiction.................	486
— La Réalité.................	488
L'Injustice et l'Ingratitude de l'Homme envers la Femme.	490
A chacun selon ses œuvres.............................	492
La Société Rationnelle s'établira. — Affaire de temps....	492
Retour d'Andrès vers la Terre.........................	493

FIN DE L'ÉPANOUISSEMENT TERRESTRE.

AU LECTEUR... 495

CINQUIÈME PARTIE — Schéma de liquidation.

I. — L'ŒUVRE DE L'HOMME........................ 499

II. — L'ŒUVRE D'EN HAUT........................ 535

SIXIÈME PARTIE. — Plein azur.

L'ESPÈCE NOUVELLE................................ 545

ADDENDA

Page 485 (§ omis). Après : « qui ont toujours largement bénéficié de ce concours ».

Et chaque fois que les femmes sont intervenues dans la direction et dans l'exécution des entreprises généreuses, elles l'ont toujours fait à l'encontre de cette doctrine de *l'Intérêt* que la plupart des hommes considèrent comme la seule doctrine sociale rationnelle, applicable à leurs relations. — C'est justement par l'abandon de cette doctrine égoïste, que les femmes ont trouvé les facteurs moraux puissants qui ont fait le succès de ces entreprises généreuses.

Les femmes ont prouvé par là que la doctrine de *l'Intérêt* est une aberration d'esprit, une disposition maligne, qui nuit à la recherche du bonheur, car l'espèce humaine ne saurait y atteindre que par la pratique des qualités affectives qui sont la caractéristique des femmes, et dont les hommes leur doivent, le plus ordinairement, les traits aimables, de l'éducation qu'ils ont reçue d'elles.

ERRATA

Page 477, 11e ligne. Ratasquouères, *lisez* : Rastaquouères.

www.ingramcontent.com/pod-product-compliance
Lightning Source LLC
Chambersburg PA
CBHW060506230426
43665CB00013B/1413